普通高等教育国家级重点教材配套辅导

U0658235

WAIGUO JIAOYUSHI JIAOCHENG

外国教育史教程

TONGBU FUDAO YU XITIJI

同步辅导与习题集

（含311、333考研真题）

主　编　赵厚勰
副主编　徐　丹　郑雅晴　杨晓莹
　　　　唐　爽　张思萌

西北工业大学出版社
西安

【内容简介】本书是专门为教育学科类考研学生精心编写的同步辅导书，以《外国教育史教程》（人教版）为蓝本。编排上，依据教材章节顺序安排内容，全书共26章，每章由"考点概述""章节精讲""课后习题解答""考研真题汇编""强化训练及详解"等五大部分组成。内容上，注重联系实际，紧跟时代发展，保证内容的新颖性和时效性。

本书可作为高等院校教育学专业考研学生、教育学专业本科生学习和复习辅导用书，也可供教育学教师以及教育史学爱好者阅读参考。

图书在版编目（CIP）数据

外国教育史教程同步辅导与习题集／赵厚勰主编.
—西安：西北工业大学出版社，2018. 1（2019. 3 重印）
ISBN 978-7-5612-5843-9

Ⅰ. ①外… Ⅱ. ①赵… Ⅲ. ①教育史-国外-高等学校-教学参考资料 Ⅳ. ①G519

中国版本图书馆 CIP 数据核字（2018）第 007556 号

策划编辑： 李　萌　方　岚
责任编辑： 何　园

出版发行 西北工业大学出版社
通信地址： 西安市友谊西路 127 号　　　　邮编：710072
电　　话： (029)88493844　88491757
网　　址： www. nwpup. com
印 刷 者： 武汉武铁印刷厂
开　　本： 880 mm×1 230 mm　　　　1/32
印　　张： 11. 875
字　　数： 439 千字
版　　次： 2018 年 1 月第 1 版　　2019 年 3 月第 2 次印刷
定　　价： 46. 00 元

前　言

近年来,在教育学科类全国研究生招生考试中,教育史学科所占的考查比例越来越大。其中,外国教育史涉及的国别广、内容多,从而增加了广大考生的复习备考难度。为了便于考生更好、更高效地复习备考,我们特别为广大考生编写了这本《外国教育史教程同步辅导与习题集》。

本书以吴式颖、李明德主编的《外国教育史教程》(第3版,人民教育出版社,2015年)为主要参考教材。之所以以这本教材为主要参考,是因为它的学术观点新颖、研究风格鲜明、理论视野宽广,既具有较高的学术水平,同时也适合高等教育专业本科教学要求,是我国高校广泛采用的外国教育史权威教材之一,也被众多高校(包括科研机构)指定为"中外教育史"考研、考博专业课参考书目。

本书主要是为教育学科类考研学生精心编写的辅导材料,同时也适合本科生和相关教育学爱好者阅读。书中内容主要按照《外国教育史教程》(第3版)的章节进行编排,一共有26章,每章由五部分组成:第一部分是"考点概述",主要概述本章节中的知识点、考点,便于读者对本章内容一目了然;第二部分是"章节精讲",对章节中的重要内容提炼总结,便于读者对本章内容的进一步学习与掌握;第三部分是"课后习题解答",紧扣参考教材,对每章节的"思考练习题"进行详细分析和解答,给读者提供完整的答案;第四部分是"考研真题汇编",主要根据每章节的内容,挑选近年来的经典考研真题,并给出详细解答(其中有些章节近年没有或少有考研真题,故此部分内容空缺);第五部分是"强化训练及详解",主要针对每章知识要点,编写对应的考研模拟练习题及答案,以供读者练习。此外,在全书附录部分选取了2017年华南师范大学和华东师范大学共两套教育综合硕士研究生入学考试试题及参考答案,供读者参考。

本书主要特色有以下几点。第一,紧扣考研大纲,结合权威教材,解析重点、难点。本书的知识体系以最新考研大纲为主线,参考权威教材,仔细分析每章的重点和难点,让考生在最短时间内掌握各章节重要知识点,形成知识网络。第二,精选考研真题,巩固重点、难点知识。为了强化对重要知识点的理解,本书精选了部分名校近几年的外国教育史考研真题,这些高校大部分以该教材作为考研参考书目。所选考研真题基本涵盖了各个章节的考点和难点,特别注重联系实际,凸显当前热点。第三,依托一线教师和研究生,内容更有时效性。本书的编写者都是教育学专业的教师和研究生,对教育史教材以及考研大纲的相关内容非常熟悉,对重要知识点、考研题目及考研动向都有着敏锐的感知。因此,在考点总结上,本书紧跟时代发展,保证撰写内容的新颖性和有效性,使考生能够系统准确地掌握重点知识,迅速捕捉考试要点,强化学习效果。

本书编写人员主要为湖北大学教育学院的教师和研究生,具体编写分工如下:赵厚勰负责全书体例设计与统稿工作,徐丹负责编写第一章至第五章,郑雅晴负责编写第六章、第十八章至第二十二章,杨晓莹负责编写第七章、第二十三章至第二十六章,唐爽负责编写第八章至第十二章,张思萌负责编写第十三章至第十七章。两套考研真题及参考答案分别由徐丹、郑雅晴、杨晓莹、唐爽和张思萌负责编写。张思萌参与了文稿整理和校对工作。

在编写过程中,我们参考了外国教育史的有关著作、教材、论文以及多所高等院校的研究生入学考试试题,在此谨对这些成果的作者和出题教师表示诚挚的感谢! 同时,对湖北众邦文化传播有限公司所做的工作表示感谢!

鉴于学识水平有限,书中难免有疏漏和瑕疵,敬请广大专家和读者批评指正。

编　者

2017 年 12 月

目　录

第一章　教育的起源与史前的教育

(1)教育的起源有四种代表性的观点:生物学起源、心理学起源、劳动起源、需要起源。

(2)史前教育的分期:前氏族时期、母系氏族时期、父系氏族时期、军事民主制时期。

(3)原始社会教育的特点。

二、章节精讲

(一)教育起源的四种代表性观点

1.教育的生物学起源论

(1)倡导者法国哲学家利托尔诺、美国心理学家桑代克、英国教育家沛西·能等。

(2)利托尔诺在《各人种的教育演化》一书中力图证明教育乃是超出人类社会范围,在人类出现之前就已产生的一种现象。他根据对动物生活的观察得出结论,认为动物界也存在教育,如大猫教小猫捕鼠、大鸭教小鸭游水等。

(3)利托尔诺在另一本名为《动物界的教育》的书中进一步提出,非但在脊椎动物中,而且在非脊椎动物中,也存在教育现象。例如,蚂蚁中有"教师和学生"。利托尔诺声称,在这些动物中发现了自觉的教育、指导和学习。在他看来,人出生之后便继承了业已形成的现成的教育形式,教育在人类社会中只是不断改变和演进,只是获得某些新的性质,但本质上和动物界毫无两样。他断言,生存竞争的本能就是教育的基础。动物为了保护自己的种类,出自遗传本能,自会将其"知识"与"技巧"传授给幼小的动物。

(4)沛西·能在20世纪20年代则断言:"教育从它的起源来说,是一个生物学的过程,不仅一切人类社会有教育,不管这个社会如何原始,甚至在高等动物中也有低级形式的教育。我之所以把教育称之为生物学的过程,意思就是说,教育是与种族需要相应的种族生活天生的,而不是获得的表现形式;教育既无待周密的考虑使它产生,也无需科学予以指导,它是扎根于本能的不可避免的行为。"他又说:"生物的冲动是教育的主要动力。"在晚年,沛西·能仍信守他的主张,称教育是一种生物学的实验。

2. 教育的心理学起源论

(1)心理学起源论的代表人物是美国教育史学家孟禄。

(2)孟禄批评了利托尔诺的观点,认为其弊是未揭示人的心理与动物心理的本质区别。

(3)孟禄在其名著《教育史教科书》的第一章"原始的教育"中,从人类学和心理学角度出发对人类教育的起源和发生过程做了专门和详细的论述。他认为,在原始社会中,不论是社会还是个体,其教育的发生都是"非理性的"和"单纯的无意识的模仿"。孟禄根据原始社会中系统知识、教材、教学形式及教学方法尚未形成的事实,断定原始人的教育过程从未表现出是有意识的过程,儿童仅凭观察和尝试成功的方法,学习如何使用弓箭与射击,如何拾掇杀死的野兽,如何烹调,如何编织,如何制陶,其技巧几乎全部是通过失败越来越少的重复模仿的方式学到的。孟禄根据上述观点,将教育的起源归之为心理现象。

3. 教育的劳动起源论

(1)劳动起源论是苏联学者最先提出并被我国学者普遍接受的一种观点。这一观点是从恩格斯关于劳动创造人以及人类社会起源于劳动这一理论直接推导出来的。

(2)苏联教育史学家米定斯基说:"只有从恩格斯的'劳动创造人类本身'这个著名原则出发,才能了解教育的起源,教育也是在劳动过程中产生出来的。"

(3)恩格斯在《劳动在从猿到人转变中的作用》以及《家庭、私有制和国家的起源》等著作中,从生物进化的角度,提出了"攀树的猿群""正在形成中的人"以及"完全形成的人"等概念,代表了三个依次递进的发展阶段,并将"正在形成中的人"这一古猿到"完全形成的人"的过渡时期视为"人类的童年"。恩格斯还指出,人类在自己的童年时期已能利用天然工具来从事简单的劳动。恩格斯着重论述了这种劳动对于"正在形成中的人"的手、脑、语言与思维发展的影响以及人们相互协作的必要,从而说明劳动不但创造了人本身,而且形成了人类社会。

(4)教育的劳动起源论者根据恩格斯的思想认为,人类社会活动开始于"正在形成中的人"为满足其生存繁衍的自然需要而进行的群体活动,这种劳动活动将他们改造成为"完全形成的人",形成了人类社会;劳动实践是人们认识的主要源泉,是知识的主要来源,是手、脑等生理结构进一步完善并通过遗传途径传给后代的必要条件;原始社会的人们为了保持并延续原始社会的生活,必须由有经验的长辈对年轻一代传授制造工具和使用工具的知识经验,即在劳动过程中逐渐积累起来的经验,教育是在传授劳动经验的过程中产生的,故教育起源于劳动。从时间上来说,教育起源于"人类的童年"时期,即"正在形成中的人"这个发展阶段。

4.教育的需要起源论

(1)我国马克思主义教育理论家杨贤江最早提出这一观点。

(2)杨贤江在《新教育大纲》一书中指出,教育的起源"是与社会的生活过程、物质的生产关系有密切联系的;而且是以这种现实的社会经济生活为基础……教育的发生,就植根于当时当地的人们实际生活的需要;它是帮助人营谋社会生活的一种手段……自有人生便有教育,因为自有人生,便有实际生活的需要"。

(二)史前教育的四个阶段及其概况

1.前氏族时期

此时期距今约 400 万年至 1.5 万年,属于"完全形成的人"出现的最初阶段。此时期生产力水平极端低下,原始的人们使用旧石器。他们共同生产,共同消费,没有阶级,没有剥削。在婚姻上,实行群婚制,儿童"知其母,不知其父",并属于整个部落共有。教育便是由成年人在生产劳动中向年轻一代传授生产和生活经验。

2.母系氏族时期

进入此时期后,人们使用新石器,原始的畜牧业和种植业成为氏族公社成员的主要生活依靠。男女两性分工出现,原来实行的群婚制逐渐向对偶婚制转变,女子处于主导地位。幼小儿童在妇女身边受教育,并统一由妇女负责照料。七八岁以后男女儿童按劳动分工分别接受教育,包括社会生活知识和宗教道德教育。这一时期出现了教育机构的胚胎形式"青年之家"。据苏联教育史学家沙巴耶娃根据人类学及考古学的教材推断,在一些原始部落中,为年满 7 岁的少年安排了单独的房舍,称"青年之家";老年人在"青年之家"承担教育职责。原始社会末期,"青年之家"分化为两种,一种为普通人设立,另一种为特权设立,后者成为学校萌芽,发展成为阶级社会的学校。

3.父系氏族时期

进入该时期后,人们发明了金属工具,金、石、木工具并用。该时期产生了第一次社会大分工,即游牧部落和农业部落的分化。男子的劳动占据了主导地位。这时,对偶婚制继续发展并向一夫一妻制过渡。在许多部落中,儿童的教育改由以父系为主的大家庭承担。所谓"大家庭"是指具有独立生产能力的由父权维系的若干代近亲构成的家庭形式。这种形式在近代美洲印第安原始部落中时常可以见到。与现代家庭不同,由它负责的儿童教育仍具有公教的意味。教育内容中增加了伦理道德、军事体育,到达成年之际举行的"成丁礼"(或称"青年礼")等特定的仪式,对后世影响较大。

4.军事民主制时期

在这个时期,生产进一步发展,出现了剩余产品个人占有现象,从而出现了特权人物,逐渐形成阶级;军事教育的地位提高,重视道德与精神教育,产生了阶级教育的萌芽,脑力劳动和体力劳动逐渐分离。

三、课后习题解答

1.研究教育起源的意义何在?

答:教育的起源探讨教育在什么情况下产生,它是教育学和教育史研究中的重要课题之一。这一探讨涉及两个问题,一是教育起源于生物进化的哪一个阶段,二是教育植根于何种基础。科学地解释教育的起源,对于把握教育与其他社会现象的本质区别,把握教育在人类社会发展中的地位和作用,具有重要的意义。

2.简析关于教育起源的几种代表性观点。你对此问题持何种观点?

答:见章节精讲。

3.原始社会教育的基本特征是什么?

答:(1)与原始社会的社会组织和经济结构(包括婚姻关系)相对应,教育无阶级性,教育权平等,对儿童实行公养教育。

(2)教育与生产劳动及生活紧密联系,以生产劳动知识、技能的传授为主,同时也传授社会意识。

(3)教育的组织和方法都还处在原始社会状态,没有文字、教科书、学校及专职教师,教育的主要方式是成人的榜样、讲述、奖罚,以及儿童自己的活动、观察、模仿。在原始社会末期,教育开始分化,性质发生变化,并产生了文字及学校的萌芽。

四、考研真题汇编

(一)名词解释

1.教育的劳动起源说。(陕西师范大学2014年研)

(二)简答题

2.简述几种代表性的教育起源理论。(四川师范大学2013年研)

参考答案:

1.(1)这是苏联学者最先提出并被我国学者普遍接受的一种观点。这一观点是从恩格斯关于劳动创造人以及人类社会起源于劳动这一理论直接推导出来的。

(2)苏联教育史学家米定斯基说:"只有从恩格斯的'劳动创造人类本身'这个著名原则出发,才能了解教育的起源,教育也是在劳动过程中产生出来的。"

（3）恩格斯在《劳动在从猿到人转变中的作用》以及《家庭、私有制和国家的起源》等著作中，从生物进化的角度，提出了"攀树的猿群""正在形成中的人"以及"完全形成的人"等概念，代表了三个依次递进的发展阶段，并将"正在形成中的人"这一古猿到"完全形成的人"的过渡时期视为"人类的童年"。恩格斯还指出，人类在自己的童年时期已能利用天然工具来从事简单的劳动。恩格斯着重论述了这种劳动对于"正在形成中的人"的手、脑、语言与思维发展的影响以及人们相互协作的必要，从而说明劳动不但创造了人本身，而且形成了人类社会。

（4）教育的劳动起源论者根据恩格斯的思想认为，人类社会活动开始于"正在形成中的人"为满足其生存繁衍的自然需要而进行的群体活动，这种劳动活动将他们改造成为"完全形成的人"，形成了人类社会；劳动实践是人们认识的主要源泉，是知识的主要来源，是手、脑等生理结构进一步完善并通过遗传途径传给后代的必要条件；原始社会的人们为了保持并延续原始社会的生活，必须由有经验的长辈对年轻一代传授制造工具和使用工具的知识经验，即在劳动过程中逐渐积累起来的经验，教育是在传授劳动经验的过程中产生的，故教育起源于劳动。从时间上来说，教育起源于"人类的童年"时期，即"正在形成中的人"这个发展阶段。

2.（1）教育的生物学起源论。

（2）教育的心理学起源论。

（3）教育的劳动起源论。

（4）教育的需要起源论。

五、强化训练及详解

（一）选择题

1.法国哲学家利托尔诺、美国心理学家桑代克、英国教育家沛西·能等是（　　）的倡导者。

　　A.生物起源说　　　　　　　B.心理学起源说

　　C.劳动起源说　　　　　　　D.需要起源说

2.美国教育史学家孟禄是（　　）的倡导者。

　　A.生物起源说　　　　　　　B.心理学起源说

　　C.劳动起源说　　　　　　　D.需要起源说

3.由苏联学者最先提出的教育学说是（　　）。

　　A.生物起源说　　　　　　　B.心理学起源说

　　C.劳动起源说　　　　　　　D.需要起源说

4.教育的需要起源论是由（　　）提出的。

　　A.法国哲学家利托尔诺　　　B.美国教育史学家孟禄

C.恩格斯　　　　　　　　　D.杨贤江

5.(　　)属于"完全形成的人"出现的最初阶段。

A.前氏族时期　　　　　　　B.母系氏族时期

C.父系氏族时期　　　　　　D.军事民主制时期

6.男女两性分工出现的时期是(　　)。

A.前氏族时期　　　　　　　B.母系氏族时期

C.父系氏族时期　　　　　　D.军事民主制时期

7.第一次社会大分工出现的时期是(　　)。

A.前氏族时期　　　　　　　B.母系氏族时期

C.父系氏族时期　　　　　　D.军事民主制时期

8.(　　)生产进一步发展,出现了剩余产品个人占有现象,从而出现了特权人物,逐渐形成阶级。

A.前氏族时期　　　　　　　B.母系氏族时期

C.父系氏族时期　　　　　　D.军事民主制时期

(二)填空题

9.教育的生物起源说的倡导者有＿＿＿＿、＿＿＿＿、＿＿＿＿。

10.教育的心理学起源说的代表人物是＿＿＿＿。

11.教育的劳动起源论来源于＿＿＿＿。

12.教育的需要起源论最早由＿＿＿＿提出的。

13.＿＿＿＿在《各人种的教育演化》一书中力图证明教育乃是超出人类社会范围,在人类出现之前就已产生的一种现象。

14.＿＿＿＿在其名著《教育史教科书》的第一章"原始的教育"中,从人类学和心理学角度出发对人类教育的起源和发生过程做了专门和详细的论述。

15.＿＿＿＿在《新教育大纲》一书中指出,教育的起源"是与社会的生活过程、物质的生产关系有密切联系的;而且是以这种现实的社会经济生活为基础……教育的发生,就植根于当时当地的人们实际生活的需要"。

16.＿＿＿＿说:"只有从恩格斯的'劳动创造人类本身'这个著名原则出发,才能了解教育的起源,教育也是在劳动过程中产生出来的。"

(三)名词解释

17.生物起源说。

18.心理起源说。

19.劳动起源说。

20.需要起源说。

21.史前教育的四个阶段。

(四)简答题

22.简述教育的生物学起源说。

23.简述教育的心理学起源说。

24.简述教育的需要起源说。

25.简述教育的劳动起源说。

(五)论述题

26.论述史前教育的四个发展阶段。

参考答案：

1.A　2.B　3.C　4.D　5.A　6.B　7.C　8.D

9.法国哲学家利托尔诺;美国心理学家桑代克;英国教育家沛西·能

10.美国教育史学家孟禄

11.恩格斯的思想

12.杨贤江

13.利托尔诺

14.孟禄

15.杨贤江

16.苏联教育史学家米定斯基

17.(1)倡导者法国哲学家利托尔诺、美国心理学家桑代克、英国教育家沛西·能等。

(2)利托尔诺在《各人种的教育演化》一书中力图证明教育乃是超出人类社会范围,在人类出现之前就已产生的一种现象。

(3)利托尔诺在另一本名曰《动物界的教育》的书中进一步提出,非但在脊椎动物中,而且在非脊椎动物中,也存在教育现象。

18.(1)代表人物是美国教育史学家孟禄。

(2)孟禄批评了利托尔诺的观点,认为其弊是未揭示人的心理与动物心理的本质区别。

(3)孟禄在其名著《教育史教科书》的第一章"原始的教育"中,从人类学和心理学角度出发对人类教育的起源和发生过程做了专门和详细的论述。他认为,在原始社会中,不论是社会还是个体,其教育的发生都是"非理性的"和"单纯的无意识的模仿"。

19.(1)这是苏联学者最先提出并被我国学者普遍接受的一种观点。这一观点是从恩格斯关于劳动创造人以及人类社会起源于劳动这一理论直接推导出来的。

(2)苏联教育史学家米定斯基说:"只有从恩格斯的'劳动创造人类本身'这个著名则出发,才能了解教育的起源,教育也是在劳动过程中产生出来的。"

20.(1)我国马克思主义教育理论家杨贤江最早提出这一观点。

(2)他在《新教育大纲》一书中指出,教育的起源"是与社会的生活过程、物质的生产关系有密切联系的;而且是以这种现实的社会经济生活为基础……教育的发生,就植根于当时当地的人们实际生活的需要;它是帮助人营谋社会生活的一种手段……自有人生便有教育,因为自有人生,便有实际生活的需要"。

21.①前氏族时期;②母系氏族时期;③父系氏族时期;④军事民主制时期。

22.(1)倡导者法国哲学家利托尔诺、美国心理学家桑代克、英国教育家沛西·能等。

(2)利托尔诺在《各人种的教育演化》一书中力图证明教育乃是超出人类社会范围,在人类出现之前就已产生的一种现象。他根据对动物生活的观察得出结论,认为动物界也存在教育,如大猫教小猫捕鼠、大鸭教小鸭游水等。

(3)利托尔诺在另一本名曰《动物界的教育》的书中进一步提出,非但在脊椎动物中,而且在非脊椎动物中,也存在教育现象。例如,蚂蚁中有"教师和学生"。在他看来,人出生之后便继承了业已形成的现成的教育形式,教育在人类社会中只是不断改变和演进,只是获得某些新的性质,但本质上和动物毫无两样。他断言,生存竞争的本能就是教育的基础。动物为了保护自己的种类,出自遗传本能,自会将其"知识"与"技巧"传授给幼小的动物。

(4)沛西·能在20世纪20年代则断言:"教育在它的起源来说,是一个生物学的过程,不仅一切人类社会有教育,不管这个社会如何原始,甚至在高等动物中也有低级形式的教育。我之所以把教育称之为生物学的过程,意思就是说,教育是与种族需要相应的种族生活天生的,而不是获得的表现形式;教育既无待周密的考虑使它产生,也无需科学予以指导,它是扎根于本能的不可避免的行为。"他又说:"生物的冲动是教育的主要动力。"

23.(1)代表人物是美国教育史学家孟禄。

(2)孟禄批评了利托尔诺的观点,认为其弊是未揭示人的心理与动物心理的本质区别。

(3)孟禄在其名著《教育史教科书》的第一章"原始的教育"中,从人类学和心理学角度出发对人类教育的起源和发生过程做了专门和详细的论述。他认为,在原始社会中,不论是社会还是个体,其教育的发生都是"非理性的"和"单纯的无意识的模仿"。孟禄根据原始社会中系统知识、教材、教学形式及教学方法尚未形成的事实,断定原始人的教育过程从未表现出有意识的过程,儿童仅凭观察和尝试成功的方法,学习如何使用弓箭与射击,如何拾摄杀死的野兽,如何烹调,如何编制,如何制陶,其技巧几乎全部是通过失败越来越少的重复模仿的方式学到的。孟禄根据上述观点,将教育的起源归之为心理现象。

24.(1)这一观点是由我国马克思主义教育理论家杨贤江最早提出的。

(2)他在《新教育大纲》一书中指出,教育的起源"是与社会的生活过程、物质的生产关系有密切联系的;而且是以这种现实的社会经济生活为基础……教育的发生,就植根于当时当地的人们实际生活的需要;它是帮助人营谋社会生活的一种手段……自有人生便有教育,因为自有人生,便有实际生活的需要"。

25.(1)这是苏联学者最先提出并被我国学者普遍接受的一种观点。这一观点是从恩格斯关于劳动创造人以及人类社会起源于劳动这一理论直接推导出来的。

(2)苏联教育史学家米定斯基说:"只有从恩格斯的'劳动创造人类本身'这个著名原则出发,才能了解教育的起源,教育也是在劳动过程中产生出来的。"

(3)恩格斯在《劳动在从猿到人转变中的作用》以及《家庭、私有制和国家的起源》等著作中,从生物进化的角度,提出了"攀树的猿群""正在形成中的人"以及"完全形成的人"等概念,代表了三个依次递进的发展阶段,并将"正在形成中的人"这一古猿到"完全形成的人"的过渡时期视为"人类的童年"。恩格斯还指出,人类在自己的童年时期已能利用天然工具来从事简单的劳动。恩格斯着重论述了这种劳动对于"正在形成中的人"的手、脑、语言与思维发展的影响以及人们相互协作的必要,从而说明劳动不但创造了人本身,而且形成了人类社会。

26.(1)前氏族时期。此时期距今约400万年至1.5万年,属于"完全形成的人"出现的最初阶段。此时期生产力水平极端低下,原始的人们使用旧石器。他们共同生产,共同消费,没有阶级,没有剥削。在婚姻上,实行群婚制,儿童"知其母,不知其父",并属于整个部落共有。教育便是由成年人在生产劳动中向年轻一代传授生产和生活经验。

(2)母系氏族时期。进入此时期后,人们使用新石器,原始的畜牧业和种植业成为氏族公社成员的主要生活依靠。男女两性分工出现,原来实行的群婚制逐渐向对偶婚制转变,女子处于主导地位。幼小儿童在妇女身边受教育,并统一由妇女负责照料。七八岁以后男女儿童按劳动分工分别接受教育,包括社会生活知识和宗教道德教育。这一时期出现了教育机构的胚胎形式"青年之家"。据苏联教育史学家沙巴耶娃根据人类学及考古学的教材推断,在一些原始部落中,为年满7岁的少年安排了单独的房舍,称"青年之家";老年人在"青年之家"承担教育职责。原始社会末期,"青年之家"分化为两种,一种为普通人设立,另一种为特权设立,后者成为学校萌芽,发展成为阶级社会的学校。

(3)父系氏族时期。进入该时期后,人们发明了金属工具,金、石、木工具并用。该时期产生了第一次社会大分工,即游牧部落和农业部落的分化。男子的劳动占据了主导地位。这时,对偶婚制继续发展并向一夫一妻制过渡。在许多部落中,儿童的教育改由以父系为主的大家庭承担。所谓"大家庭"是指具有独立生产能力的由父权维系的若干代近亲构成的家庭形式。这种形式在近代美洲印第安原始部落中时常可以见到。与现代家庭不同,由它负责的儿童教育仍具有公教的意味。教育内容中增加了伦理道德、军事体育,在到达成年之际举行的"成丁礼"(或称"青年礼")等特定的仪式,对后世影响较大。

(4)军事民主制时期。在这个时期,生产进一步发展,出现了剩余产品个人占有现象,从而出现了特权人物,逐渐形成阶级;军事教育的地位提高,重视道德与精神教育,产生了阶级教育的萌芽,脑力劳动和体力劳动逐渐分离。

第二章　东方文明古国的教育

二、章节精讲

(一) 两河流域早期的文化与科学

1.泥版书

古代生活在两河流域的人们利用本地丰富的黏土资源，就地取材，将黏土和水调匀，制成大小不等的泥板，作为"纸"使用，并将字写或刻在上面，然后再把它晒干或烧干，这就成了"泥版书"，最早的泥版书出现在大约公元前3000年。所载文献往往由几块到十几块泥板组成。泥板极为笨重，较之我国古代竹简尤甚，更不能与我国古代帛书或印度纸草相比，但它的广泛采用仍反映了古代两河流域人民的智慧。

2.楔形文字

这种文字用芦苇管或小木棒在未干的泥板上刻写而成，由于落笔处印痕较为深宽，提笔处较为细小，形同木楔，故而得名。楔形文字符号较多，一般分表意、表音和部首三类，开始有上千个字形，后减少到600个左右。苏美尔人发明的楔形文字体系后来在两河流域得到了广泛的传播及采用。

3.天文学

公元前2000年初，巴比伦的天文学家已把五大行星和恒星区别开来，并将星辰划分为星座，对太阴月的计算与现代只差0.4秒；他们还制定了历法，根据月球的盈亏，定每月为29日或30日；还知道置润，与我国农历相似。

4.数学

古巴比伦数学也得到了很大发展。他们以60进位，会演算四则运算，会开平方和立方,会解二次方程式和某些三次方程式。早在毕达哥拉斯之前,人们就知道勾股定理,还把圆周分为360度。

(二)两河流域的教育概况

1.学校的由来

(1)文字的发明、泥板的广泛使用以及科学的发展,为学校教育提供了条件。

(2)最早的学校与寺庙有密切的联系。在古代两河流域,人们将知识视为神赐,非祭司不敢享有,传习这些知识也是僧侣的特权。

(3)由于苏美尔人学校用的教材是泥版书,学生做练习或作业也是用泥版书,泥板成为学校的主要学习工具,故学校被称为"泥板书舍"。在泥板书舍中,负责人成为"校父",教师成为"专家",助手成为"大师兄长",学生成为"校子"。

(4)图书馆收藏的也是泥版书。大图书馆收藏的泥版书达数万块之多。

(5)考古发现最早的学校,是20世纪30年代,法国考古学家帕拉在两河流域北部一个叫马里城的地方挖掘出的一所约公元前2100年的学校遗址。

2.苏美尔人的教学内容和教学方法

(1)早期苏美尔人在训练书吏时,教学内容重视语言,尤其重书写能力,此外还有阅读、翻译、计算等。掌握文字是一门艰难的艺术,尤其是楔形文字,已经离开物体形象甚远,要记住上千个字型并准确地运用,并非易事,须经专门训练,经过长期从师方可掌握。学习使用的书籍逐渐广泛,包括楔形文字符号表、文法著作和字典等。

(2)当时的教学方法简单,一般由教师先在潮湿的泥板上写上字,再由学生临摹;课程主要是抄写和背诵长串的单词或词组,也包括数学或文书。有些记有学生作文和练习的泥板一直保存至今。学校中纪律严格,常采用体罚。

(三)巴比伦的文化教育

(1)这时的寺庙教育有两级。一级是初级教育,主要教授读写;另一级是高级教育,除了学习读写外,还要学习文法、苏美尔文学、祈祷文。书吏仅有读写能力是不够的,为了培养管理人才,未来的书吏们必须学习数学、天文学,有的还受占星术、医学教育,甚至受炼金术的训练。

(2)教学方法是师徒传授式的。无论教数学、医学还是训练冶金术和纺织术,其方式是一样的:学生首先观察教师的操作;然后在教师的指点下自己动手,教师随时纠正错误。

(3)古巴比伦的教育为少数人垄断,奴隶不能享受学校教育;能掌握复杂的楔形文字知识的一般只限于职业官吏、僧侣、文艺家等少数人。

(四)古埃及的文化与科学

(1)古埃及的文字:埃及最早的文字是象形文字,以后出现了表示音节的符号,在古王国时代已经发明了 24 个辅音字母。这种世界上最早产生的字母,是埃及人的独特贡献。埃及的字母文字后来成为腓尼基字母文字的依据,而腓尼基字母又影响了希腊字母的创造。古代埃及人文字写在"纸草"上。

(2)纸草:纸草原是生长于尼罗河边沼泽地的一种长茎植物。古埃及人将这种植物的茎层层剥开,然后将薄片连接起来,使之成为正方形,然后将两张正方形的纤维薄片按纤维的垂直方向重叠,并用木槌敲打,使之坚固、变薄,然后压平晒干,就成了用于书写的"纸"。

(3)自然科学方面:古埃及人经常观察天体,能够区分行星和恒星,还编制了天体图,制订了相当准确的太阳历,发明了十进制的计算法。

(4)医学:他们制作了木乃伊,了解许多疾病,第一次提出了"大脑"这一术语。

(5)建筑:公元 2800 年,他们修筑了号称古代世界七大奇迹之一的胡夫金字塔和狮身人面像。

(五)学校类型

1.宫廷学校

苏联教育史学家米定斯基认为,建于公元前 2500 年的埃及宫廷学校是人类有史可稽的最古老的学校。鉴于埃及文字产生的时代要早得多,我们可以认为古王国时代的宫廷学校并不是埃及最早的学校。宫廷学校是国王法老在宫廷中建立的学校,以教育皇子皇孙和朝臣的子弟为宗旨,学生学习完毕,接受适当的业务锻炼后,即分别被委任为官吏。

2.僧侣学校或称寺庙学校

这是中王国以后出现的一种附设在寺庙中的学校,着重科学技术教育,亦为学术中心。

3.职官学校亦称书吏学校

职官学校约创建于中王国时期,训练一般的能从事某种专项工作的官吏,修业期 12 年。

4.文士学校

文士学校培养能熟练运用文字从事书写及计算工作的人。此类学校较前两种低级,招收人数较多,对出身限制稍宽,修业期限有长有短。

(六)教学内容

(1)宫廷学校的教学内容无法考证。

(2)僧侣学校的教学内容以较高级的天文学、数学、建筑学、水利学、医学及科学为主,培养能力优而水平高的人。

(3)职官学校的教学内容包括普通文化课程及专门职业教育,往往以吏为师。

(4)文士学校通常教授书写、计算、有关律令的知识,有的还教授数学、天文和地理之类。

(七)教学方法

在古代埃及的学校中,教师惯用灌输和体罚,教师实行体罚被认为是正当、合理的。古埃及谚语说:"男孩儿的耳朵是长在背上的,只有打他才听"。中国古代典籍《学记》中也有"夏楚二物,收其威也"的说法,与上述说法堪为异曲同工。

(八)古印度婆罗门时期的教育

(1)公元前6世纪以前的印度教育常被称为婆罗门教育,这是因为当时的教育事业掌握在婆罗门手中,能接受教育的主要为婆罗门等高级种姓,并贯彻婆罗门教义。

(2)婆罗门教是印度的早期宗教,源自公元前2000年的吠陀教,认为梵天是世界万物的创造者,是宇宙的最高主宰,奉梵天、毗湿奴和湿婆为三大主神,主张吠陀天启、祭祀万能、婆罗门至上这三大纲领,赞成种姓制度。

(3)婆罗门教育以维持种姓压迫和培养宗教意识为核心任务。雅利安人用梵文写成的记载印度公元前2000年前后历史的古籍《吠陀》,被当作统治阶级崇奉的经典,为教育提供了主导思想。《吠陀》是雅利安人的圣书,也是印度人最早的宗教典籍,共四部,分别是《梨俱吠陀》《沙摩吠陀》《耶柔吠陀》《阿达婆吠陀》。

(4)统治阶级宣传《吠陀》只能由再生种姓所理解,因此入学校、习经典的权利只能为婆罗门、刹帝利和吠舍所享有,但三者享有的受教育权利的内容不尽相同。

(5)公元前9世纪以前,婆罗门教育以家庭教育为主,在婆罗门家庭里,除自己子弟外,有时也招收几个刹帝利和吠舍的子弟一同学习。教学内容是《吠陀》经。由于《吠陀》被看作神灵的旨意,是不能写的,写下来则有亵渎神之嫌。

(6)公元前8世纪后,随着科学文化的发展,出现了一种办在家庭中的婆罗门学校,通称"古儒学校"。在这类学校中,教师被称为"古儒",均系婆罗门种姓。儿童入学后即迁居古儒家中,学习年限一般为12年,学习内容主要为《吠陀》经。作为学习《吠陀》经的基本训练,学校还规定学习六科:语音学、韵律学、文法学、字源学、天文学和祭礼。在此六科学习的基础上,学生才去领会《吠陀》经典。这时采用的教学方法与过去注重呆读死记的家庭教学方法比较起来,有了很多改进。在古儒学校因为师严而道尊,体罚是常用的手段,教典和法律都允许教师以竹棍和绳索打罚学生,但对年龄较大的学生,往往也采取恩威并施的方法。

(九)佛教教育

(1)佛教教育的目的在于让人们弃绝人间享乐,蔑视现实人生,通过修行,大彻大悟,追求涅槃及虚幻的来世。

(2)佛教教育最重要的场所是寺院,学习内容主要为佛教经典,神学气氛极其浓厚,但佛教教育均以地方语言解说,较之婆罗门教师以艰深的梵文为教学用语有进步。

(3)僧徒一般学习12年,经考验合格者,叫作"比丘",亦即僧人,多数离寺回家,少数人继续留寺,再修习10年后,担任寺中僧侣职务。佛教比婆罗门教重视对女子的教育,尼庵和寺庙并存于各处,成为女僧修行和学习之地,但水平一般不如寺院高。女僧修行完毕称为"比丘尼"。

(4)寺院不仅是一种教育机构,也是一种学术机构,堪称学术(神学)研究中心。著名寺院曾吸引不少外国青年及学者前来就学,我国高僧玄奘即其中的一位。

(5)公元10世纪以后,佛教在印度渐趋式微,但在东亚及其他国家得到了广泛传播。

(十)婆罗门教与佛教在教育实施上的区别与共同之处

(1)区别:婆罗门教育是一种私立教育,教师均由婆罗门担任,教育对象多为婆罗门子弟,故教育带有强烈的贵族性,教育方法采用口授法及导师制;而佛教教育则是依傍于寺院的教育,教师均由僧侣担任,教育对象较为广泛,故教育带有平民性,教育方法是把教授、讲解及个人钻研经典相结合。

(2)相同之处:教育目的与人生目的同一,主要是一种道德陶冶,使每个人都能稳步减少乃至彻底摒除尘世迷惑,而使自己的精神或灵魂"得救"或"解脱";其内容大多是消极的、遁世的,缺乏积极因素;他们都在一定程度上阻碍了印度社会的变革,也阻碍了科学的发展,古代印度的医学、天文学、数学等自然科学主要是在宗教学校或寺院以外,由学者私自传授的。

(十一)古希伯来第一时期的教育

(1)这一时期的希伯来人以家庭教育为主。希伯来各部落在这一时期逐渐由游牧文化进入农业文化,家庭组织形式盛行以父权为主的家长制。父亲既是家庭的祭司又是子女的老师。教育的内容十分广泛,有民族传说、宗教信仰和祖先的训诫。在先知摩西改革后,希伯来的家长制具有了较多的民主色彩,儿童在家庭中的地位上升。家庭教育注重父子之间的亲情和说服感化。经典规定子女并非父母的私有物,而是未来的天国公民,他们具有独立的人格。希伯来的父亲虽有权惩戒和体罚其子女,但实际上常常采取积极影响的手段。

(2)内容上,由于希伯来人视信神为天经地义,故家庭教育以培养宗教信仰为重要的目标。家长主要以《圣经·旧约》去教导子女。这种经典学习并不重视知识传授,而重视宗教信仰和宗教感情的陶冶,是道德的而非理性的训练。此外,由于希伯来人持有"不信上帝即属罪恶,而无知的愚人是不能真正信奉上帝的"这种信念,因此在儿童教育中,作为宗教教育的附带,也教授简单的文化知识。至儿童稍长,家庭还对子女进行职业技能的传授。

(3)公元前 586 年,新巴比伦国王尼布甲尼萨二世灭犹太王国,将大批希伯来人掠往本国,造成历史上著名的"巴比伦之囚"。希伯来人被囚以后,仍恪守古老宗教传统,遇安息日和重要宗教节日都要举行宗教活动。由于共同的亡国之痛,共同的命运,加之远离耶路撒冷圣殿,人们逐渐由个人祈祷转向集体祈祷,并建立了犹太会堂,作为公共聚会之所。开始时,犹太会堂主要是进行宗教活动的场所,后逐渐成为讲授律法知识及《圣经》的教育场所。犹太会堂的兴起与后来希伯来人的学校教育有密切关系。

(十二) 第二时期的教育

(1)公元前 538 年,巴比伦被波斯帝国灭亡,于是希伯来人得以重返家园。返回故土后,希伯来人重建城市,成立宗教公社,恢复了古代宗教生活。

(2)在巴比伦被囚的流放生活对希伯来人影响巨大。巴比伦规模宏大的学校、图书馆及发达的文学艺术给希伯来人以深刻的印象,他们决心效法。于是他们抛弃家庭教育传统,开始发展学校教育。犹太会堂随之迁移而来,并在犹太人居住区得到发展,参加活动者日众,包括大批儿童也随其父母来到会堂听讲道及学习《圣经》知识。人们开始逐渐地在会堂之外建立房舍,由专人负责教学工作,此即希伯来最早的初级学校。到公元前 2 世纪左右,学校从犹太会堂中分离出来,形成较完备的教学制度。到公元前 1 世纪,希伯来人的学校已极为发达。

(3)"巴比伦之囚"以后,希伯来先后出现了若干种注疏《圣经》的著作。注疏丰富了《圣经》教义,其中著名的注疏是《密西拿》和《革马拉》。公元 2 世纪时,两部注疏合为一书,称为《塔木德》,它成为希伯来儿童的重要教学内容。

(4)在希伯来,男童一般 6 岁入初级学校,6~10 岁学习《圣经》和简单的读、写、算;教师以口授方式摘读若干经书的语句,指导儿童高声诵读。10~15 岁儿童主要学习《密西拿》。15 岁以后,学生则主要学习《革马拉》,这相当于中等教育。

中等教育以上还有培养僧侣的学校,教授宗教理论和法律理论,并训练主持宗教活动的能力。此类教育可以纳入高等教育范畴。

(5)希伯来人将教育当作神圣事业,教育工作者受到人们的尊重,由于当时普遍设置学校,曾产生大批教师。希伯来的教师称为"拉比"。其中很多人博学多才,熟悉并善于解释各类经典,故在笃信宗教的社会里,他们除去教学工作外,还经常充当社会人士的宗教导师或法律顾问,成为社会上有威望的特殊人物。当一个拉比成为许多有志青年追求的理想。

(十三)古代东方文明古国的教育特点

第一,作为世界文化的摇篮,东方产生了最早的科学知识、文字以及学校教育,无论是史料记载或考古发掘都证明了这一点。

第二,各国(或不同地区)的教育以及不同时期的教育各有其特点。总的来说,与当时的社会政治、经济结构相当,教育具有强烈的阶级性及等级性,学校主要招收奴隶主子弟,教育对象按等级、门第而被安排进入不同的学校。

第三,教育内容较丰富,包括智育、德育及宗教教育等,既反映了统治阶级的需要,也反映了社会进步及人类多方面发展的需要。

第四,与教育内容繁复相应,教育机构种类繁多,形态各殊,有助于满足不同统治阶层的需要,既具有森严等级,也具有较大适应力。

第五,各国通过丰富的教育实践,在教育方法上不乏创新之举,但总的来说,教学方法简单,体罚盛行,实行个别施教,尚未形成正规的教学组织形式。

第六,知识常常成为统治阶级的专利,故教师的地位较高,与后来古希腊、古罗马学校教师地位卑微形成鲜明对比。

第七,文明及文化教育古老,但失于早衰或有过断层期,在此意义上,或许可称源远而流不长。巴比伦、埃及以及印度等东方文明古国均因异族入侵等原因导致历史中断,从而导致文化教育在本土的失传或断层。在世界著名文明古国中,能够悠久而又绵延不断、源远而又流长、古老而又风韵长存的,唯有中国文化以及这种文化所促成的教育,这是中国教育史的独特之处和优异之处,也是其他文明古国的不及之处。

三、课后习题解答

1.奴隶社会教育与原始社会教育的主要区别在哪里?

答:(1)原始社会教育无阶级差异,教育权利平等,人人都具有平等受教育的权利;奴隶社会教育具有鲜明的阶级性和等级性,在西方还具有鲜明的宗教性。

(2)原始社会教育活动在生产生活中进行,教育活动与社会生产劳动、社会生活融为一体,直接为生产和生活服务;奴隶社会教育与生产劳动相分离在专门的场所进行,学习间接经验,与生活生产活动想脱离。

(3)原始社会教育无组织、还处在原始状态,没有专门的场所和专职人员;奴隶社会教育组织形式以个别教学为主,有专职的教师,没有形成系统的学校教育制度。

(4)原始社会教育是为了身心发展的需要,接受教育训练,培养合格的氏族人员;而奴隶社会教育则是为了培养统治阶级所需要的人才。

(5)原始社会教育以生活经验为教育内容,包括多方面,不仅要学习制造生产工具的经验,还要学习公共生活的规范,接受原始的艺术教育和原始的宗教教育;而奴隶社会教育学习的内容脱离生产、生活经验,学习遗留下来的间接经验以"六艺"为主。

2.试析亚非文明古国在世界教育史上的地位。你如何理解"光明来自东方"这一论断?

答:(1)亚非文明国家在世纪教育史上的地位。

亚非文明古国是指巴比伦、埃及、印度和中国,他们是最早进入文明时代的地区,产生了最早的文字、科学和学校。

世界上最早的学校出现在亚非文明古国。他们的产生无疑是一种进步现象,对于传播科学文化、发展社会生产起了极大的作用。随着社会的进步,为了保存日益增多的知识,单靠口耳相传是远远不够的,于是便有了文字、教学的场所和专门的人来进行教学活动,学校教育由此产生。

亚非国家的教育对其他国家的教育产生了极大的影响。不仅是世界上最早的学校出现在文明古国,而且教学内容丰富,包括智育、德育及宗教教育等。教育机构种类繁多,教学方法上不乏创新被誉为世界文明的摇篮。后来各国纷纷前来学习。

(2)"光明来自东方"是由亚非文明国家的教育特点决定的。

第一,作为世界文化的摇篮,东方产生了最早的科学知识、文字以及学校教育,无论是史料记载或考古发掘都证明了这一点。

第二,各国(或不同地区)的教育以及不同时期的教育各有其特点。总的来说,与当时的社会政治、经济结构相当,教育具有强烈的阶级性及等级性,学校主要招收奴隶主子弟,教育对象按等级、门第而被安排进入不同的学校。

第三,教育内容较丰富,包括智育、德育及宗教教育等,既反映了统治阶级的需要,也反映了社会进步及人类多方面发展的需要。

第四,与教育内容繁复相应,教育机构种类繁多,形态各殊,有助于满足不同统治阶层的需要,既具有森严等级,也具有较大适应力。

第五,各国通过丰富的教育实践,在教育方法上不乏创新之举,但总的来说,教学方法简单,体罚盛行,实行个别施教,尚未形成正规的教学组织形式。

第六,知识常常成为统治阶级的专利,故教师的地位较高,与后来古希腊、古罗马学校教师地位卑微形成鲜明对比。

第七,文明及文化教育古老,但失于早衰或有过断层期,在此意义上,或许可称源远而流不长。巴比伦、埃及以及印度等东方文明古国均因异族入侵等原因导致历史中断,从而导致文化教育在本土的失传或断层。在世界著名文明古国中,能够悠久而又绵延不断、源远而又流长、古老而又风韵长存的,唯有中国文化以及这种文化所促成的教育,这是中国教育史的独特之处和优异之处,也是其他文明古国的不及之处。

3.人类文明(包括文化教育)的发展是否存在多中心?你怎么看待"西方中心论"?

答:(1)人类文明的发展不存在多中心。

人类文明的发展,包括文化教育方面是以亚非国家为代表的东方文明为起源的,东方文明是最初的中心,并由此而传向世界各地。人类文明既兴起于东方,又在东方得到充分的发展,继之通过各种媒介向西方和全世界各地传播,而其他地方的文明发展或多或少都带有东方文明的气质和特点。

东方产生了最早的科学知识、文字以及学校教育,并由此将科学知识和学校教育进一步发扬光大,丰富完善,对其他的地方产生影响和作用。在此条件之下,其他文明则出于模仿或崇拜之心理,将东方文明保存、继承以及发挥,并对其进行一些改造形成自身的特色,建立一套自身的体系。但是,这种文明的起源或者积淀仍然是以东方文明为基石的。

(2)对"西方中心论"的看法。

所谓的"西方中心论",主要是一些西方学者以文明祈愿者的角色来崇拜西方模式,认为西方文明具有优越性,在社会的发展中起到了很大的作用,创造了丰富的物质文明和精神文明。在开创现代文明和资本主义制度后,西方文明呈现出鼎盛状态,成为全世界国家膜拜和学习的对象。

相反,再看东方文明,已呈现衰败的景象,昔日的胜景已经不在,反而在向西方学习,这使得一些学者开始蠢蠢欲动,提出西方中心论来强调西方文明的重要性和发源性。只是他们没有以历史的观点来看待文明问题,没有从现实一些事实出发,殊不知东方文明开启了整个时代,没有东方文明的起源和传播,就没有整个世界的繁华,所以,"西方中心论"的观点是片面的。

四、强化训练及详解

(一)选择题

1.(　　)将字写在泥版书上。

A.苏美尔人　　　B.古埃及人　　　C.古印度人　　　D.中国人

2.埃及最早的文字是(　　)。

　　A.象形文字　　　　B.楔形文字　　　　C.拼音文字　　　　D.汉字

3.古埃及的文字写在(　　)上。

　　A.竹简　　　　　　B.帛书　　　　　　C.纸草　　　　　　D.青铜器

4.(　　)是人类有史可稽的最古老的学校。

　　A.埃及宫廷学校　　　　　　　　　B.埃及僧侣学校

　　C.埃及书吏学校　　　　　　　　　D.埃及文士学校

5.僧侣学校又称为(　　)。

　　A.宫廷学校　　　B.寺庙学校　　　C.书吏学校　　　D.文士学校

6.职官学校又称为(　　)。

　　A.宫廷学校　　　B.寺庙学校　　　C.书吏学校　　　D.文士学校

7.(　　)培养能熟练运用文字从事书写及计算工作的人。

　　A.宫廷学校　　　B.寺庙学校　　　C.书吏学校　　　D.文士学校

8.公元前6世纪以前的印度教育常称为(　　)。

　　A.婆罗门教育　　B.刹帝利教育　　C.吠舍教育　　　D.首陀罗教育

(二)填空题

9.苏美尔人发明的文字是 _____。

10.苏美尔人的文献是 _____。

11.巴比伦以 _____进位。

12.埃及最早的文字是 _____。

13.古埃及的文字写在 _____上。

14.职官学校又称为 _____。

15.《摩西十诫》是 _____经典。

16.僧徒一般学习12年,经考验合格者,叫作 _____,意即僧人。

(三)名词解释

17.楔形文字。

18.纸草。

19.泥版书。

20.婆罗门教育。

21.古儒学校。

(四)简答题

22.简述古埃及的学校类型。

23.简述印度婆罗门教育。

24.简述印度佛教教育。

25.简述巴比伦的教育。

26.简述古埃及的教学内容。

27.简述古埃及的教学方法。

(五)论述题

28.论述婆罗门教与佛教在教育实施上的区别与共同之处。

参考答案：

1.A　2.A　3.C　4.A　5.B　6.C　7.D　8.A

9.楔形文字

10.泥版书

11.60

12.象形文字

13.纸草

14.书吏学校

15.犹太人

16.比丘

17.这种文字用芦苇管或小木棒在未干的泥板上刻写而成,由于落笔处印痕较为深宽,提笔处较为细小,形同木楔,故名。楔形文字符号较多,一般分表意、表音和部首三类,开始有上千个字形,后减少到 600 个左右。苏美尔人发明的楔形文字体系后来在两河流域得到了广泛的传播及采用。

18.纸草原是生长于尼罗河边沼泽地的一种长茎植物。古埃及人将这种植物的茎层层剥开,然后将薄片连接起来,使之成为正方形,然后将两张正方形的纤维薄片按纤维的垂直方向重叠,并用木槌敲打,使之坚固、变薄,然后压平晒干,就成了用于书写的"纸"。

19.古代生活在两河流域的人们利用本地丰富的黏土资源,就地取材,将黏土和水调匀,制成大小不等的泥板,作为"纸"使用,并将字写或刻在上面,然后再把它晒干或烧干,这就成了"泥版书",最早的泥版书出现在大约公元前 3000 年。所载文献往往由几块到十几块泥板组成。泥板极为笨重,较之我国古代竹简尤甚,更不能与我国古代帛书或印度纸草相比,但它的广泛采用仍反映了古代两河流域人民的智慧。

20.公元前 6 世纪以前的印度教育常被称为婆罗门教育,这是因为当时的教育事业掌握在婆罗门手中,能接受教育的主要为婆罗门等高级种姓,并贯彻婆罗门教义。婆罗门教育以维持种姓压迫和培养宗教意识为核心任务。

21.公元前 8 世纪以后,随着科学文化的发展,出现了一种办在家庭中的婆罗门学校,通称"古儒学校"。在此类学校中,教师被称为"古儒",均系婆罗门种姓。儿童入学须经古儒考验。学习内容主要为《吠陀》经。

22.(1)宫廷学校。苏联教育史学家米定斯基认为,建于公元前2500年的埃及宫廷学校是人类有史可稽的最古老的学校。鉴于埃及文字产生的时代要早得多,我们可以认为古王国时代的宫廷学校并不是埃及最早的学校。宫廷学校是国王法老在宫廷中建立的学校,以教育皇子皇孙和朝臣的子弟为宗旨,学生学习完毕,接受适当的业务锻炼后,即分别被委任为官吏。

(2)僧侣学校或称寺庙学校。这是中王国以后出现的一种附设在寺庙中的学校,着重科学技术教育,亦为学术中心。

(3)职官学校亦称书吏学校。职官学校约创建于中王国时期,训练一般的能从事某种专项工作的官吏,修业期12年。

(4)文士学校。文士学校培养能熟练运用文字从事书写及计算工作的人。此类学校较前两种低级,招收人数较多,对出身限制稍宽,修业期限有长有短。

23.(1)公元前6世纪以前的印度教育常被称为婆罗门教育,这是因为当时的教育事业掌握在婆罗门手中,能接受教育的主要为婆罗门等高级种姓,并贯彻婆罗门教义。

(2)婆罗门教是印度的早期宗教,源自公元前2000年的吠陀教,认为梵天是世界万物的创造者,是宇宙的最高主宰,奉梵天、毗湿奴和湿婆为三大主神,主张吠陀天启、祭祀万能、婆罗门至上这三大纲领,赞成种姓制度。

(3)婆罗门教育以维持种姓压迫和培养宗教意识为核心任务。雅利安人用梵文写成的记载印度公元前2000年前后历史的古籍《吠陀》,被当作统治阶级崇奉的经典,为教育提供了主导思想。《吠陀》是雅利安人的圣书,也是印度人最早的宗教典籍,共四部,分别是《梨俱吠陀》《沙摩吠陀》《耶柔吠陀》《阿达婆吠陀》。

(4)统治阶级宣传《吠陀》只能由再生种姓所理解,因此入学校、习经典的权利只能为婆罗门、刹帝利和吠舍所享有,但三者享有的受教育权利的内容不尽相同。

(5)公元前9世纪以前,婆罗门教育以家庭教育为主,在婆罗门家庭里,除自己子弟外,有时也招收几个刹帝利和吠舍的子弟一同学习。教学内容是《吠陀》经。由于《吠陀》被看作神灵的旨意,是不能写的,写下来则有亵渎神之嫌。

(6)公元前8世纪后,随着科学文化的发展,出现了一种办在家庭中的婆罗门学校,通称"古儒学校"。在这类学校中,教师被称为"古儒",均系婆罗门种姓。儿童入学后即迁居古儒家中,学习年限一般为12年,学习内容主要为《吠陀》经。作为学习《吠陀》经的基本训练,学校还规定学习六科:语音学、韵律学、文法学、字源学、天文学和祭礼。在此六科学习的基础上,学生才去领会《吠陀》经典。这时采用的教学方法与过去注重复读死记的家庭教学方法比较起来,有了很多改进。在古儒学校因为师严而道尊,体罚是常用的手段,教典和法律都允许教师以竹棍和绳索打罚学生,但对年龄较大的学生,往往也采取恩威并施的方法。

24.(1)佛教教育的目的在于让人们弃绝人间享乐,蔑视现实人生,通过修行,大彻大悟,追求涅槃及虚幻的来世。

(2)佛教教育最重要的场所是寺院,学习内容主要为佛教经典,神学气氛极其浓厚,但佛教教育均以地方语言解说,较之婆罗门教师以艰深的梵文为教学用语有进步。

(3)僧徒一般学习12年,经考验合格者,叫作"比丘",亦即僧人,多数离寺回家,少数人继续留寺,再修习10年后,担任寺中僧侣职务。佛教比婆罗门教重视对女子的教育,尼庵和寺庙并存于各处,成为女僧修行和学习之地,但水平一般不如寺院高。女僧修行完毕称为"比丘尼"。

(4)寺院不仅是一种教育机构,也是一种学术机构,堪称学术(神学)研究中心。著名寺院曾吸引不少外国青年及学者前来就学,我国高僧玄奘即其中的一位。

(5)公元10世纪以后,佛教在印度渐趋式微,但在东亚及其他国家得到了广泛传播。

25.这时的寺庙学校有两级。一级是初级教育,主要教授读写;另一级是高级教育,除学习读写外,还要学习文法、苏美尔文学、祈祷文。书吏仅有读写能力是不够的,为了培养管理人才,未来的书吏们必须学习数学、天文学,有的还受占星术、医学教育,甚至冶炼金术的训练。教学方法是师徒传授式的。无论教数学、医学还是训练冶金术和纺织术,其方式是一样的:学生首先观察教师的操作,然后在教师的指点下,自己动手,教师随时纠正错误。

古代巴比伦的教育为少数人垄断,奴隶不能享受学校教育;能掌握复杂的楔形文字知识的一般只限于职业官吏、僧侣、文艺家等少数人。

26.(1)有关宫廷学校的教学内容历史记载语焉不详。

(2)僧侣学校着重科学教育,是传授高深学识的学府。当时的僧侣中有一些是皇家的天文官(大儒),对于数学、测量学、物理学深有研究,寺里收藏了大量图书,为要求深造的青年提供方便。故僧侣学校的教学及研究内容以较高级的天文学、数学、建筑学、水利学、医学及科学为主,培养能力优而水平高的人。

(3)职官学校的教学内容包括普通文化课程及专门职业教育,往往以吏为师。

(4)文士学校通常教授书写、计算、有关律令的知识,有的还教授数学、天文和地理之类。在诸科目中,书写最受重视,是基本课业,也是费力的工作。书写工具是一种芦管笔,写在纸草上。

27.在古代埃及的学校中,教师惯用灌输和体罚,教师施行体罚被认为是正当、合理的。古埃及谚语说:"男孩的耳朵是长在背上的,只有打他才听。"当时一般人甚至把教育比作驯兽,把教鞭当作教育的同义语,其方法之简单粗暴可想而知。

28.(1)区别:婆罗门教育是一种私立教育,教师均由婆罗门担任,教育对象多为婆罗门子弟,故教育带有强烈的贵族性,教育方法采用口授法及导师制;而佛教教育则是依傍于寺院的教育,教师均由僧侣担任,教育对象较为广泛,故教育带有平民性,教育方法是把教授、讲解及个人钻研经典相结合。

(2)相同之处:教育目的与人生目的同一,主要是一种道德陶冶,使每个人都能稳步减少乃至彻底摒除尘世迷惑,而使自己的精神或灵魂"得救"或"解脱";其内容大多是消极的、遁世的,缺乏积极因素;他们都在一定程度上阻碍了印度社会的变革,也阻碍了科学的发展,古代印度的医学、天文学、数学等自然科学主要是在宗教学校或寺院以外,由学者私自传授的。

第三章 古希腊的教育

一、考点概述

（1）荷马时期的教育：《荷马史诗》。

（2）古风时期的教育：斯巴达教育、雅典教育、毕达哥拉斯的教育思想。

（3）古典时期的教育：古典时期的雅典社会、文化的繁荣和价值观的变化、古典时期的教育。

（4）希腊化时期的教育：教育的变化。

二、章节精讲

(一)荷马时期的教育

（1）从《荷马史诗》上的文字可见，在荷马时代尚未出现学校这种专门的教育机构，对儿童和青少年的教育主要是在实际的生活过程中进行的。通过参与成年人的各种活动，儿童和青年逐渐获得社会所需要的各种知识和技能。

（2）教育内容大致以军事与同军事直接有关的知识、技能为主，同时也注重演说能力的培养。在《荷马史诗》中，包括阿喀琉斯在内的大多数英雄既是武艺高强的战士，又是在议事会上能言善辩的演说家。这反映了军事民主制社会对人的基本要求。

（3）荷马时代教育的另一个重要方面是道德教育。《荷马史诗》中所歌颂的英雄都是品行高尚、人格健全的道德典范。在他们身上，集中了各种为社会所肯定的美德：勇敢、正义、忠诚、大公无私、热爱集体、智慧等。从中可以看出，在对青年人的教育中，道德教育占据重要的地位。在荷马时代，希腊人最为重视的道德品质是智慧、勇敢、节制和正义。

（4）概括地说，荷马时代的教育是一种非制度化的教育，其目的是培养像阿喀琉斯那样勇敢、武艺高强和像奥德修斯那样足智多谋、能言善辩的武士。

(二)古风时期的教育——斯巴达的教育

（1）公元前8世纪前，斯巴达的文化、教育状况与希腊其他地区无明显差异。

公元前8—前7世纪,希洛人为反抗斯巴达人的统治经常举行起义,斯巴达人为保持政权稳定,采取了一系列具有浓厚军事色彩的措施,使整个国家成了一座戒备森严的大兵营。斯巴达的教育就是在这样的背景下形成的。

(2)在斯巴达,教育被当作一项极为重要的国家事业。

(3)斯巴达人实行严格的体检制度。公民子女出生后,由长老代表国家检查新生儿的体质情况。只有那些健康的新生儿才被允许抚养,实行体检制度的目的在于保证种族在体质上的"优越性",培养体格强壮的战士。

(4)在7岁以前,公民子女在家中接受母亲的养育。7岁至18岁,儿童进入国家的教育机构,开始军营生活。在这个阶段,教育的主要任务是通过严格的军事体育训练和道德灌输,使儿童养成健康的体魄、顽强的意志以及勇敢、坚忍、顺从、爱国等品质。教育的主要内容是"五项竞技"。

(5)从18岁起,公民子弟进入高一级的教育机构——青年军事训练团。入团前,青年们在神庙的祭坛前当众接受鞭打的考验,凡能忍受者为合格,忍受鞭打次数最多者为优胜,将受到奖励;哀号求免者被剥夺入团资格。青年军事训练团的主要任务是进行正规的军事训练,其中的一个重要科目是所谓的"秘密服役",即在夜间对希洛人进行突然袭击。

(6)年满20岁的公民子弟开始接受实战训练,到30岁,正式获得公民资格。

(7)斯巴达人非常重视女子教育。

(三)古风时期的教育——雅典教育

(1)雅典城邦高度重视教育。早在公元前6世纪,梭伦立法中就明确规定,父亲有责任让其子女接受适当的教育,否则,子女成年后有权不赡养父亲。

(2)雅典人认为,培养公民在履行公共义务时所应具有的理智、聪慧和公正等品质,是要由国家来规定的。但是,在如何安排个人的闲暇时间以及勇敢、强壮等品质的培养上,就不能完全依靠由国家控制的教育。因此,雅典盛行私人办学,国家只负责16~20岁青年的教育。

(3)公民子女出生后,也要进行体格检查,所不同的是,雅典儿童的体检是由父亲负责进行的。7岁前,儿童在家中由父母养育。7岁以后,女孩继续在家中,由母亲负责教育,学习纺织、缝纫等技能。男孩7岁后则开始进入文法学校、弦琴学校学习。文法学校主要教授读、写、算等知识,弦琴学校则教授音乐、唱歌、朗诵等。这两类学校都是私立的、收费的。

(4)儿童上学、放学均有"教仆"陪同,以避免儿童接受街头的不良影响。教仆大多为有一定知识的奴隶。

(5)到13岁左右,公民子弟除继续在文法学校或弦琴学校学习外还要进入体操学校,接受各种体育训练:游泳、舞蹈、赛跑、跳跃、摔跤、掷铁饼、投标枪,其目的在于使公民子弟具有健全的体魄和顽强、坚忍的品质。

(6)到十五六岁,大多数公民子弟不再继续上学,开始从事各种职业,少数显贵子弟则进入国立体育馆,接受体育、智育和审美教育。

(7)18~20岁,青年进入青年军事训练团,接受军事教育。

(8)到20岁,经过一定的仪式,青年被授予公民称号。

(四)古风时期的教育——毕达哥拉斯的教育思想

(1)毕达哥拉斯是希腊最早对教育问题进行论述的教育思想家之一。

(2)毕达哥拉斯及其学派的理论的基本核心是高度重视数学,把数学当作万物的本源,并主张灵魂不死、灵魂轮回。这些理论直接影响了他本人及其弟子关于教育的主张。

(3)黑格尔把毕达哥拉斯称作希腊"第一个民众教师",而亚里士多德则认为他是第一个试图讲道德的人。这都说明了毕达哥拉斯在希腊教育发展中所占的重要地位。

(4)毕达哥拉斯及其弟子的教育主张涉及希腊教育思想中的许多基本问题,蕴含了希腊教育思想发展的一般倾向。具体到学术和教育方面,这种价值观就是要求为知识而求知识,为人的精神和灵魂的净化接受教育,而不带有任何功利的目的。这种教育价值观之后被亚里士多德进一步发展为自由教育的理论。

(5)毕达哥拉斯把数当作世界的本源,认为数具有完全、匀称、和谐三种特性,这些特性乃是天心所示,也是人心所求。因而,如何化天心为人心,就成为教育的根本任务。

(6)他进一步认为,生活的全部目的和教育的全部目的,就是通过对数的研究、体会、领悟以及日常生活的训练,实现灵魂的净化,达到和谐、完全和完善的境界。这种对灵魂(或精神)陶冶的重视与和谐发展的思想,对后来希腊教育思想的影响是极为深刻的。

(五)古典时期的教育——智者

(1)古典时期是古希腊教育发展的黄金时期。以智者的出现为标志,希腊(尤其是雅典)教育进入了一个新的发展阶段。

(2)所谓"智者"(sophistes,又称诡辩家),在荷马时代,是指某种精神方面的能力和技巧,以及拥有这些能力和技巧的人。在《荷马史诗》中,造船工、战船驭手、航船舵手、占星术者、雕刻匠等,都被称作"智者"。此后,各行各业具有专门知识和技艺的人,如诗人、音乐家、医生、自然哲学家等,也被称为"智者"。随着"智者"词义的延伸,具有治国能力的人同样被称作智者。

(3)到公元前5世纪后期,"sophistes"一词获得了新的、特殊的含义,被用来专指以收费授徒为职业的巡回教师。这些人云游各地,积极参加城邦的政治和文化生活,以传播和传授知识获得报酬,并逐步形成了一个阶层。哲学史、文化史和教育史所探讨的就是这种意义上的智者。

(4)智者派的主要代表人物包括普罗塔哥拉、高尔吉亚、普罗狄克、希庇阿斯、安提丰等。

(5)智者派共同的思想特征是相对主义、个人主义、感觉主义和怀疑主义。在智者看来,一切知识、真理和道德都是相对的,都依赖于具体的感知者。在一个人看来是真的,就是他所说的真。没有客观真理,只有主观意见。

(6)智者不仅在希腊文化史上占有重要的地位,作为西方最早的职业教师,他们对希腊教育实践和教育思想的发展,同样做出了重大的贡献。

(7)作为职业教师,智者已经较为明确地意识到教育活动的特殊性,并开始自觉地把教育现象与政治现象、道德现象等社会现象相区分。他们把教育过程当作一个运用秉赋、进行练习的过程。另一方面,他们也明确地认识到,教育与政治、道德具有密切的相互联系,教育在国家生活中具有举足轻重的作用。

(8)在古典时期,希腊学校发生了一系列重要的变化。在雅典,逐渐形成了文字教师与音乐教师的分工,文法学校与弦琴学校从此分设。更为重要的变化是,出现了一些由著名学者创办的高等教育机构。

(六)希腊化时期教育的变化

第一,希腊特别是雅典的学校教育制度,被广泛地传播到小亚细亚、美索不达米亚、波斯和埃及等广大地区,对这些地区的教育发展,起到了积极的推动作用。

第二,文化和教育的中心发生转移。在古典时期,雅典一直是文化和教育的中心,而在希腊化时期,文化和教育的中心逐步转移到亚历山大利亚城。该城由于拥有规模宏大的图书馆、博物馆、植物园和气象台,吸引了来自各地的学者,成为当时主要的文化、学术和教育中心,成为东西方文化交流的中心。

第三,希腊的初级学校发生蜕变。在古典时期,希腊的小学通常注重以德育、智育、美育和体育为基本内容的多方面教育,以促进学生的多方面发展。而在希腊化时期,由于城邦的覆灭,带有军事性质的体育首先被取消,美育逐步被削弱,小学教育主要局限于读、写、算等知识性科目,注重和谐发展和多方面教育的传统遭到破坏。

第四,中等教育同样面临衰微的境地。在希腊化时期,原有的中等教育机构——体育馆为文法学校所取代。与此相联系,中等教育日益偏重于知识教学,尤其强调文学教育,体育和美育被忽视。

第五,希腊化时期真正得到明显发展的是高等教育。除原有的柏拉图的学园、亚里士多德的吕克昂和伊索克拉底的修辞学校之外,又出现了由芝诺开办的斯多噶学派的哲学学校和由伊壁鸠鲁开办的伊壁鸠鲁学派的哲学学校。公元前200年前后,上述几所学校被合并成为雅典大学。经过长时间的发展,到公元2—3世纪,雅典大学成为非常著名的学术研究中心和高等教育中心,为传播希腊文化、科学和学术,做出了重要的贡献。

三、课后习题解答

1.与斯巴达教育相比,雅典教育的基本特点是什么?

答:雅典教育与斯巴达教育是古希腊城邦国家的两种教育,两者具有不同的特点,与斯巴达相比,雅典的教育具有自身独特的特点。其表现如下。

(1)雅典教育通过教育要求学生在体力、智力、美感和品德等方面得到和谐的发展,注重学生的全面发展,这在斯巴达的教育中是找不到的。

(2)与斯巴达教育相比,雅典的教育目的是不仅把统治阶级的子弟训练成身强体壮的军人,更要把他们培养成具有多种才能、能言善辩、善于通商交往的政治家、商人,而斯巴达教育是单纯的军事教育,把学生训练成为只会打仗的士兵。

(3)雅典把知识教育作为培养奴隶主阶级的政治活动家和官吏的最主要的教育内容,可以让他们学到航海知识和政治法律知识,这是斯巴达教育望尘莫及的。

(4)雅典对音乐教育的要求比斯巴达要高得多,斯巴达设置音乐歌唱仅仅为了战场上鼓舞士气,而雅典的音乐教育主要在培养人的节奏感,进而作为表达思想、抒发情感的有力武器,雅典的音乐教育是其和谐教育和文雅教育的主要组成部分。

(5)与斯巴达实用性的国家导向教育相比,雅典教育对于理性主义的重视,对于身心和谐发展教育理念的理解,对职业化和专业化教育的反对,对自由教育的强调等对后世的教育思想和实践具有重要影响。

2.试分析雅典教育特点形成的基本原因。

答:雅典教育特点的形成是与经济、政治、文化科学发展相联系的,可以从三个方面来分析。

(1)经济上,雅典奴隶制经济比较发达,工商业经济繁荣。雅典是中希腊南部亚狄加的首府,沿袭为国名。境内多山,不适宜农业,只能种植橄榄、葡萄,但矿藏丰富,手工业发达。雅典濒临海岸,多良港,交通方便,不仅与境内各国贸易频繁,而且与北非、西亚也有频繁的贸易往来,是中希腊各城邦与东方联系的前缘地带,至公元前5世纪初成为全希腊最繁荣富强的国家。

(2)政治上,雅典长期实行奴隶主的民主体制,具有较好的民主气息。雅典的阶级关系比斯巴达复杂,除了奴隶主和奴隶的长期殊死搏斗外,以手工业者和农民为主体的下层自由民与贵族奴隶主之间的矛盾也极为尖锐。自公元前6世纪初,首席执政官梭伦实行有利于工商业奴隶和下层自由民的政治经济改革后,经过庇西特拉图的僭主政治,特别是克里斯提尼的改革,至公元前6世纪末,胜利地结束了贫民反抗的斗争,雅典的奴隶主民主政治终于在战胜氏族贵族专政的基础上建立起来。

(3)文化上,繁荣的工商业经济,民主的奴隶主政治,促进了雅典文化科学的发展。公元前5世纪—前4世纪,雅典出现了各种哲学派别:艺术水平很高的雕刻和美术作品,文学、史学也很发达,科学如天文、算数、几何都得到较高的发展。

3.智者在古希腊教育发展中的贡献是什么?

答:第一,智者云游各地,授徒讲学,以钱财而不以门第作为教学的唯一条件,这既推动了文化的传播,又由于教育对象范围的扩大而促进了社会的流动。

第二,智者适应了时代对辩论、演讲的广泛需要,抱着实用的目的研究与辩论、演讲直接相关的文法、修辞、哲学等科目,并把这些知识传授给他人,因而,既拓展了学术研究的领域,又扩大了教育内容的范围。西方教育史上沿用长达千年之久的"七艺"中的前三艺(文法、修辞学和辩证法),正是由智者首先确定的。

第三,智者最关心的是道德问题和政治问题,并把系统的道德知识和政治知识作为主要教育内容。这样,不仅丰富了教育的内容,而且提供了一种新型的教育——政治家或统治者的预备教育。这种教育是奴隶主民主政治发展到鼎盛时期所必然产生的客观需要。

智者派的教育活动顺应了时代的要求,并使这种教育得以确立。不仅如此,随着奴隶主民主政治的衰落,这种教育不但没有失去其存在的价值,反而日益成为人们关注的重大问题。

四、考研真题汇编

(一)名词解释

1.智者派。(福建师范大学2012年研,武汉大学2016年研)

2.学园。(华中师范大学2015研)

3.智者。(山东师范大学2015年研,中央民族大学2017年研)

(二)简答题

4.简述智者在古希腊教育发展中的贡献。(中山大学2011年研)

5.简述斯巴达与雅典教育的异同。(中国海洋大学2017年研)

6.简述比较斯巴达教育和雅典教育的特点。(西北师范大学2017年研)

参考答案:

1.(1)智者派的主要代表人物包括普罗塔哥拉、高尔吉亚、普罗狄克、希庇阿斯、安提丰等。

(2)智者派共同的思想特征是相对主义、个人主义、感觉主义和怀疑主义。在智者看来,一切知识、真理和道德都是相对的,都依赖于具体的感知者。在一个人看来是真的,就是他所说的真。没有客观真理,只有主观意见。

(3)智者不仅在希腊文化史上占有重要的地位,作为西方最早的职业教师,他们对希腊教育实践和教育思想的发展,同样做出了重大的贡献。

(4)作为职业教师,智者已经较为明确地意识到教育活动的特殊性,并开始自觉地把教育现象与政治现象、道德现象等社会现象相区分。他们把教育过程当作一个运用秉赋、进行练习的过程。另一方面,他们也明确地认识到,教育与政治、道德具有密切的相互联系,教育在国家生活中具有举足轻重的作用。

2.(1)学园属于高等教育。希腊化时期真正得到明显发展的是高等教育。

(2)著名的学园是指柏拉图的学园(阿加德米)、亚里士多德的学园(吕克昂)。

(3)公元前200年前后,柏拉图的学园、亚里士多德的吕克昂和伊索克拉底的修辞学校、芝诺开办的斯多噶学派的哲学学校和由伊壁鸠鲁开办的伊壁鸠鲁学派的哲学学校等被合并成为雅典大学。

(4)经过长时间的发展,到公元2—3世纪,雅典大学成为非常著名的学术研究中心和高等教育中心,为传播希腊文化、科学和学术,做出了重要的贡献。

3.(1)古典时期是希腊教育发展的黄金时期。以智者的出现为标志,希腊(尤其是雅典)教育进入了一个新的发展阶段。

(2)所谓"智者"(sophistes,又称诡辩家),在荷马时代,是指某种精神方面的能力和技巧,以及拥有这些能力和技巧的人。在《荷马史诗》中,造船工、战船驭手、航船舵手、占星术者、雕刻匠等,都被称作"智者"。此后,各行各业具有专门知识和技艺的人,如诗人、音乐家、医生、自然哲学家等,也被称为"智者"。随着"智者"词义的延伸,具有治国能力的人同样被称作智者。

(3)到公元前5世纪后期,"sophistes"一词获得了新的、特殊的含义,被用来专指以收费授徒为职业的巡回教师。这些人云游各地,积极参加城邦的政治和文化生活,以传播和传授知识获得报酬,并逐步形成了一个阶层。哲学史、文化史和教育史所探讨的就是这种意义上的智者。

4.第一,智者云游各地,授徒讲学,以钱财而不以门第作为教学的唯一条件,这既推动了文化的传播,又由于教育对象范围的扩大而促进了社会的流动。

第二,智者适应了时代对辩论、演讲的广泛需要,抱着实用的目的研究与辩论、演讲直接相关的文法、修辞、哲学等科目,并把这些知识传授给他人,因而,既拓展了学术研究的领域,又扩大了教育内容的范围。西方教育史上沿用长达千年之久的"七艺"中的前三艺(文法、修辞学和辩证法),正是由智者首先确定的。

第三,智者最关心的是道德问题和政治问题,并把系统的道德知识和政治知识作为主要教育内容。这样,不仅丰富了教育的内容,而且提供了一种新型的教育——政治家或统治者的预备教育。这种教育是奴隶主民主政治发展到鼎盛时期所必然产生的客观需要。

智者派的教育活动顺应了时代的要求,并使这种教育得以确立。不仅如此,随着奴隶主民主政治的衰落,这种教育不但没有失去其存在的价值,反而日益成为人们关注的重大问题。

5.(1)相同点:雅典的教育与斯巴达教育相比,都是为奴隶主阶级服务的,奴隶无权享受教育;政府都很注重教育,尤其注重对男子的教育;学生每个年龄段在不同的学校学习不同的内容;教育为统治服务。

(2)区别。

1)政府对教育的态度不同。斯巴达采取严格的集权领导,把儿童视为国有,政府官员及社会成年人对青少年履行监管的义务,青少年必须服从,青少年免费接受教育。而雅典,对教育则采取放任政策,把教育子女视为家庭的职责,为孩子选择合适的学校,并交纳学费,都是家长应尽的职责。

2)培养目标不同。斯巴达统治者对内施行暴政;对外则实行防御、侵略政策,以训练勇敢善战的士兵为重任,女子也不例外。雅典为使奴隶主子弟有条件参加政治和经济活动——跻身政界和经营贸易,则竭力培养其成为身强力壮、品德优良、多才善辩而且有文化修养的和谐发展的人,即公民。

3)教育机构不同,斯巴达为锻炼战士,由国家的7~18岁的男子设立兵营式的教练所,为18岁以上的男子设立青年"士官团",行尚武教育。雅典则由私人设置多种类型的学校,如体操学校、音乐学校、文法学校、修辞学校,以及哲学家的学园等,程度不齐,流派甚众,任人选择就学,政府不求整齐划一。

4)教育内容不同。斯巴达的教练所和士官团以军事训练和体育锻炼为主。

6.(1)斯巴达的教育具有以下特点。一是,教育的国家性。由城邦全权负责青少年的教育,教育机构由国家设置,教育者由国家管理充任。二是,教育的军事性。斯巴达教育以培养军人为最高宗旨,以军事训练为主要内容。三是,教育的单一性。单纯强调军事体育训练,忽视文化知识的学习。四是,教育的野蛮性。斯巴达人在教育方面采用了最粗暴的方法,教育方式极其残忍。

(2)雅典的教育具有以下特点。一是鲜明的阶级性。在雅典,受教育是贵族和平民子弟的特权,奴隶根本没有资格接受教育。二是注重文化知识在学生成长中的作用,强调教育要培养体力、智力、美感和品德等全面和谐发展的雅典人。三是雅典的学校有国立和私立两种。四是雅典对女子教育严重忽视,女子地位较低。

五、强化训练及详解

(一)选择题

1.( )的教育是一种非制度化的教育,其目的是培养像阿喀琉斯那样勇敢、武艺高强和像奥德修斯那样足智多谋、能言善辩的武士。
   A.荷马时代   B.古风时代   C.古典时代   D.希腊化时期

2.( )的主要任务是通过严格的军事体育训练和道德灌输,使儿童养成健康的体魄、顽强的意志以及勇敢、坚忍、顺从、爱国等品质。
   A.荷马时代的教育   B.斯巴达教育
   C.雅典教育   D.希腊化时期的教育

3.( )要培养公民在履行公共义务时所应具有的理智、聪慧和公正等品质。
   A.荷马时代的教育   B.斯巴达教育
   C.雅典教育   D.希腊化时期的教育

4.( )及其学派的理论的基本核心是高度重视数学,把数学当作万物的本源,并主张灵魂不死、灵魂轮回。
   A.毕达哥拉斯   B.柏拉图   C.亚里士多德   D.苏格拉底

5.( )把数当作世界的本源,认为数具有完全、匀称、和谐三种特性,这些特性乃是天心所示,也是人心所求。
   A.毕达哥拉斯   B.柏拉图   C.亚里士多德   D.苏格拉底

6.( )是希腊教育发展的黄金时期。
   A.荷马时代   B.古风时代   C.古典时代   D.希腊化时期

7.( )真正得到明显发展的是高等教育。
   A.荷马时代   B.古风时代   C.古典时代   D.希腊化时期

8.公元前387年,( )创办了学园(阿加德米)。
   A.毕达哥拉斯   B.柏拉图   C.亚里士多德   D.苏格拉底

(二)填空题

9.《荷马史诗》包括 _____ 和 _____。

10.黑格尔把_____称作希腊"第一个民众教师"。

11.毕达哥拉斯把_____当作世界的本源。

12.智者派包括_____、_____、_____。

13.著名修辞学家、教育家_____创办了修辞学校。

14.柏拉图创办了_____。

15.亚里士多德创办了_____。

16.在_____,雅典一直是文化和教育的中心,而在_____,文化和教育的中心逐步转移到亚历山大利亚城。

(三)名词解释

17.荷马时代。

18.毕达哥拉斯。

19.智者。

20.智者派。

21.荷马时代的教育。

22.斯巴达教育。

(四)简答题

23.简述希腊化时期教育的变化。

24.简述智者做出的重大贡献。

25.从教育史的角度看,普罗塔哥拉在普罗米修斯盗神火和技术给人类的神话中实际上说明了哪几个重要的教育问题?

26.简述比较斯巴达教育和雅典教育的特点。

(五)论述题

27.论述希腊文化和教育的发展过程通常被划分为哪四个阶段?

参考答案:

　　1.A　2.B　3.C　4.A　5.A　6.C　7.C　8.B

　　9.《伊里亚特》;《奥德修记》

　　10.毕达哥拉斯

　　11.数

　　12.普罗塔哥拉;高尔吉亚;普罗狄克;希庇阿斯;安提丰

　　13.伊索克拉底

　　14.学园(阿加德米)

　　15.学园(吕克昂)

　　16.古典时期;希腊化时期

　　17.公元前1100—前800年之所以被称为荷马时代,是因为关于这个时期的资料主要来自《荷马史诗》。《荷马史诗》相传为生活在公元前9世纪的盲诗人荷马所作,包括《伊里亚特》和《奥德修记》两个部分。史诗主要叙述了希腊人攻打小亚细亚的特洛伊城的前后经过,歌颂了阿喀琉斯、奥德修斯等希腊英雄的业绩。由于这个原因,荷马时代又被称为"英雄时代"。

　　18.(1)毕达哥拉斯是古希腊最早的教育思想家。

　　(2)毕达哥拉斯及其学派的理论的基本核心是高度重视数学,把数学当作万物的本源,并主张灵魂不死、灵魂轮回。这些理论直接影响了他本人及其弟子关于教育的主张。

（3）黑格尔把毕达哥拉斯称作希腊"第一个民众教师"。

19.所谓"智者"，在荷马时代，是指某种精神方面的能力和技巧，以及拥有这些能力和技巧的人。在《荷马史诗》中，造船工、战船驭手、航船舵手、占星术者、雕刻匠等，都被称作"智者"。此后，各行各业具有专门知识和技艺的人，如诗人、音乐家、医生、自然哲学家等，也被称为"智者"。随着"智者"词义的延伸，具有治国能力的人同样被当作智者。到公元前5世纪后期，"sophistes"一词获得了新的、特殊的含义，被用来专指以收费授徒为职业的巡回教师。这些人云游各地，积极参加城邦的政治和文化生活，以传播和传授知识获得报酬，并逐步形成了一个阶层。哲学史、文化史和教育史所探讨的就是这种意义上的智者。

20.智者派的主要代表人物包括普罗塔哥拉、高尔吉亚、普罗狄克、希庇阿斯、安提丰等。

智者派共同的思想特征是相对主义、个人主义、感觉主义和怀疑主义。

21.（1）从《荷马史诗》可见，在荷马时代尚未出现学校这种专门的教育机构，对儿童和青少年的教育主要是在实际的生活过程中进行的。通过参与成年人的各种活动，儿童和青年逐渐获得社会所需要的各种知识和技能。教育内容大致以军事和与军事直接有关的知识、技能为主，同时也注重演说能力的培养。在《荷马史诗》中，包括阿喀琉斯在内的大多数英雄既是武艺高强的战士，又是在议事会上能言善辩的演说家。这反映了军事民主制社会对人的基本要求。

（2）荷马时代教育的另一个重要方面是道德教育。《荷马史诗》中所歌颂的英雄都是品行高尚、人格健全的道德典范。在他们身上，集中了各种为社会所肯定的美德：勇敢、正义、忠诚、大公无私、热爱集体、智慧等。从中可以看出，在对青年人的教育中，道德教育占据重要的地位。在荷马时代，希腊人最为重视的道德品质是智慧、勇敢、节制和正义。

（3）概括地说，荷马时代的教育是一种非制度化的教育，其目的是培养像阿喀琉斯那样勇敢、武艺高强和像奥德修斯那样足智多谋、能言善辩的武士。

22.（1）在斯巴达，教育被当作一项极为重要的国家事业。

（2）斯巴达人实行严格的体检制度。

（3）在7岁以前，公民子女在家中接受母亲的养育。

（4）7岁至18岁，儿童进入国家的教育机构，开始军营生活。在这个阶段，教育的主要任务是通过严格的军事体育训练和道德灌输，使儿童养成健康的体魄、顽强的意志以及勇敢、坚忍、顺从、爱国等品质。教育的主要内容是"五项竞技"。

（5）从18岁起，公民子弟进入高一级的教育机构——青年军事训练团。

（6）年满20岁的公民子弟开始接受实战训练，到30岁，正式获得公民资格。

（7）斯巴达人非常重视女子教育。

23.第一，希腊特别是雅典的学校教育制度，被广泛地传播到小亚细亚、美索不达米亚、波斯和埃及等广大地区,对这些地区的教育发展,起到了积极的推动作用。

第二,文化和教育的中心发生转移。在古典时期,雅典一直是文化和教育的中心,而在希腊化时期,文化和教育的中心逐步转移到亚历山大利亚城。该城由于拥有规模宏大的图书馆、博物馆、植物园和气象台,吸引了来自各地的学者,成为当时主要的文化、学术和教育中心,成为东西方文化交流的中心。

第三,希腊的初级学校发生蜕变。在古典时期,希腊的小学通常注重以德育、智育、美育和体育为基本内容的多方面教育,以促进学生的多方面发展。而在希腊化时期,由于城邦的覆灭,带有军事性质的体育首先被取消,美育逐步被削弱,小学教育主要局限于读、写、算等知识性科目,注重和谐发展和多方面教育的传统遭到破坏。

第四,中等教育同样面临衰微的境地。在希腊化时期,原有的中等教育机构——体育馆为文法学校所取代。与此相联系,中等教育日益偏重于知识教学,尤其强调文学教育,体育和美育被忽视。

第五,希腊化时期真正得到明显发展的是高等教育。除原有的柏拉图的学园、亚里士多德的吕克昂和伊索克拉底的修辞学校之外,又出现了由芝诺开办的斯多噶学派的哲学学校和由伊壁鸠鲁开办的伊壁鸠鲁学派的哲学学校。公元前200年前后,上述几所学校被合并成为雅典大学。经过长时间的发展,到公元2—3世纪,雅典大学成为非常著名的学术研究中心和高等教育中心,为传播希腊文化、科学和学术,做出了重要的贡献。

24.第一,智者云游各地,授徒讲学,以钱财而不以门第作为教学的唯一条件,这既推动了文化的传播,又由于教育对象范围的扩大而促进了社会的流动。

第二,智者适应了时代对辩论、演讲的广泛需要,抱着实用的目的研究与辩论、演讲直接相关的文法、修辞、哲学等科目,并把这些知识传授给他人,因而,既拓展了学术研究的领域,又扩大了教育内容的范围。西方教育史上沿用长达千年之久的"七艺"中的前三艺(文法、修辞学和辩证法),正是由智者首先确定的。

第三,智者最关心的是道德问题和政治问题,并把系统的道德知识和政治知识作为主要教育内容。这样,不仅丰富了教育的内容,而且提供了一种新型的教育——政治家或统治者的预备教育。这种教育是奴隶主民主政治发展到鼎盛时期所必然产生的客观需要。智者派的教育活动顺应了时代的要求,并使这种教育得以确立。不仅如此,随着奴隶主民主政治的衰落,这种教育不但没有失去其存在的价值,反而日益成为人们关注的重大问题。

25.第一,德行是城邦存在和发展的前提,人人都应当具有德行。对那些不道德的人应该严加管束和惩罚。这是因为,德行本是可以通过学习、训练而得到的。这里实际上包含了德行可教的思想。

第二，正因为德行是政治社会存在的基础，而道德又是通过教育而获得的，这就赋予教育在城邦事务中以非常重要的作用。

第三，因为人人皆具有德行，因而人人都应获得接受教育和训练的机会，从而进一步发展德行。从这个意义上讲，任何人都具有接受教育的权利。更为重要的是，任何人只要经过训练，就可以成为有道德、有能力的人，就可以具备做一个统治者的资格。这种思想无疑反映了雅典奴隶主民主政治的客观要求。

第四，道德是可教的，但是，这种教育应当是一种实际的练习，而不是说教。

26.(1)斯巴达的教育具有以下特点。一是，教育的国家性。由城邦全权负责青少年的教育，教育机构由国家设置，教育者由国家管理充任。二是，教育的军事性。斯巴达教育以培养军人为最高宗旨，以军事训练为主要内容。三是，教育的单一性。单纯强调军事体育训练，忽视文化知识的学习。四是，教育的野蛮性。斯巴达人在教育方面采用了最粗暴的方法，教育方式极其残忍。

(2)雅典的教育具有以下特点。一是鲜明的阶级性。在雅典，受教育是贵族和平民子弟的特权，奴隶根本没有资格接受教育。二是注重文化知识在学生成长中的作用，强调教育要培养体力、智力、美感和品德等全面和谐发展的雅典人。三是雅典的学校有国立和私立两种。四是雅典对女子教育严重忽视，女子地位较低。

27.(1)荷马时代(公元前1100—前800年)。

1)从《荷马史诗》上的文字可见，在荷马时代尚未出现学校这种专门的教育机构，对儿童和青少年的教育主要是在实际的生活过程中进行的。通过参与成年人的各种活动，儿童和青年逐渐获得社会所需要的各种知识和技能。

2)教育内容大致以军事和与军事直接有关的知识、技能为主，同时也注重演说能力的培养。在《荷马史诗》中，包括阿喀琉斯在内的大多数英雄既是武艺高强的战士，又是在议事会上能言善辩的演说家。这反映了军事民主制社会对人的基本要求。

3)荷马时代教育的另一个重要方面是道德教育。《荷马史诗》中所歌颂的英雄都是品行高尚、人格健全的道德典范。在他们身上，集中了各种为社所肯定的美德：勇敢、正义、忠诚、大公无私、热爱集体、智慧等。从中可以看出，在对青年人的教育中，道德教育占据重要的地位。在荷马时代，希腊人最为重视的道德品质是智慧、勇敢、节制和正义(这就是以后希腊思想家所概括的"四大德")。

4)概括地说，荷马时代的教育是一种非制度化的教育，其目的是培养像阿喀琉斯那样勇敢、武艺高强和像奥德修斯那样足智多谋、能言善辩的武士。

(2)古风时代(公元前800—前500年)，分为斯巴达教育和雅典教育两个时期。

1)斯巴达教育。①在斯巴达，教育被当作一项极为重要的国家事业。②斯巴达人实行严格的体检制度。公民子女出生后,由长老代表国家检查新生儿的体质情况。只有那些健康的新生儿才被允许抚养。实行体检制度的目的在于保证种族在体质上的"优越性",培养体格强壮的战士。③在 7 岁以前,公民子女在家中接受母亲的养育。7 岁至 18 岁,儿童进入国家的教育机构,开始军营生活。在这个阶段,教育的主要任务是通过严格的军事体育训练和道德灌输,使儿童养成健康的体魄、顽强的意志以及勇敢、坚忍、顺从、爱国等品质。教育的主要内容是"五项竞技"。④从 18 岁起,公民子弟进入高一级的教育机构——青年军事训练团。入团前,青年们在神庙的祭坛前当众接受鞭打的考验,凡能忍受者为合格,忍受鞭打次数最多者为优胜,将受到奖励;哀号求免者被剥夺入团资格。青年军事训练团的主要任务是进行正规的军事训练,其中的一个重要科目是所谓的"秘密服役",即在夜间对希洛人进行突然袭击。⑤年满 20 岁的公民子弟开始接受实战训练,到 30 岁,正式获得公民资格。⑥斯巴达人非常重视女子教育。

2)雅典教育。①雅典城邦高度重视教育。早在公元前 6 世纪,梭伦立法中就明确规定,父亲有责任让其子女接受适当的教育,否则,子女成年后有权不赡养父亲。②雅典人认为,培养公民在履行公共义务时所应具有的理智、聪慧和公正等品质,是要由国家来规定的。但是,在如何安排个人的闲暇时间以及勇敢、强壮等品质的培养上,就不能完全依靠由国家控制的教育。因此,雅典盛行私人办学,国家只负责 16~20 岁青年的教育。③公民子女出生后,也要进行体格检查,所不同的是,雅典儿童的体检是由父亲负责进行的。7 岁前,儿童在家中由父母养育。7 岁以后,女孩继续在家中,由母亲负责教育,学习纺织、缝纫等技能。男孩 7 岁后则开始进入文法学校、弦琴学校学习。文法学校主要教授读、写、算等知识,弦琴学校则教授音乐、唱歌、朗诵等。这两类学校都是私立的、收费的。④儿童上学、放学均有"教仆"陪同,以避免儿童接受街头的不良影响。教仆大多为有一定知识的奴隶。⑤到 13 岁左右,公民子弟除继续在文法学校或弦琴学校学习外还要进入体操学校,接受各种体育训练:游泳、舞蹈、赛跑、跳跃、摔跤、掷铁饼、投标枪,其目的在于使公民子弟具有健全的体魄和顽强、坚忍的品质。⑥到十五六岁,大多数公民子弟不再继续上学,开始从事各种职业,少数显贵子弟则进入国立体育馆,接受体育、智育和审美教育。⑦18~20 岁,青年进入青年军事训练团,接受军事教育。⑧到 20 岁,经过一定的仪式,青年被授予公民称号。

(3)古典时代(公元前 500—前 330 年)。

1)古典时期是希腊教育发展的黄金时期。以智者的出现为标志,希腊(尤其是雅典)教育进入了一个新的发展阶段。

2)所谓"智者",在荷马时代,是指某种精神方面的能力和技巧,以及拥有这些能力和技巧的人。在《荷马史诗》中,造船工、战船驭手、航船舵手、占星术者、雕刻匠等,都被称作"智者"。此后,各行各业具有专门知识和技艺的人,如诗人、音乐家、医生、自然哲学家等,也被称为"智者"。随着"智者"词义的延伸,具有治国能力的人同样被称作智者。

3)到公元前5世纪后期,"sophistes"一词获得了新的、特殊的含义,被用来专指以收费授徒为职业的巡回教师。这些人云游各地,积极参加城邦的政治和文化生活,以传播和传授知识获得报酬,并逐步形成了一个阶层。哲学史、文化史和教育史所探讨的就是这种意义上的智者。

4)智者派的主要代表人物包括普罗塔哥拉、高尔吉亚、普罗狄克、希庇阿斯、安提丰等。

5)智者派共同的思想特征是相对主义、个人主义、感觉主义和怀疑主义。在智者看来,一切知识、真理和道德都是相对的,都有赖于具体的感知者。在一个人看来是真的,就是他所说的真。没有客观真理,只有主观意见。

6)智者不仅在希腊文化史上占有重要的地位,作为西方最早的职业教师,他们对希腊教育实践和教育思想的发展,同样做出了重大的贡献。

(4)希腊化时期(公元前330—前30年)。

第一,希腊特别是雅典的学校教育制度,被广泛地传播到小亚细亚、美索不达米亚、波斯和埃及等广大地区,对这些地区的教育发展,起到了积极的推动作用。

第二,文化和教育的中心发生转移。在古典时期,雅典一直是文化和教育的中心,而在希腊化时期,文化和教育的中心逐步转移到亚历山大利亚城。该城由于拥有规模宏大的图书馆、博物馆、植物园和气象台,吸引了来自各地的学者,成为当时主要的文化、学术和教育中心,成为东西方文化交流的中心。

第三,希腊的初级学校发生蜕变。在古典时期,希腊的小学通常注重以德育、智育、美育和体育为基本内容的多方面教育,以促进学生的多方面发展。而在希腊化时期,由于城邦的覆灭,带有军事性质的体育首先被取消,美育逐步被削弱,小学教育主要局限于读、写、算等知识性科目,注重和谐发展和多方面教育的传统遭到破坏。

第四,中等教育同样面临衰微的境地。在希腊化时期,原有的中等教育机构——体育馆为文法学校所取代。与此相联系,中等教育日益偏重于知识教学,尤其强调文学教育,体育和美育被忽视。

第五,希腊化时期真正得到明显发展的是高等教育。除原有的柏拉图的学园、亚里士多德的吕克昂和伊索克拉底的修辞学校之外,又出现了由芝诺开办的斯多噶学派的哲学学校和由伊壁鸠鲁开办的伊壁鸠鲁学派的哲学学校。公元前200年前后,上述几所学校被合并成为雅典大学。经过长时间的发展,到公元2—3世纪,雅典大学成为非常著名的学术研究中心和高等教育中心,为传播希腊文化、科学和学术,做出了重要的贡献。

第四章　苏格拉底、柏拉图、亚里士多德的教育思想

一、考点概述

（1）苏格拉底的教育思想：论教育的意义与目的、论德育、论智育、苏格拉底方法、论健康与锻炼。

（2）柏拉图的教育思想：时代与生平、政治观、哲学观、《理想国》中的教育观。

（3）亚里士多德的教育思想：生平与世界观、教育理论、对实际教育工作的意见、伦理学与德育。

二、章节精讲

（一）苏格拉底论教育的目的与意义

1.意义

苏格拉底认为，人天生是有区别的。但不管这种区别有多大，教育能使人得到改进。不论是天资比较聪明的人还是天资比较鲁钝的人，都必须勤学苦练。越是秉赋好的人，越需要受教育，否则，好的秉赋就会使人变得难以驾驭。仅凭财富不能使人有才德，以为富有就不需要受教育的人是愚人。

2.目的

苏格拉底认为教育的目的是培养治国人才。他对雅典流行的用抽签办法挑选国家官员的传统一再提出批评，认为把管理国家大事这种重大任务交给偶然中签的随便什么人，而不问他们的才德如何，这是不负责任的极端民主。苏格拉底是专家治国论者，他认为治国者必须有德有才，深明事理，具有各种实际知识。至于担任将领，更必须通过学习，具有军事知识，因为在战时，整个城邦都交到将军手中，他的成败影响到城邦的成败。

（二）苏格拉底论道德

伦理、道德问题是苏格拉底整个思想体系的中心。

1.实践的哲学——道德

苏格拉底认为，自然哲学家的研究不能解决现实问题。哲学应从天上回到地

上,从自然回到人间,从研究自然转向研究人类自身的问题,伦理、政治、哲学的研究应当是能够实践的。

2.寻求道德的"一般"

苏格拉底不满意智者的怀疑论和相对主义,他汲取自然哲学家探讨万物本源的思想方法,要求在真理、道德问题上探求普遍有效的"一般",寻求本质,研究伦理概念的一般定义。

3.教人学会做人

苏格拉底认为,教育的首要任务是培养道德,教人"怎样做人"。

4.智慧即德行

苏格拉底认为道德不是天生的,正确的行为基于正确的判断,做坏事的人按照错误的判断行事,没有人会明知故犯,所以教人道德就是教人智慧,教人辨别是非、善恶,正确地行事,智慧就是道德。

5.自制是德行的基础

苏格拉底要求人们以明智的认识约束自己的行为,抑制自己的欲望。他认为自制是"一切德行的基础"。对一个人来说,口才的流利、办事的能力、心思的精巧都是次要的,"首先必需的是自制"。他谆谆教人"把自制看得比什么都重要"。不能自制就使智慧和人远离,使人对快乐流连忘返,使本来能分辨好坏的人丧失辨别能力。

6.守法就是正义

苏格拉底认为,正义的行为和其他一切道德都是智慧。区分正义与非正义的标志是什么?"守法就是正义。"正义的本质含义就是遵守城邦的法律。苏格拉底将教育、道德和政治、法律完全糅合在一起。

7.身教重于言教

苏格拉底不仅劝人向善,而且他本人就是崇高道德的榜样。他严于律己,以身教人。

(三) 苏格拉底论智育

(1)苏格拉底认为,治国者必须具有广博的知识。"在所有的事上,凡受到尊敬和赞扬的人都是那些知识最广博的人,而那些受人谴责和轻视的人都是那些最无知的人。"为此,他孜孜不倦地以各种知识教人。

(2)苏格拉底除教授政治、伦理、雄辩术和人生所需的各种实际知识以外,第一次将几何、天文、算术列为必须学习的科目。学习这些学科的目的在于实用,而不在于纯理论的思辨。他还认为这些知识可以向有实践经验的人学习。

(四)苏格拉底方法(或称产婆术)

(1)苏格拉底在哲学研究和讲学中,形成了由讥讽、助产术、归纳和定义四个步骤组成的独特的方法,称为苏格拉底方法(或称"产婆术")。讥讽是就对方的发言不断提出追问,迫使对方自陷矛盾,无词以对,终于承认自己的无知。助产术即帮助对方自己得到问题的答案。归纳即从各种具体事物中找到事物的共性、本质,通过对具体事物的比较寻求一般。定义是把个别事物归入一般概念得到关于事物的普遍概念。

(2)苏格拉底方法也称为问答法,这是苏格拉底探讨伦理哲学的研究方法,也是他的教学方法。这种教学方法的优点是不将现成的结论硬性灌输或强加于对方,而是与对方共同讨论,通过不断提问诱导对方认识并承认自己的错误,自然而然地得到正确的结论。这种方法遵循从具体到抽象、从个别到一般、从已知到未知的规则,为后世的教学法所吸取。后世许多名著都是以问答体形式出现的。但是这种原始的教学方法是在当时没有成熟的教材、教科书和没有正规课堂教学制度的特定历史条件下的产物,它不是万能的教学方法,只能在一定条件下和适度范围内作为参照。

(五)苏格拉底论健康与锻炼

苏格拉底认为,身体健康在平时是有用的,因为人们做一切事情都需要用身体,要尽可能使身体保持最好的状态。至于在战时,身体健康就更重要。健康不是天生的,锻炼可以使人身体强壮。那些天生体质脆弱的人,只要锻炼身体,就会在他所锻炼的方面强壮起来,比那些忽略锻炼的人更能够轻而易举地经受住疲劳。

(六)柏拉图的政治观和哲学观

1.政治观

他在头脑中构建了一个"理想国"。在理想国中,爱智慧、掌握了真理的深明事理的哲学家居于统治地位,居于辅佐地位的是具有勇敢美德的军人,这两种人都是护卫者。第三类人则是具有节制美德的手工业者和农民。三类人各安其位,各尽其责,互不逾越自己的本分,分工而又合作,不同而又和谐一致,这就是正义。智慧、勇敢、节制、正义,这就是理想国中的四种美德。柏拉图认为,只有哲学家成为统治者,理想的国家才能成为现实。

2.哲学观

柏拉图青年时代学习过赫拉克利特的哲学,受到万物皆流、物无常在观点的影响。但是他抛弃了赫拉克利特的辩证法思想的核心,得出了轻视感性事物的结论。他认为从感性事物中不能得到真实知识,哲学的任务是超越变幻无常的感性世界,追求常驻不变的、无生无灭的永恒世界。柏拉图又受到毕达哥拉斯灵魂不灭思想的影响,相信轮回说和灵魂转世说,认为身体是灵魂的囚笼、坟墓,灵魂只有脱离肉体,才能升华,达到灵魂的净化。他将哲学观和政治观结合起来,提出了两个世界的理论。他将世界划分为现象世界和理念世界。现象世界是不完善、不真实、暂时的,只有理念世界才是完善、真实、永恒的。哲学应追求真实知识、追求共相,追求普遍永恒的真理。在理念世界的众多理念(共相)中,最高的理念是善的理念。柏拉图关于现象世界和理念世界的划分,实际上是他对感性与理性、现象与本质的关系的扭曲,而最高的善的理念不过是他的思维在头脑中的产物。

(七)柏拉图的认识论:学习即回忆

柏拉图给自己的认识论蒙上了一层神秘主义的迷雾。他认为从感性的个别的事物中不能得到真知识,只有通过感性事物引起思维,认识共相,才能达到对真理的把握。

强调理性思维,追求共相、本质,这个本来深刻的哲学见解被他做了唯心主义的解释,他把思维、共相看成是与外界无关的、存在于人的灵魂的内部。他说人在出生以前已经获得了一切事物的知识,当灵魂依附于肉体(降生)后,这些已有的知识被遗忘了,通过接触感性事物,才重新"回忆"起已被遗忘的知识。"认识就是回忆","一切研究、一切学习只不过是回忆罢了"。学习并不是从外部得到什么东西,它只是回忆灵魂中已有的知识。

(八)柏拉图《理想国》中的教育观

(1)柏拉图认为,教育和培养是当政者应注意的一件大事。理想国的建立和保持,端赖于教育,一个人得到的培养如果不合适,那么最好的天赋所得到的结果甚至会比差的天赋所得到的结果还要坏。

(2)理想国中对儿童也实行公养公育。婴儿呱呱坠地后即被送入国立养育院。

(3)柏拉图认为女子应和男子受同样的教育,从事同样的职业。女子应同样受体操训练和军事教育。只有这样,各种天赋才能同样分布于男女两性,根据自然,各种职务不论男女都可担任。

(4)理想国中重视早期教育。

(5)教育的最终目的是促使"灵魂转向"。柏拉图所要求的这个"灵魂转向",实际就是看问题的立脚点和世界观的转变。

(6)柏拉图是"寓学习于游戏"的最早提倡者,他要求不强迫孩子学习,主张采用做游戏的方法,在游戏中更好地了解每个孩子的天性。但是游戏必须有选择,孩子参加的游戏必须符合法律精神。

(7)柏拉图发展了苏格拉底关于节制的思想,认为节制是一种好秩序或对某些快乐与欲望的控制。

(8)《理想国》中的教育观的积极因素集中体现在以下几个方面:国家重视教育,教育与政治结合;高度评价教育在人的塑造中的作用;将算数、几何、天文、音乐理论四门课程列入教学科目;第一次提出以考试作为选拔人才的手段之一;强调身心协调发展;倡导男女教育平等;注意早期教育;主张课程学习与实际锻炼结合;净化教育内容,反对强迫学习,以理性指导欲望作为道德教育的中心任务等。

(9)《理想国》的教育过于强调一致性,用一个刻板的模子铸造人,忽视个性发展。此外,它拒绝变革,"不让体育和音乐翻新"。

(九) 亚里士多德的教育理论

1.论灵魂的三个组成部分

人的灵魂由三部分构成,即营养的灵魂、感觉的灵魂和理性的灵魂。这三个部分相应于植物的灵魂、动物的灵魂和人的生命。

亚里士多德的灵魂论在教育理论上的重要意义在于以下几点。首先,它说明人也是动物,人的身上也有动物性的东西。它们与生俱来,采取不承认主义或企图消灭它,是违反人的本性,也是做不到的。其次,人具有理性,人不同于动物,高于动物。能否用理性领导欲望,使欲望服从理性,是人与动物区分的标志。任凭欲望肆虐,不听从理性的领导,人就降低成为动物。用理性引导、限制、指导欲望,人就上升成为人。发展人的理性,使人超越于动物的水平,上升为真正的人,这就是教育,特别是德育的任务。最后,灵魂的三个组成部分的理论为教育必须包括体育、德育、智育提供了人性论上的依据。

2.论教育的作用

亚里士多德提到了人形成为人的三个因素,即天性、习惯和理性。重视人的天性、在良好的环境和正当的行为中养成良好的习惯,并通过教育发展人的理性,使天性和习惯受理性的领导,人就能成为有良好德行的人。在这三个因素中,教育显然有其特殊作用。

亚里士多德关于形成人的三要素的理论,是后世关于遗传、环境和教育的理论的雏形,也是卢梭划分自然教育、事物教育和人为教育的张本。不同的是,卢梭认为事物教育和人为教育应服从于自然教育(天性),亚里士多德则坚持天性、习惯服从于理性的指导。

亚里士多德在高度评价教育的作用时,并不认为教育在人的形成中的力量是万能的。教育并不能使那些天性卑劣而又在不良环境中养成了坏习惯的人服从理性的领导。对于拒不服从理性领导的不可救药的人,强制和惩罚是必要的。因此,必须建立公共生活的正确制度,有良好的立法和法律知识的教育。

3.普遍的公立的教育与教育立法

亚里士多德也认为教育应是国家的事务,立法者应首先注意少年人的教育,因为忽视教育就会危害政制,应陶冶公民使他们的生活适合于政府的形式。亚里士多德提到了教育立法,认为"教育应由法律规定"。

(十)亚里士多德对实际工作中的意见

(1)胎教和婴幼儿教育。

(2)初等教育。

(3)高等教育。

(4)兴趣与学习。

(5)家庭教育的特殊功能。

(十一)亚里士多德伦理学与德育

亚里士多德谈论得较多的是美德。美德一词,不仅指道德,也含有长处、特点、效能的意义。亚里士多德将美德分为两类:理性美德和伦理美德,后者才是伦理学讨论的对象。伦理美德就是中道,中道在两种过错之间,一方是过度,一方是不及。道德品质是被过度和不及所破坏的。美德就是适度,恰如其分,恰到好处。

亚里士多德认为美德既非出于本性而生成,也非反乎本性而生成,自然给了我们接受德性的能力,它以潜能的形式存在,然后再以现实活动的方式展示出来,我们必须先进行有关德行的现实活动,才能获得德行,只知道德行是不够的,还要力求在实践中应用或者以某种办法变得善良。

在实践德行中,亚里士多德强调动机与效果的统一,知与行的统一,主观与客观的统一。"合乎德行的行为,本身具有某种品质还不行,只有当行为者在行动时也处于某种心灵状态,才能说它们是公正的、节制的。第一,他必须是有知、自觉的;第二,他必须是有意识地选择行为的,而且是为了行为自身而选择的;第三,他必须在行动中勉力地坚持到底。"亚里士多德认为,对于获得德行来说,知的作用是非常微弱的,其他的条件比知的作用更重要,因为公正和节制的德行是公正和节制的行为多次重复后才产生的。

三、课后习题解答

1.评苏格拉底问答法。

答:见章节精讲。

2.比较苏格拉底和亚里士多德关于美德的见解。

答:古希腊哲学家苏格拉底和亚里士多德在美德上提出了各自的观点,有共同的地方,也有不同之处,具体表现在以下几点。

(1)关于美德的定义。

1)苏格拉底关于美德的定义。他认为"美德即知识",在他看来,凡是人们能够辨别和认识到好的事情,他就一定会去做,没有明知是善却反而为恶者。善是出于知识,而恶是出于无知。所以,美德即关于善的知识。苏格拉底所说的善,无疑是符合奴隶主贵族利益的所谓正义、勇敢、刚毅、节制等品德的,并把知识和行为等同起来。

2)亚里士多德关于美德的定义。他将美德分为两类:理性美德和伦理美德。后者才是伦理学讨论的对象。伦理美德就是中道,中道在两种过错之间,一方是过度,一方是不及,美德就是恰如其分,恰到好处。亚里士多德并不将欲望排除在外,欲望、理性的统一,也就是介于两个极端之间的中项,就是美德,美德也是包含非理性的环节在自身之内的。

(2)关于美德教育的目的。

1)苏格拉底关于美德教育的目的。他认为教育的目的在于培养美德,使人达到至善,强调知识对道德行为的指导意义,要求把美德行为建立在知识的基础之上,特别是要求把知识和美德、知识和德育统一起来。

2)亚里士多德关于美德教育的目的。他认为应该掌握伦理美德,实现欲望、意向、理性的统一,理性的东西和非理性的东西的统一。

(3)关于美德的教育方法。

1)苏格拉底关于美德的教育方法。他从神学唯心论出发,认为美德来源于知识,认为神早就把善的知识给了人的灵魂,所以,知识是先天就有的,他们以一种模糊的状态潜藏于人们的灵魂中,必须通过教育才能使之显露、发展、明确起来,"美德由教育而来"。在教育方法上,应当通过一系列的启发、引导,把潜藏于别人心灵中的知识诱导出来。通过与对方的一问一答,反复诘难,使对方陷于矛盾,怀疑自己原来的知识,积极思考问题,逐步修正错误,寻求正确的答案,得出普遍性的原则、一般性的概念。

2)亚里士多德关于美德的教育方法。他提倡实践,认为美德既非生来就有,也非与天性无关,自然给了我们接受德行的能力。我们应该在实践中获得这些德行,美德在于实践。在实践中,亚里士多德强调成绩与效果的统一,知行的统一,主观与客观的统一。

3.比较柏拉图"知识即回忆"和亚里士多德的"白板说"。

答:柏拉图的"知识即回忆"和亚里士多德"白板说"是关于影响儿童个体发展因素的不同观点。二者既有区别,也有相同之处,主要表现在以下方面。

(1)相同之处。

他们都试图从各自的哲学认识论、政治哲学观等角度出发,来阐述儿童或个体是如何获得知识、形成理性的。他们所探讨的都是影响个体的因素以及这些因素之间的相互关系和作用,总体来看,也就是遗传、环境因素对于个体成长是如何产生影响的。

(2)不同之处。

1)柏拉图的"知识即回忆"是一种内发论,他认为学习并不是从外部得到什么东西,而是回忆灵魂中已有的知识;从感性的个别的事物中不能得到真知识,只能通过感性事物引起思维,认识共相,才能达到对真理的把握;思维、共相与外界无关,存在于人的灵魂内部;人在出生以前已经获得了一切事物的知识,当灵魂依附于肉体后,这些已有的知识被遗忘了,通过接触感性事物,才重新"回忆"起已被遗忘的知识。因此"认识就是回忆","一切研究只不过是回忆罢了";人生来分为不同的种类,分别是金质、银质、铜铁质,一个人的天赋将决定他在今后实践中表现出来的才德。

2)亚里士多德的"白板说"是一种"外铄论",它确认知识是从外面经过感觉进入意识的,这与柏拉图"知识即回忆"的理论相对立,这是古希腊在认识论上的一个成就。但是,亚里士多德这个比喻的合理性是有限的;人的灵魂是不能完全相同的,当感觉的印象进入灵魂时,要经过思维加工,它会引起灵魂性质的变化;人与外界的关系不是纯粹被动的关系,人本身既是主体,又是客体,既是被动的,又是主动的,人的自觉能动性使人与动物区别开来。

柏拉图的"学习就是回忆",强调个体因素对于其后天学习所起的决定性作用,但是他过分夸大了遗传对个体的影响,甚至认为人一生下来的金银铜铁质会决定他们后天的发展,后天的环境和教育因素也只是唤起先天的东西。亚里士多德的"白板说"则强调后天的环境,特别是教育对于个体发展的重要影响。然而,他认为人一生下来就没有任何能力,就像白板一块,过分夸大了后天环境的作用,否认了遗传因素的影响。

4.综述苏格拉底、柏拉图和亚里士多德关于理性与欲望的关系的思想。

答:苏格拉底、柏拉图和亚里士多德对理性与欲望的关系做出了一些具体论述,主要表现在以下几个方面。

(1)理性为根本。三者都强调理性为人的根本,理性在人的思想中占据着主导地位,理性支配着人的思想发展,支配着人的行动和时间。在具体化理性时,他们认为人的理性部分是指获得的美德、知识、理念,通过这些的掌握和发展促进人思想的进步、有助于判断善恶、是非,有助于指导人的实践活动。在谈到教育和理性的关系上,教育应当传授关于美德、善理念的知识,帮助理性获得发展,适应人的成长,洞察世间的一切。

(2)欲望为表象。三者都把人的欲望看作是非理性部分,使人的理性上各方面的需求、欲望受理性的制约,节制于理性,欲望并不能支配人体,却在不同的方面影响人的发展和理性的成长。在苏格拉底看来,饱食、性欲、睡眠、耐冷、耐热和劳动等方面都要实践自制;柏拉图则认为,现象世界不过是理念世界的阴影或摹本,是第二性的;亚里士多德认为植物灵魂,即人的身体的生理部分,动物灵魂,即人的感觉部分,两者属于人的灵魂的非理性部分。

(3)理性与欲望。两者呈现源和流的关系,理性为根本,欲望为表象。而人的发展主要是以理性的成长为基础的,理性应该克制欲望,欲望应该受理性节制,理性支配欲望。三者同时提到了应该用美德中的节制来控制欲望,同时应该通过掌握美德、善的理念、学科知识来促进理性的成长。苏格拉底在生活各方面处处节制自己,做出严格要求,将知识、美德统一起来,求得理性发展;柏拉图主张节制欲望,学习哲学、数学、天文学、物理学、音乐理论,认为这些有助于理性的发展;亚里士多德认为灵魂的高级部分可以控制低级的部分,人的理性灵魂是人的各方面发展的主宰,教育应当适应人的灵魂的各个部分,促进人的理性的发展。

四、考研真题汇编

(一)名词解释

1.苏格拉底方法。(上海师范大学、首都师范大学、天津大学、浙江师范大学2017年研,中央民族大学2018年,天津大学2018年研)

2.苏格拉底。(北京师范大学2017年研)

3.白板说。(四川师范大学2012年研,华中师范大学2013年研)

4.产婆术。(武汉大学、天津师范大学2017年研)

5.《理想国》。(湖南师范大学2017年研,北京师范大学2018年研)

6.学习即回忆。(中南民族大学2016年研)

(二)简答题

7.简述苏格拉底法的基本内容。(东北师范大学2013年研)

8.简述产婆术(或苏格拉底法)。(福建师范大学2010年研,天津大学2016年研)

9.简述柏拉图的教育思想。(苏州大学2016年研,哈尔滨师范大学2017年研)

10.简述亚里士多德的教育思想。(湖南大学2017年研)

11.简述为什么苏格拉底说"美德即知识"。(武汉大学2016年研)

参考答案:

1.(1)苏格拉底在哲学研究和讲学中,形成了由讥讽、助产术、归纳和定义四个步骤组成的独特的方法,称为苏格拉底方法(或称"产婆术")。讥讽就是就对方的发言不断提出追问,迫使对方自陷矛盾,无词以对,终于承认自己的无知。助产术即帮助对方自己得到问题的答案。归纳即从各种具体事物中找到事物的共性、本质，通过对具体事物的比较寻求一般。定义是把个别事物归入一般概念得到关于事物的普遍概念。

（2）苏格拉底方法也称为问答法，这是苏格拉底探讨伦理哲学的研究方法，也是他的教学方法。这种教学方法的优点是不将现成的结论硬性灌输或强加于对方，而是与对方共同讨论，通过不断提问诱导对方认识并承认自己的错误，自然而然地得到正确的结论。这种方法遵循从具体到抽象、从个别到一般、从已知到未知的规则，为后世的教学法所吸取。后世许多名著都是以问答体形式出现的。但是这种原始的教学方法是在当时没有成熟的教材、教科书和没有正规课堂教学制度的特定历史条件下的产物，它不是万能的教学方法，只能在一定条件下和适度范围内作为参照。

2.（1）苏格拉底是古希腊著名的哲学家、教育学家。

（2）苏格拉底论教育的目的与意义。苏格拉底认为，人天生是有区别的。但不管这种区别有多大，教育能使人得到改进。他认为教育的目的是培养治国人才。

（3）苏格拉底论道德。伦理、道德问题是苏格拉底整个思想体系的中心。苏格拉底寻求道德的"一般"；教人学会做人，他认为，教育的首要任务是培养道德，教人"怎样做人"；智慧即德行；自制是德行的基础；守法就是正义；身教重于言教。

（4）苏格拉底论智育。苏格拉底认为，治国者必须具有广博的知识。"在所有的事上，凡受到尊敬和赞扬的人都是那些知识最广博的人，而那些受人谴责和轻视的人都是那些最无知的人。"为此，他孜孜不倦地以各种知识教人。

（5）苏格拉底方法（或称产婆术）。苏格拉底方法也称为问答法，这是苏格拉底探讨伦理哲学的研究方法，也是他的教学方法。

（6）苏格拉底论健康与锻炼。苏格拉底认为，身体健康在平时是有用的，因为人们做一切事情都需要用身体，要尽可能使身体保持最好的状态。

3.（1）亚里士多德的"白板说"是一种"外铄论"，它确认知识是从外面经过感觉进入意识的，这与柏拉图"知识即回忆"的理论相对立，这是古希腊在认识论上的一个成就。但是，亚里士多德这个比喻的合理性是有限的；人的灵魂是不能完全相同的，当感觉的印象进入灵魂时，要经过思维加工，它会引起灵魂性质的变化；人与外界的关系不是纯粹被动的关系，人本身既是主体，又是客体，既是被动的，又是主动的，人的自觉能动性使人与动物区别开来。

（2）亚里士多德的"白板说"强调后天的环境，特别是教育对于个体发展的重要影响。然而，他认为人一生下来就没有任何能力，就像白板一块，过分夸大了后天环境的作用，否认了遗传因素的影响。

4.答案同苏格拉底方法。

5.《理想国》是柏拉图的代表作。理想国的教育观点有以下几点。

(1)柏拉图认为,教育和培养是当政者应注意的一件大事。理想国的建立和保持,端赖于教育,一个人得到的培养如果不合适,那么最好的天赋所得到的结果甚至会比差的天赋所得到的结果还要坏。

(2)理想国中对儿童也实行公养公育。婴儿呱呱坠地后即被送入国立养育院。

(3)柏拉图认为女子应和男子受同样的教育,从事同样的职业。女子应同样受体操训练和军事教育。只有这样,各种天赋才能同样分布于男女两性,根据自然,各种职务不论男女都可担任。

(4)理想国中重视早期教育。

(5)教育的最终目的是促使"灵魂转向"。柏拉图所要求的这个"灵魂转向",实际就是看问题的立脚点和世界观的转变。

(6)柏拉图是"寓学习于游戏"的最早提倡者,他要求不强迫孩子学习,主张采用做游戏的方法,在游戏中更好地了解每个孩子的天性。但是游戏必须有选择,孩子参加的游戏必须符合法律精神。

(7)柏拉图发展了苏格拉底关于节制的思想,认为节制是一种好秩序或对某些快乐与欲望的控制。

6.柏拉图给自己的认识论蒙上了一层神秘主义的迷雾。他认为从感性的个别的事物中不能得到真知识,只有通过感性事物引起思维,认识共相,才能达到对真理的把握。强调理性思维,追求共相、本质,这个本来深刻的哲学见解被他做了唯心主义的解释,他把思维、共相看成是与外界无关的、存在于人的灵魂的内部。他说人在出生以前已经获得了一切事物的知识,当灵魂依附于肉体(降生)后,这些已有的知识被遗忘了,通过接触感性事物,才重新"回忆"起已被遗忘的知识。"认识就是回忆""一切研究、一切学习只不过是回忆罢了"。学习并不是从外部得到什么东西,它只是回忆灵魂中已有的知识。

7.参考答案见第1题。

8.参考答案见第1题。

9.(1)柏拉图认为,教育和培养是当政者应注意的一件大事。理想国的建立和保持,端赖于教育,一个人得到的培养如果不合适,那么最好的天赋所得到的结果甚至会比差的天赋所得到的结果还要坏。

(2)理想国中对儿童也实行公养公育。婴儿呱呱坠地后即被送入国立养育院。

(3)柏拉图认为女子应和男子受同样的教育,从事同样的职业。女子应同样受体操训练和军事教育。只有这样,各种天赋才能同样分布于男女两性,根据自然,各种职务不论男女都可担任。

（4）柏拉图重视早期教育。

（5）教育的最终目的是促使"灵魂转向"。柏拉图所要求的这个"灵魂转向"，实际就是看问题的立脚点和世界观的转变。

（6）柏拉图是"寓学习于游戏"的最早提倡者，他要求不强迫孩子学习，主张采用做游戏的方法，在游戏中更好地了解每个孩子的天性。但是游戏必须有选择，孩子参加的游戏必须符合法律精神。

（7）柏拉图发展了苏格拉底关于节制的思想，认为节制是一种好秩序或对某些快乐与欲望的控制。

10.（1）论灵魂的三个组成部分。人的灵魂由三部分构成，即营养的灵魂、感觉的灵魂和理性的灵魂。这三个部分相应于植物的灵魂、动物的灵魂和人的生命。

亚里士多德的灵魂论在教育理论上的重要意义在于以下几点。首先，它说明人也是动物，人的身上也有动物性的东西，它们与生俱来，采取不承认主义或企图消灭它，是违反人的本性的，也是做不到的。其次，人具有理性，人不同于动物，高于动物。能否用理性领导欲望，使欲望服从理性，是人与动物区分的标志。任凭欲望肆虐，不听从理性的领导，人就降低成为动物。用理性引导、限制、指导欲望，人就上升成为人。发展人的理性，使人超越于动物的水平，上升为真正的人，这就是教育，特别是德育的任务。最后，灵魂的三个组成部分的理论为教育必须包括体育、德育、智育提供了人性论上的依据。

（2）论教育的作用。亚里士多德提到了人形成为人的三个因素，即天性、习惯和理性。重视人的天性，在良好的环境和正当的行为中养成良好的习惯，并通过教育发展人的理性，使天性和习惯受理性的领导，人就能成为有良好德行的人。在这三个因素中，教育显然有其特殊作用。

亚里士多德关于形成人的三要素的理论，是后世关于遗传、环境和教育的理论的雏形，也是卢梭划分自然教育、事物教育和人为教育的张本。不同的是，卢梭认为事物教育和人为教育应服从于自然教育（天性），亚里士多德则坚持天性、习惯服从于理性的指导。

亚里士多德在高度评价教育的作用时，并不认为教育在人的形成中的力量是万能的。教育并不能使那些天性卑劣而又在不良环境中养成了坏习惯的人服从理性的领导。对于拒不服从理性领导的不可救药的人，强制和惩罚是必要的。因此，必须建立公共生活的正确制度，有良好的立法和法律知识的教育。

（3）普遍的公立的教育与教育立法。亚里士多德也认为教育应是国家的事务，立法者应首先注意少年人的教育，因为忽视教育就会危害政制，应陶冶公民使他们的生活适合于政府的形式。亚里士多德提到了教育立法，认为"教育应由法律规定"。

11.(1)苏格拉底关于美德的定义。他认为"美德即知识",在他看来,凡是人们能够辨别和认识到好的事情,他就一定会去做,没有明知是善却反而为恶者。善是出于知识,而恶是出于无知。所以,美德即关于善的知识。苏格拉底所说的善,无疑是符合奴隶主贵族利益的所谓正义、勇敢、刚毅、节制等品德的,并把知识和行为等同起来。

(2)苏格拉底关于美德教育的目的。他认为教育的目的在于培养美德,使人达到至善,强调知识对道德行为的指导意义,要求把美德行为建立在知识之上,特别是要求把知识和美德、知识和德育统一起来。

(3)苏格拉底关于美德的教育方法。从神学唯心论出发,他认为美德来源于知识,认为神早就把善的知识给予了人的灵魂,所以,知识是先天就有的,他们以一种模糊的状态潜藏于人们的灵魂中,必须通过教育才能使之显露、发展、明确起来,"美德由教育而来"。在教育方法上,应当通过一系列的启发、引导,把潜藏于别人心灵中的知识诱导出来。通过与对方的一问一答,反复诘难,使对方陷入矛盾,怀疑自己原来的知识,积极思考问题,逐步修正错误,寻求正确的答案,得出普遍性的原则、一般性的概念。

五、强化训练及详解

(一)选择题

1.(　　)认为,教育的首要任务是培养道德,教人"怎样做人"。
　　A.毕达哥拉斯　　B.柏拉图　　　　C.亚里士多德　　D.苏格拉底

2.寻求道德的"一般"是(　　)的观点。
　　A.毕达哥拉斯　　B.柏拉图　　　　C.亚里士多德　　D.苏格拉底

3.(　　)要求人们以明智的认识约束自己的行为,抑制自己的欲望。他认为自制是"一切德行的基础"。
　　A.毕达哥拉斯　　B.柏拉图　　　　C.亚里士多德　　D.苏格拉底

4.产婆术是(　　)的教学方法。
　　A.毕达哥拉斯　　B.柏拉图　　　　C.亚里士多德　　D.苏格拉底

5.《理想国》是(　　)的代表作。
　　A.毕达哥拉斯　　B.柏拉图　　　　C.亚里士多德　　D.苏格拉底

6."学习即回忆"是(　　)的观点。
　　A.毕达哥拉斯　　B.柏拉图　　　　C.亚里士多德　　D.苏格拉底

7.(　　)在说明自己的唯物主义认识论时在西方首次提出了"蜡块"说与"白板"说。
　　A.毕达哥拉斯　　B.柏拉图　　　　C.亚里士多德　　D.苏格拉底

8.(　　)认为灵魂由三部分构成,即营养的灵魂、感觉的灵魂和理性的灵魂。

   A.毕达哥拉斯   B.柏拉图   C.亚里士多德   D.苏格拉底

(二)填空题

9.古希腊的三大著名哲学家是_____、_____、_____。

10.苏格拉底方法又称为_____或_____。

11.柏拉图的代表作是_____。

12."学习即回忆"是_____的观点。

13.白板说是_____的观点。

14.亚里士多德认为灵魂由三部分构成,即_____、_____和_____。

15.亚里士多德提到了人形成为人的三个因素,即_____、_____和_____。

16._____是"寓学习于游戏"的最早提倡者,他要求不强迫孩子学习,主张采用做游戏的方法,在游戏中更好地了解每个孩子的天性。

(三)名词解释

17.苏格拉底。

18.柏拉图。

19.亚里士多德。

20.《理想国》。

21 灵魂转向。

22.四艺。

(四)简答题

23.简述苏格拉底关于智育的观点。

24.简述学习即回忆。

25.简述灵魂的三个组成部分。

26.简述亚里士多德的灵魂论在教育理论上的重要意义。

(五)论述题

27 论述亚里士多德的教育思想。

参考答案:

   1.D 2.D 3.D 4.D 5.B 6.B 7.C 8.C

   9.苏格拉底;柏拉图;亚里士多德

   10.产婆术;问答法

   11.《理想国》

   12.柏拉图

   13.亚里士多德

   14.营养的灵魂;感觉的灵魂;理性的灵魂

   15.天性;习惯;理性

16.柏拉图

17.(1)苏格拉底出身于雅典一个手工业者家庭,父亲是雕刻匠,母亲是产婆。苏格拉底也和孔子一样"学无常师"。他师从当时各种学问的大师,阅读了所有能得到的诗人和哲学家的作品,"吸收了家乡街头传闻的各种理论","被公认为是一个有全面教养的人,受过当时所需要的一切教育"。

(2)苏格拉底一生的主要事业是探讨伦理哲学和从事公众教育。

(3)苏格拉底秉性耿直、恪守道德、坚持真理、批评时弊,招致了一些人的怨恨,也引起了一些误解。公元前399年,他被三名屑小之徒陷害诬告,被判死刑,终年70岁。

(4)苏格拉底和我国的孔子一样"述而不著";但其思想通过其弟子柏拉图及色诺芬等的著述及记录得以保存。

18.(1)柏拉图是古代西方哲学史上客观唯心主义的最大代表。在西方教育思想史上,柏拉图的《理想国》被称为三个里程碑之一。

(2)柏拉图生活于古希腊雅典城邦迅速走向衰落的时期。

(3)公元前387年,柏拉图在雅典近郊的运动场附近创建学园,讲授哲学和科学。他主持学园40年,直到去世。

(4)政治观:他在头脑中构建了一个"理想国"。在理想国中,爱智慧、掌握了真理的深明事理的哲学家居于统治地位,居于辅佐地位的是具有勇敢美德的军人,这两种人都是护卫者。第三类人则是具有节制美德的手工业者和农民。三类人各安其位,各尽其责,互不逾越自己的本分,分工而又合作,不同而又和谐一致,这就是正义。

(5)他认为从感性事物中不能得到真实知识,哲学的任务是超越变幻无常的感性世界,追求常驻不变的、无生无灭的永恒世界。

(6)学习即回忆是他的著名观点之一。

19.(1)亚里士多德是古代希腊百科全书式的学者,出生于希腊殖民地色雷斯。

(2)在哲学上,亚里士多德承认物质世界的客观存在。

(3)在认识论上,亚里士多德认为认识的对象是物质世界,物质世界是经验和感觉的泉源,而经验和感觉则是理性思维和概念的泉源。概念是由感觉产生的,它是知识的高级阶段。

(4)亚里士多德在说明自己的唯物主义认识论时在西方首次提出"蜡块"说与"白板"说。

(5)在社会政治观上,亚里士多德为奴隶制辩护。他认为在一个国家中,最富的人和最穷的人都不应该掌权,在两个极端之间的中庸适度是最好的,共和政体是最好的形式。

20.(1)《理想国》是柏拉图的代表作。

(2)柏拉图认为,教育和培养是当政者应注意的一件大事。理想国的建立和保持,端赖于教育,一个人得到的培养如果不合适,那么最好的天赋所得到的结果甚至会比差的天赋所得到的结果还要坏。

(3)理想国中重视早期教育。

(4)教育的最终目的是促使"灵魂转向"。

(5)柏拉图是"寓学习于游戏"的最早提倡者,他要求不强迫孩子学习,主张采用做游戏的方法,在游戏中更好地了解每个孩子的天性。

21.柏拉图认为教育的最终目的是促使"灵魂转向"。各种知识都有其实用价值,但这不是终极目的。教育要培养人从可见世界上升到可知世界,也就是转离变化着的感性世界、现象世界,眼睛向上,转向光明,看到真理、本质、共相(理念),认识最高的理念善。善不仅是认识对象,也是认识能力,只有从善理念的高度,才能见到真实的世界。柏拉图所要求的这个"灵魂转向",实际就是看问题的立脚点和世界观的转变。

22.(1)四艺指算术、几何、天文、音乐理论四门课程。

(2)这四门课程被柏拉图在《理想国》中列入教学科目。

23.(1)苏格拉底认为,治国者必须具有广博的知识。"在所有的事上,凡受到尊敬和赞扬的人都是那些知识最广博的人,而那些受人谴责和轻视的人都是那些最无知的人。"为此,他孜孜不倦地以各种知识教人。

(2)苏格拉底除教授政治、伦理、雄辩术和人生所需要的各种实际知识以外,第一次将几何、天文、算术列为必须学习的科目,学习这些学科的目的在于实用,而不在于纯理论的思辨。例如,"一个人学习量地学,只须学到在必要时能够对于买进、让出或分配的土地进行正确的丈量,或者对于劳动量进行正确的计算"。又如熟习天文学,"只是为了能够知道夜间的时辰、月份节令,为了做水陆旅行、值夜班等工作的方便,以便利用征象来分辨上述时间"。他还认为这些知识可以向有实践经验的人学习。

24.柏拉图给自己的认识论蒙上了一层神秘主义的迷雾。他认为从感性的个别的事物中不能得到真知识,只有通过感性事物引起思维,认识共相,才能达到对真理的把握。强调理性思维,追求共相、本质,这个本来深刻的哲学见解被他做了唯心主义的解释,他把思维、共相看成是与外界无关的、存在于人的灵魂的内部。他说人在出生以前已经获得了一切事物的知识,当灵魂依附于肉体(降生)后,这些已有的知识被遗忘了,通过接触感性事物,才重新"回忆"起已被遗忘的知识。"认识就是回忆","一切研究、一切学习只不过是回忆罢了"。学习并不是从外部得到什么东西,它只是回忆灵魂中已有的知识。黑格尔认为,学习即回忆是在比喻和寓言的意义下说的,绝不可以像神学家那样去追问是否人在生前已经有了知识,它存在于什么地方。回忆说是对苏格拉底追求"一般"的思想的进一步发展。

25.(1)亚里士多德在《论灵魂》和《尼各马可伦理学》中都将人的灵魂区分为两个部分:理性的部分和非理性的部分。非理性部分又包括两种成分。所以人的灵魂由三部分构成,即营养的灵魂、感觉的灵魂和理性的灵魂。这三个部分相应于植物的灵魂、动物的灵魂和人的生命。当营养的灵魂单独存在时,是属于植物的,如果它还有感觉,则属于动物的灵魂。如果它既是营养的,也是感觉的,同时又是理性的,就是人的灵魂。在灵魂的三部分中,植物的灵魂与理性不相干,动物的灵魂即感觉的、欲望的灵魂在一定程度上分有理性,但它天性中有某种反理性的倾向,与理性相对抗、相搏斗,但它又有可能分有理性,特别是能自制的人便是如此。使灵魂的三个部分在理性的领导下和谐共存,人就成为人。

(2)亚里士多德的灵魂论在教育理论上的重要意义在于以下几点。首先,它说明人也是动物,人的身上也有动物性的东西,它们与生俱来,采取不承认主义或企图消灭它,是违反人的本性的,也是做不到的。其次,人具有理性,人不同于动物,高于动物。能否用理性领导欲望,使欲望服从理性,是人与动物区分的标志。任凭欲望肆虐,不听从理性的领导,人就降低成为动物。用理性引导、限制、指导欲望,人就上升成为人。发展人的理性,使人超越于动物的水平,上升为真正的人,这就是教育,特别是德育的任务。最后,灵魂的三个组成部分的理论为教育必须包括体育、德育、智育提供了人性论上的依据。

26.首先,它说明人也是动物,人的身上也有动物性的东西,它们与生俱来,采取不承认主义或企图消灭它,是违反人的本性的,也是做不到的。其次,人具有理性,人不同于动物,高于动物。能否用理性领导欲望,使欲望服从理性,是人与动物区分的标志。任凭欲望肆虐,不听从理性的领导,人就降低成为动物。用理性引导、限制、指导欲望,人就上升成为人。发展人的理性,使人超越于动物的水平,上升为真正的人,这就是教育,特别是德育的任务。最后,灵魂的三个组成部分的理论为教育必须包括体育、德育、智育提供了人性论上的依据。

27.(1)亚里士多德的教育理论。

1)论灵魂的三个组成部分。人的灵魂由三部分构成,即营养的灵魂、感觉的灵魂和理性的灵魂。这三个部分相应于植物的灵魂、动物的灵魂和人的生命。

亚里士多德的灵魂论在教育理论上的重要意义在于以下几个方面。首先,它说明人也是动物,人的身上也有动物性的东西,它们与生俱来,采取不承认主义或企图消灭它,是违反人的本性的,也是做不到的。其次,人具有理性,人不同于动物,高于动物。能否用理性领导欲望,使欲望服从理性,是人与动物区分的标志。任凭欲望肆虐,不听从理性的领导,人就降低成为动物。用理性引导、限制、指导欲望,人就上升成为人。发展人的理性,使人超越于动物的水平,上升为真正的人,这就是教育,特别是德育的任务。最后,灵魂的三个组成部分的理论为教育必须包括体育、德育、智育提供了人性论上的依据。

2) 论教育的作用。亚里士多德提到了人形成为人的三个因素,即天性、习惯和理性。重视人的天性、在良好的环境和正当的行为中养成良好的习惯,并通过教育发展人的理性,使天性和习惯受理性的领导,人就能成为有良好德行的人。在这三个因素中,教育显然有其特殊作用。

亚里士多德关于形成人的三要素的理论,是后世关于遗传、环境和教育的理论的雏形,也是卢梭划分自然教育、事物教育和人为教育的张本。不同的是,卢梭认为事物教育和人为教育应服从于自然教育(天性),亚里士多德则坚持天性、习惯服从于理性的指导。

亚里士多德在高度评价教育的作用时,并不认为教育在人的形成中的力量是万能的。教育并不能使那些天性卑劣而又在不良环境中养成了坏习惯的人服从理性的领导。对于拒不服从理性领导的不可救药的人,强制和惩罚是必要的。因此,必须建立公共生活的正确制度,有良好的立法和法律知识的教育。

3) 普遍的公立的教育与教育立法。亚里士多德也认为教育应是国家的事务,立法者应首先注意少年人的教育,因为忽视教育就会危害政制,应陶冶公民使他们的生活适合于政府的形式。亚里士多德提到了教育立法,认为"教育应由法律规定"。

(2) 亚里士多德对实际工作中的意见:①胎教和婴幼儿教育;②初等教育;③高等教育;④兴趣与学习;⑤家庭教育的特殊功能。

(3) 伦理学与德育。亚里士多德谈论得较多的是美德。美德一词,不仅指道德,也含有长处、特点、效能的意义。亚里士多德将美德分为两类:理性美德和伦理美德,后者才是伦理学讨论的对象。伦理美德就是中道,中道在两种过错之间,一方是过度,一方是不及。道德品质是被过度和不及所破坏的。美德就是适度,恰如其分,恰到好处。

亚里士多德认为美德既非出于本性而生成,也非反乎本性而生成,自然给了我们接受德性的能力,它以潜能的形式存在,然后再以现实活动的方式展示出来,我们必须先进行有关德行的现实活动,才能获得德行,只知道德行是不够的,还要力求在实践中应用或者以某种办法变得善良。

在实践德行中,亚里士多德强调动机与效果的统一,知与行的统一,主观与客观的统一。"合乎德行的行为,本身具有某种品质还不行,只有当行为者在行动时也处于某种心灵状态,才能说它们是公正的、节制的。第一,他必须是有知、自觉的;第二,他必须是有意识地选择行为的,而且是为了行为自身而选择的;第三,他必须在行动中勉力地坚持到底。"亚里士多德认为,对于获得德行来说,知的作用是非常微弱的,其他的条件比知的作用更重要,因为公正和节制的德行是公正和节制的行为多次重复后才产生的。

第五章　古罗马的教育

一、考点概述

(1)共和时期的教育:共和早期的教育、共和后期的教育。

(2)帝国时期的教育:帝国的政治与教育变革、帝国时期的各级教育。

(3)基督教的兴起与早期基督教会的教育活动。

(4)古罗马的教育思想:西塞罗、昆体良、奥古斯丁。

二、章节精讲

(一)共和早期的教育

(1)公元前6世纪初,罗马形成了共和政体。在这种政体下,平民和贵族都是罗马公民,具有同样的政治权利。

(2)经济上,这个时期与王政时期相似,居民主要从事农业、手工业,商业不发达。奴隶在生产部门中所占的比例还不大,主要的生产形式是小农经济,古罗马人基本上是农民。但由于古罗马城邦与比邻城邦之间战争频繁,这就要求古罗马人具有军人的品质。

(3)罗马共和时期的教育基本上是农民——军人的教育,其主要的教育形式是家庭教育。家庭既是经济和生产单位,也是教育单位。

(4)古罗马以它的"家长制"出名。家长(父亲)对子女操有生杀大权。

(二)共和后期的教育

(1)古罗马共和后期的学校教育制度既保留了罗马民族自身文化的特点,又吸收了古希腊文化教育的成就。罗马人在吸收希腊的文化教育成果时并没有抛弃自己的文化教育传统,于是,在罗马共和后期,便存在着几乎是平行的两种学校系统,一种是以希腊语、希腊文学的教学为主的希腊式学校,另一种是拉丁语学校。

(2)初等教育。7~12岁的男女儿童入小学。在共和早期,小学很少,它只是家庭教育的补充。到共和后期,小学才得到比较普遍的发展。教学内容是读、写、算,其中包括学习道德格言和《十二铜表法》。音乐和体育在罗马小学中不受重视。学校是私立的、收费的。平民的子女限于家财未必全都入小学或上完小学。一部分贵族又不屑于把子女送入小学,而是雇用家庭教师在家中教育子女。小学教师的收入菲薄,社会地位低下。

(3)中等教育。贵族及富家子女 12~16 岁入文法学校。文法学校以学习文法为主,包括语言。这种学校,起初完全由希腊人主持,教授希腊语和希腊文学,叫作希腊文法学校。随着拉丁文学的成长,到公元前 100 年前后出现了第一所拉丁文法学校。从西塞罗起,拉丁文学得到蓬勃发展,拉丁文法学校也随之迅速发展起来。希腊文法学校主要学习《荷马史诗》和其他希腊作家的作品。拉丁文法学校则学习西塞罗等人的著作。在这两种学校中也学习地理、历史、数学和自然科学,但这些学科的内容都比较肤浅。教学方法是讲解、听写和背诵。

(4)高等学校。准备担任公职的贵族子弟,在读完文法学校后进入修辞学校或雄辩术学校。雄辩术学校的目标是培养演说家或雄辩家。这是当时罗马日趋激烈的政治斗争和社会生活的需要。开始时,只有希腊语雄辩术学校,教学用希腊语,主要课程是学习希腊作家的作品,教师大多是希腊化地区和希腊本土的修辞学家。到公元前 1 世纪中叶,才建立了拉丁语雄辩术学校。其教学内容取自拉丁作家的作品,使用拉丁语教学。作为高等教育的雄辩术学校,除重视学习文学和修辞学外,还设有辩证法、历史、法律、数学、天文学、几何、伦理学和音乐等科目。当时认为,一个善于从事公民活动的演说家或雄辩家,还须精通文学,具有广博的知识。

(5)罗马教育效法希腊教育和重视希腊文的原因:①罗马与希腊的雅典在政体上都实行奴隶主民主共和制;②希腊语是当时大半个"文明世界"的通用语言,罗马统治阶级需要有掌握希腊语和希腊文化的官员;③在当时,希腊文化的水平大大高于罗马,使罗马人不得不向希腊学习。

(三) 帝国时期的教育变革

(1)改变教育目的,把培养演说家改为培养效忠于帝国的顺民和官吏。

(2)对初等学校(私立)实现国家监督,把部分私立文法学校和修辞学校改为国立,以便于国家对教育的严格控制。

(3)提高教师的地位和待遇,改教师的私人选聘为国家委派。有的皇帝还规定教师任免办法,明令各地遵照执行,同时保留教师在任免上的最后决定权。但是,在罗马帝国,绝大多数教师的薪金不是由政府支付的,绝大部分学校是私立性质的。帝国所关注的只是中等、高等学校,小学教育不在奖励之列。

(四)帝国时期的各级教育

1.初等教育

这时期的小学与共和后期的小学各方面的状况差不多,仍以平民子女为主要对象。教育内容还是读、写、算和道德教育。教材是文学作品,以诗歌为主,但教学重点已经由文学的学习转移到文法分析上。教师要求学生把文法的定义和规则抄录下来,并加以记诵。书写方面,教师要求学生抄写一些古今名人的道德格言。

2.中等教育

帝国时期,中等教育发生了一个重要变化,即在文法学校里,拉丁文法与罗马文学的地位逐渐压倒了希腊文法与希腊文学。后来在西罗马帝国,希腊文法与希腊文学的学习几乎绝迹。

从公元3世纪开始,文法学校的教学逐渐趋向形式主义。教学与实际脱节,主要集中于文法与文学,实用学科减少。文学教学也日趋注意形式,忽视内容本身。比如,这一时期文法学校中形成了一套较完整的文学分析教学法,它包括下列一些步骤:教师朗读课文,学生随读;教师逐段讲解课文;就课本做版本注疏;最后,对高年级学生就作家与作品进行文学分析与评论。这种形式主义的分析教学法对文艺复兴以后欧美的中学语文教学影响很大。

3.高等教育

与共和后期相比,帝国时期的高等教育既有所变化又有所发展。在共和时期,雄辩才能在政治生活中占有重要地位。在帝国时期,皇帝独裁,不容许臣民到处自由演说以干预政治。所以,高等教育从培养演说家变为培养官吏。虽然文法、修辞教育的传统仍然保留了下来,但学习内容已越来越脱离实际,一步步地走向形式主义:教师与学生致力于文字上的咬文嚼字,词藻上的争奇斗巧。

在罗马帝国时期出现了专门教授法律的私立学校。

(五)早期的基督教会学校

(1)基督教最早的教育活动以成人为对象。教会在接受信徒之前,要由教会长老对入教者进行有关教义、教规的教育。后来,这种教育扩展为一种学校机构,即初级教义学校。

(2)教会的另一种教育机构是高级教义学校(或译教理学校)。它是为年轻的基督教学者提供深入研究基督教理论的场所。公元2—3世纪,埃及的亚历山大里亚和巴勒斯坦的凯撒尼亚高级教义学校,由于早期基督教著名神学家兼哲学家奥里根的教学与研究活动而声名远扬。安条克的高级教义学校也很有名。在这些学校中,由主教或基督教的大师给门徒讲授神学以及高深的学问,由助手讲授一般基础科目。学员不仅研究教义,还要学习和研究世俗文化,即希腊、罗马文化。这几所学校为当时的教会培养出一批很有学问的传教士和神学家,有力地推动了基督教的传播与发展。公元4世纪左右,在叙利亚和波斯附近的阿拉伯地带也建立了一些类似的高级教义学校。

(3)在儿童教育方面,由于不论是公立还是私立的学校,都是世俗学校,教师都是世俗教师,教会把这些学校的教学思想和教学内容看作异端,力图予以拒绝和排斥。但因教会还没有足够的财力和物力设立自己的学校系统,所以不得不允许教徒的子女入世俗学校学文化,但同时要求家长在家庭中进行宗教教育。随着教会势力的发展,它后来也开始设立自己的学校,如堂区学校、唱歌学校等。公元381年,在君士坦丁堡举行的一次教会领袖的会议上,更做出了要在各地开设学校和免费教育儿童的决定。

(六)西塞罗

(1)西塞罗是罗马最杰出的演说家、教育家,罗马文学黄金时代的天才作家。他先后在著名的修辞学家、法学家和斯多噶派哲学家所办的学校接受教育。他起初从事律师工作,公元前64年当选为执政官。

(2)《论雄辩家》是西塞罗论述教育的主要著作,发表于公元前55年。在此书中,他谈论了一个演说家和雄辩家所必需的学问和应有的品格以及培养。

(3)西塞罗指出,一个名副其实的雄辩家必须能就眼前任何需要用语言艺术阐述的问题,以规定的模式,脱离讲稿,伴以恰当的姿势,得体而审慎地进行演说。他认为,雄辩家的特点是具备令人钦羡的高贵风度,还要掌握雄辩术的一切准则,能就自己选择的任何论题进行阐述和发挥,既清楚地表达自己的思想,又能影响听众。

(4)西塞罗认为,要想成为一个名副其实的雄辩家,必须具备下列条件。这些条件也就是雄辩家教育的内容。

1)要有广博的学识。雄辩术本身的特点决定了雄辩家必须具有广博的学识。

2)要在修辞学方面具有特殊的修养。在谈到语言修养应达到哪些标准时,他认为,第一,要表达正确;第二,要通俗易懂;第三,要优美生动;第四,语言应与主题相称。

3)要有优美的举止与文雅的风度。

4)关于培养雄辩家的方法。西塞罗认为,练习是培养雄辩家的必不可少的环节。练习的方法有多种,最常用的练习法是模拟演说。此外,练习写作也甚为重要。写作可以锻炼人的思维能力和表达能力。这种能力可以转移到演说能力中去。

(七)昆体良

(1)昆体良是公元 1 世纪罗马最有成就的教育家。他出生在西班牙,其父在罗马教授雄辩术,颇有名声。昆体良少年时随父亲到罗马求学,受过雄辩术教育。公元 70 年被任命为一所国立拉丁语修辞学校的主持人。由于在雄辩术方面的造诣以及在办学上的卓越成就,当罗马帝国设立由国家支付薪金的雄辩术讲座时,昆体良成了该讲座的第一位教师。

(2)昆体良的主要教育著作《雄辩术原理》(12 卷本),既是他自己约 20 年教育教学工作经验的总结,又是古代希腊、罗马教育经验的汇集。昆体良的教育理论和实践都以培养雄辩家为宗旨。文艺复兴时期,久已失传的昆体良的上述著作被重新发现时,立即光彩夺目,使厌倦了经院主义的人文主义者为之倾倒。

(3)论教育与天赋。昆体良高度评价了教育在人的形成中的巨大作用。他认为,一般的人都是可以通过教育培养成人的。

(4)昆体良继承了柏拉图、亚里士多德重视人的天性差异的观点,并做了进一步发挥。他强调提出以下观点。

首先,要研究儿童的天赋、倾向、才能,根据其倾向和才能进行教育和教学。

其次,教育必须遵循儿童的年龄特点。教师要了解并确定儿童在不同年龄期的接受能力,切忌给予幼弱的学生以过重的负担。超越儿童头脑所能接受的东西,儿童是学不进去的。

昆体良还强调说,重视儿童的天性,适应儿童的倾向和才能,并不意味着可以忽视教育的作用,而是为了更好地发挥教育的作用,使儿童的才能得以充分发挥,因为"自然如果辅之以精心的培养,就能获得更大的力量"。一个优异的雄辩家,更多得之于学习,而不是更多得之于天性。

昆体良对教育作用的高度评价以及教育适应天性的主张,反映了他对教育规律的一定认识。他的这些思想曾给文艺复兴时期的人文主义教育家以深刻影响。

(5)德行是雄辩家的首要品质。

1)昆体良提出的教育目的,是培养善良而精于雄辩术的人。善良是第一位的,在雄辩术上达到完美境界是第二位的。因此,他坚持把良好道德的培养放在教育任务的首位。

2)昆体良认为,雄辩家的主要任务是宣扬正义和德行,指导人们趋善避恶,为正义与真理辩护。所以,只有善良的、具有识别善恶的能力和遵守法律与坚持正义的人,才能成为雄辩家。

3)昆体良说:"美德虽然也从自然获得一定的动力,它仍需要教育使之成为现实的东西。"因此,道德原理应该成为学校的主要课程。学生可从这门课程中学到对有关正义、善良、节制、刚毅、明智等品质的认识,这样他才有可能成为一个有德行的人。

（6）学校教育优于家庭教育。昆体良认为，家庭和学校这两种教育场所都有可能产生善德和恶德，不能把家庭理想化。学校教育优于家庭教育在于学校教育可以起到激励学生的作用，因为在学校里，儿童每天都可以看到好的和坏的行为，每天都会听到对德行的赞扬和对错误的批评。好的行为对儿童是一种鞭策，错误的行为对儿童是一种警戒；学校能给儿童提供多方面的知识，还能培养学生适应社会公共生活的习惯和参加社会活动的能力。因此，雄辩家必须在学校中培养。

（7）论学前教育。昆体良十分重视学前教育。那时的人们对7岁前的幼儿应否进行智育，看法不一，但都认为应该进行道德教育。昆体良则认为，在幼儿能说话的前后就应该对他进行智育。但在7岁前每次的学习量应当很少。

昆体良主张教幼儿认识字母、书写和阅读。他在教育史上第一次提出了双语教育问题，希望儿童先学希腊语，然后学拉丁语，最后，两种语言的学习同时并进。

关于学前教育的方法，昆体良认为应注意两点："重最要的是要特别当心不要让儿童在还不能热爱学习的时候就厌恶学习"；"要使最初的教育成为一种娱乐。"

（8）教学原理。

1）班级授课制思想的萌芽。昆体良认为，大多数的教学可以用同样大小的声音传达给全体学生，更不必说那些修辞学家的论证和演说，无论听众多少，每个人都能全部听清楚。他还说过，根据一些教师的实践，可把儿童分成班级，依照他们每个人的能力，指定他们依次发言。昆体良的这些见解，是班级授课制思想的萌芽。

2）专业教育应建立在广博的普通知识基础上。昆体良与西塞罗一样，认为一个合格的雄辩家必须有宽广深厚的基础知识。他指出，当时一些浅薄的雄辩术教师迎合学生及家长的速成要求，只着眼于雄辩术的技术训练，从而压缩文法课中阅读的分量，甚至以为雄辩术不必学习广博的知识。与这些错误的想法和做法相反，昆体良极力主张雄辩家的教育应建立在尽可能广博的普通知识的基础上。他不仅认为雄辩家应学习包括文法、修辞学、音乐、几何、天文学、哲学（物理、伦理、辩证法）等课程，并且对每门学科在培养雄辩家的各种素质、能力、技能等方面的作用和意义做了充分的论述。

3）关于启发诱导和提问解答的教学方法。昆体良指出，教师应善于回答学生提出的问题，并向那些不发问的学生提问。他认为，经常提问学生有许多好处：一是，可以借此测验学生的鉴别能力；二是，可以防止学生漫不经心，防止他们对教师的讲课充耳不闻；三是可以引导班上的学生自己发现问题，运用他们的智力，而这正是课堂提问这种教学方法的最终目的。

4）对教师的要求。昆体良对教师提出了很高的要求，主要有下列几点。一是,教师应该是德才兼备的,既教学生学习基础知识和雄辩术,又教学生做人。选择教师首要的一点是,弄清他是否具有良好的德行。教师务必以自己纯正的德行引导未成熟的儿童走上正道。二是,教师对学生应宽严相济。他应当严肃而不冷酷,和蔼而不纵容。因为冷酷会引起学生的厌恶,纵容则招致学生的轻视。教师不应当发脾气,但又不应当对应该纠正的错误视而不见。三是,教师对学生的教育要有耐心,对学生要多勉励,少斥责;在实行奖惩时要注意分寸,既不能"吝表扬",也不能"滥用惩罚"。四是,教师应当懂得教学艺术,教学应当简明扼要,明白易懂,深入浅出。五是,教师要注意儿童之间在能力、资质、心性等方面的差异,因材施教。

(八) 奥古斯丁

(1)奥古斯丁是一位神学家和哲学家,他用柏拉图的理念论和灵魂不死等理论解释《圣经》并加以发挥和创造,使哲学与宗教结合,从而创立了基督教宗教哲学体系。他所创立的基督教哲学,成为中世纪的基督教教义的重要组成部分,是经院哲学所依据的权威之一。他在《忏悔录》这部著作中,结合自己的经历,阐述了对教育的一系列看法。他的教育哲学成为中世纪基督教教育的理论基础。

(2)奥古斯丁运用柏拉图的理念论、新柏拉图主义所发挥的两个世界论、斯多噶学派中的怀疑论与禁欲主义等创立了宗教哲学。

(3)奥古斯丁把追求学问和真理看作危险的好奇欲,是出于浮夸、沽名钓誉,这与基督教所主张的谦卑、蔑视人的能力、蔑视现世相违背。因此,他不仅轻视自然科学,还抨击古希腊、罗马作家的文学、诗歌作品,认为它们都是荒诞不经的虚浮的文字,理应受上帝的惩罚,学校不应该将它们作为教材。

(4)至于文法、修辞、辩论术、几何、音乐、数学、天文等"自由艺术",奥古斯丁认为并不都是邪恶的,其中有"正确的论点",值得学习。但学习这些学科的最终目的是为了认识永恒的存在,认识真理,认识上帝的至真、至善、至美。他认为,除了"自由艺术"外,还有一本最重要的书就是《圣经》,它是上帝的语言,是一切知识的源泉。

(5)奥古斯丁曾批判善恶二元论,提出万物无不善的观点。但他又认为,人可以为善,也可以作恶,恶就是犯罪,就是对上帝的背叛,行善或者犯罪,完全取决于人的意志与选择。基于此,他劝导人们弃恶从善,皈依上帝。

(6)提出了"原罪论"。这种理论认为,所有的人都是带着原罪来到人世的。人人因原罪都要受到上帝永劫的惩罚。他还根据"原罪论"提出禁欲主义思想。这些理论以后成了基督教的重要教义之一,对后来的西方文化教育产生了极坏的影响。诚然,在奥古斯丁的伦理学中也保留了早期基督教的平等思想。例如,他主张行善,强调宽容、温良、慈善待人、谦逊和顺从等。

(7)奥古斯丁是古罗马帝国后期在文化教育方面具有很大影响的人物。他创立的基督教宗教哲学以及相关的教育观,对西欧中世纪教育的发展产生了深远的影响。因此,了解奥古斯丁的主要教育思想,是理解罗马帝国后期和西欧中世纪教育的重要环节。

三、课后习题解答

1.古罗马从共和时期到帝国时期,在教育上发生了哪些变化? 其原因是什么?

答:(1)古罗马从共和时期到帝国时期教育发生的变化包括以下几个方面。

在教育目的方面,由共和时期培养农民—军人,到帝国时期培养安分守己的公民和唯命是从的官吏,培养目标发生了很大的变化。

在教育形式上,由共和时期家族教育、私学教育,到帝国时期国家控制教育,国家非常重视教育,建立了一套为帝国政治、经济服务的教育制度,并加强了对教育的控制。

在教育内容方面,主要有两点:其一,拉丁文取代希腊文占据主导地位;其二,教学形式主义严重、内容空洞。在中等教育和高等教育中,教学和生活相脱离,实用学科减少。高等教育中原有的雄辩术教育不受重视,因为辩才和智慧不是帝国所需要的品质。

在教育的宗教性方面,公元1世纪前后产生的基督教在公元325年被君士坦丁皇帝主持的尼西亚宗教会议宣布定为国教,成了罗马帝国统治人心的工具。教会为了宣传自己的教义并扩大影响,就不断扩大教会学校的数量,此举对罗马的世俗教育形成了极大的冲击力量,并使罗马世俗教育最终走向衰落。

(2)发生这些转变的原因如下。

教育是为政治服务的。当罗马建立起庞大的帝国,成立中央集权统治的政治体制时,教育也应随之发生一些改变,以适应政治的需要。教育上发生的转变归根结底是为了维护奴隶主阶级的统治地位。

其一,统治阶级对外扩张的需要。罗马在共和后期就不断向外扩张,经过长期的军事侵略,成为跨欧、亚、非三洲,世界史上最大的奴隶制帝国。为了维护其庞大的领土,需要教育培养各种官吏统治人才,以便加强对全国的管理。

其二,统治阶级对内统治的需要。各地区的经济制度和政治情况差别很大,民族差异,语言不一,各族人民争取独立和解放的斗争极为激烈。为了有效地统治这个幅员辽阔、情况复杂的帝国,罗马贵族不得不废除共和政治,建立庞大、复杂的行政系统和官僚制度。与之适应的是教育更加注重法律的教育,国家加强对教育的控制。

2.西塞罗教育思想的特点是什么？他对后世有什么影响？

答:(1)西塞罗的教育思想包括以下几个方面。西塞罗是罗马共和后期的最杰出的政治家、文学家、哲学家、演说家、教育家,罗马文学黄金时代的天才作家。他的教育目的是培养雄辩政治家,集中体现在其著作《论雄辩家》中。

1)关于雄辩家的定义。西塞罗认为,一个名副其实的雄辩家,必须能够就眼前的任何问题进行得体、生动而又说服力的演说。能就任何问题进行得体的演说是雄辩家的本质特点,雄辩家不同于一般的"会说话的人"。雄辩家与各种专家也有所不同,一个雄辩家在某一专业领域的知识当然不如该专业的专家,但只要获得该专业的基本知识以后,他讲起来会比他请教过的专家还要生动、精彩。其中的原因,就在于雄辩家善于雄辩。

2)雄辩家的教育内容和方法。西塞罗认为要想达到雄辩家的要求,必须具备以下条件。

第一,要有广博的学识。雄辩术本身的特点决定了雄辩家必须具有广博的学识。

第二,要在修辞学方面具有特殊的修养。在谈到语言修养应达到哪些标准时,他认为,一要表达正确;二要通俗易懂;三要优美生动;四是语言应与主题相称。

第三,要有优美的举止与文雅的风度。

3)关于培养雄辩家的方法。西塞罗认为,练习是培养雄辩家的必不可少的环节。练习的方法有多种,最常用的练习法是模拟演说。此外,练习写作也甚为重要。写作可以锻炼人的思维能力和表达能力。这种能力可以转移到演说能力中去。

(2)对后世产生的影响如下。西塞罗培养雄辩家的教育思想对罗马帝国时期以及以后的欧洲教育都产生过较大的影响。雄辩术起源于希腊,在罗马共和时期的政治生活和社会生活中作用甚大。它既是争取民众、击败政敌的工具;又是歌功颂德、取悦各方的手段;还是诉讼斗争、法庭辩护的途径,后来便逐渐演变成罗马学校中的主要课题。

到了共和末期,随着共和制的解体,雄辩术的重要性就大大降低了。帝国时期更没有了它存在的土壤,但是它的影响犹存,雄辩家是有教养的罗马人的代名词。西塞罗的雄辩教育理论成为当时以及后来100多年中的权威性观点。

3.试论昆体良教育思想在教育史上的贡献。

答:见章节精讲。

4.你怎么评价奥古斯丁的教育哲学体系？

答:奥古斯丁是基督教教育哲学的集大成者,是把哲学用在基督教教义上,从而创立了基督教宗教哲学体系的神学家和哲学家。奥古斯丁在他的重要著作《忏悔录》中结合自己的经历,论述了对教育的一系列看法,他的教育哲学成为中世纪基督教教育的理论基础。其教育哲学体系主要体现在以下几个方面。

(1)上帝是真理。人们通过世俗知识和内容的方式了解上帝,世俗知识是为信仰服务的,必须绝对服从《圣经》。人们通过理性和思想而不是感觉,发现心中已有的真理和知识。

(2)原罪论和禁欲说。奥古斯丁认为每个人生来就是有罪的,宣扬"原罪论",认为人要去恶从善,依靠个人是无能为力的,所以要依靠上帝才能解救;他提倡"禁欲说",宣扬"灵魂不灭",认为人性本恶,只有信仰上帝,摧毁欲望,才能从恶行中解脱,上升到神的境界。因此,他认为教育上的体罚是合理的,也是有益的、必要的,奥古斯丁的这种理论支持了欧洲教育体系达1000年之久。

(3)宗教教育。奥古斯丁认为,教育的主要目的是为教会和神学服务,《圣经》是最主要的教材。对于古希腊和罗马的世俗文化,他主张要有先见地吸取并为基督教服务。他认为文法、修辞、逻辑等学科,作为一种工具,既可以为异教服务,也可以为基督教服务。他说可以保留这些学科的形式,同时以《圣经》和其他宗教书籍对其加以改变。同样,数学、几何、天文、音乐也可以改变,使它们为基督教服务。

(4)平等思想。他认为上帝的子民是平等的,都可以得救,这就促进了教育平等思想的产生。奥古斯丁传里的基督教宗教哲学体系为基督教哲学开创了新的纪元。他的教育哲学对西欧中世纪发展产生了深远的影响。基督教教会控制的各级学校,无不以他的教育哲学为指南。了解奥古斯丁的教育哲学,是理解古罗马帝国后期和西欧中世纪教育的重要环节。

四、考研真题汇编

(一)名词解释

1.原罪说。(湖北师范大学2018年研)

(二)简答题

2.简述昆体良教育思想。(沈阳师范大学2017年研)

参考答案:

1.答案见章节精讲八。

2.(1)昆体良的主要教育著作《雄辩术原理》(12卷本),既是他自己约20年教育教学工作经验的总结,又是古代希腊、罗马教育经验的汇集。昆体良的教育理论和实践都以培养雄辩家为宗旨。

(2)论教育与天赋。昆体良高度评价了教育在人的形成中的巨大作用。他认为,一般的人都是可以通过教育培养成人的。

(3)昆体良继承了柏拉图、亚里士多德重视人的天性差异的观点，并做了进一步发挥。他强调提出以下观点。首先，要研究儿童的天赋、倾向、才能，根据其倾向和才能进行教育和教学。其次，教育必须遵循儿童的年龄特点。教师要了解并确定儿童在不同年龄期的接受能力，切忌给予幼弱的学生以过重的负担。超越儿童头脑所能接受的东西，儿童是学不进去的。昆体良还强调说，重视儿童的天性，适应儿童的倾向和才能，并不意味着可以忽视教育的作用，而是为了更好地发挥教育的作用，使儿童的才能得以充分发挥，因为"自然如果辅之以精心的培养，就能获得更大的力量"。一个优异的雄辩家，更多得之于学习，而不是更多得之于天性。

(4)他认为德行是雄辩家的首要品质。

(5)学校教育优于家庭教育。昆体良认为，学校教育优于家庭教育在于学校教育可以起到激励学生的作用，因为在学校里，儿童每天都可以看到好的和坏的行为，每天都会听到对德行的赞扬和对错误的批评。好的行为对儿童是一种鞭策，错误的行为对儿童是一种警戒；学校能给儿童提供多方面的知识，还能培养学生适应社会公共生活的习惯和参加社会活动的能力。

(5)昆体良十分重视学前教育。那时的人们对7岁前的幼儿应否进行智育，看法不一，但都认为应该进行道德教育。关于学前教育的方法，昆体良认为应注意两点："最重要的是要特别当心不要让儿童在还不能热爱学习的时候就厌恶学习。"；"要使最初的教育成为一种娱乐。"

(6)昆体良教学原理包括班级授课制思想的萌芽；专业教育应建立在广博的普通知识基础上；关于启发诱导和提问解答的教学方法；昆体良对教师提出了很高的要求。

五、强化训练及详解

(一)选择题

1.罗马共和时期的教育基本上是农民——军人的教育，其主要的教育形式是(　　)。

A.家庭教育　　B.学校教育　　C.寺庙教育　　D.军事教育

2.在(　　)出现了专门教授法律的私立学校。设立在罗马、雅典、亚历山大里亚和迦太基的法律学校非常有名，吸引了四面八方的学生。

A.罗马帝国时期　B.王政时期　　C.共和前期　　D.共和后期

3.教会在接受信徒之前，要由教会长老对入教者进行有关教义、教规的教育。后来，这种教育扩展为一种学校机构，即(　　)。

A.初级教义学校　B.高级教义学校　C.基督教学校　　D.教会学校

4.《论雄辩家》是(　　)的主要著作。

　　A.奥古斯丁　　　　　B.西塞罗　　　　　C.柏拉图　　　　　　D.亚里士多德

5.昆体良的主要教育著作是(　　)。

　　A.《论雄辩家》　　　B.《雄辩术原理》　C.《理想国》　　　D.《忏悔录》

6.(　　)是古罗马帝国后期在文化教育方面具有很大影响的人物。他创立的基
　　督教宗教哲学以及相关的教育观,对西欧中世纪教育的发展产生了深远的
　　影响。

　　A.奥古斯丁　　　　　B.西塞罗　　　　　C.柏拉图　　　　　　D.亚里士多德

7.帝国时期,(　　)发生了一个重要变化,即在文法学校里,拉丁文法与罗马文学的
　　地位逐渐压倒了希腊文法与希腊文学。

　　A.初等教育　　　　B.中等教育　　　　C.高等教育　　　　D.学校教育

8.从公元3世纪开始,(　　)的教学逐渐趋向形式主义。教学与实际脱节,主要
　　集中于文法与文学,实用学科减少。

　　A.文法学校　　　　B.修辞学校　　　　C.法律学校　　　　D.基督学校

(二)填空题

9.西塞罗的主要著作是_____。

10.西塞罗在谈到语言修养应达到的标准有____、____、____、____。

11.昆体良的主要著作是_____。

12._____的学校教育制度既保留了罗马民族自身文化的特点,又吸收了古希腊
　　文化教育的成就。

13.古罗马的历史可分为三个时期:____、____和____。

14.罗马共和时期的教育基本上是_____的教育,其主要的教育形式是_____。

15.罗马的家庭教育以_____为核心,男童从父亲那里受到敬畏神明、孝敬父母、
　　忠爱邦国和遵守法律的教育,勤劳、节俭、朴实等农民品质的教育,以及对做农
　　夫和军人的实际教育,如掌握农业技术,学会骑马、角力、游泳和使用各种
　　武器。

16.在罗马共和后期,便存在着几乎是平行的两种学校系统,一种是以希腊语、希
　　腊文学的教学为主的_____,另一种是_____。

(三)名词解释

17.西塞罗。

18.昆体良。

19.奥古斯丁。

20.初级教义学校。

21.高级教义学校。

22.《论雄辩家》。

(四)简答题

23.简述帝国时期的教育变革。

24.简述早期的基督教会学校。

25.简述昆体良对教师提出的要求。

26.简述昆体良认为提问学生的好处。

(五) 论述题

27.论述昆体良对学前教育的观点。

参考答案：

1.A 2.A 3.A 4.B 5.B 6.A 7.B 8.A

9.《论雄辩家》

10.表达正确;通俗易懂;优美生动;语言应与主题相称

11.《雄辩术原理》

12.古罗马共和后期

13.王政时期;共和时期;帝国时期

14.农民——军人;家庭教育

15.道德——公民教育

16.希腊式学校;拉丁语学校

17.(1)西塞罗是罗马最杰出的演说家、教育家,罗马文学黄金时代的天才作家。他先后在著名的修辞学家、法学家和斯多噶派哲学家所办的学校接受教育。他起初从事律师工作,公元前64年当选为执政官。

(2)《论雄辩家》是西塞罗论述教育的主要著作,发表于公元前55年。在此书中,他谈论了一个演说家和雄辩家所必需的学问和应有的品格以及培养。

(3)西塞罗指出,一个名副其实的雄辩家必须能就眼前任何需要用语言艺术阐述的问题,以规定的模式,脱离讲稿,伴以恰当的姿势,得体而审慎地进行演说。他认为,雄辩家的特点是具备令人钦美的高贵风度,还要掌握雄辩术的一切准则,能就自己选择的任何论题进行阐述和发挥,既清楚地表达自己的思想,又能影响听众。

18.(1)昆体良是公元1世纪罗马最有成就的教育家。他出生在西班牙,其父在罗马教授雄辩术,颇有名声。

(2)昆体良的主要教育著作《雄辩术原理》(12卷本),既是他自己约20年教育教学工作经验的总结,又是古代希腊、罗马教育经验的汇集。昆体良的教育理论和实践都以培养雄辩家为宗旨。

(3)论教育与天赋。昆体良高度评价了教育在人的形成中的巨大作用。他认为,一般的人都是可以通过教育培养成人的。

(4)昆体良继承了柏拉图、亚里士多德重视人的天性差异的观点,并做了进一步发挥。

（5）他认为德行是雄辩家的首要品质。

（6）他还认为学校教育优于家庭教育。

（7）他还提到了学前教育。

（8）教学原理包括班级授课制思想的萌芽；专业教育应建立在广博的普通知识基础上；关于启发诱导和提问解答的教学方法；对教师的要求。

19.（1）奥古斯丁是一位神学家和哲学家，他用柏拉图的理念论和灵魂不死等理论解释《圣经》并加以发挥和创造，使哲学与宗教结合，从而创立了基督教宗教哲学体系。他所创立的基督教哲学，成为中世纪的基督教教义的重要组成部分，是经院哲学所依据的权威之一。他在《忏悔录》这部著作中，结合自己的经历，阐述了对教育的一系列看法。他的教育哲学成为中世纪基督教教育的理论基础。

（2）奥古斯丁运用柏拉图的理念论、新柏拉图主义所发挥的两个世界论、斯多噶学派中的怀疑论与禁欲主义等创立了宗教哲学。

（3）奥古斯丁把追求学问和真理看作危险的好奇欲，是出于浮夸、沽名钓誉，这与基督教所主张的谦卑、蔑视人的能力、蔑视现世相违背。因此，他不仅轻视自然科学，还抨击古希腊、罗马作家的文学、诗歌作品，认为它们都是荒诞不经的虚浮的文字，理应受上帝的惩罚，学校不应该将它们作为教材。

（4）奥古斯丁曾批判善恶二元论，提出万物无不善的观点。

（5）奥古斯丁提出了"原罪论"。

（6）奥古斯丁是古罗马帝国后期在文化教育方面具有很大影响的人物。他创立的基督教宗教哲学以及相关的教育观，对西欧中世纪教育的发展产生了深远的影响。因此，了解奥古斯丁的主要教育思想，是理解罗马帝国后期和西欧中世纪教育的重要环节。

20.基督教最早的教育活动以成人为对象。教会在接受信徒之前，要由教会长老对入教者进行有关教义、教规的教育。后来，这种教育扩展为一种学校机构，即初级教义学校。

21.高级教义学校是为年轻的基督教学者提供深入研究基督教理论的场所。公元2—3世纪，埃及的亚历山大里亚和巴勒斯坦的凯撒尼亚高级教义学校，由于早期基督教著名神学家兼哲学家奥里根的教学与研究活动而声名远扬。安条克的高级教义学校也很有名。在这些学校中，由主教或基督教的大师给门徒讲授神学以及高深的学问，由助手讲授一般基础科目。学员不仅研究教义，还要学习和研究世俗文化，即希腊、罗马文化。这几所学校为当时的教会培养出一批很有学问的传教士和神学家，有力地推动了基督教的传播与发展。公元4世纪左右，在叙利亚和波斯附近的阿拉伯地带也建立了一些类似的高级教义学校。

22.（1）《论雄辩家》是西塞罗论述教育的主要著作，发表于公元前55年。在此书中，他谈论了一个演说家和雄辩家所必需的学问和应有的品格以及培养。

（2）其教育思想主要包括以下几个方面。

1）关于雄辩家的定义。西塞罗认为，一个名副其实的雄辩家，必须能够就眼前的任何问题进行得体、生动而又说服力的演说。能就任何问题进行得体的演说是雄辩家的本质特点，雄辩家不同于一般的"会说话的人"。雄辩家与各种专家也有所不同，一个雄辩家在某一专业领域的知识当然不如该专业的专家，但只要获得该专业的基本知识以后，他讲起来会比他请教过的专家还要生动、精彩。其中的原因，就在于雄辩家善于雄辩。

2）雄辩家的教育内容和方法。西塞罗认为要想达到雄辩家的要求，必须具备以下条件。

第一，要有广博的学识。雄辩术本身的特点决定了雄辩家必须具有广博的学识。

第二，要在修辞学方面具有特殊的修养。在谈到语言修养应达到哪些标准时，他认为，一要表达正确；二要通俗易懂；三要优美生动；四是语言应与主题相称。

第三，要有优美的举止与文雅的风度。

3）关于培养雄辩家的方法。西塞罗认为，练习是培养雄辩家的必不可少的环节。练习的方法有多种，最常用的练习法是模拟演说。此外，练习写作也甚为重要。写作可以锻炼人的思维能力和表达能力。这种能力可以转移到演说能力中去。

23.（1）改变教育目的，把培养演说家改为培养效忠于帝国的顺民和官吏。

（2）对初等学校（私立）实现国家监督，把部分私立文法学校和修辞学校改为国立，以便于国家对教育的严格控制。

（3）提高教师的地位和待遇，改教师的私人选聘为国家委派。有的皇帝还规定教师任免办法，明令各地遵照执行，同时保留教师在任免上的最后决定权。但是，在罗马帝国，绝大多数教师的薪金不是由政府支付的，绝大部分学校是私立性质的。帝国所关注的只是中等、高等学校，小学教育不在奖励之列。

24.（1）基督教最早的教育活动以成人为对象。教会在接受信徒之前，要由教会长老对入教者进行有关教义、教规的教育。后来，这种教育扩展为一种学校机构，即初级教义学校。

（2）教会的另一种教育机构是高级教义学校（或译教理学校）。它是为年轻的基督教学者提供深入研究基督教理论的场所。2—3世纪，埃及的亚历山大里亚和巴勒斯坦的凯撒尼亚高级教义学校，由于早期基督教著名神学家兼哲学家奥里根的教学与研究活动而声名远扬。安条克的高级教义学校也很有名。在这些学校中，由主教或基督教的大师给门徒讲授神学以及高深的学问，由助手讲授一般基础科目。学员不仅研究教义，还要学习和研究世俗文化，即希腊、罗马文化。

这几所学校为当时的教会培养出一批很有学问的传教士和神学家,有力地推动了基督教的传播与发展。公元4世纪左右,在叙利亚和波斯附近的阿拉伯地带也建立了一些类似的高级教义学校。

(3)在儿童教育方面,由于不论是公立还是私立的学校,都是世俗学校,教师都是世俗教师,教会把这些学校的教学思想和教学内容看作异端,力图予以拒绝和排斥。但因教会还没有足够的财力和物力设立自己的学校系统,所以不得不允许教徒的子女入世俗学校学文化,但同时要求家长在家庭中进行宗教教育。随着教会势力的发展,它后来也开始设立自己的学校,如堂区学校、唱歌学校等。

25.(1)教师应该是德才兼备的,既教学生学习基础知识和雄辩术,又教学生做人。选择教师首要的一点是,弄清他是否具有良好的德行。

(2)教师务必以自己纯正的德行引导未成熟的儿童走上正道。教师对学生应宽严相济。他应当严肃而不冷酷,和蔼而不纵容。因为冷酷会引起学生的厌恶,纵容则招致学生的轻视。教师不应当发脾气,但又不应当对应该纠正的错误视而不见。

(3)教师对学生的教育要有耐心,对学生要多勉励,少斥责;在实行奖惩时要注意分寸,既不能"吝表扬",也不能"滥用惩罚"。

(4)教师应当懂得教学艺术,教学应当简明扼要,明白易懂,深入浅出。

(5)教师要注意儿童之间在能力、资质、心性等方面的差异,因材施教。

26.他认为,经常提问学生有许多好处:可以借此测验学生的鉴别能力;可以防止学生漫不经心,防止他们对教师的讲课充耳不闻;可以引导班上的学生自己发现问题,运用他们的智力,而这正是课堂提问这种教学方法的最终目的。

27.(1)昆体良十分重视学前教育。那时的人们对7岁前的幼儿应否进行智育,看法不一,但都认为应该进行道德教育。昆体良则认为,在幼儿能说话的前后就应该对他进行智育。但在7岁前每次的学习量应当很少。

(2)昆体良主张教幼儿认识字母、书写和阅读。他在教育史上第一次提出了双语教育问题,希望儿童先学希腊语,然后学拉丁语,最后,两种语言的学习同时并进。

(3)关于学前教育的方法,昆体良认为应注意两点:一是"最要紧的是要特别当心不要让儿童在还不能热爱学习的时候就厌恶学习。";二是"要使最初的教育成为一种娱乐。"

第六章　西欧中世纪的教育

一、考点概述

（1）基督教教育：基督教的教育形式、机构和内容，基督教的教育思想。
（2）封建贵族的世俗教育：宫廷教育、骑士教育。
（3）中世纪大学的形成与发展。
（4）新兴市民阶层的形成和城市学校的发展。

二、章节精讲

（一）基督教教育

1.基督教的教育形式和机构

在中世纪，教育领导权掌握在教会手中，教会学校一直是基督教教育的主要形式。

中世纪最典型的教育机构是分散于各地的修道院，修道院学校接收10岁左右的儿童，学习期限大约为8年。除了传授教义，培养"服从、贞洁、贫穷"的品质外，修道院学校也进行简单的读、写、算的基本知识教育，以后课程逐渐加深加多，"七艺"成为主要课程体系。教学方法主要是教师口授和学生背诵、抄写相结合，实行个别教学。

除修道院外，中世纪的西欧还有主教学校和堂区学校。主教学校，设在主教的所在地，其性质与水平同修道院学校相近，设备较好，学科内容也较完备。堂区学校，设在堂区教士所在的村落，是由教会举办的面向一般世俗群众的普通学校。

2.基督教的教育思想与理论

（1）神学世界观。基督教作为一种神论宗教，设定了一个绝对的、完善的、超越的神，它无所不在，无所不能，是世界和万物的本源，敬畏与信仰上帝是人最基本的特性。

（2）儿童观。根据奥古斯丁的原罪论，由于儿童的本性罪恶，要想控制儿童邪恶的本性并使其成为高尚的人，就必须惩罚他们的肉体，压制他们的欲望。所以，对儿童的约束与惩戒是中世纪教育的重要特征。

（3）知识观。基督教知识观的典型特征是以神学为最高学问,任何世俗学问都要服从于上帝的学说。

（4）目的论。基督教从其形成之日起就把传播教义、争取信徒作为重要目标,教育只是它实现这一目标的途径,教育的最高目的是使人进入绝对真理的世界,成为具有纯粹信仰的人。

(二)封建贵族的世俗教育

封建贵族的世俗教育内容虽然简单,但比较实用。无论是宫廷学校还是骑士学校,都以培养当时社会所需要的实际应用人才为主。

1.宫廷学校

宫廷学校是一种设在国王或贵族宫中,主要培养王公贵族后代的教育机构。

查理曼大帝统治时期是法兰克王国最强盛的时期,他曾多次发出兴建学校的命令,还广招天下有学问的人到法兰克帝国境内办学,传播知识。其中最著名的是英格兰学者阿尔琴,他应查理曼邀请来到法兰克创办了宫廷学校。宫廷学校的学习科目与当时的教会学校一样,以七艺为主。

宫廷学校主要是培养封建统治阶级所需要的官吏,与欧洲中世纪早期教俗封建主两者合一的社会生活特点相似,世俗官吏教育也具有浓厚的宗教色彩。

2.骑士学校

骑士教育是西欧封建社会的一种特殊教育形式,主要目标是培养勇猛豪侠、忠君敬主的骑士精神和技能。

骑士教育的实施分为三个阶段。从出生到七八岁,为家庭教育阶段。儿童在家中接受母亲的教育,主要内容是宗教知识、道德教育和身体的养护与锻炼。8~14岁,进入礼文教育阶段,贵族之家按等级将儿子送入高一级贵族的家中充当侍童,学习上流社会的礼节和行为规范,同时进行骑士训练,包括宗教、音乐、诗歌、下棋、礼仪规则等。14~21岁,为侍从教育阶段,重点是学习"骑士七技",同时侍奉领主和贵妇。贵族子弟在这种教育过程中年满21岁时要通过授职典礼,正式获得骑士称号。

(三)中世纪大学的形成与发展

1.中世纪大学兴起的原因

（1）中世纪中期以后,随着工商业和城市的发展,开始出现新的市民阶级,对文化教育提出了新的要求。

（2）东方文化的影响,十字军东征客观上促进了东西方文化的交流,对西方基督教社会的政治生活、宗教生活、经济社会生活产生了极大的影响。

2.中世纪大学的特点

从性质来看,中世纪大学是一种自治的教授和学习中心,一般由一名(或数名)在某一领域有声望的学者和他的追随者自行组织起来,形成类似于行会的团体进行教学和知识交易。

3.中世纪著名大学

(1)波伦亚大学,1158年建于意大利中北部的波伦亚,以研究和传授法律知识著称。

(2)萨勒诺大学,12世纪中叶建于意大利南部的萨勒诺,以医学见长。

(3)巴黎大学,是西欧中世纪成立较早的、以神学著称的大学。

4.大学的课程及培养目标

中世纪大学的基本目的是进行职业训练,培养社会所需要的专业人才。一般的大学都有文科、法学、医学和神学四个系。

在文科学习数年,通过考试和公开辩答后,取得文科教师认可证书(文学硕士学位)。获得文学硕士学位后,可以选学法律、医学或神学,之后取得法学、医学或神学博士学位或教授认可证。这就是西方学位制度的最早起源。

5.中世纪大学的领导体制

中世纪大学的领导体制可分为"学生"大学和"先生"大学两种。前者由学生主管校务,教授的选聘、学费的数额、学期的时限和授课时数等,均由学生决定。后者由教师掌管校务,学校诸事由教师决定。

(四)新兴市民阶层的形成和城市学校的发展

1.新兴市民阶层的形成

从11世纪开始,由于生产的发展,西欧城市开始重新形成。这些城市以商品生产和交换活动为主,从事这些活动的手工业者、商人等构成了城市中的特殊阶层,即市民阶层,他们是资产阶级的前身。

2.城市学校的产生和发展

新兴市民阶层为了满足自身的特殊经济利益和政治斗争的需要,创立了一种新型的学校,即城市学校。

城市学校是为新兴市民阶层子弟开班的学校的总称,内部虽然在课程设置、教师成分、学习年限等方面各不相同,但是与传统学校相比,城市学校作为一种新的学校类型,在领导权和城市学校的归属等方面,也具有一些共同特点。

到15世纪,西欧几乎所有的大城市都办起了城市学校,城市学校的兴起打破了教会对学校教育的垄断,这是欧洲中世纪教育的一个很大的进步,对处于萌芽阶段的资本主义生产方式的成长也起到了促进作用。

三、课后习题解答

1.西欧中世纪大学教育的基本性质和主要特征是什么?

答:(1)西欧中世纪大学的性质。中世纪的教育具有明显的封建等级性,由于教会对教育的全面垄断,教育又带有浓厚的宗教色彩。

(2)中世纪教育的主要特征:第一,宗教性、神学性。这是由基督教会对文化教育的完全控制及基督教教义成为中世纪西欧社会的意识形态所决定的,也是中世纪教育最根本的特征。第二,保守、发展缓慢。

2.什么是教会学校? 其在西欧中世纪社会占据怎样的地位并有什么作用?

答:(1)教会学校的含义。教会学校是中世纪时期基督教教育的主要形式,目的是为了培养神职人员和信徒,扩大教会势力。教会学校的主要课程是神学和"七艺",教育方法以原始的教师口授,学生记、背为主。教会学校的主要类型有修道院、主教学校、堂区学校,各自有各自的特点。

(2)教会学校的地位。中世纪时期,教会学校是教育的主要形式,承担着当时教育的基本职能,是西欧最主要的教育机构,在西欧中世纪教育中占有重要的位置,对以后欧洲教育的发展产生了重要的影响。

(3)教会学校的作用。在中世纪早期世俗学校普遍消亡、文化衰落的情况下,教会学校在培养僧侣和其他为教会服务人员的同时,在保持、传播古代文化、发展封建文化方面,客观上起了一定作用。其比较完备的宗教教育体制,承担着初等教育到高等教育的职能,对人民实行普遍的教化功能,促使中世纪教育呈现出一个过渡的阶段。

3.简述西欧中世纪世俗封建主教育的主要形式。

答:详见章节精讲。

4.简述中世纪大学的产生及在教育史上的地位与作用。

答:(1)中世纪大学产生的原因(见章节精讲)。

(2)中世纪大学的地位和作用。中世纪大学是适应世俗生活的需要产生的,它的兴起是西欧文化教育发展最大的成就。大学不仅促进了城市的发展,还为文艺复兴和宗教改革准备了条件。

中世纪大学不仅是一种新型教育组织,还代表了一种新的教育思想和精神,为西方高等教育的发展打下了初步的基础。同时,中世纪大学所提供的办学理念、组织原则、教学体系、学业考核制度、法律地位等都成为近现代世界高等教育制度的重要范例。

四、考研真题汇编

(一)名词解释

　　1.城市学校。(浙江师范大学 2013 年研)

　　2.骑士教育。(浙江师范大学 2010 年研,河南师范大学 2017 年研)

　　3.中世纪大学。(西南大学 2013 年研)

　　4.七艺。(华东师范大学 2016 年研)

　　5.修道院。(山东师范大学 2012 年研)

(二)简答题

　　6.简述基督教教育特点。(华南师范大学 2013 年研)

(三)论述题

　　7.试析中世纪大学产生的原因、主要特征、历史意义。(北京师范大学 2003 年研,厦门大学 2018 年研)

参考答案:

　　1.自 11—12 世纪开始,西欧城市中新兴市民阶层出于本阶级的特殊经济利益和政治斗争的需要,产生了教育需求,从而促使了与教会学校和宫廷学校不同的新型城市学校的诞生。城市学校是为新兴市民阶层开办的学校的总称,包含不同种类、不同规模的学校。

　　2.骑士教育是西欧中世纪封建社会一种特殊形式的家庭教育,主要目标是培养勇猛豪侠、忠君敬主的骑士精神和技能。

　　3.中世纪大学是 12 世纪左右兴起的自治的教授和学习中心。一般由一名(或数名)在某一领域有声望的学者和他的追随者自行组织起来,形成类似于行会的师生团体进行教学和知识交易。中世纪大学的基本目的是进行职业训练,培养社会所需的专业人才。

　　4.大学的文科包括七门课程:逻辑、语法、修辞、数学、几何、天文、音乐,世称"七艺"。"七艺"的起源可追溯到古代希腊。古代希腊哲学家柏拉图按照"以体操锻炼身体,以音乐陶冶心灵"的原则,把学科区分为初级和高级两类。初级科目的体育包括游戏和若干项运动,初级科目的音乐除了狭义的音乐和舞蹈之外,还包括读、写、算等文化学科,高级科目主要有算术、几何、音乐和天文。

　　5.在中世纪,西欧的教会学校主要包括修道院学校、主教学校和堂区学校,修道院学校是最重要的教会学校,修道院学校以神学和"七艺"构成主要学习内容,修道院学校的教学方法是教师口授和学生背诵、抄写相结合,实行个别教学,采用问答法,盛行体罚。

　　6.基督教教育的总体特点如下。

（1）教育目的宗教化。主要是为了培养教会人才，扩大教会势力，巩固封建统治。

（2）教学内容神学化。主要课程是神学和"七艺"。神学包括《圣经》、祈祷文、教会的礼仪等；"七艺"是从古希腊内容演变而来的，经基督教改造，为神学服务。

（3）教育方法原始、机械、繁琐。为了维护教会、神学的绝对权威，教会学校强迫学生盲目、绝对服从《圣经》和教师，学校个别施教，纪律严格，体罚盛行。

总的来说，基督教教育在培养僧侣和其他为教会服务人员的同时，向群众宣传宗教，使劳动群众服从教会和封建统治。因此，西方教育发展中一个重要主题是教会和学校的分离，即教育的世俗化和国家化。但是，在中世纪早期世俗学校普遍消亡、文化衰落的情况下，教会教育在保持、传播古代文化，发展封建文化方面，客观上起了一定作用。

7.西欧封建制度在11—12世纪进入发展的顶峰，以后逐渐走向衰落。这时，无论是教会学校还是宫廷学校等传统教育机构已经不能满足社会和教育发展的需要。因此，新的教育机构和形式开始出现，其中中世纪大学最为引人注意。

（1）中世纪大学产生的原因有以下几点。

1）社会经济的发展推动城市的出现。西欧封建社会在11—12世纪王权日见强固，社会趋于稳定；农业生产稳步上升，手工业逐渐成为专门的职业，由工商业者所定居的城市开始在西欧的一些地区出现。

2）十字军东征促进地区间文化的交流。十字军东征虽然从宗教的观点来看是失败的，但从经济和文化的角度来看，它们却广泛地促进了东西方的接触，刺激了贸易的发展，加强了不同文化的交流。

3）新兴市民阶层的新的文化要求。新兴的市民阶层成为推动社会向前发展的力量，他们不仅提出了新的经济、政治要求，也提出了新的文化要求。这种要求从十字军东征后重新在欧洲出现的古希腊、罗马文化遗产中找到了依据。追求新学问成为一种时尚。而当时的传统教育机构不能满足这种需求，这就促使新的教育机构和形式开始出现，其中中世纪大学最为引入注意。

（2）中世纪大学的主要特征。最初的中世纪大学是一种自治的教授和学习中心。一般由一名（或数名）在某一领域有声望的学者和他的追随者自行组织起来，形成类似于行会的团体进行教学和知识交易。中世纪最早的大学是11世纪中期在意大利形成的萨来诺大学，其成为欧洲有影响的医学教学研究中心。12世纪初形成了波隆那大学，它不仅是欧洲研究罗马法的中心，也成为讲授教会法、训练教会管理者的重要机构。以后，在法国、英国、德国等先后出现了巴黎大学、牛津大学、剑桥大学、海德堡大学和科隆大学等高等学府。

1）基本目的是进行职业训练，培养社会所需要的专业人才，因此大学往往分文、法、神、医四科进行。

2)从组织上看,大学最初是由进行知识交易的人自行组合而成的团体。14世纪以后,大学逐步成为由教师和学生组成的团体。

3)中世纪大学从最初形成时已表现出自治的特点,即学校的事务基本由学校自行管理。

4)中世纪大学的领导体制分为两种:"学生"大学和"先生"大学。前者由学生主管校务,教授的聘用、学费的数额及学期的时限等均由学生决定。后者由教师主管校务,学校诸事均由教师决定。南欧的大学一般为"学生"大学;北欧的大学一般为"先生"大学。

5)大学课程主要有文科、法学、神学和医学等,其中文科属于大学预科性质,学生在接受文科学习后,分别进入法学、神学或医学学习有关专业课程。

6)中世纪大学已初步形成了学位制度。学生修完大学课程,经考试合格,可得"硕士""博士"学位。最初,这两种学位并无程度上的差别,以后分化为表示不同学术水平的独立的学位。

(3)中世纪大学的历史意义。作为西欧社会发展特定阶段的产物,中世纪大学的产生有其必然性,同时具有重大的社会历史意义。中世纪大学正是适应世俗生活的需要而产生的,它的兴起是西欧文化教育发展中最大的成就。大学不仅促进了城市的发展,而且为文艺复兴和宗教改革准备了条件。

1)中世纪的大学是欧洲重新获得和了解古代希腊罗马的哲学和科学知识的重要媒介。经过阿拉伯人200年左右的努力,欧洲古代的主要经典几乎都被翻译成了阿拉伯文,当这些著作被翻译为拉丁文而为中世纪的学者所了解后,重新点燃了欧洲人的智慧,而这主要是在当时的大学展开的。

2)中世纪的大学直接促进了经院哲学的发展与繁荣。随着大学的发展,教会的势力也慢慢渗透进大学,经院哲学逐渐成为大学的主要内容。这些大学培养出来的学者成为了中世纪哲学的中坚力量,让他们的时代成为了欧洲思想史上最具创造性的时代之一,他们的著作和思想也成为了近现代哲学的重要源泉。

3)中世纪大学的出现和发展为欧洲的文艺复兴运动做了准备。中世纪的大学体制为学者们从事学术活动提供了各方面的保证,成为当时各方面学者活动的舞台。例如,13世纪的牛津大学就是当时欧洲的科学中心,西方近现代的科学在那里开始萌芽。

4)中世纪的大学让"思想自由,学术独立"的理想成为一种现实。中世纪的大学通过知识活动的行业化,使得知识分子以"分子"的方式显现出来,让他们不再停留于"达则兼善天下,穷则独善其身"的道德理想境界。

5)中世纪大学促进了市民阶层对知识教育的重视,推动了当时欧洲的文化普及,推动了国内外的文化交流,打破了封建闭塞愚昧的状态。在一定意义上说,它体现了新兴资产阶级同封建统治者的斗争。

　　西欧中世纪大学不仅是一种新型教育组织,而且代表了一种新的教育思想和精神,中世纪大学为西方高等教育的发展打下了初步的基础。西欧中世纪形成的大学所提供的办学理念、组织原则、教学体系、学业考核制度、法律地位等都成为近现代世界高等教育制度的直接先驱。

五、强化训练及详解

(一)选择题

1.西欧中世纪大学所设学科一般为(　　　)。
　　A.文科、法学科、医学科、神学科　　　　B.文科、理科、医学科、神学科
　　C.文科、理科、法学科、医学科　　　　　D.文科、理科、法学科、神学科

2.西欧中世纪主要采用家庭教育形式的是(　　　)。
　　A.基督教教育　　　B.骑士教育　　　C.行会教育　　　D.修辞学校

3.教会学校的种类有修道院、主教学校和(　　　)。
　　A.堂区学校　　　B.文法学校　　　C.修辞学校　　　D.基尔特学校

4.查理曼大帝时,以(　　　)为校长的法兰克宫廷学校最为著名。
　　A.柏拉图　　　B.阿尔琴　　　C.亚里士多德　　　D.亚里士多德

5.14~21岁的骑士教育是(　　　)。
　　A.家庭教育阶段　　B.礼文教育阶段　　C.侍从教育阶段　　D.社会教育阶段

6.最早的中世纪大学是(　　　)。
　　A.波隆纳大学　　　B.巴黎大学　　　C.萨勒诺大学　　　D.基尔特学校

7.新兴市民阶层具有本阶级的特殊经济利益和政治斗争的需要,而这些利益和需要反映在教育上,便是缺乏满足这种需要的学校,于是(　　　)这种新型学校应运而生。
　　A.基尔特学校　　　B.堂区学校　　　C.城市学校　　　D.主教学校

8.由商人联合会设立的学校被称为基尔特学校,由手工业行会开班的学校被称为(　　　)。
　　A.市民学校　　　B.行会学校　　　C.城市学校　　　D.主教学校

(二)填空题

9.基督教的教育机构包括_____、_____、_____。

10.基督教知识观的典型特征是以_____为最高学问。

11.封建主世俗的贵族教育有_____、_____两种。

12.骑士教育是一种特殊形式的_____。

13.中世纪著名大学以医学著称的是_____。

14.中世纪大学按领导体制分为两种,分别是_____、_____。

15.西欧城市以商品生产和交换活动为主,从事这些活动的手工业者、商人等构成了城市中的特殊阶层,也称_____。

16.为新兴市民阶层子弟开办的学校称为_____。

(三)名词解释

17.修道院。

18.堂区学校。

19.宫廷学校。

20.基尔特学校。

21.城市学校。

(四)简答题

22.简述西欧中世纪基督教的教育形式和机构。

23.简述西欧中世纪基督教的教育思想。

24.简述西欧中世纪骑士教育的培养阶段。

25.简述西欧中世纪骑士教育的主要内容。

26.简述西欧中世纪城市学校兴起的原因。

27.简述中世纪城市学校的性质。

(五)论述题

28.论述试比较中国的书院与欧洲的中世纪大学。

参考答案:

1.A 2.B 3.A 4.B 5.C 6.C 7.C 8.B

9.修道院;主教学校;堂区学校

10.神学

11.宫廷学校;骑士教育

12.家庭教育

13.萨勒诺大学

14.“学生”大学;“先生”大学

15.市民阶层

16.城市学校

17.修道院是中世纪基督教最典型的教育机构,最早出现在罗马帝国时期。由于早期没有承担教育基本职能的其他教育形式存在,修道院就成了西欧最主要的教育机构。

18.堂区学校是西欧中世纪基督教的另一个教育机构,设在堂区教士所在的村落,是由教会举办的面向一般世俗群众的普通学校。

19.宫廷学校是西欧中世纪一种设在国王或贵族宫中,主要培养王公贵族后代的教育机构。

20.西欧中世纪为新型市民阶层子弟开办的城市学校中,由商人联合会设立的学校称为基尔特学校。

21.城市学校是为了满足新兴市民阶层特殊经济利益和政治斗争的需要,应运而生的一种新型的学校形式,是为新兴市民阶层子弟开班的学校的总称。

22.西欧中世纪最典型的教育机构是分散于各地的修道院,修道院是西欧最主要的教育机构。除修道院学校外,中世纪的西欧还有主教学校和堂区学校。前者设在教堂所在地,学校的条件较好,水平也整齐,但数量有限。后者设在堂区教士所在的村落,是由教会举办的面向一般世俗群众的普通学校。

23.中世纪基督教的主要思想体现在神学世界观、儿童观、知识观和目的论等方面,详见章节精讲。

24.骑士教育是一种特殊形式的家庭教育,其实施分为三个阶段。从出生到七八岁,为家庭教育阶段。8岁到14岁为礼文教育阶段。14岁到21岁为侍从教育阶段。(详见章节精讲)

25.骑士教育是与中世纪等级鲜明的封建制结构相适应的一种特殊形式的家庭教育,主要目标是培养勇猛豪侠、忠君敬主的骑士精神和技能,学校的内容包括前期的宗教知识、道德教育,礼文教育阶段的学习内容主要以上流社会的礼节和行为规范为主,也有知识内容,如识字、拉丁文及赛跑、骑马等体能训练。侍从教育阶段重点是学习“骑士七技”。

26.11世纪开始,由于生产的发展,西欧城市开始重新形成,这些城市以商品生产和交换活动为主,从事这些活动的手工业者、商人等构成了城市中的特殊阶层,即市民阶层。为了满足新兴市民阶层经济利益和政治斗争的需要,新的学校形式城市学校便应运而生了。

27.(1)从城市学校的归属看,尽管它与教育有着千丝万缕的联系,课程内容也包含不少宗教知识等,但它基本上属于世俗性质。

(2)从内容上看,城市学校强调世俗知识,特别是读、写、算的基础知识和与商业、手工业活动有关的各科知识的学习,这扩大了学校教育的内容,使学校教育开始为热门的现实生活服务。

(3)从培养目标上看,城市学校虽然主要是初等学校,但是它满足了新兴城市对从事手工业、商业等职业人才的需要,也具有一定的职业训练的性质。

28.(1)相同点。出现的必然性相同:不仅与各国的思想文化源流密切相关,而且与各自封建经济的相对发展方向及其独特的政治结构有很大关系;类型上相同:都是教学组织学术研究机构;在地位变化上相同:都逐渐失去自治地位,被朝廷或教会控制;办学精神上:有相应的独立性、开放性、研究性;教学方法上:都重视学术讲演、研究探讨和学术问难;在学术研究上:都没有从根本上突破封建社会制度的束缚。

（2）不同点。①产生的环境不同：中世纪大学产生于商业城市，而书院则出现在远离城市的名山胜水中。②思考问题的角度不同：中世纪大学从经济发展的层面思考社会问题，设立实用科目，是为了城市的新兴市民阶级，而书院则从伦理政治角度，以新儒学的面目出现，旨在为封建社会长治久安寻找理论依据。③与官方关系不同：中世纪大学与教会斗争，为大学的独立生存和自由研究争取特权，而中国的书院得到政府支持。④办学目的不同：中世纪大学目的是职业训练，培养专门人才，中国书院是以伦理为本，培养圣贤人格。⑤课程不同：中世纪大学主要传授专业知识，注重传统"七艺"的继承与发扬以及亚里士多德著作的传授，而书院主要是"五经"——原典的复归与阐发，传统儒学伦理教条的哲理化改造。⑥学位制度上：中世纪大学已建立学位制度，而中国的书院没有。⑦管理体制上：中世纪大学领导体制分"学生"大学和"先生"大学，而书院机构简单，管理人员少。

第七章 拜占庭与阿拉伯的教育

（1）拜占庭的教育。
（2）阿拉伯的教育。
（3）拜占庭和阿拉伯教育的特点及其影响。

二、章节精讲

（一）拜占庭的教育

1.世俗教育

拜占庭的世俗教育比较发达。

拜占庭盛行私人讲学。拜占庭的中等学校主要是文法学校,学习的基本内容是文法和古典作品。

在拜占庭,最有影响的高等学校是创办于公元 425 年的君士坦丁堡大学,帝国政府创办这所学校的目的,是为国家培养高级官吏。

拜占庭一向重视法学教育,同时医学教育比较发达。世俗教育在拜占庭的宫廷教育中也居于重要地位。

2.教会教育

与西欧不同,拜占庭不存在高于王权的教会权利。拜占庭的教会是受皇帝所控制的。

总的来说,拜占庭教会比较重视教育。教会学校主要有两种:一种是远离城市的隐修院(修道院),一种是附设于主教教堂里的座堂学校。

隐修院是 4 世纪初由安东尼(Anthony)所创。隐修院注重祈祷、读经、行善和生产劳动。集体祈祷每天 6 次。读经由院长主持。学习主张苦思、默想。学习主要在小室进行。

座堂学校是培养神职人员的学校。教学内容主要是神学,也有世俗学科,如古典文学与哲学等。拜占庭最高级的教会学校是君士坦丁堡大座堂学校,其教师都经过严格考试。学校神学权威云集,有权解释教义。学校也设世俗学科,包括七艺、哲学和古典文学。

(二)阿拉伯的教育

1.萨拉森帝国及各大食国的教育

昆它布是一种简陋的初级教育场所。通常是教师在家招收少量学生,教简单的读写。昆它布的教学内容主要是《古兰经》、先知的故事、语法、书法、诗歌、算术等,也教骑马、游泳等。教学重背诵。昆它布由教师决定是否收取学费。

宫廷学校和府邸教育是为哈里发设立的教育。哈里发作为政治和宗教的领袖,必须具备较丰富的知识。

学馆是学者在家讲学的地方。其教授的内容比昆它布高深,但又低于宫廷学校,相当于中等程度的教育。学者之家在清真寺建立之前就已经成为教育场所。学馆的学生不分贫富。

清真寺既是教徒礼拜的天地、施行政令的要地、宗教法庭的所在,也是重要的教育场所。早期的清真寺条件简陋,院子、房顶和讲台是其三要素。

2.塞尔柱帝国和奥斯曼帝国时期的教育。

(1)塞尔柱帝国时期的教育。在塞尔柱帝国,政府建立了学校制度,提供教育经费。政府管理学校,并由宰相尼采姆主持。塞尔柱帝国时期也注重初等教育,这一时期,伊斯兰学校教育得到了较大的发展。

(2)奥斯曼帝国时期的教育。奥斯曼帝国也仿照尼采米亚建立了新的宫廷学校。政府规定,地方官员应选送12~14岁的儿童到伊斯坦布尔学习,入学还需通过严格的体格和智力考验。学校订有各种规章。学生必须着制服,与家人隔离,不结婚,尊师守法,恪守规章。

16世纪,宫廷学校分初、高两级,均修业6~8年。初级为基本训练,高级为分科训练。学习内容分学科、体育、战术和专业训练。学时各占25%。学科有土耳其语、阿拉伯语、波斯语、土耳其和波斯文学、《古兰经》和注释、神学、法学、历史、数学、音乐,称为学艺十科。

宫廷学校的教师必须是伊斯兰教徒,也有学者或诗人,教师的待遇丰厚。学生的费用也由政府提供。

(三)拜占庭和阿拉伯教育的特点及其影响

1.拜占庭教育的特点及其影响

拜占庭的政治、经济特点,特别是它的教会与世俗政权之间的关系对它的文化教育的发展产生了明显的影响,使它具有以下特点:其一,直接继承了古希腊和罗马的文化教育遗产;其二,存在着因世俗生活需要而得到发展的世俗教育体系;

其三,教会的文化教育体系与世俗的文化教育体系长期并存。此外,在拜占庭教会,除主教外,所有教士均可以结婚,这一点对教会教育的内容和方式也有影响。

总的来说,拜占庭的教育起了保存和传播古希腊、古罗马文化的作用。

拜占庭的文化教育对东欧的影响很大。拜占庭的文化教育对西欧也有很大的影响,对意大利的文艺复兴也起了一定的作用,同时对阿拉伯教育的发展也起了一定的作用。

2.阿拉伯教育的特点及其贡献

阿拉伯的教育具有尊师重教、教育机会比较均等、神学与实用课程并存、教学组织形式多样和多方筹集教育资金以保证发展教育的物质条件等鲜明特点。这些特点是和他们开明的文教政策有机联系着的。阿拉伯国家由于重视吸收别人的文化成果而鼓励翻译。

阿拉伯人由于其文化教育政策的开明和尊师重教、鼓励学术研究而使其教育得到迅速发展,并在文化科学上取得了巨大成就。阿拉伯人在天文学、医学、哲学和文学方面也都做出了自己的贡献。

三、课后习题解答

1.试评述拜占庭的教育及其影响。

答:(1)拜占庭的教育。公元 395 年,统一的罗马帝国分裂为东西两个独立国家,东部以君士坦丁堡为都城,这就是历史上的东罗马帝国,史称拜占庭帝国。西罗马于 476 年灭亡后,西欧的古典文化遭到了严重破坏,唯有拜占庭依然保存了古典文化,并传播到东欧和西欧各国。

1)世俗教育。由于一直有着强大的世俗政权以及继承了希腊的古典文化遗产,拜占庭的世俗教育比较发达。在拜占庭,希腊语是教学的通用语言,古希腊著名思想家和哲学家的著作是学习和研究的内容。

拜占庭私人讲学盛行。初等学校招收 6~12 岁儿童,学习文法、算术和《荷马史诗》等,保持了希腊化时代的传统。中等学校主要是文法学校,学习文法和古典作品。

在拜占庭帝国初期,高等教育对其初期文化教育的发展起了重要的作用。随着教会势利的增长和阿拉伯帝国的兴起,拜占庭的高等教育受到削弱。

在拜占庭,最有影响的高等学校是创办于 425 年的君士坦丁堡大学,帝国政府创办这所学校的目的,是为国家培养高级官吏。

宫廷教育很受重视,各代皇帝做法不尽相同,一般是请教师教其子女七艺和柏拉图、亚里士多德的著作。

2)教会教育。拜占庭的教会受皇帝控制,比较重视教育。教会学校主要有两种:隐修院(修道院)和座堂学校。

隐修院是4世纪初由安东尼所创,一般是远离城市的。隐修院注重祈祷、读经、行善和生产劳动。隐修院广泛收集经卷、书籍,并组织抄写,所设的图书馆收藏着大量的经书和手稿,成为当时的文献资料中心。

座堂学校是附设于主教教堂,培养神职人员的学校。教学内容主要是神学,也有世俗学科,如古典文学与哲学等。拜占庭最高级的教会学校是君士坦丁堡大座堂学校,其教师都经过严格考试。学校神学权威云集,有权解释教义。学校也设世俗学科,包括七艺、哲学和古典文学。

(2)拜占庭教育的影响。由于国内外的复杂斗争和政治经济的演变,拜占庭发展起了具有自己特色的教育,保存与传播了古希腊、罗马文化,从而对东西欧文化教育的发展产生了巨大影响,对阿拉伯教育的发展也起了一定的作用。

2.试述阿拉伯文化教育迅速取得伟大成就的原因及其贡献。

答:(1)阿拉伯文化教育迅速取得伟大成就的原因如下。阿拉伯教育迅速取得发展的原因是阿拉伯国家的哈里发推行了一种比较开明的文化教育政策。他们对被征服地区人民的宗教信仰和文化采取比较宽容的态度,并鼓励学术研究。因此,阿拉伯人就能在继承东西方文化成果的基础上迅速发展自己的文化与教育。

(2)阿拉伯人对人类文化教育做出的贡献。

1)阿拉伯人在文化科学上取得了巨大成就。阿拉伯的伟大数学家穆罕默德·伊本·穆萨创立了代数学。他编写的《积分和方程计算法》于12世纪传到西欧,一直到16世纪还是大学使用的教材。通过他的著作,西方还懂得了使用阿拉伯数字。

2)阿拉伯人在天文学、医学、哲学和文学方面也都做出了自己的贡献。阿拉伯著名的化学家和医生拉齐斯著有许多关于炼丹术和医学的书籍,其中的《秘典》一书包含着丰富的化学知识,《医学集成》吸取了希腊、波斯和印度的医学知识,《天花和麻疹》载有这些疾病的临床记录。阿拉伯的另一名医学家伊本·西那则被誉为"医中之王"。他的《医学原理》一书讨论了传染病、寄生虫病、皮肤病、精神病等广泛的医学问题,记载了760多种药物,因而有"医中圣经"之称。阿拉伯的哲学家伊本·拉西德(即阿威罗伊,1126—1198)对亚里士多德的著作所做的注释、提示和摘要在西方流传了几个世纪,对西欧重新分式古希腊文化产生了重要影响。当时诸大食国,特别是白衣大食国的学校也因其教学内容的充实吸引了许多西欧青年,使他们的思想受到影响,这对西欧文艺复兴也起了一定的孵化作用。

🏆 四、强化训练及详解

(一)选择题

1.伊斯兰教的经典是(   )。

A.《吠陀经》　　　B.《圣经》　　　　C.《古兰经》　　　D.《大藏经》

2.以下哪种是拜占庭的教会教育形式(　　　)。

A.宫廷学校　　　B.星期日学校　　C.昆它布　　　　D.主教学校

3.阿拉伯的教育是以(　　　)为中心的。

A.伊斯兰教　　　B.佛教　　　　　C.基督教　　　　D.天主教

4.以下几项(　　　)不属于阿拉伯的教育形式。

A.清真寺　　　　B.昆它布　　　　C.古儒学校　　　D.府邸教育

5.在拜占庭的教育中最为历代统治者所重视的是(　　　)。

A.初等教育　　　B.中等教育　　　C.高等教育　　　D.宫廷教育

6.拜占庭的高等教育的目的主要是(　　　)。

A.为国家培养高级官吏　　　　　B.培养合格的公民

C.培养雄辩的人　　　　　　　　D.为走入社会做准备

7.昆它布的教学内容主要是(　　　)。

A.《吠陀经》　　　B.《圣经》　　　　C.《古兰经》　　　D.《大藏经》

8.拜占庭的隐修院是由(　　　)所创。

A.查士丁尼　　　B.安东尼　　　　C.希菲林那斯　　D.赫尔巴特

(二)填空题

9.拜占庭的中等学校主要是_____,学习的基本内容是_____和____。

10.创办于425年的君士坦丁堡大学,其办学目的是_____。

11.在拜占庭,最受重视的教育是_____教育。

12.教会学校主要有两种:一种是_____,一种是_____。

13._____是一种简陋的初级教育场所,通常是教师在家招收少量学生,教简单的读写。

14.宫廷学校的教师必须是_____,也有_____或____。

15.阿拉伯的学校大多设在_____内,主要类型在初等学校有_____、_____、高等学校为_____,称作_____。

16._____由教师决定是否收取学费。

(三)名词解释

17.昆它布。

18.世俗教育。

19.宫廷学校。

20.教会学校。

21.座堂学校。

(四)简述题

22.简述中世纪拜占庭的教育和阿拉伯教育的基本特征。

23.古代阿拉伯的教育有何特色? 其对世界文化教育有何影响?

24.简述阿拉伯的文教政策、教育特点及其贡献。

25.简述拜占庭教育的特点。

26.简述拜占庭帝国及其文化教育。

27.简述拜占庭的世俗教育。

(五)论述题

28.论述与西欧相比较,拜占庭文明的发展呈现出哪些特征?

参考答案:

1.C 2.D 3.A 4.C 5.D 6.A 7.C 8.B

9.文法学校;文法;古典作品

10.为国家培养高级官吏

11.法律

12.远离城市的隐修院;附设于主教教堂里的座堂学校

13.昆它布

14.伊斯兰教教徒;学者;诗人

15.清真寺;学馆;昆它布;宫廷学校;阿达卜

16.昆它布

17.昆它布起初为基督教徒和犹太教徒举办的一种学校,后为古代阿拉伯教育的初级教育场所。通常是教师在家招收少量的学生,教简单的读写。伊斯兰政权建立后,随着清真寺的发展,昆它布多设在清真寺内,成为普遍的教育场所。教学内容主要是《古兰经》、先知的故事、语法、书法、诗歌、算术等,也有骑马、游泳等,教学重背诵,学费由教师定。

18.世俗教育,是相对于"宗教教育"而言的。通常指欧洲中世纪时,市民阶级为反对教会垄断教育而开办的城市学校所进行的教育。这些学校比较重视文化科学知识,但宗教教育仍被认作是不可缺少的。现代资本主义国家不受教会管辖的学校所进行的教育,也叫"世俗教育"。

19.宫廷学校最早出现于古代埃及,据古代埃及文献记载,在古王国时期埃及已经出现了宫廷学校。所谓的宫廷学校是国王法老在宫廷中设立的学校,以教育皇子皇孙和朝臣子弟为宗旨,学生学习完毕后,接受锻炼,之后分别委任为官吏。

20.教会学校是指天主教或基督教(新教)教会所设立和控制的学校。最早出现于中世纪的欧洲。中世纪的大学大都是教会办的。

21.座堂学校是中世纪欧洲的一种教会学校,设在主教座堂处,故名。座堂学校专为培养教士而设,设施条件优于修道院学校,教学内容主要是神学,此外还有"七艺"等一般文化课程。

22.中世纪拜占庭的世俗教育比较发达,主要有初等教育(由私人办理,学习《荷马史诗》)、中等教育(文法学校,学习文法和古典作品)、高等教育(重视法律和医学教育。最有影响的是君士坦丁堡大学,以培养官吏为主)和宫廷教育(培养未来皇帝)。中世纪拜占庭的教会学校主要有两种:修道院学校和主教学校。修道院学校设在修道院中,主要进行经书的收集整理;主教学校是培养神职人员的学校,主要教学内容为神学,有七艺、哲学和古典文学等世俗学科。

阿拉伯教育以伊斯兰教为中心,具有强烈的世俗性。主要有以下形式。

(1)昆它布,一种简陋的初级教育场所。

(2)宫廷学校和府邸教育,一种对王子们进行教育的重要形式,主要学习诗歌、宗教、文法、文学等内容。

(3)学馆,学者在家讲学的场所,讲授内容相当于中等程度的教育。

(4)清真寺,教徒做礼拜的圣地,也是重要的教育场所,既有普通教育,又有高等教育。讲授课程主要有神学、哲学、史学、文学、法学、数学、天文学等,讲授的主要形式是"教学环"。

(5)图书馆和大学:阿拉伯各国图书馆非常发达,不仅藏书,还进行知识教育,相当于大学。

23.(1)阿拉伯人在7世纪兴起之初,其文化教育是非常落后的。但是在历史上比较短的时间里,他们竟然后来居上,建立起了"一种融合了犹太文化、希腊—罗马文化和波斯—美索不达米亚文化传统的混合文明",使自己在文化科学的成就上达到了引人注目的高峰,这在很大程度上得益于阿拉伯国家的许多哈里发推行了一种比较开明的文化教育政策。他们对被征服地区人民的宗教信仰和文化采取了比较宽容的态度,并鼓励学术研究。因此,阿拉伯人就能在继承东西方文化成果的基础上迅速发展自己的文化与教育。阿拉伯的教育具有尊师重教、教育机会均等、神学与实用课程并存、教学组织形式多样和多方筹集教育资金以保证发展教育的物质条件等鲜明特点。这些特点是与他们的文教政策有机联系着的。

(2)阿拉伯人由于教育政策开明,使教育得到迅速发展,并在科学上取得了巨大成就,这对后世影响非常大。阿拉伯的伟大数学家穆罕默德创立了代数学,他编写的《积分和方程算法》于12世纪传到西欧,一直到16世纪还是大学使用的教材。通过他的著作西方还懂得了使用阿拉伯数字。阿拉伯人在天文学、医学、哲学和文学方面也都做出了自己的贡献。化学家和医生拉齐斯、医生伊本·西那等的许多著作解决了广泛的医学问题。阿拉伯的学校也因教学内容充实而吸引了许多西欧青年,使他们的思想受到影响,这对西欧文艺复兴也起到了一定的孵化作用。

24.(1)推行一种比较开明的文化政策:对被征服地区人民的宗教信仰和文化采取了比较宽容的态度,并鼓励学术研究。

(2)特点:尊师重教;教育机会平等;神学与实用课程并存;教学组织形式多样化;多方筹集教育资金等。

(3)贡献:在教学方面,在印度数字基础上,改进创造了阿拉伯数字。为认数、运算更为方便,阿拉伯人在8世纪中叶就开始使用"0"的符号。在天文学方面,巴格达、大马士革、开罗各地遍设天文台,著名天文学家白塔尼积40年之研究,著有《恒星表》,对托勒密表加以修正。在化学方面,酒精、甘芳醇、糖浆、樟脑、苏打,均为阿拉伯人所发明。在文学方面,有著名的《一千零一夜》《天方夜谭》《克利莱和底木奈》。

25.(1)古希腊、古罗马文化得以保存,教育比较普及。当欧洲古代文化在西罗马遭到毁灭之际,拜占庭的僧侣、贵族仍在读着荷马的诗篇、普鲁塔克的传记,研究着柏拉图和亚里士多德的哲学及其他古典文学、政治、历史、法律著作。在拜占庭的一些世俗贵族和高级僧侣中,也出现了一些有学问的人。

(2)世俗大学长期存在,帝国高等学校兴旺发达。当罗马帝国的高等学校在公元5世纪已不复存在的时候,整个中世纪上半期,拜占庭帝国的高等教育兴旺发达起来。9—10世纪,欧洲各国的一些青年都到拜占庭高等学校学习。他们除学习"七艺"——文法、修辞学、辩证法、算术、几何、音乐、天文学外,还学习罗马的法律和历史。

(3)开办了僧院学校,建立了相应的图书馆。拜占庭教会还为培训僧职人员,开办了僧院学校,并组织了抄书工作。后来,在僧院中逐渐建立起规模宏大的图书馆。如隐修院的图书馆收藏着大量的经书和手稿,这成为当时的文献资料中心。

26.公元395年,罗马帝国分裂为东、西罗马,476年,西罗马帝国灭亡,东罗马则建立了以君士坦丁堡为中心的拜占庭帝国,面积包括巴尔干、小亚细亚、叙利亚、埃及等,首都君士坦丁堡(现在的伊斯坦布尔)是古代希腊移民建立的城市——拜占庭的旧址,所以史称拜占庭帝国。古代文化在西欧遭到浩劫、中世纪欧洲处于黑暗愚昧的时代时,拜占庭的文化教育却相对繁荣,并且延续了1000多年(东罗马1453年亡于土耳其人的奥斯曼帝国)。其原因有以下几点。

(1)东罗马在经济上具有多样性。拜占庭帝国较早地实行了实物、劳役、货币地租,奴隶有一定的人身自由。所以它的奴隶制危机和阶级矛盾不像西罗马帝国那样尖锐、激烈,后来又逐渐过渡到封建社会的经济。

(2)东罗马有发达的手工业和商业,城市经济始终保持繁荣。首都君士坦丁堡地处地中海与黑海的要冲、欧亚大陆的交汇处,所以贸易发达。

(3)工商业发达和国家对贸易的垄断,帝国每年有巨额的财政收入,使中央政府有足够的经济力量维持大量雇佣兵来镇压人民的起义,所以社会相对稳定,战乱较少,因而教育较为发达。

27.拜占庭的世俗教育直接承继希腊罗马的古典教育。希腊语是官方语言，学校用希腊语进行教学。拜占庭世俗教育的基础就是希腊化时期的科学与文化以及罗马帝政时期的教育成就。当然，它们在拜占庭也经受了中世纪基督教精神的改造。

在拜占庭生存的年代中，规模最大、作用最为显著，而且几乎是始终存在的世俗性高等学校是君士坦丁堡大学。这所学校创办于425年，它坐落在宫廷附近，其任务是为帝国训练具有较高文化水平的官吏。学生修业期限5年。教学内容以七艺为基础，七艺之上有哲学、法律学和修辞学3门学科。

关于拜占庭世俗性中级和初级教育的情况，人们知道的很少。一般认为，拜占庭在初等教育方面一直保留着希腊化时代的传统。中等教育机构为文法学校，教育内容的基础是文法与古典作品研究，教科书多采用希腊化时代的注释。

28.与西欧相比，拜占庭文明的发展呈现了不同的特征，拜占庭的教育发展有两个主要的特点：一是世俗文化教育体系与教会文化教育体系长期并存、相互渗透与对立斗争；二是希腊语为通用教学语言，古希腊的哲学、文学和古罗马的法学在教育中占有重要地位。

第八章　文艺复兴与宗教改革时期的教育

一、考点概述

(1)人文主义教育:人文主义教育的发展、基本特征、历史贡献。

(2)新教教育:宗教改革运动、路德派新教教育、加尔文派新教教育、英国国教教育。

(3)天主教教育:反宗教改革运动、耶稣会的教育活动。

(4)三种教育力量的冲突与融合。

二、章节精讲

(一)人文主义教育

1.文艺复兴运动与人文主义的特征

(1)文艺复兴运动。发生于14—16世纪,是一场新兴资产阶级反抗封建制度思想的基督教统治的文化革命和思想革命,标志着欧洲近代文化的开端。"文艺复兴"就其词义来看是指古希腊、古罗马人文学科的复活和复兴,但就其实质来看,复兴的范围决不仅限于人文学科,也不是为了过去,而是新时代对古代文化的继承、利用和发展,使古典文化成为表达新文化的媒介。

(2)人文主义。人文主义文化是文艺复兴运动的重要成就,人文主义是文艺复兴时代不同国家、不同领域、不同时期的人文主义者所共有的世界观,其主要体现在以下几个方面:人文主义文化的核心是倡导人道,肯定人的价值、地位和尊严;宣扬人的思想解放和个性自由,将人从教会的教义、教规和其他教条束缚中解放出来;肯定现世生活的价值和尘世的享乐;提倡学术,尊崇理性。

2.人文主义教育的发展

(1)弗吉里奥(意大利):率先阐述人文主义教育思想的学者,注释了昆体良的《雄辩术原理》;著述《论绅士风度与自由学科》,提出通才教育以培养身心全面发展的人;在教学方法上认为所教内容必须与儿童的爱好及年龄相适应;在教学内容上推崇历史、伦理学和雄辩术;依据亚里士多德的《政治学》提出了体育、文学、绘画、音乐四门学科,并对数学、医学、自然知识等科目进行了讨论。

(2)维多里诺(意大利):热衷于古希腊身心和谐发展的教育理想,并积极进行着教育实践,开办了宫廷学校并将其称为"快乐之家";主张以古典学科为中心的通才教育。

(3)卡斯底格朗(意大利):著述《宫廷人物》,认为教育的培养目标不是中世纪擅长军事体育、具有礼仪风度而不通文墨的骑士,也不是前期文艺复兴精通古典文化的学者型代表,而是集二者精华的"文雅骑士"。

(4)伊拉斯谟(尼德兰):基督教人文主义教育理论家,他在《愚人颂》中表达了对虔敬与道德的呼吁;教育方面的代表作是《基督教君主的教育》《论童蒙的自由教育》。

(5)维夫斯(西班牙):代表作《知识论》《论灵魂与心灵》,其中《知识论》被誉为"文艺复兴时期最彻底的教育书籍";其思想富有民主性,认为一般民众也应有自由发展的权力;提出要用哲学方法、心理学方法来解决教育问题。

(6)莫尔(英国):《乌托邦》要求废除私有制,实行公共教育制度;教育内容主要包括哲学、历史、戏剧、医学、植物学等;注重培养儿童仁慈、公正、勇敢、诚实、仁爱、合作的品质。

(7)埃利奥特(英国):《行政官之书》主张教育的目的是培养绅士而非学究,认为古典语言的学习应建立在学习本族语言的基础上。

(8)培根(英国):提出"归纳法";提出"知识就是力量",强调自然科学知识的价值;提出"泛知识"的建议,认为人应该学习一切知识。

(9)比代(法国):写作《论王侯的教育》;推动建立法兰西学院、奎恩学院。

(10)拉伯雷(法国):发表著名的讽刺性文学作品《巨人传》,在书中阐述了一种新的教育自由观,主张身心并行发展,要求广泛认识所有事物,要求知识的掌握应该建立在理解的基础上。

(11)蒙田(法国):代表作《散文集》,其教育思想主要体现在第二十四章《论学究气》及第二十九章《论儿童的教育》中,要求培养完全的绅士,这种绅士具有渊博的、对生活有益的知识,具有良好的判断力,具有坚忍、勇敢、谦逊、爱国等品质,具有强壮的身体;鼓励质疑,反对盲信盲从;注重对知识的理解,反对死记硬背。

3.人文主义教育的基本特征

(1)人本主义:注重个性发展,反对禁欲主义,尊重儿童天性,肯定教育重塑个人、改造社会及自然的作用。

(2)古典主义:吸纳古典文化,意在古为今用、托古制改。

(3)世俗性:关注今生而非来世。

(4)宗教性:信仰上帝,希望通过世俗和人文精神来改造宗教。

(5)贵族性:人文主义教育的对象为上层子弟,形式多为宫廷教育和家庭教育。

(二)新教教育

1.宗教改革运动与新教的建立

产生于 16 世纪初,矛头直指天主教会,其实质是企图以一种新的宗教去取代原有的旧宗教,主张改良宗教而非消灭宗教。宗教改革者所主张的宗教被称为"新教"以区别于天主教,宗教改革运动将欧洲基督教分裂为新、旧两大营垒,是一场广泛、深刻的社会改革运动,触及了社会生活的各个层面。

2.路德派新教与教育

宗教改革始于德国,发起者是马丁·路德。路德的教育主张则集中体现在《至德国市长和市政官员书》《论送子女入学的责任》中,其主要思想包括主张教育目的具有双重性,即宗教性和世俗性;提出了教育的两个原则:一是教育权由国家而不是由教会掌握,二是由国家推行普及义务教育;提出了建立学校教育系统的设想。

路德派的追随者主要有梅兰克顿、斯图谟和布根哈根。梅兰克顿毕生致力于在德国各邦建立新的学校教育体系,在该体系中国家对教育行使控制权,教育兼顾宗教性和世俗性目的,神学与人文学科并重。斯图谟则在创建和完善中学方面的成就突出,强调教育的宗教性目的,认为教育内容应以古典拉丁文、希腊文为主,主张采用分级教学制度,其中等教育模式为多国所效仿。布根哈根的贡献主要在于提出为所有儿童开办良好的初级学校,对儿童进行宗教教育,且用德语进行教学。由此,德国关于实施义务教育、国家管理学校以及建立学校新体制的主张得到了初步实现。

3.加尔文派新教与教育

加尔文派新教兴于瑞士,加尔文的教育主张主要体现在《基督教原理》《教会管理章程》《日内瓦初级学校计划书》等著述中,他重视教育对个人生活、社会生活和宗教生活的意义;提出了普及、免费教育的主张,要求国家开办公立学校,让所有儿童都有机会受到教育;重视人文学科的价值,注重将宗教科目与人文学科的学习相结合;借鉴斯图谟的学校管理制度来创办法律学校、文科中学等;在高等教育方面,创办日内瓦学院,在欧美广负盛名,被视为办学样板。

4.英国国教与教育

英国的宗教改革是出于政治和经济原因的一场自上而下的改革。英国宗教改革后,教学内容主要是古典主义,并加强了英语教学,英语日益成为日常交往和表达知识的手段。马尔卡斯特更是将英语作为一门增强民族自尊心、促进民族意识觉醒、加强教育与社会生活联系的重要课程。

(三)天主教教育

1.文艺复兴时期天主教会的改革与复兴

随着新教势力的不断壮大和天主教会的危机日益加深,罗马教廷于16世纪中叶开始了反宗教改革运动,反宗教改革运动取得的了一定成效,天主教势力渐趋增强,天主教与新教的冲突和斗争日益加剧,甚至升级成了一场国际战争。

2.耶稣会的教育活动

耶稣会是反宗教改革运动的先锋和中坚,首创者是西班牙人罗耀拉。耶稣会把创办教育视为实现其宗教和政治目的的重要手段,其教育活动在西方教育史上占有不可忽视的一席之地。耶稣会集中全力于中等和高等教育而不重视初等教育,其所设立的学校统称为学院,中等教育学习内容以拉丁语、希腊语、希伯来语、古典文学为主,而高等教育则以哲学和神学为主。耶稣会学校富有成效的教学主要得益于其完备的组织管理、高水平的师资和切实可行的教学方法。

3.三种教育力量的冲突与融合

人文主义教育、新教教育、天主教教育三种教育势力之间既有冲突又有融合的方面。三种教育势力的相互冲突与融合,奠定了近代西方教育的基本格局。

三、课后习题解答

1.简述人文主义教育的发展历程及其一般特征。

答:(1)发展历程:人文主义教育思想是在文艺复兴时期形成和发展起来的,其影响久远,其主要的发展历程经历了以下几个阶段。

1)文艺复兴时期的人文主义教育。a.前期人文主义教育重视以古典语言和古典学科为中心的教育活动,并把宗教教育作为人文主义教育的重要内容。b.后期人文主义教育重视教育的世俗性和贴近现实生活,强调教育应培养新人。

2)宗教改革时期的人文主义教育。宗教改革时期的新教教育继承和发展了文艺复兴时期的人文主义教育思想,也比较注重教育世俗性,但它更强调教育的群众性和普及性。a.路德新教强调国家应兴办学校,教育权应由国家而不是教会掌握,教育应在所有等级的儿童中得到普及。b.加尔文同样提出了普及教育、免费教育的主张,要求国家开办学校,使所有儿童都有机会受到教育,学习基督教教义和日常生活所必需的知识技能。但宗教改革时期,人文主义教育目的是具有双重性的,首先是为了促进宗教信仰,其次才是为了世俗利益。

(2)基本特征。

1)人本主义。在培养目标上注重个性发展;在教育教学方法上反对禁欲主义,尊重儿童天性;坚信通过教育的力量可以重塑个人、改造社会和自然;肯定人的力量和价值。

2)古典主义。吸纳古典文化,意在古为今用、托古改制。

3)世俗性。人文主义教育充溢着浓厚的世俗精神,教育关注今生而非来世。

4)宗教性。几乎所有的人文主义教育家都信仰上帝,他们虽然抨击天主教会的弊端,但不反对宗教,他们希望以世俗和人文精神来改造宗教。

5)贵族性。人文主义教育的对象主要是上层子弟,教育的形式多为宫廷教育和家庭教育而非大众教育。

可以看出,人文主义教育具有两重性,进步性与落后性并存,尽管它还有不足之处,但它扫荡了中世纪教育的阴霾,展露出新时代教育的灿烂曙光,开欧洲近代教育之先河。

2.宗教改革运动对西方教育的发展有何影响?

答:宗教改革运动实质上是欧洲资产阶级在宗教领域内进行的一次大规模的反封建运动,其目的是以一种符合新兴资产阶级利益的宗教来代替服务于封建社会的宗教,宗教改革运动对西方教育的发展产生着重大的影响。

(1)宗教改革给欧洲社会带来了极大的破坏,也给教育带来了厄运,教育饱受摧残,长时间难以复苏。宗教改革使教育势必要成为一种民族的教育,一种由国家控制领导权的教育,一种避免宗教争端的世俗性、公共性的教育。教育与世俗生活的结合更趋紧密,学校的课程也随之发生变化,世俗性知识比重加大,自然科学进入课程之中,教育的总体精神正在发生重大转折。这种转折标志着世俗性的近代教育已从根本上取代了宗教性的中世纪教育,标志着教育正迈向近代化。

(2)尽管宗教改革是人文主义引发的,但宗教改革对近代教育转折的历史意义远远高于人文主义。宗教改革运动结束后,西方教育的近代化(国家化、世俗化、普及化)历程便真正开始了。持续近300年的文艺复兴时期的教育发展史,头绪纷繁,错综复杂,这与当时的社会发展状况是相一致的。人文主义教育、新教教育、天主教教育三种教育势力相互之间的冲突与融合,奠定了近代西方教育的基本格局。三种教育中的每种教育尽管皆有不足之处,所服务的目的也大相径庭,但它们都对西方教育的发展做出了贡献。

3.比较分析文艺复兴时期人文主义教育、新教教育和天主教教育的联系与区别。

答:(1)三者的联系:都很重视古典人文学科。人文主义教育重视古典人文学科自不待言,新教教育和耶稣会教育也以古典人文学科为学校课程的主干,天主教教育主要以神学为主,但在具体的实行上还是依靠古典的人文学科,把它作为神学教育的载体。此外,在教育教学的管理方面,三种教育也有很多相通之处,都比较注重学生的管理,建立了一套比较完整的教育体制,覆盖初等教育,以教育为手段宣传自身的思想和主张。

(2)三者的区别。

1)尽管人文主义运动导致了宗教改革,但大多数人文主义者都反对宗教改革造成的教会分裂,而主张在教会内部实行不流血的改革,人文主义和天主教都是反对宗教改革的。

2)新教教育与天主教教育都是宗教教育,尽管人文主义教育也带有一定的宗教性,尽管所有的人文主义者都信仰上帝,但新教和天主教还是共同反对人文主义教育中尤其是意大利人文主义教育中的异教因素。宗教改革运动压制了人文主义运动的种种世俗倾向,而反宗教改革运动则想把当时的社会和教育带回宗教性更强的中世纪。

3)人文主义教育具有贵族性,新教教育则具有较强的群众性和普及性,天主教教育尤其是耶稣会的教育出于其控制社会精英的政治目的而重视上层社会子女的教育,因而带有强烈的贵族性。人文主义教育的贵族性是由人文主义运动的性质所决定的,与耶稣会教育的贵族性在性质上是不同的,后者的目的在于通过教育使社会精英或未来的社会精英为天主教服务。

4)这三种教育的根本差异主要在于它们所服务的目的不同。新教教育为新教服务,天主教教育为天主教服务。教育在新教和天主教中主要是作为一种宗教的工具被运用的,渗透于新教教育和天主教教育中的古典人文教育主要是作为一种技术性的语言工具而被利用的,对个人发展的考虑、对世俗利益的考虑,一直被放在次要地位。

四、考研真题汇编

(一)名词解释

1.人文主义教育。(华东师范大学 2013 年研)

2.经院哲学。(首都师范大学 2016 年研)

3.快乐之家。(北京师范大学 2004 年研)

4.维多里诺。(湖南师范大学 2006 年研)

5.文雅教育。(湖南师范大学 2005 年研)

(二)简答题

6.简述人文主义教育。(重庆师范大学 2017 年研)

7.简述文艺复新运动时期人文主义教育的特征。(华南师范大学、南京师范大学 2012 年研,湖北大学 2014 年研,山西师范大学、天津师范大学 2017 年研)

8.简述人文主义教育的特征与贡献。(浙江师范大学、苏州大学 2016 年研)

9.简述文艺复兴与大学改革的关系。(山西师范大学 2017 年研)

10.简述西方"普及义务教育"的起源(以一个西方国家为例)。(北京师范大学 2012 年研)

11.简述宗教改革各派的基本教育主张。（杭州师范大学 2015 年研）

12.简述文艺复兴时期人文主义教育、新教教育、天主教教育的异同点。（西北师范大学 2015 年研）

参考答案：

1.人文主义教育是欧洲文艺复兴时期新兴资产阶级思想家所提倡的新文化、新教育思潮。它代表资产阶级的利益和要求，以资产阶级个人主义为核心，提倡以"人"为中心，肯定人的价值和力量。

2.经院哲学是产生于天主教教会所设经院中的一种哲学思潮，它是运用理性形式，通过抽象的、繁琐的辩证方法论证基督教信仰、为宗教神学服务的思辨哲学。

3.快乐之家是意大利著名的人文主义教育家维多里诺于 1423 年创设的孟都亚宫廷学校，这所学校校址环境优美，校风朴素自然，师生关系融洽，学生的生活与学习过程充满欢乐。在教育史上，维多里诺被称为"仁爱之父"和"第一个新式学校的教师"，而快乐之家亦被称为"行乐园"。

4.维多里诺是文艺复兴时期意大利著名的人文主义教育家，他热衷于古希腊身心和谐发展的教育理想，并积极进行着教育实践，开办了孟都亚宫廷学校并将其称为"快乐之家"，主张以古典学科为中心的通才教育，重视学生品德的培养。

5.文雅教育亦称"自由教育"，是西方教育史上的一种教育观点和教育理想，是文艺复兴时期人文主义教育主要所推崇的教育。

6.(1)教育概况：见章节精讲及课后习题解答。

(2)代表人物：见章节精讲。

7.尽管人文主义教育在不同的地域和不同的发展阶段具有不同的特色，但在基本特征上有一定的共通之处，主要表现在以下几个方面。

(1)人本主义。在培养目标上注重个性发展；在教育教学方法上反对禁欲主义，尊重儿童天性；坚信通过教育的力量可以重塑个人、改造社会和自然；肯定人的力量和价值。

(2)古典主义。人文主义教育思想吸收了许多古人的见解，人文主义教育实践尤其是课程设置具有古典性质，但这种古典主义绝非纯粹的"复古"，实则含有古为今用、托古制新的内涵，尽管它也具有局限性，然而在当时却是进步的。

(3)世俗性。不论从教育目的还是从课程设置等方面看，人文主义教育充溢着浓厚的世俗精神，教育更关注今生而非来世，这是人文主义教育与中世纪教育的根本区别。

(4)宗教性。人文主义教育仍具有宗教性，几乎所有的人文主义教育家都信仰上帝，他们虽然抨击天主教会的弊端，但不反对宗教更不打算消灭宗教，他们希冀以世俗和人文精神改造中世纪陈腐专横的宗教性,以造就一种更富世俗色彩和人性色彩的宗教性。

(5)贵族性。这是由文艺复兴运动的性质(非大众运动)所决定的,人文主义教育的对象主要是上层子弟,教育的形式多为宫廷教育和家庭教育而非大众教育,教育的目的主要是培养上层人物(如君主、侍臣、绅士等)。

8.(1)人文主义教育的特征:详见上题。

(2)人文主义教育的贡献:人文主义教育是欧洲文艺复兴时期新兴资产阶级思想家所提倡的新文化、新教育思潮,为西方教育的发展做出了巨大的贡献。

1)人文主义教育在人文主义世界观的引领下,肯定了人的价值和尊严,为儿童在学习中主体地位的实现及尊重儿童的自然本性提供了可能。同时,文艺复兴时期思想解放和个性自由的精神,鼓舞了教育家对教育现象及问题的不断思考与批判。

2)文艺复兴期间人们从古希腊、古罗马著作中发现了一个崭新的美好世界,一些不同于中世纪教会学校的世俗学校应运而生,教师是世俗人士,教授的内容也是人文学科,死板僵硬的经院主义教育由此受到了极大的挑战,封建教会对学校教育的控制被不断削弱,资产阶级的学校教育初现端倪。

3)一大批教育家、思想家创作了丰富而有价值的文学艺术作品,为教育研究和教育工作提供了强有力的理论指导。如卡斯底格朗的《宫廷人物》,伊拉斯谟的《愚人颂》,维夫斯《知识论》,莫尔的《乌托邦》,拉伯雷的《巨人传》,蒙田的《论学究气》和《论儿童的教育》等。

4)在人文主义思潮的影响下,学校开设语言、修辞学、文法、历史、数学、自然科学、音乐、体操等科目,极大程度上丰富了自中世纪以来封建教育的内容。同时,在中世纪教会教育中被长期否定的体育也受到重视。在人文主义者主持的学校里,学生可以学习击剑、角力、骑马、游泳等丰富的体育项目。

9.文艺复兴时期,由于神权被打破,人们的思想得到解放,对于知识的渴求急剧增加,因此一时间内意大利的大学教育得到了较大的发展。文艺复兴的人文主义精神针对中世纪大学经院哲学教育的弊端提出了一系列教学革新主张,这些主张对当时的大学改革起到了显著的促进作用,其具体表现在四个方面。

(1)人本主义思想促进教学思想的改革。文艺复兴时期的大学针对中世纪扭曲人性的神学教育,提出以人为本,解放人性,崇尚自然快乐的教育,主张人的多方面和谐发展。

(2)学科课程逐渐呈现出综合性和广泛性特征。在文艺复兴时期意大利大学的学科呈现出人文与科学融合的综合性、广泛性特征,具体表现为在重视人文学科的同时,科学学科进入大学课堂,大学课程逐步脱离了神学限制,开始广泛地设置人文学科和自然科学的课程。

（3）教学内容关注世俗价值。在文艺复兴时期人文主义世界观的影响下，大学教育逐渐开始强调国家对高等教育系统的控制和影响，强调大学为国家和社会服务，培养适应资产阶级需要的各种人才，即培养为世俗社会服务的人。

10.义务教育起源于德国，宗教领袖马丁·路德是最早提出义务教育概念的人。

（1）义务教育的提出：按照路德派教义，个人信仰源于个体对《圣经》的独立理解，人人都有读《圣经》的权力，这种平等的观点反映到教育上则认为受教育的权力应人人平等。路德认为每一个儿童，不分男女贫贱都应受到教育，教育应在所有等级的儿童中普及。基于此，路德提出了义务教育的主张，他认为对父母而言，使子女受教育是一种对于国家和社会应尽的义务，对政府而言，使儿童受教育是一种不可推卸的责任，国家应强迫父母把子女送入学校受教，对不承担义务的父母应予以惩罚。

（2）义务教育的初步构想：路德认为，儿童到了一定年龄就应该入校学习，男童每天在校学习两小时，其余时间学习手工技艺和其他劳动技能；女童每天在校学习一小时，其他时间学习家务劳动。初等学校教学内容以宗教为主，辅修读、写、算、历史、音、体等，教学过程应满足儿童的求知和活动兴趣。

（3）在梅兰克顿、斯图谟、布根哈根等人的推动下，路德关于实施义务教育的主张，在十六七世纪的德国新教各邦得以初步实现，1619年的德意志魏玛公国颁布了"义务教育规定"，明确父母必须送6~12岁的儿童入学，否则政府将强迫其履行义务。此为义务教育的开端。

11.（1）宗教改革始于德国，发起者是马丁·路德。路德的教育主张则集中体现在《至德国市长和市政官员书》《论送子女入学的责任》中，其主要思想包括主张教育目的具有双重性，即宗教性和世俗性；提出了教育的两个原则：一是教育权由国家而不是由教会掌握，二是由国家推行普及义务教育；提出了建立学校教育系统的设想。

（2）加尔文派新教的教育主张：加尔文派新教兴于瑞士，加尔文的教育主张主要体现在《基督教原理》《教会管理章程》《日内瓦初级学校计划书》等著述中，其主要思想包括以下几点。

1）加尔文重视教育对个人生活、社会生活和宗教生活的意义。他认为人生来皆有"原罪"，因而需要通过教化来抑恶扬善；同时，人们对上帝的信仰也不是与生俱来的，需要通过后天的教育养成；接受教育还有利于人们获得知识与能力，以助于其顺利地进行社会生活；要成为具有高尚道德品质的基督教徒就需要接受教育。

2）加尔文提出了普及、免费教育的主张，要求国家开办公立学校，让所有儿童都有机会受到教育。

3)加尔文提出了以人文学科为主要教学内容的主张,重视人文学科的价值,强调应将宗教科目与人文学科的学习相结合,他说:"虽然我们把《圣经》放在首要位置,但我们不排斥良好的训练,人文学科的学习有助于充分理解《圣经》。"

(3)英国国教派的教育主张:英国国教具有国家和教会联合的特点,国教会的教育具有强烈的人文主义色彩,学校的教学内容基本上是古典文化的学习;另外一个重要的主张是学校加强了英语教学的比重,英语逐渐成为了一门重要的学科,体现了其民族自尊心的增强和民族意识的崛起。

12.见章节精讲及课后习题解答。

五、强化训练及详解

(一)选择题

1.文艺复兴时期英国唯物主义经验论的创始人是( )。

　　A.弗·培根　　　B.维夫斯　　　C.霍布斯　　　D.洛克

2.建立孟都亚宫廷学校——"快乐之家"的教育家是( )。

　　A.蒙里　　　　B.维多里诺　　　C.拉伯雷　　　D.莫尔

3.宗教改革运动的发起者马丁·路德发表的有关教育的著作是( )。

　　A.《论送子女入学的责任》　　　B.《行政官之书》

　　C.《论灵魂与心灵》　　　　　　D.《论童蒙的自由教育》

4.法国人文主义学者拉伯雷撰写了( )。

　　A.《乌托邦》　　　B.《太阳城》　　　C.《巨人传》　　　D.《散文传》

5.文艺复兴的思想旗帜是( )。

　　A.自然主义　　　B.战斗无神论　　　C.人文主义　　　D.人道主义

6.文艺复兴和宗教改革时期,人文主义教育、新教教育、天主教教育所具有的共同点是( )。

　　A.实施贵族式精英教育　　　　　B.重视古典人文学科

　　C.实施世俗性的义务教育　　　　D.重视教育的群众性和普及性

7.文艺复兴时期,人文主义教育具有鲜明的人本取向,这种特征主要表现为( )。

　　A.教育目标侧重个性发展　　　　B.重视古典人文学科

　　C.教育偏重上层子弟　　　　　　D.关注现实生活

8.文艺复兴时期人文主义教育的古典主义特征主要体现为( )。

　　A.推崇绅士教育　　B.推崇经院教育　　C.推崇文雅教育　　D.推崇骑士教育

(二)填空题

9.文艺复兴的策源地是_____。

10.____和____是文艺复兴运动的两大重要成就。

11.在文艺复兴时期的众多人文主义者中,倡导"公平、平等、普遍的教育"的是____。

12.宗教改革运动产生于16世纪初,其矛头直指____,其实质是企图以一种新的宗教去取代原有的旧的宗教。

13.马丁·路德提出的两个教育原则对后世的教育影响甚巨,一是教育权应由国家掌握,二是____。

14.毕生致力于建立新的学校教育体系,为德意志民族的教育做出了突出贡献,被誉为"无与伦比的德意志人的伟大导师"的是____。

15.由西班牙人文主义教育家维夫斯所著述的,被誉为"文艺复兴时期最彻底的教育书籍"的是____。

16.耶稣会是反宗教改革运动的先锋和中坚,其首创者是西班牙人____。

(三) 名词解释

17.文雅骑士。

18.日内瓦学院。

19.文艺复兴。

20.《愚人颂》。

21.《巨人传》。

(四) 简答题

22.简述维多里诺"快乐之家"的基本特征。

23.简述莫尔的教育观点。

24.简述《巨人传》教育思想的主要内容。

25.简述斯图谟的中学教育体系及影响。

26.简述宗教改革各派的基本教育主张。

27.简述人文主义学校教育的基本特征。

(五) 论述题

28.试评述马丁·路德教育思想的历史贡献。

参考答案:

1. A 2. B 3. A 4. C 5. C 6. B 7. A 8. C

9.意大利

10.人文主义;宗教改革

11.莫尔

12.天主教会

13.普及义务教育

14.梅兰克顿

15.《知识论》

16.罗耀拉

17.文雅骑士是意大利人文主义教育家卡斯底格朗提出的一种培养目标,文雅骑士不是中世纪擅长军事体育、具有礼仪风度而不通文墨的骑士,也不是前期文艺复兴精通古典文化的学者型人物,而是二者精华的凝练与综合。

18.日内瓦学院是由加尔文于1558年创办的一所以培养传教士、神学家和教师为目的的高等学府,是日内瓦大学的前身。由于管理有方,该校成为了欧美许多著名大学的办学样板,该学院毕业的传教士也被派往各地进行加尔文新教的传教工作,影响甚巨。

19.文艺复兴是14—17世纪欧洲在意识形态领域里向封建主义和天主教神学体系发动的一场资产阶级的文化革命。它不仅是古代文化艺术的再生,而且是新兴资产阶级借古希腊罗马文化反映现实生活中的文学、艺术、朴素的唯物主义哲学和自然科学,来摆脱天主教会的精神枷锁,冲破神学的思想牢笼,建立适应资本主义的新的思想文化。

20.《愚人颂》是伊拉斯谟的代表作,该作品用诙谐风趣的口吻点评世间百态,将罗马教廷为代表的宗教权威和以君主制度为代表的世俗权威比作"贤人",将普通大众称为"愚人",通过以"愚人"的眼光看待"贤人"生活中各个方面的种种不合逻辑、自相矛盾的地方,来表达对宗教权威和封建君主制度的讽刺,并给予"愚人"深深的同情和赞扬。

21.《巨人传》原名《高康大和庞大固埃》,是文艺复兴时期法国人文主义作家拉伯雷创作的多传本长篇讽刺小说。该作品讲述两个巨人国王的神奇事迹,鞭挞了法国16世纪封建社会的种种弊端,是新兴资产阶级对封建教会统治发出的呐喊,充分体现了人文主义者对人、人性和人的创造力的肯定。

22.维多里诺是文艺复兴时期意大利著名的人文主义教育家,快乐之家是他创办的一所宫廷学校,这所学校的基本特征有如下几点。

(1)学校环境优美,充满审美气息。维多里诺以美学和教育学的角度布置校舍,教室宽敞、舒适、光线充足,墙上饰有美丽的艺术壁画,校内有林荫道和绿草如茵的操场,三面都是宽阔的草坪。

(2)校风朴素自然,师生关系融洽。为发展儿童的优良品质,维多里诺尤其注重教师的示范作用及师生之间融洽关系的建立,他要求教师以慈爱之心关心学生,与学生共同生活,并注意其行为对学生的影响。

(3)教学内容以古典学科为主。维多里诺认为,只有从希腊、罗马的著作中才能获得人生的学问,也只有这方面的研究才能把学生培养成精明强干的政治家和社会活动家。同时,他认为,对古典著作的研究有很大的道德教育作用,有利于培养学生的高尚品格。因此,快乐之家的核心课程是古典的拉丁语和希腊语,以及希腊、罗马的著作。

（4）重视体格训练。维多里诺认为，健康的身体是智力良好发展的前提，学生应该能文能武。因此，在"快乐之家"，最受重视的是体育。学生必须学习击剑、骑、角力、射箭、游泳等各种游戏，并进行军事训练。

23.莫尔是英国最著名的人文主义者，其教育思想主要体现在他的代表作《乌托邦》之中。

（1）教育对象方面，莫尔主张废除私有制，实行公共教育制度，认为所有儿童不分男女皆有享受平等的受教育的权利。

（2）知识学习方面，莫尔肯定古典学科的价值，提倡学习古典语言，研究古典文化。他将古代作家尤其是古希腊作家的哲学、历史、戏剧、医学、植物学等作品作为儿童的主要学习内容。

（3）德育方面，要求培养儿童仁慈、公正、勇敢、诚实、仁爱、合作等品质及对神的虔诚态度。

（4）劳动教育方面，莫尔肯定劳动的价值，要求对青少年进行劳动教育，鼓励学生掌握一些劳动技能以更好地适应生活。

24.《巨人传》由法国人文主义作家拉伯雷所创作，其教育思想的主要内容包括以下几点。

（1）提出了一种全新的教育自由观。拉伯雷要求打破一切戒律，他认为理想的社会由享有完全自由的人所组成，该观点表现出他对个性价值和对个人自由的推崇。

（2）主张儿童身心并行发展。拉伯雷重视体育，认为良好的体魄是一切的基础，他所列的体育名目也非常之多，如骑马、击剑、角力、跑步、游泳、射箭、登山等。

（3）要求认识所有的事物。拉伯雷提出了一个包罗万象的学习知识的范围，古典语言和著作是学习科目的主体，同时他提倡对自然科目的学习和对本族语言的学习。

（4）提倡采用新的学习方法和途径。拉伯雷对经验主义的繁琐论证、死记硬背的学习方法深恶痛绝，认为知识的掌握应建立在理解的基础之上，在他看来，观察、谈话、游戏、参观、旅行等都可成为获得知识的重要途径。

25.（1）斯图谟是宗教改革运动中的路德派教育家，他把三所旧的拉丁中学改造成一所新教性质的中学，在创建和完善新教式中学方面的成就突出。其中学的特点包括以下几点。第一，强调教育的宗教性目的，教育内容以古典拉丁文、希腊文为主。第二，建立了严格的分级教学制度。斯图谟受比利时一所人文主义性质的学校的分级制影响，在他改造的这所古典文科中学中采用了非常严格的分级教学制度，将学生分为十个年级、每级依固定的课程进行教学，最后一级的课程与大学课程相衔接。学生只有完成了所在级别的教学要求后，才能升至高一级。第三,采用仪式教学。学校每年都举行隆重的升级仪式,奖励品学兼优的学生,通过仪式来激励和促进学生的成长。

(2)影响:由于组织严密,管理有方,尤其是其分级教学及仪式教学的部分在实际教学中产生了良好的效果,17—18世纪德国在许多城市设立此类学校,19世纪欧洲多数国家也设立了这种学校,斯图谟的这种中等教育模式被争相效仿,成为了之后300多年德国和其他一些欧洲中等学校的主要教育模式。

26.(1)宗教改革始于德国,发起者是马丁·路德。路德的教育主张则集中体现在《至德国市长和市政官员书》《论送子女入学的责任》中,其主要思想包括主张教育目的具有双重性,即宗教性和世俗性;提出了教育的两个原则:一是教育权由国家而不是由教会掌握,二是由国家推行普及义务教育;提出了建立学校教育系统的设想。

(2)加尔文派新教的教育主张:加尔文派新教兴于瑞士,加尔文的教育主张主要体现在《基督教原理》《教会管理章程》《日内瓦初级学校计划书》等著述中,其主要思想包括以下几点。

1)加尔文重视教育对个人生活、社会生活和宗教生活的意义。他认为人生来皆有"原罪",因而需要通过教化来抑恶扬善;同时,人们对上帝的信仰也不是与生俱来的,需要通过后天的教育养成;接受教育还有利于人们获得知识与能力,以助于其顺利地进行社会生活;要成为具有高尚道德品质的基督教徒就需要接受教育。

2)加尔文提出了普及、免费教育的主张,要求国家开办公立学校,让所有儿童都有机会受到教育。

3)加尔文提出了以人文学科为主要教学内容的主张,重视人文学科的价值,强调应将宗教科目与人文学科的学习相结合,他说:"虽然我们把《圣经》放在首要位置,但我们不排斥良好的训练,人文学科的学习有助于充分理解《圣经》。"

(3)英国国教派的教育主张:英国国教具有国家和教会联合的特点,国教会的教育具有强烈的人文主义色彩,学校的教学内容基本上是古典文化的学习;另外一个重要的主张是学校加强了英语教学的比重,英语逐渐成为了一门重要的学科,体现了其民族自尊心的增强和民族意识的崛起。

27.文艺复兴时期人文主义学校教育是资产阶级教育的开端,它具有以下几个方面的特点。

(1)以世俗学校或大学的建立和发展为依托,摆脱或减少教会对教育的控制和影响,提倡促进人的发展的自由教育,而非禁锢人的思想和行为的宗教教育。意大利人文主义者维多里诺的"快乐之家"、法国的法兰西学院、英国的文法学校及公学、德国的大学运动等,都是人文主义教育兴起的表现。

(2)以培养身心和谐发展,知识广博,多才多艺,富于进取精神,善于处理公私事务的人为目标。这个培养目标与训练骑士、造就信徒为目标的封建教育、经院教育相比,已发生了重大转变。

(3)重视恢复古希腊的体育、德育、智育、美育等多方面教育,扩大和丰富了教育的内容,以培养和谐发展的人。

1)体育方面:人文主义者认为肉体是灵魂存在和获得幸福生活的条件,非常重视发展人的身体力量,主张通过体育活动,使人具有健康、协调的身体。

2)德育方面:改变了以宗教思想为中心的状况,要求用人道主义,自由、平等的道德观进行教育。

3)智育方面:大大拓宽了课程范围,除拉丁语、希伯来语、希腊语、"七艺"外,增设了人文和自然知识方面的课程,到文艺复兴后期已发展到近20个学科,计有文法、文学、历史、修辞学、论理学、算术、代数学、三角法、几何学、地理学、植物学、动物学、物理学、机械学、化学、音乐等。人文主义者期望青年一代掌握这些科学知识发展的最新成果,更深刻地去认识世界。这个时期的智育不仅重视传授知识,而且还注意到发展智力,要求在教学过程中激发求知欲望和培养思考能力。

4)美育方面:文艺复兴时期文学、艺术的空前繁荣,促进了人文主义教育重视审美能力的培养。学校中设置音乐、图画等科目,加强了美育的实践。

(4)在教学方法上,反对经院主义的强迫灌输,呆读死记和棍棒纪律,主张采用直观教学,启发儿童的学习兴趣,发挥儿童的主动性和积极性。

28.(1)提出教育权应由国家掌握,主张普及义务教育。马丁·路德生活的时期,其内部政治统治是四分五裂的,不同的方言、不同的生活方式和生产条件使国内缺少应有的民族凝聚力。在此背景之下,1526年路德上书萨克森选侯,提出选侯应负起教育青少年的权力和责任,政府应该像"修筑桥梁、道路"那样负担起学生的费用,实行义务教育。路德的国家主管教育且教育服务于国家的思想为德意志国家从教会手中夺取教育权提供了基础,从此教育成为推动德意志民族发展的有力工具。其国家管理教育的主张也极大地促进了德意志公共教育体系的发展。到16世纪末,德意志许多地方建立了完整的公共教育体系,这种以路德的教育思想为基础的公共教育模式对后来的德国教育事业产生了深远影响。同时,由于路德较为全面地阐述了普及义务教育的思想,并凭借宗教改革运动和他本人的巨大影响,使其思想在欧美许多国家中得到了广泛的传播,推动了西方各国的义务教育运动,并促进了近代初等教育的形成和发展。

(2)改革教育体制与教学内容。路德所设想的新教育是国家学校教育制度,这种教育体制包括家庭教育、小学教育、拉丁学校和大学四个教育阶段。

1)家庭教育阶段。路德认为家庭是建立教会和国家的基础,家庭教育是学校教育的必要前提。他主张父母需每天抽出一些时间来教育儿童,并在家庭中起到表率作用,而教育的主要内容是新教教育和道德教育。

2) 小学教育阶段。路德主张当儿童到一定的年龄阶段后,父母就应将其送入国家开办的学校接受教育。在他看来,绝大多数父母在管教子女的问题上并不专业,且由于他们忙于工作,在时间和精力上无法较好地教导孩子,因此儿童必须有一个不受干扰的课堂,而教育的内容主要包括语言、艺术、数学、历史和宗教。路德非常重视语言的教学,为了增强民族凝聚力,他主张用国语教学,并将圣经从希伯来语和希腊语译为德语,这为奠定德意志民族的共同语言做出了巨大贡献。

3) 拉丁学校教育阶段。路德出于培养不同职业人员的需要,主张从初等学校的学生中,选拔出有培养前途、有才华的优秀学生,让他们在拉丁学校继续深造。

4) 而大学阶段的教育则主要是将拉丁学校的优秀毕业生培养成教会和国家未来的领袖。拉丁学校和大学的教学内容主要有语言、修辞学、文法、历史、数学、自然科学、音乐、体操等,这极大地丰富了自中世纪以来封建教育的内容。路德还主张在拉丁学校和大学中设立图书馆和其他必要的教学设备,这在当时对教育的普及和文化的传播都产生了积极的意义。

第九章　夸美纽斯的教育实践与教育思想

一、考点概述

（1）夸美纽斯的教育思想：教育目的、教育作用、普及教育。

（2）夸美纽斯的教育：教育适应自然的原则。

（3）夸美纽斯的教学原则：直观性原则、激发学生求知欲望原则、巩固性原则、量力性原则、系统性和循序渐进性原则。

（4）夸美纽斯的德育理论。

（5）夸美纽斯的教育与教学管理思想：国家对教育的管理、国家学校体系的构建、学校的教学管理制度、校长的职责。

二、章节精讲

（一）夸美纽斯的教育实践与著作及其世界观

1.教育实践与著作

（1）1592—1617年：夸美纽斯出生于一个"捷克兄弟会"家庭，12岁失去双亲后，在兄弟会的资助下继续完成学业，1614年在拉丁文法学校担任校长，致力于教育普及和使教育为现实生活服务。

（2）1618—1648年：夸美纽斯在欧洲战乱中辗转流离丢失了所有的藏书和书稿，又在瘟疫中失去妻儿，但仍然坚持教育研究和著述；他在《世界迷宫》和《心的天堂》中揭露了封建社会的虚伪和不平等，深刻表达了对劳苦大众的同情；1928年他被迫离开祖国，定居波兰，前后撰写《母育学校》《语言学入门》《大教学论》等论著，其"泛智教育"思想也逐渐系统化。

（3）1649—1690年：夸美纽斯应邀到匈牙利，受聘为沙洛斯—波托克地方的教育顾问，并创办了一所"泛智学校"，几年间他完成了《世界图解》《泛智学校》《论天赋才能的培养》的著述；夸美纽斯晚年定居于荷兰阿姆斯特丹，并在此出版了《教育论著全集》。

2.世界观

夸美纽斯生活在欧洲社会转型的动荡年代，新旧思想和欧洲三十年战争的严酷现实对他的世界观的形成都有着强烈的影响。一方面,人文主义的深刻影响使得他具有强烈的民主主义观念;另一方面,他又强调感觉是认识的起点和基础。

(二)论教育的目的、作用和普及教育

1.论教育的目的

夸美纽斯从宗教世界观出发,认为人生的最终目的应是达到"永生",因此教育的目的也就是使人认识和研究世界上的一切事物,培养和发展他们的各种能力、德行和信仰,以便为来世生活做准备。夸美纽斯的这种教育目的论在宗教色彩的外壳下,洋溢着人文精神的内核。

2.论教育的作用

(1)教育是改造社会、建设国家的手段。夸美纽斯在《论天赋才能的培养》中,多方面地对比了有教养的民族和没有教养的民族之间的差别,以说明教育对于开发自然资源、发展生产、增进人类幸福和加强国家实力的作用;在《大教学论》中讨论了合理的教育和人才培养与经济建设、国防建设的关系问题,劝告人们在青年的教育方面"不要吝惜一切费用"。

(2)教育促进人的发展。在夸美纽斯看来,人都有一定的天赋,而天赋如何发展,关键在于教育。

3.泛智主义和普及教育的主张

夸美纽斯提出应"将一切事物交给一切人"的泛智主义教育观,并大力主张普及教育于全体儿童及民众。他尖锐地批判了当时学校仅为富人所设,穷人遭忽视,而埋没许多人才的情况,提出"一切孩子,不分男女,不分出身高贵或出身平民,不分富裕或贫穷……都应该上学"。

(三)论教育和教学的基本原则

1.教育适应自然的原则

教育适应自然的原则是贯穿夸美纽斯整个教育理论体系的一条根本的指导性原则。他认为在宇宙万物和人的活动中存在着一种"规则",此规则保证了宇宙万物的和谐发展,而之前的学校之所以有种种弊病,归根结底是因为学校的教育不符合事物的自然规律和秩序,因此夸美纽斯提出教育应遵循自然规律并依据人的本性和儿童的年龄特征来进行。

2.主要教学原则

(1)直观性原则。夸美纽斯将通过感官获得的对外部世界的感觉经验做为教学的基础,认为教学应从观察实际事物开始,或通过直观教具,让学生先看到实物或模型的整体,然后在分辨各个部分。

（2）激发学生求知欲望原则。夸美纽斯批判了当时学校普遍存在的强迫孩子们学习功课的现象，认为教育应"用一切可能的方法激发起孩子想知道、想学习的意愿"。

（3）巩固性原则。夸美纽斯认为只有巩固的知识储备才能帮助学生随时随地加以运用，因此他强调学生应理解并牢牢记住所学的知识，而练习和复习是巩固知识的好方法。

（4）量力性原则。夸美纽斯反对教学不考虑学生的接受能力，提出教育应适应学生的学习能力，不要让学生因学科太多而负担过重。

（5）系统性和循序渐进性原则。夸美纽斯认为教材的组织应具有系统性和逻辑性，应把学科知识排成一个整体，不省略或颠倒任何东西，因此教育过程也必须是循序渐进的，应精心地划分阶段，遵循从已知到未知、从易到难、从简到繁、从近及远等规则。

（四）论道德教育与健康教育

1.道德教育

（1）"谨慎"。这主要指"健全的判断"，夸美纽斯认为这是一切德行的基础，这种智慧得之于对周围存在的各种事物及其之间的区别、是非的认识。

（2）"节制"。这是对人、对己都有益的道德品质，应教育儿童在饮食、睡眠、工作、游戏、谈话及整个学校教育时期都具有节制的能力。

（3）"刚毅"。夸美纽斯认为德育应使孩子习惯于凭理智做事，而不由于冲动做事；但由于年龄小，孩子还不能"真正成为自己行动的主人"，所以此阶段须"在一切事情上毫不迟疑地服从长者"。

（4）"正义"。这主要表现为"从不伤害人、公平待人、避免虚伪和欺骗、乐于助人"，夸美纽斯认为必须把"生命真正的目标"告诉孩子们，必须教育他们，我们生来不仅仅是为了自己，而是为了邻人，为了人类。

关于进行道德教育的方法，夸美纽斯提出了以下几种：应尽早开始正面教育；应从行动中养成道德行为的习惯；应树立榜样；应形成格言和行为规则做指导；应重视儿童的择友等。

2.论生命与健康教育

（1）主张提高生命的质量，以辩证的观点看待人生寿命的长短。
（2）重视身体的保养和锻炼。

（五）论教育与教学管理

1.国家对教育的管理

（1）国家应重视教育，普遍设立学校。国家对教育具有不可推卸的责任，也有管理教育的最高权力,不应将教育事业让给教会和其他社会力量。

(2)国家应设置督学,对全国的教育进行监督,以保证教育的统一发展。

2.国家学校体系的构建

为了使所有儿童都有上学的机会,夸美纽斯提出建立全国统一学制的主张。他把一个人从诞生到成年分为四个时期:婴儿期(1~6岁)、儿童期(6~12岁)、少年期(12~18岁)、青年期(18~24岁),主张按此年龄分期设立相应的母育学校、国语学校、文科中学及大学,并在此基础上为各级学校规定了教学内容。

3.学校的教学管理制度

(1)学年制。为了改变学校教学活动缺乏统一安排的状况,夸美纽斯制定了学校教学活动的学年、学日制度,学校各年级在同一时间开学和放假,学生同时入学,学年结束时同时考试;且学校工作需制定计划,具体到每月、每周、每日、每时来进行各项工作。

(2)班级授课制。为了实现普及教育、提高教学效率,夸美纽斯提出班级授课制度,将学校学生按照年龄和程度分成不同班级,作为教学的组织单元,每个班有一个教师,由一名教师同时对全班学生进行教学。

4.校长的职责

校长作为学校总管理者,是全校的核心和支柱,他不负担直接的教学工作,而是对学校各项工作进行领导和协调。

三、课后习题解答

1.试述夸美纽斯提出教育适应自然原则的历史背景、主要特征及其重要意义。

答:(1)教育适应自然原则的历史背景:当时的学校教育存在着种种弊端,而学校教育内容及课程设置不符合事物的自然规律和秩序是矛盾冲突最主要的原因,学生长期将学校看作是"恐怖的场所"和"才智的屠场",基于这样的现实状况,夸美纽斯结合其教育实践和理论研究的基础,提出了教育适应自然的原则。

(2)教育适应自然原则的主要特征:见章节精讲。

(3)教育适应自然原则的重要意义。

1)夸美纽斯在总结文艺复兴以来进步的教育思想和实际经验(包括他自己的教育经验)的基础上,提出了一系列正确的教育主张和见解。同时,他追随当时许多科学家倾向探索自然、引证自然的时尚,更多地到自然界去寻找教育的规律,力图引证自然界的普遍规律来说明和论证自己的教育主张和见解。

2)夸美纽斯不仅力图将以往零散的教育经验理论化,引导人们注意遵循教育规律,而且使教育理论在从神学束缚中解放出来的道路上跨出了一大步,给人类教育思想上的解放以重大的启示,使教育理论的发展取得了突破性的进展。

2.试评述夸美纽斯的普及教育思想与班级授课制理论的历史贡献及二者之间的逻辑关系。

答:夸美纽斯从他的民主主义的"泛智"思想出发,提出了普及教育思想。他要求把教育普及于一切儿童的思想是对过去学校教育对象仅针对城市权贵家族及男女不平等观念的批判,无疑是具有进步意义的。而班级授课制的提出不仅极大程度地提高了教学的效率,还扩大了教育对象的范围,在实践中对普及教育的发展也起到了很大的推动作用。从此处也可以看出,班级授课制实则是普及教育思想在教育实践中的落实手段,正是因为班级授课制的提出,教育对象的普及才有了可能。

3.阅读《大教育论》,试对夸美纽斯提出的主要的教学原则做出自己的叙述和评价。

答:(1)教学原则的主要内容:见章节精讲。

(2)评价:夸美纽斯依据自然适应性原则详细地论述了教学过程中应遵循的规则,第一个提出较为完整的教学原则体系,为改革教学做出了重大贡献,在世界教育史上建立了功绩;夸美纽斯的教学原则实际上是前人特别是人文主义教育家以及他本人教育实践经验的总结,其中有不少合理的因素,因而为后人所广泛接受和应用,并不断充实、发展和完善,成为一份珍贵的教育遗产。

4.试述夸美纽斯关于道德教育的主要观点,并予以评价。

答:(1)主要观点。

1)道德教育的基本内容:见章节精讲。

2)道德教育的方法:见章节精讲。

(2)评价:夸美纽斯的道德教育理论把世俗道德的培养从宗教教育中分离出来,成为一个独立的部分,使它不仅与宗教教育处于平起平坐的地位,而且放在宗教教育之前。在道德教育的理论的立论依据方面,夸美纽斯也突破了宗教教育的束缚,他不是以基督教教义为理论基础的,而是以功利主义和人文主义为理论基础。

5.夸美纽斯教育管理思想的主要内容和历史贡献是什么?

答:(1)主要内容。

1)国家对学校的管理职权:见章节精讲。

2)学校教育体系的建构:见章节精讲。

3)学校的教学管理制度:见章节精讲。

4)学校各类人员的职责:在夸美纽斯的著作中,出现了校长、副校长、主任这些学校专门的管理人员,并对学校各类人员提出了不同的管理性规定。①关于校长的规定。夸美纽斯认为,作为学校总管理者的校长,是全校的核心和支柱。他不担负直接的教学工作。他的职责是对学校各项工作的领导和协调。②关于教师的规定。每个教师应该给自己提出本班的目标和任务,并且要十分熟悉它,然后根据它来安排一切活动。③关于学生的规定。夸美纽斯对学生做出了许多具体的规定,在宗教方面,每个学生应该真心实意地敬畏上帝,不做违背上帝旨意和自己良心的事,认真做祷告。在德行方面,学生应尊敬教师和小组长,与同学友好相处,保持身体和衣着的清洁和整齐,行为要符合礼节,与人交谈时要谦虚。在智慧方面,要求学生聚精会神地听讲和思考,对每周的考查应做好充分的准备,拉丁语学校中的学生在校内应使用拉丁语交谈等。

(2)历史贡献:夸美纽斯善于总结前人和他自己的教育理论及实践经验,在教育管理方面提出了一套相对完整、系统、有独创性的教育管理理论,该理论的提出将以往零散的教育经验转向系统,开创了教育管理理论研究的新阶段,其管理理念对后世起着广泛而深刻的影响,至今仍为学校教育提供指导。

四、考研真题汇编

(一)名词解释

1.班级授课制。(华东师范大学、贵州师范大学、西南大学 2016 年研,北京师范大学、杭州师范大学、河南师范大学 2017 年研)

2.直观性原则。(华东师范大学 2013 年研)

3.学年制。(广西师范大学 2012 年研)

(二)简答题

4.简述夸美纽斯的适应自然原则。(西南大学 2012 年研)

5.简述夸美纽斯适应自然原则的内涵及其对当代基础教育的启示。(福建师范大学 2017 年研)

6.简述夸美纽斯的班级授课制的观点。(北京师范大学 2014 年研,辽宁师范大学 2015 年研,中国海洋大学 2018 年研)

7.简述夸美纽斯的泛智教育思想。(湖北大学 2014 年研,贵州师范大学、江西师范大学 2017 年研)

8.简述夸美纽斯的普及教育及其历史贡献。(扬州师范大学 2017 年研)

9.简述夸美纽斯对教育史的贡献。(杭州师范大学 2015 年研,湖南师范大学 2017 年研)

(三)论述题

10.试论夸美纽斯的教育思想。(曲阜师范大学 2015 年研,扬州师范大学 2016 年研,首都师范大学、广西师范大学、山东师范大学 2017 年研)

参考答案:

1.班级授课制是由夸美纽斯提出的授课制度,是为了实现普及教育、提高教学效率,把一定数量学生按年龄特征和学习程度编成不同的班级,使每一班组有固定的学生和课程,由教师根据固定的授课时间和课表,对全班学生进行连续上课的教学制度。

2.直观性原则是指在教学中要通过学生观察所学事物或教师语言的形象描述,引导学生形成所学事物、过程的清晰表象,从而使他们能够获得书本知识并发展认识能力。夸美纽斯认为教学应从观察实际事物开始,应将感官获得的对外部世界的感觉经验作为教学的基础,通过直观的教具来让学生先看到实物或模型的整体,然后在分辨各个部分,鼓励教学应采用直观性原则。

3.见章节精讲。

4.(1)教育适应自然原则的概述。夸美纽斯的教育适应自然原则是贯穿其整个教育理论体系的一条根本性指导原则。其含义主要包括两层意义,一方面教育要适应自然界的普遍法则,夸美纽斯认为只有借鉴了自然的运作秩序,教育工作才能步入科学化的轨道;另一方面,教育要适应人的自然本性及适应人的认识发展规律,夸美纽斯主张应将人的自然本性当作安排工作的出发点。

(2)主要教学原则:见章节精讲。

5.(1)内涵。

①教育适应自然原则最主要的是指教育必须遵循自然界的普遍规律。他认为在宇宙万物和人的活动中存在着一种"规则",而此规则保证了宇宙万物的和谐发展,因此要求学校把自然的"秩序"作为"把一切事物教给一切人类的主导原则"。

②教育适应自然原则还包括教育必须适应人的"自然"本性及儿童的年龄特征。夸美纽斯认为,人是自然的一部分,而自然界有一种普遍规律,因此教育活动的进行必须符合儿童身心发展的特点及年龄特征,凡是超过儿童理解范围的知识,便不要强加给他们学习。

(2)对当代基础教育的启示。

1)教育应适应儿童的身心发展规律及年龄特征。夸美纽斯指出,教育应自始至终地按儿童的年龄及其已有知识循序渐进地进行教学。基础教育的内容不宜过度超出学生能够理解和接受的范围,只有适应儿童认知发展规律的教育才是科学的教育。

2)教育应充分注意儿童的个体差异,进行有差别的教学,要让每个人都顺着其天生的倾向去发展。

3)教学应尊重儿童的主体地位,让孩子自主地探究知识,教师只是启发者,而不是教育中的权威者,在教学过程中一味地灌输和压迫式的学习是不利于儿童身心发展的。

6.见章节精讲。

7."泛智"思想是夸美纽斯教育理论的核心,也是他从事教育实践和研究教育理论的出发点。

(1)泛智教育的含义。所谓"泛智",用夸美纽斯的话来说,就是"把一切事物教给一切人类"。它包含两层意义。第一,教育内容泛智化,他认为人们所受的教育应当是周全的,要"学会一切现世与来生所必需的事项"。为此,夸美纽斯为各级学校拟订了一个包括自然、人文、社会、宗教等各方面知识的"百科全书"式的课程体系。第二,教育对象普及化,即一切男女青年不论富贵贫贱都应进学校接受教育。为此,夸美纽斯制定了从学前教育到初等教育、中等教育、高等教育前后衔接的统一完整的学校制度体系。

(2)泛智教育的目的。首先夸美纽斯把泛智教育看作是改良社会的手段,他指出教会与国家的改良在于青年得到适当的教导,认为教育好青年就是对国家最大的贡献。其次,夸美纽斯认为进行泛智教育对人的发展有着重要意义,通过教育,可使人的德行和才能得到发展。教育的目的就是使人通过接受知识,培养道德和信仰,使人所具备的知识、德行和虔诚的种子得到发展,从而为来世的永生做好准备。

(3)泛智教育的内容:课程内容必须对实现人们的实际目的有用,即实际生活有用;课程内容必须是广博的;课程内容必须是少而精的。

8.见章节精讲及课后习题解答。

9.夸美纽斯是一位伟大的教育理论家和实践家,同时也是一位伟大的教育改革家。他的历史贡献主要表现在以下几个方面。

(1)普及教育思想及教育适应自然原则的提出,为教育理论的发展注入了的民主主义和人道主义的思想。

(2)详细研究提出了一套相对系统的教学工作所应遵循的原则,积累了大量的教学经验,并试图建立分科的教学方法,成为教育史上的宝贵财富。

(3)建立了广泛的课程体系,编写了优秀的教学教材。

(4)系统地总结并创立了一整套学校教育管理理论思想,特别是实施集体教学的班级授课制度、学年制的提出,对提高学校的教学效率和学校教育的系统性、规范性具有普遍的指导意义。

(5)他对学前教育的研究具有开创性,他撰写的《母育学校》被认为是西方教育史上的第一本学前教育学著作。

(6)《大教学论》是西方教育史上第一本独立形态的教育学专著,该书的问世使教育学从以往的哲学、社会学等论述中分化出来,成为一门独立的科学,夸美纽斯本人也被尊崇为教育史上的"哥白尼"。

10.夸美纽斯是17世纪捷克的伟大爱国者、教育改革家和教育理论家,是欧洲从封建社会向资本主义过渡时期的伟大教育家,他的代表作《大教学论》的问世,标志着教育学成为独立的学科。其教育思想主要包括以下几个方面。

（1）教育目的。夸美纽斯认为，一方面，从宗教世界观出发，人生的最终目的是为了达到永生，现实的生活只是永生的准备。因比，教育的目的也应是人为来世生活做准备，这是他的宗教性的教育目的。另一方面，他又有现实性的教育目的，即教育是要使所有人认识世界上的一切事物，以便享受现实的幸福，这是他民主主义思想的反映。

（2）教育作用。不管是哪种教育目的观，都体现了夸美纽斯对教育作用的高度肯定。在他看来，教育首先是改造社会，建设国家的手段。这一见解是有意义的，但是他把教育当作"人类得救"的主要手段，则又过分夸大了教育的作用。其次，夸美纽斯高度评价了教育对人的作用，在他看来，人都是有一定天赋的，而这些天赋发展的如何，关键在于教育。

（3）教育原则。夸美纽斯提出了教育必须遵守两大重要原则，即顺应自然原则和泛智原则。

1）教育顺应自然是夸美纽斯理论体系中的一条指导思想。所谓教育顺应自然，就是教育必须遵循自然界的普遍规律。其内涵实际是两层意思，一是教育适应自然原则最主要的是指教育必须遵循自然界的普遍规律。他认为在宇宙万物和人的活动中存在着一种"规则"，而此规则保证了宇宙万物的和谐发展，因此要求学校把自然的"秩序"作为"把一切事物教给一切人类的主导原则"。二是教育适应自然原则还包括教育必须适应人的"自然"本性及儿童的年龄特征。夸美纽斯认为，人是自然的一部分，而自然界有一种普遍规律，因此教育活动的进行必须符合儿童身心发展的特点及年龄特征，凡是超过儿童理解范围的知识，便不要强加给他们学习。

2）泛智思想是夸美纽斯教育体系又一指导原则，也是教育理论的核心，是他从事教育实践和理论研究的出发点和归宿点。所谓泛智，用夸美纽斯的话来讲，就是把一切知识教给一切人，它包含两方面内容，一是教育内容的泛智化，二是教育对象的普及化，及一切男女儿童，不论城市农村，不论富裕贫穷都应进学校接受教育。

（4）普及教育与泛智学校。依据前面的教育原则，夸美纽斯强调普及教育的思想，以及广泛建立泛智学校，泛智学校是对泛智思想的集中体现和具体实行。

（5）统一学制。为了便于实现所有儿童都有上学的机会，夸美纽斯主张建立全国统一的学制，他把儿童从出生到成年分为四个阶段，并随之设立相应的学校，针对不同年龄阶段的儿童施以不同层次的教育。

（6）学年制及班级授课制。夸美纽斯还有一个巨大的贡献就是学年制和班级授课制的实施主张。所谓学年制就是为学校教学活动制定每学年、学日的安排，学校各年级在同一时间开学和放假，学生同时入学，学年结束时同时考试；且学校工作需制定计划,具体到每月、每周、每日、每时来进行各项工作。而班级授课制就是为了实现普及教育、提高教学效率,将学校学生按照年龄和程度分成不同班级,作为教学的组织单元,每个班有一个教师,由一名教师同时对全班学生进行教学的制度。

(7)夸美纽斯还是最早提倡国家设置督学的教育家,他还严格规定了校长、教师、学生的职责,并十分强调规章制度和纪律的作用。总之,夸美纽斯一生致力于通过教育为人民的幸福、为人类的进步服务。在他的晚年,他还为建立一个和平、和谐、安宁的世界而呼吁。夸美纽斯的思想和业绩是属于全人类的,他的贡献是世界性的。

五、强化训练及详解

(一)选择题

1.贯穿夸美纽斯整个教育体系中的指导性原则是(　　)。

　A.直观性原则　　　　　　　　B.教育性教学原则

　C.教育适应自然原则　　　　　D.循序渐进性原则

2.夸美纽斯的代表作是(　　)。

　A.《民主主义与教育》　　　　B.《大教学论》

　C.《普通教育学》　　　　　　D.《爱弥儿》

3.夸美纽斯关于"把一切事物交给一切人"的教育理念被称为(　　)。

　A.泛智思想　　B.全民教育思想　　C.和谐发展思想　　D.全面发展思想

4.夸美纽斯提出并系统论述了班级授课制,而班级授课制思想的萌芽可以追溯到古希腊罗马时期的教育家(　　)。

　A.苏格拉底　　B.柏拉图　　　　C.昆体良　　　　D.西塞罗

5.夸美纽斯为6~12岁儿童设计的学校是(　　)。

　A.母育学校　　B.国语学校　　　C.拉丁语学校　　D.大学

6.欧洲第一部儿童看图识字课本,后被翻译成欧亚各国十几种文字的书籍是(　　)。

　A.《母育学校》　　B.《爱弥儿》　　C.《世界图解》　　D.《大教学论》

7.夸美纽斯提出的直观性教学原则的内涵不包括(　　)。

　A.一切知识从感性知识开始　　B.知识的开端必定永远来自感觉

　C.教学应从观察实际事物开始　　D.感官是记忆的唯一来源

8.学年制由(　　)首次确立。

　A.夸美纽斯　　B.赫尔巴特　　　C.杜威　　　　　D.马克思

(二)填空题

9.夸美纽斯将_____看作是学校教育的主要任务之一,并且认为其重要性要大于智育。

10.夸美纽斯在论述学校体系的构建时,提出了全国统一学制的主张,他把一个人从诞生到成年分为四个时期,分别是____、____、____、____。

11.夸美纽斯非常重视早期教育,在____一书中详细地论述了对学前儿童的体育、智育、德育和游戏在学前教育中的意义。

12.在夸美纽斯的道德教育理论中,他将____、____、____、____,作为德育的基本内容,并将这四种品德称为"基本德行"。

13.夸美纽斯为了改变当时学校教育教给孩子的都是一些片断、零碎的知识,未能重视知识之间的相互联系的现状,而提出了____的教学原则,要求教材的组织应具有逻辑性和系统性,应把学科的知识排成一个整体,不颠倒其内在顺序。

14.夸美纽斯是17世纪捷克的著名教育家,他所著述的____是西方教育史上第一部独立形态的教育学著作,在世界教育发展中产生了巨大的影响。

15."一切孩子,不分男女,不分出身高贵或出身平民,不分富裕或贫穷,而是生活在一切城市和小镇、村落和小村庄中的孩子,都应该上学"这句话体现了夸美纽斯____的教育理念。

16.夸美纽斯在____一书中多方面地对比了有教养的民族和无教养的民族之间的差别,以说明教育对于开发自然资源、发展生产、增进人类幸福和加强国家实力的作用。

(三)名词解释

17.国语学校。

18."谨慎"。

19."节制"。

20.巩固性原则。

21.大教学论。

(四)简答题

22.简述夸美纽斯的德育理论的基本内容。

23.简述夸美纽斯的"量力性原则"。

24.简述夸美纽斯提出的激发学生求知欲望原则的内涵。

25.简述夸美纽斯关于幼儿教育的主要观点。

26.简述夸美纽斯提出的学年制的主要内容。

27.夸美纽斯提出了哪些教学原则?它们的科学性如何?

(五)论述题

28.试论夸美纽斯关于构建学校体系的统一学制主张。

参考答案:

　1.C　2.B　3.A　4.C　5.B　6.C　7.D　8.D

9.德育

10.婴儿期;儿童期;少年期;青年期

11.《母育学校》

12.谨慎;节制;刚毅;正义

13.循序渐进性原则

14.《大教学论》

15.泛智主义

16《论天赋才能的培养》

17.夸美纽斯为实现全国统一学制而提出将一个人从诞生到成人分为四个阶段,并按此年龄分期设立相对应的学校。国语学校对应的是儿童期(6~12岁)阶段的学生,主要是运用本国语言,将对儿童终身有用的知识交给他们。

18."谨慎"主要指"健全的判断",夸美纽斯认为对事实的正确判断是一切德行的真正基础。(详见章节精讲)

19."节制"是夸美纽斯在道德教育中提出的基本内容,他提出应教导儿童在饮食、睡眠、工作、游戏、谈话及整个学校教育时期都具有节制的能力。

20.见章节精讲。

21.《大教学论》是捷克教育家夸美纽斯的代表作,副标题是《把一切事物教给一切人的普遍的艺术》,这是西方教育史上第一部独立形态的教育学著作。其主要内容包括对教育的目的、作用、原则、制度和方法的论述。

22.见章节精讲。

23.见章节精讲。

24.见章节精讲。

25.夸美纽斯于1633年正式出版了《母育学校》一书,这是教育史上第一本系统论述学前教育的专著。他关于幼儿教育的观点主要有以下几点。

(1)学前教育的目的和任务是培养儿童体力、智力和道德的初步基础,通过感觉器官的训练和发展使幼儿获得有关自然界、社会生活和家庭生活的初步认识。

(2)学前教育的内容主要包括对幼儿进行胎教、体育、智育和德育四个方面。夸美纽斯将儿童的智力看作是无价之宝,同时也强调对德行进行培养,他还十分重视儿童的体育,他要求家庭要注意儿童的身体健康,生活和学习要有规律、有节制,需合理安排运动与休息。

(3)夸美纽斯还非常重视游戏在学前教育中的意义,他在论述幼儿的智育、语言发展、体育和德育时都提到了要用游戏的方式进行教育。

(4)拟定了百科全书式的教育大纲,认为母育学校应为儿童未来的学习做准备。

26.见章节精讲。

27.教学理论在夸美纽斯的教育理论体系中占有重要地位,而有关教学原则的论述则是他的教学理论的重要组成部分。他提出的主要教学原则包括以下几个方面。

(1)直观性原则。他把通过感官所获得的对外部世界的感觉经验作为教学的基础,强调教学中的直观性原则。他强调教学中实际观察、使用图片模型、呈现直观教具的重要作用,但他把直观知识和间接知识对立起来,又承认"神启"的作用,有其局限性。

(2)激发学生求知欲望原则。夸美纽斯认为孩子们的求学的欲望是由父母、教师、学校、所教的学科、教学的方法、国家的权威共同激发起来的。他认为教师在讲授每门学科之前,必须使学生的心灵有所准备,使他们能接受这门学科。

(3)巩固性原则。夸美纽斯提出学习不仅要使学生领会知识,牢牢地记住知识,而且要使学生会应用知识,他认为理解性的教学有助于知识的巩固,因为只有理解了的知识才能记住。他还认为经常练习和复习是巩固知识的重要办法,此外,把自己的知识交给别人也是一种好方法。

(4)量力性原则。夸美纽斯主张教学不可使学生负担过重,要照顾学生的接受能力。这一方面击中了时弊,另一方面在一定范围内反映了教学工作的客观规律,无疑是有进步意义的,但是他对儿童有巨大的学习潜力却估计不足。

(5)系统性和循序渐进性原则。夸美纽斯指出系统性原则要求教材的组织具有系统性和逻辑性,要把一个学科的知识排成一个整体。他要求教学循序渐进,不要跳跃前进,教学应遵守从已知到未知、从易到难、从简到繁、从近及远等规则。夸美纽斯的这一原则在一定程度上反映了教学工作的客观规律性,但也存在着机械化、简单化的缺陷。

28.夸美纽斯在"泛智论"和"教育适应自然"的基础上,提出了统一的学制系统。他认为人类的学习应该从婴儿时期开始,一直持续到成年,而且应明确分为不同的学习期,即婴儿期、儿童期、少年期和青年期。与四个阶段相对应的分别是母育学校、国语学校、拉丁语学校和大学四级学制系统。

(1)婴儿期阶段。夸美纽斯认为每一个家庭都是一所母育学校,父母是孩子的第一位老师。母育学校为儿童的体力、道德和智力发展奠定基础。他把孩子比作一棵树苗,认为父母应该不竭余力地把自己的知识教授给孩子,使孩子能够从娇嫩的树苗成长为粗壮的树干。这些知识为儿童进入国语学校学习打下基础。

(2)儿童期阶段。夸美纽斯主张在每个城镇和乡村都应设立一所国语学校,这所学校应该不分性别、阶级和家庭背景,均等地招收儿童接受教育。国语学校以运用本国语言将对人生有用的事物教给儿童为目标。夸美纽斯建议在国语学校里设置国语、计算、测量、经济和政治常识、道德教育、历史、地理、音乐等课程。

（3）少年期阶段。夸美纽斯主张在每一个较大的城市都设立拉丁语学校，招收有理想的学生进行更彻底的教育。在这所学校中，学生可以学习到四种语言和百科全书式的知识。学校设置的课程主要为"七艺"（即文法、修辞、逻辑、算术、稽核、天文、音乐）、物理、地理、年代学、历史、伦理、神学等。这些课程为有志继续接受高深教育的学生做了充分的准备。

（4）青年期阶段。夸美纽斯认为每个王国或省都应该设立大学，招收部分最有才华的人，为其提供任何科学或学科的全面训练，将其培养成教师或学者。招收学生时，学校采取公开考试进行选拔，只有勤劳努力、德行优良、成绩优秀的人才能进入学校学习。在大学，分哲学科、医学科、法学科、神学科四科进行教学。夸美纽斯企图通过这种层层递进的学制和泛智的课程内容，让人们能够涉猎全部知识，具备真实的学问、道德和信仰。

第十章　17—18世纪欧洲主要国家和北美的教育

一、考点概述

(1)17—18世纪的英国教育:教育概况、培根论教育、洛克论教育。

(2)17—18世纪的法国教育:教育概况、爱尔维修论教育、狄德罗论教育、拉夏洛泰论教育、法国大革命时期的教育改革。

(3)17—18世纪的德国教育:教育概况、康德论教育。

(4)17—18世纪的俄国教育:16—17世纪的文教复兴、18世纪的教育改革与进展。

(5)17—18世纪的美国教育:殖民时代的教育概况、建国初期的教育概况。

二、章节精讲

(一)17—18世纪的英国教育

1.教育概况

17—18世纪英国教育的发展十分缓慢,学校教育沿袭了文艺复兴和宗教改革形成的传统,初等教育一直由国教会掌管。初等学校的教学条件很差,教学内容极为简单,教师不是专门职业,地位很低,教育对象主要是贫民儿童,富人则由家庭教师对子女进行启蒙教育。

中等教育主要是富家子弟的升学预备教育,包括文法学校和公学,其修业年限通常为五年,以升学教育为宗旨,注重古典语言的学习,同时也注重体育和军事训练,培养绅士风度。

高等教育则始于中世纪后期牛津大学的建立,古老的牛津大学和剑桥大学一直是英国高等教育的象征,两校注重古典文化,造就了众多政治人物和学术巨匠。到17世纪,学校规模扩展,学生中来自社会中下层的人数也有所增加。

2.培根论教育

弗兰西斯·培根是英国著名的哲学家和社会活动家,是"整个现代实验科学的真正始祖",他开辟了近代科学教育发展的道路。培根生活于16世纪末近代自然科学蓬勃发展的时代,他在《新工具》一书中以"知识就是力量"对科学知识的价值做了高度概括,把"崇尚自然"这一人文主义精神更具体化为崇尚自然科学。培根还创立了归纳法,建立并传播了新的科学知识体系,起草了一个百科全书式的学科大纲。

3.洛克论教育

洛克是英国著名的实科教育和绅士教育的倡导者,代表作是《教育漫话》。洛克像培根一样反对"天赋观念"论,认为人出生后心灵如同一块白板。洛克注重绅士教育,主张把社会中的上层家庭的子弟培养成身体强壮、举止优雅、有德行、智慧和实际才干的事业家。

(二)17—18 世纪的法国教育

1.教育概况

法国的初等学校以宗教教育为主,辅之读写算的教学;采用班级授课制,以法语讲课。

中等学校则由耶稣会所办的占统治地位,其教育受笛卡儿的理性哲学影响,重视历史教学,并拓宽了数学教学的范围。

高等教育方面,到 18 世纪法国共有大学 22 所,超过其他欧洲各国,最古老的为巴黎大学,其保守性也是最突出的。

2.18 世纪法国启蒙时代的教育

(1)爱尔维修的教育思想。爱尔维修从唯物主义认识论出发,认为人人都是通过感官获取知识,从而获得精神的发展;且人人都有获得知识、享受教育的可能和权力。爱尔维修将人的成长归因于教育与环境,并基于教育对个人和国家的重要影响而提出要彻底改造学校。

(2)狄德罗的教育思想。狄德罗是启蒙运动和百科全书派的领袖人物,他认为人与人之间存在大脑和感官结构上的某些差异,因此在智力发展水平上会有所不同。基于此他认为教育可以发展人的优良自然素质,进而启发人的理性,认识社会中的罪恶现象,唤起人们对正义、善行和新秩序的爱。狄德罗还主张剥夺教会的教育管理权,把教育交给国家政府管理,推行强迫义务教育。

(3)拉夏洛泰的教育思想。拉夏洛泰是 18 世纪法国驱逐耶稣会运动的主要倡导人和著名法官,他的《论国民教育》系统地阐述了国家办教育的思想,对法国乃至西欧各国世俗公共教育制度的建立产生了重大影响。拉夏洛泰认为每个民族教育自己人民的权力是不可剥夺的,因此国家应掌握教育权;他还指出,法国国民教育的目的应该是培养良好的法国公民,教育最终要使人达到心智完善、道德高尚、身体健康的目标;他还依据年龄划分了三级教育制度,强调国语和科学学科的学习。

3.法国大革命中的教育改革

法国大革命先后上台的立宪派、吉伦特派、雅各宾派分别制定了有代表性的三个教育改革的方案,即塔列兰教育法案、康多塞国民教育组织计划纲要、雷佩尔提教育方案,其主要特征有以下几点。

(1)主张建立国家教育制度,提出了课程及年限相连接的学校系统的设想。

(2)主张人人都有受教育的机会与权力,国家应当保护并实行普及教育。

(3)在教育内容和教师问题上实现世俗化、科学化。

(三)17—18世纪的德国教育

1.教育概况

17—18世纪的德国实际上处于一个四分五裂的封建割据状态,并不是一个统一的国家。受马丁·路德的影响,德意志各邦国从16世纪中期开始先后颁布了有关国家办学和普及义务教育的法令。18世纪后期的"泛爱学校"是在夸美纽斯和法国启蒙学者教育思想影响下出现的新式学校,创始人是巴西多,学校采用"适应自然"的教学方式,重视直观,教学内容广泛。

中等教育方面,普鲁士的文科中学是主要类型,由斯图谟创办。同时,德国的实科教育也因工商业的发展和城市生活的日渐丰富而走在欧洲各国前列。德意志各邦国还为培养文武高官面向上层贵族子弟开设了"骑士学院",是一类培养新贵族即资产阶级人才的特殊学校。

1694年建立的哈勒大学是欧洲第一所新式大学,其特征是积极吸收最新的哲学和科学研究成果,提倡"教自由"和"学自由"。

2.康德论教育

康德不仅是著名的哲学家,他也是18世纪重要的德国教育家,其教育思想主要集中在《论教育》。康德高度推崇人性和人的尊严,充分肯定人的价值。他认为人性中既有善也有恶,因此教育必须祛恶扬善,以理性抑制人性中的野性。另外,康德非常强调道德的培养,认为道德是人与动物的根本区别。

(四)17—18世纪的俄国教育

1.16—17世纪的文教复兴和18世纪的教育改革

俄国教育重视实用知识的传授,学校不仅有祈祷文、教义问答的教学,也教授字母、讲解历法、计算、史地及关于自然的知识。至17世纪,俄国开始了近代化的社会改革,建实科性质的学校,特别是有关军事技术的专门学校,是俄国当时主要的教育改革措施;另外改革也涉及初等教育的义务教育方面,彼得一世下令开办了俄语学校和计算学校。

2.18世纪中后期的教育进展

莫斯科大学的创建是18世纪中期俄国教育史上的重要事件,它的创立和发展得力于著名科学家罗蒙诺索夫。因为他贫困的出身和青年时期广泛的阅历,罗蒙诺索夫的思想中洋溢着民主、世俗、爱国主义及对科学知识的热爱之情。在他的主持下,《莫斯科大学及附属中学章程草案》出台,莫斯科大学得以创立,学校在他的领导下取得了很大的成就,保持了世界著名大学的崇高地位,为俄国社会近现代化源源不断地提供人才。

(五)17—18世纪的美国教育

1.殖民时代的教育概况

17世纪北美殖民地的教育事业以移植欧洲教育模式为主,宗教是教育的主要出发点和归宿。但教育又是与殖民地生活状况紧密联系在一起的,数量少、水平低,是当时北美学校的明显特点。

18世纪,北部和中部殖民地的私人教学开始兴盛,到18世纪中期大学教育迅速发展,新生的大学大部分是各教派势力所办,古典和宗教的教育依然占主导地位。为解决农村儿童受教育的问题,殖民地开始在镇周围的乡村设立教学点,各教学点附近的儿童定时集中,由市镇学校的教师去巡回上课,学区制度从此得以萌芽。

2.建国初期的教育与教育概况

1776年《独立宣言》宣告北美殖民地新生,初等教育、中等教育和高等教育都随之得到发展。建国初期的重要教育思想家杰斐逊著述的《知识普及法案》是美国建国后倡导普及教育和公共教育制度的典型。

三、课后习题解答

1.试析17—18世纪欧美主要国家教育发展的不同特点和共同特征。

答:(1)各国教育发展的不同特点。

1)英国教育发展的特点:17—18世纪的英国教育发展的速度十分缓慢,初等学校的教学条件很差;教学内容极为简单,重宗教、阅读而轻计算;教师不是专门职业,地位很低;学校的教育对象主要是贫民儿童,富人则聘用家庭教师对子女进行启蒙教育和中学预备教育。

2)法国教育发展的特点:17—18世纪的法国教育主要由教会掌握;初等学校以宗教教育为主,辅以写、算的教学;采用班级授课制,以法语讲课;面向下层社会的子女,免收学费。

3)德国教育发展的特点:这一时期的德国教育是以普鲁士教育为主的;中等

学校的主要类型是文科中学;由于工商业的发展,城市生活日渐丰富,实科教育也随之兴起;有关国家办学和普及义务教育的法令相继出台;18世纪后期出现了新式的"泛爱学校"。

4)俄国教育发展的特点:17—18世纪是俄国教育向近代化迈进的起步时期和重要转折点。16—17世纪的文教复兴政策,注重开办学校,建立印刷所,印制历史书籍和教材;17世纪末的兄弟会学校面向所有兄弟会会员子弟并接受会员监督,组织上比较民主,教学上提供广泛的知识;18世纪初进行教育改革,创建实科性质的学校,改革初等义务教育,向教育近代化推进。

5)美国教育发展的特点:17世纪北美殖民地的教育事业以移植欧洲教育模式为主,宗教是教育的主要出发点和归宿,但教育又是与殖民地的生活状况紧密联系在一起的,数量少、水平低是学校的明显特点。18世纪前期出现了学区制度,适应当时的实际情况,但学区制也强化了教育的地方主义,使各地教育水平差距加大。

(2)各国教育发展的共同特征。

通过17—18世纪欧美主要国家的教育的各自特点可以看出,各国教育发展的共同特征如下。

1)各国的教育思想和教育制度都体现出国家对教育的关心,体现出教育的世俗化趋势。

2)各国的教育与工业发展的联系都进一步密切。

3)各国教育中的民主意识与实用观念有所增强。

2.17—18世纪欧美教育思想的主要倾向有哪些?它们对人类教育的发展有什么重要意义?

答:(1)17—18世纪欧美教育思想的主要倾向。

1)自然主义倾向。自然主义教育思想形成于文艺复兴时代,兴盛于18世纪,到19世纪前期仍有所发展,其主要代表人物为卢梭和裴斯泰洛齐。卢梭主张教育应遵循人的自然本性;人为的教育和事物的教育要以自然的教育为基准;自然教育的目的是培养自然人;基本原则是尊重儿童身心发展的规律特点。裴斯泰洛齐主张在教学中应启发儿童的兴趣与自觉性;发展儿童在道德、智慧和身体各方面的潜在能力;从最简单的要素开始进行教育。

2)国家主义倾向。国家主义教育思想形成于法国启蒙运动时期,强调由国家来开办世俗教育、培养公民和推行义务教育。而德国国家主义教育思想则强调教育是国家和民族振兴的重要手段,国家应对全体国民进行全民教育和全面教育,培养民族精神。国家主义教育思想的主要代表人物是法国唯物主义者拉夏洛泰。

3)教育心理学化倾向。教育心理学化思潮在17—18世纪的欧美教育思想家卢梭等人的思想中已经初现端倪,该思潮从欧洲开始,影响整个世界。教育心理学化思潮的核心是使教育过程建立在心理学基础上,使教育与人的心理发展结合起来,表现在课程设计上,课程结构、内容的编排与选择都以心理学为依据。裴斯泰洛齐是教育心理学化思想的首倡者。

(2)对教育发展的重要意义。

1)为之后的教育理论奠定基础。其中,教育心理学化的思想成为之后的人的和谐发展理论、要素教育论、简化教学方法和初等教育各科教学法的理论基础。

2)影响了几代教育家的教育思想和实践。例如,自然主义教育思想影响了赫尔巴特、福禄培尔、杜威等几代教育家,并渗透到他们的思想和实践中。

3)对各国各种教育改革方案和教育体制的建立产生了重要的影响。如法国的国家主义教育思想对法国大革命时期各种教育改革方案,以及拿破仑的中央教育集权体制的建立产生了重要的影响。

四、考研真题汇编

(一)名词解释

1.白板说。(北京师范大学、华中师范大学2013年研,华南师范大学、厦门大学2016年研,南京师范大学、沈阳师范大学2017年研)

2.绅士教育。(苏州大学2017年研,湖南师范大学2018年研)

3.双轨制。(华东师范大学2016年研)

4.英国公学。(东北师范大学、安徽师范大学2017年研)

5.实科中学。(浙江师范大学2016年研,华东师范大学2017年研)

6.泛爱学校。(浙江师范大学2015年研)

(二)简答题

7.简述英国"双轨学制"的主要特点。(北京师范大学2013年)

8.简述"白板说"思想的形成、主要观点及其影响。(北京师范大学2007年研)

(三)论述题

9.试论洛克教育思想的基础、内容和方法。(北京师范大学2011年研)

参考答案:

1.白板说是17世纪英国著名教育家洛克提出的。他抛弃了笛卡尔等人的天赋观念说,主张经验主义的认识论,提出"白板说",即认为人出生时的心灵就像白纸或白板一样,知识通过经验的途径,心灵中才有了观念,强调人的一切知识都是建立在经验之上的。

2.绅士教育是英国唯物主义哲学家洛克在教育代表作《教育漫话》中提出的教育理论。绅士教育思想是近代欧洲三大教育思潮之一,其目标是培养身体健康、举止优雅、有德行、智慧的事业家。绅士教育反映了英国社会近代化过程中的一种对精英人才的需求,是英国资产阶级新贵族的教育理想,也成为当时公学教育教学的主导理念。

3.双轨制是英国 18 世纪受当时社会政治、经济及文化条件的影响,由古代学校演变来的带有等级特权痕迹的学术性现代学校和新产生的供劳动人民子女入学的群众性现代学校同时得到比较充分的发展,从而演变出的一种双轨学制,其一轨自上而下,结构是大学、中学;另一轨自下而上,结构是小学及其后的职业学校,两轨既不相通,也不相接。

4.公学指英国进行中等教育的学校,公学最早是为比较贫穷的人家或平民子弟提供教育的场所。"公"是相对于私人聘用家庭教师的教学而言的,这类学校是由公共团体集资兴办,其教育目的是培养一般公职人员,其学生是在公开场合接受教育。

5.实科中学产生于 18 世纪初,是德国近代着重讲授自然科学和实用知识的学校。当时的德国,随着生产和科学技术的发展,传统的以拉丁文和希腊文为主要教学内容的文科中学越来越不能满足社会的需要。17 世纪末,普鲁士神学家弗兰克就曾计划建立一种加强实科教学的教育机构;到 18 世纪末,以实科教学为主的学校纷纷在德国成功建立,这类学校通常修业 6 年,主要培养工、农、商业方面的管理和技术人才,学生多为市民阶层子弟。

6.泛爱学校是德国教育家巴西多在夸美纽斯和法国启蒙学者教育思想的影响下创立的新式学校,创始人巴西多提出了培养儿童博爱、节制和勤劳的美德,注重实用性和儿童兴趣,寓教育教学于游戏之中等极富新意的办学设想,在当时的西欧产生了广泛影响。

7.(1)产生背景与基本含义。西欧双轨制以英国双轨制为典型代表,法国、西德等欧洲国家的学制都属这种学制。18 世纪,在社会政治、经济发展及特定的历史文化条件的影响下,西欧各国存在的由古代学校演变来的带有等级特权痕迹的学术性现代学校和新产生的供劳动人民子女入学的群众性现代学校都同时得到了比较充分的发展,于是就形成了欧洲近现代教育的双轨学制,简称双轨制。这种学制实则是古代等级特权在学制发展过程中遗留的结果。

(2)学制特点。其一轨自上而下,其结构是大学(后来也包括其他高等学校)、中学(包括中学预备班);另一轨自下而上,其结构是小学(后演变成小学和初中)及其后的职业学校(先是与小学相连的初等职业教育,后发展为和初中连接的中等职业教育)。双轨制有两个平行的系列,两轨既不相通,也不相接。

8.(1)"白板说"的产生。"白板说"最早是由古希腊百科全书式的学者亚里士多德在论述感觉和感觉对象之间的关系时提出来的。英著名哲学家、教育家洛克引用亚里士多德关于蜡块和白板的比喻,进一步论证了教育在人的知识形成中的巨大作用。

(2)"白板说"的基本观点。作为唯物主义经验论者,洛克认为人出生后心灵如同一块白板,没有任何标记和观念,人的一切知识和观念都是后天得来的,都建立在经验的基础上。洛克认为天赋智力人人平等,人类之所以千差万别便是由于教育之故。他指出人的发展是由教育决定的而不是由先天的遗传决定的,认为教育不仅决定着个人的发展,而且关系到国家的幸福与繁荣。洛克高度评价了教育在人的成长中的巨大作用。

(3)"白板说"对教育的影响。洛克的"白板说"对近代教育思想的发展具有重要影响。在"白板说"这一思想的指导下,洛克确立了新的儿童发展观,肯定了后天学习的重要性。他著名的实科教育和绅士教育中也都深刻渗透着他"白板说"的思想。在绅士教育中洛克主张对儿童进行德、体、智三方面的教育,使之全面和谐地发展。为此他安排了大量的课程内容并突出了实用知识的地位。他详细论述了各种教学方法,其中不少观点具有一定的科学性,对今天仍有重大的启发意义。"白板说"无论是在明确教育的作用和地位方面还是在教育教学的具体实施过程中都发挥着巨大意义。

9.洛克是英国著名的实科教育和绅士教育的倡导者,代表作是《教育漫话》。

(1)思想基础。洛克的教育思想与他的政治观和哲学观是密切联系的。在政治观上,洛克反对封建专制统治和"君权神授"论,提出了"天赋人权"和"社会契约"的主张。洛克像培根一样反对流行的"天赋观念"论,认为人出生后心灵如同一块白板,认为人的一切知识都是建立在经验上的,"白板论"表明了他的经验主义主张。

(2)主要观点及影响。洛克认为英国教育的重点应当放在绅士教育上,他主张把社会中的上层家庭的子弟培养为身体强壮、举止优雅、有德行、智慧和实际才干的事业家。在洛克看来,一个社会只有对绅士进行教育,以绅士为榜样,社会才能进步。因为,从绅士阶级中能培养出人民的领袖和政治、道德的管理者。当他们受到适当的教育以后,可以影响社会其他阶级并使他们变得有条理。关于绅士教育的内容和方法,在《教育漫话》中,洛克把绅士教育的内容做了体育、德育和智育三个方面的划分和详细的论述,并提出了相应的教育方法。

1)体育。洛克指出,"有健康的身体才有健康的精神"。他认为,对一个绅士来说,"要能工作,要有幸福,必须先有健康;要能忍受劳苦,要能出人头地,也必须先有健康的身体"。洛克认为,作为父母必须对儿童的衣、食、住及生活常规提出严格的要求,他还特别重视加强儿童的身体锻炼。他主张儿童每天要用冷水洗脚,要学会游泳,多过露天生活,多外出活动加强身体锻炼,增强身体的抵抗力。洛克关于体育的见解反映了英国新兴资产阶级对其子弟在身体素质上的严格要求。

2)德育。德育是洛克教育思想的核心内容。在他看来,教育第一个也是最重要的目的就是培养道德优秀的人。洛克重视人的德行是将其与绅士的快乐、幸福,乃至社会地位联系在一起的。在道德教育内容上,洛克认为要使儿童形成良好的品德,就要培养其各方面的德行,主要有勇敢、坦白、公正、大度、谦虚、克制等。同时,在德育过程中,还要养成青年优雅的礼仪,优雅的礼仪可以使德行大放光彩。关于道德教育的方法,洛克主张要以理性为指导,从小对儿童进行说理教育,让儿童所有的欲望和动机都服从于理智。他强调,说理教育主要是让儿童明白,支配儿童活动的不是情感和欲望,而是理性,应让理性伴随着儿童成长。与此同时,洛克还提倡榜样示范、奖励、表扬的方法。

3)智育。洛克把智育放在仅次于德育的地位。在课程安排上,洛克主张课程的设置要符合绅士的将来发展需要,注重实用性和多样性。他同时提出了智育应注重对儿童思维的训练和求知习惯的养成。总之,洛克的绅士教育思想反映了英国新兴资产阶级对其子女教育的要求,与旧教育相比,形成了鲜明的对照,其中许多思想具有进步性和合理性,在西方近代教育思想发展中占有重要的地位。

五、强化训练及详解

(一)选择题

1.洛克的《教育漫话》论述的是(　　　)的教育问题。

　A.劳动人民　　　　B.儿童少年　　　　C.青年绅士　　　　D.中小学生

2.18 世纪末,英国的"星期日学校"的倡导者是(　　　)。

　A.洛克　　　　　　　　　　　B.罗伯特·欧文

　C.罗伯特·雷克斯　　　　　　D.凯沙图华兹

3.在俄国高等教育史上影响最大的是(　　　)在 1755 年创立的莫斯科大学。

　A.乌申斯基　　　　B.罗蒙诺索夫　　　　C.巴甫洛夫　　　　D.柴可夫斯基

4.受卢梭自然主义教育思想的影响,18 世纪后期在德国出现的注重教学内容的实用性,寓教于游戏和活动之中的新式学校是(　　　)。

　A.劳动学校　　　　B.泛爱学校　　　　C.实科学校　　　　D.文科学校

5.根据法国启蒙时代狄德罗的教育思想,初等教育中应设立读、写、算和(　　　)的课程。

　A.工艺劳动　　　　B.演说辩论　　　　C.艺术作品赏析　　　D.公民道德

6.17—18 世纪,英国初等学校的教育对象主要是(　　　)。

　A.贫民子弟　　　　　　　　　B.贵族子弟

　C.新兴资产阶级子弟　　　　　D.中产阶级子弟

7.下列名著不是英国教育家洛克的作品的是(　　　)。

　A.《工作学校计划》　　　　　B.《理解能力指导散论》

C.《人类理解论》　　　　　　　　D.《教育方法手册》

8.1636 年,马萨诸塞殖民地成立的一所高等学府是(　　　)。

A.哈勒大学　　　　　　　　　　B.巴黎大学

C.哈佛学院　　　　　　　　　　D.威廉—玛丽学院

(二)填空题

9.17—18 世纪英国教育的发展十分缓慢,学校教育主要沿袭了文艺复兴和宗教改革时期形成的传统,初等教育一直由____掌管。

10.弗朗西斯·培根是英国革命前一度活跃于政治界、学术界,以提倡近代自然科学和教育而著名的重要哲学家和社会家,他在《新工具》一书中提出的重要名言是____。

11.与爱尔维修同时代的唯物主义者,被誉为法国启蒙运动和百科全书派的领袖人物的是____。

12.在法国革命中,先后上台的立宪派、吉伦特派、雅各宾派分别制定的有代表性的三个教育改革方案分别是____、____、____。

13.德国著名教育家康德在其《论教育》中把全部教育分为____、____、____和____四个部分。

14.受拜占庭文化传统的影响和俄罗斯世俗文化的发展,俄国教育从一开始就非常重视____知识的传授。

15.美国教育家杰斐逊的____是 18 世纪美国建国后倡导普及教育和公共教育制度的典型著作。

16.17 世纪北美殖民地的教育事业以移植欧洲教育模式为主,____是教育的主要出发点和归宿。

(三)名词解释

17.弗兰西斯·培根。

18.康德。

19.《论国民教育》。

20.《俄罗斯帝国国民学校章程》。

21.学区制度。

(四)简答题

22.简述英国近代学校发展的概况。

23.简述洛克关于智育的主要观点并评价。

24.简述法国大革命期间各教育改革方案的共同特征。

25.简述 17—18 世纪德国高等教育的的主要特点。

26.简述 17—18 世纪欧美主要国家教育的共同发展趋势。

27.简述康德的教育理论的主要内容。

(五)论述题

28.试评述拉夏洛泰的教育思想。

参考答案：

　　1.C　2.C　3.B　4.B　5.D　6.A　7.D　8.C

　　9.国教会

　　10.知识就是力量

　　11.狄德罗

　　12.塔列兰教育法案;康多塞的国民教育组织计划纲要;雷佩尔提的教育方案

　　13.体育;管束;训育;道德陶冶

　　14.实用

　　15.《知识普及法案》

　　16.宗教

　　17.培根是英国著名的哲学家、社会活动家和教育家,以提倡自然科学和科学教育而闻名,是"整个现代实验科学的真正鼻祖",开辟了近代科学教育发展的道路。他提出了"知识就是力量"的名言,对科学知识的价值进行了高度概括;创立了新的科学研究方法"归纳法",为科学研究方法的发展做出了重要贡献。

　　18.康德是德国18世纪著名的哲学家、教育家,被誉为德国古典哲学的创始人、德国古典美学的奠定者,是对现代欧洲最具影响力的思想家之一,也是启蒙运动最后一位主要哲学家和集大成者,其教育思想主要体现在他的学生对他的言论和见解进行整理,编著而成的《论教育》之中。

　　19.《论国民教育》是18世纪中期法国驱逐耶稣会运动的主要倡导人和著名法官拉夏洛泰的代表作,他在书中系统地阐述了国家办教育的思想,对法国乃至西欧各国世俗公共教育制度的建立产生了重大影响。

　　20.《俄罗斯帝国国民学校章程》是俄国叶卡捷琳娜二世上台后,受国内进步思想及西欧18世纪启蒙主义教育思想的影响,于1786年颁布的教育章程,是俄国政府历史上发布最早的有关国民教育制度的法令。

　　21.学区制度是美国在殖民地时期为解决农村儿童受教育问题,将市镇周围的乡村进行划分,将儿童集中定点上学的制度。这种教学点区域内的办学是各区独立进行的,各学区与市镇享受同等的办学权,因此称为学区制。学区制度适应了当时美国农村地广人稀的实际,同时也便于各区人们直接参与教育的管理,解决了儿童的入学问题。

　　22.17—18世纪英国教育的发展是十分缓慢的,学校教育主要沿袭了文艺复兴和宗教改革时期形成的传统。

　　(1)初等学校。17—18世纪英国的初等学校教学条件很差,教学内容极为简单,重宗教、阅读而轻计算;教师不是专门职业,多由手工业者、教堂人员等充任,地位很低;教育对象主要是贫民儿童,富人则雇佣家庭教师对子女进行启蒙教育和中学预备教育。

(2)中等学校。中等教育主要是富家子弟的升学预备教育,包括文法学校和公学,文法学校是沿用传统的名称,"公学"则是相对于私人延聘家庭教师的教学而言的,强调这种学校是由公众团体集资兴办的性质,其教学目的是培养一般公职人员。它较之一般的文法学校师资及设施条件好、收费更高,是典型的贵族学校。其中最为人称道的是伊顿、温彻斯特、圣保罗等。英国中等学校的修业年限通常为五年,以升学教育为宗旨,注重古典语言的学习,同时为适应上层社会交往的需要,也注重体育和军事训练,培养绅士风度。

(3)高等学校。高等学校教育始于中世纪后期牛津大学的建立,古老的牛津大学和剑桥大学一直是英国高等教育的象征,两校注重古典文化,造就了众多政治人才和学术巨匠。到17世纪,学校规模扩展,学术气氛浓厚,学生中来自社会中下层的人数也有所增加。

23.(1)智育的意义与目标。在《教育漫话》中,洛克把智育放在仅次于德育的地位。他认为,对一个绅士来说,"学问是应该有的,但是它应该居于第二位,只能做辅助更重要的品质之用"。从这个思想出发,洛克在论述掌握知识与发展智力的关系时,更重视绅士的智力培养。他明确提出智育的主要任务"并不是使年轻人在任何一门科学知识上达到完善的程度,而是开放和安置他们的心,使他在需要专心某种科学的时候能够很好地学习它"。学习的根本任务是"增进心的活动与能力,而不是扩大心的所有物"。

(2)课程设置。在课程安排上,洛克反对古典学科,主张课程的设置要符合绅士的将来发展需要,注重实用性和多样性。为了适应绅士将来社会交往的需要,应开设语言、文法、外语、地理、历史、自然科学、伦理学、天文学、法律以及速记等课程。为了适应绅士经营事业和置备财产的需要,还要让绅士学会读、写、算,学习木工、园艺、农业等技艺劳动。

(3)智育的方法和原则。在论述绅士学习的各科内容时,洛克也提出了智育的原则和方法。首先,他强调应通过多样性的学习,使学生的思维更加灵活和自由,避免智力的狭窄和僵化。他认为,如果只具有专心一种知识的思想,那么这种思想便会成为对每一事物的思想,从而使思想不易转到其他方面去。其次,要养成儿童热爱求知的习惯。要求教学中应诱导儿童的好奇心,鼓励他们发问与主动探索。再次,尽量联系实际学习。例如,通过地球仪与地图学习地理知识;通过实际的计数活动学习算术;通过了解本国历史、古代法律以及当前的国家宪法来学习法律知识等。最后,发挥学习的主动性,尽量让儿童自己做事情。例如,儿童到了能够讲故事时,可让他们自己讲他们所知道的故事,然后再把所知道的故事写出来。洛克认为,如果一个学生已经学会了什么事情,那么鼓励他前进的最好方法就是让他教给别人。

(4)评价。洛克在智育上所提出的一系列见解和主张反映了英国新兴资产阶级的需要,也反映了洛克本人对智育问题的深入研究和探索,对近代西方智育思想的发展产生了较大的影响。

24.1789年爆发的法国资产阶级大革命是一场改变欧洲历史,有着世界性影响的革命,在此革命中产生了教育方案有塔列兰教育法案、康多塞国民教育组织计划纲要、雷佩尔提教育方案。这些方案在内容上虽有所差别,但从主体上看,都不同程度地体现了资产阶级各派的共同愿望,其共同特征主要表现在以下几个方面。

(1)主张建立国家教育制度,提出了课程及年限互相连接的学校系统。塔列兰教育方案就对学制进行了规定,要求教育系统划分为小学、中学、专门学校和大学。康多塞方案也提出了五段教育体制,即初级学校、高级小学、中学、专门学校、国家科学与艺术研究协会。

(2)主张人人都有受教育的机会和权力,国家应当保护并实行普及教育。尤其是雷佩尔提方案,提出应由国家举办"国民教育之家",让5~12岁的男女儿童免费入学,由国家负责衣食住的主张。

(3)在教育内容和教师问题上实现世俗化、科学化。康多塞的计划纲要取消了学校中的宗教课,要求小学生应学习测量土地、手工艺的初步技能;中学应传播对公民职业有用的知识并肩负培养教师的任务。雷佩尔提的方案主张以实科教育及道德教育来取代宗教教育,并注重体育和劳动教育,目标是培养优秀公民和爱国者。

25.17—18纪的德国,由于国家影响力加强,实科教育风气增长,一批科学家、思想家新思想的传播等,现代理念的大学首先出现在德国。1694年建立的哈勒大学,是欧洲第一所新式大学;1737年的哥根廷大学也是该时期德国新式大学的代表。它们的主要特点如下:积极吸收最新的哲学和科学研究成果,排除宗教教条,大胆选用崇尚理性、善于思考和具有冒险精神的学者任教,奠定了大学的高水平科研和教学的基础;提倡"教自由"和"学自由",为摆脱传统的束缚和促进科学进步提供了宽松的条件;首开民族语(德语)讲课的风气,重视现代外国语;注重科学研究,设有藏书丰富的图书馆和各种研究所;上课多采用讨论、实验观察等新的教学方法,即使对古典文化的研究也抛弃了背诵、模仿等做法。此后,德国的其他大学皆以这两所学校为榜样,进行了不同程度的改革,为19世纪柏林大学的建立和德国大学成为欧洲最高学府奠定了思想基础,积累了经验。

26.欧美主要国家17—18世纪教育的共同发展趋势是有以下几点。

(1)制度化。各国通过相继颁布的各种法律、法令规范各级各类教育的开展和实施,从而形成了较为固定的制度。教育制度化后,教育更加统一规范,有利于教育质量的提高和教育进一步发展。

(2)民主化。随着生产活动对教育需求的不断增强,受教育人数不断地增加,教育不再是少数人的特权,而是不断普及,体现出教育的民主化。

(3)实用性。教育与实际生产和生活的关系越来越密切,知识的教授大都是为了适应实际的需要,教育的实用性不断增强。

27.(1)论教育与人的关系、目的及作用。在康德的教育思想中,放在首位的是教育与人的关系问题,他认为教育是人类文化发展的结果,是人为的创造性活动。康德与卢梭一样,高度推崇人性、人的尊严,充分肯定人的价值,因此其在要求改革教育、使教育切实尊重儿童本性等方面与卢梭的观点一致。但不同的是他认为人性中有善也有恶,要靠教育来祛恶,要求对儿童给予更多的指导和管束。同时,康德也认识到了学生在教育过程中的主体地位,认为应给学生自由活动的空间,让他们自然地运用自己的各种器官,从而均衡地、有目的地发展自己的能力。

(2)论德育。康德认为人与动物之所以有区别,有其人格与尊严,归根结底是因为有道德,因此道德的培养就是十分重要的。他认为道德教育既要让儿童自由地成长,又要让他们自觉地接受理性的指导。由于儿童尚无明确的道德意识而多受个人欲望的支配,因此德育应对孩子加以"管束"和"训导"。另外,康德还提倡道德修养中的范例、格言、赏罚、说理和行动等具体方法。

(3)论体育。康德主要论述了婴儿的抚育,强调有益的体育运动对发展儿童体力和感官的重要作用。

28.拉夏洛泰是18世纪中期法国驱逐耶稣会运动的主要倡导人、著名的法官。他的《论国民教育》全书共分36章,内容涉及教育的作用、目的与任务,教育领导体制,学制,教学内容,教师和教科书,拉夏洛泰在书中系统地论述了其教育思想,对法国乃至西欧各国世俗教育制度的建立产生过很大的影响。

(1)论教育对人和社会发展的作用。拉夏洛泰一开始就强调了知识与教育对人和社会发展的作用。他认为知识是人类所必需的,个人的工作也客观要求其具备相应的知识。

(2)论国家办学的思想。拉夏洛泰基于对教会教育特别是对耶稣会教育的批判,提出国家办教育的必要性,他认为每个民族教育自己人民的权力是不可逃避也不可被剥夺的,国家办学是天经地义的事情。

(3)论知识、教化与品德的关系。拉夏洛泰指出,若使一个人任其没有文化,愚昧无知,不懂得对社会应该承担的责任,这个人必将成为胆怯的人、迷信的人,或许还会成为一个残酷的人。因此教育需教人从善,让人的思想和心灵得到填充。

（4）论公民教育。拉夏洛泰还提出了公民教育的概念，他认为教育的目的应该是为国家培养公民，并把使人民心智完善、道德高尚、身体健康作为国家公民的培养目标。拉夏洛泰就此在自己的著作中对普通教育的学制和课程提出了非常具体的意见。他反对以拉丁文为主要学习内容，强调学习科学知识，将教育历程划分为 3 个阶段，形成三级教育制度：第一阶段，5~10 岁，学会阅读、书写与绘画，掌握历史、地理、博物、物理与天文学的粗浅知识，并学习测量与计算；第二阶段，10~16 岁，除继续学习以上学科外，应学习 2~3 年法文和拉丁文，1 年修辞学，2 年哲学，除此之外还应学习一些农业、工业和解剖学的知识；第三阶段，16 岁以上的青年，主要是在工作中各专其业。拉夏洛泰强调在任一阶段都应注重对本国语言及科学学科的学习，以此使青少年能够获得良好公民所应具备的实际知识。

（5）影响。拉夏洛泰关于国家办学的论证走在了时代的前列，启发了同时代的和后来的人们，为后来法国国家中央集权教育领导体制的形成提供了思想指导。《论国民教育》一书问世不久就被译成多种文字版本，在欧洲各国广泛流传，许多国家都从中吸取了可借鉴的教育经验。

第十一章　卢梭的教育思想

（1）卢梭论人的天性：性善论、感觉论。

（2）卢梭自然主义的教育理论：基本含义、培养目标、方法原则。

（3）卢梭自然教育主义的实施：婴儿期的教育、儿童期的教育、青年期的教育、青春期的教育、女子教育。

（4）卢梭理想国家的公民教育。

（5）卢梭教育理论的意义及影响。

二、章节精讲

（一）生平、活动与主要著作

卢梭（1712—1778）出生于日内瓦一个贫穷的钟表匠家庭，幼时的卢梭因生计所迫来往于欧洲各地，从事过各种下层职业，也广泛地接触了城市、乡村的各个阶层，因而一直保持着对劳动者的同情和对恶势力的憎恨。

1742 年，卢梭离开日内瓦来到巴黎，结识了狄德罗等许多启蒙思想家，参加了《百科全书》的编写工作，并发表了《论科学和艺术的复兴是否有助于敦风化俗》及《论人类不平等的起源和基础》两篇论文，其"回归自然"教育思想初步展露。

1754 年，卢梭回到日内瓦小住，这一期间相继出版了《新爱露伊斯》《社会契约论》《爱弥儿》等惊世骇俗之作。

1773 年，卢梭还应邀写出了《关于波兰政治的筹议》一文，对波兰的复兴提出了卓越的见解。

（二）论人的天性

1.性善论

卢梭关于人性本善的观点是他整个社会发展观的一部分。卢梭认为人的善良天性包括两种先天存在的自然情感，即自爱心和怜悯心，他还特别强调"良心"

在使人为善中的重要作用,它不仅指导人判断善恶,还引导人弃恶从善。卢梭同时指出由于现实世界的污浊和世俗的偏见,使人们的良心泯灭,社会罪恶横流,因此改造教育迫在眉睫,而最好的办法是让儿童回归自然村庄并接受自然教育。

2.感觉论

卢梭认为人的心灵中存在着认识世界的巨大能量,人生来就有学习的能力;同时人又是有智慧的,能对事物进行比较、分析和判断,也就是具有理性。与其他启蒙学者一样,卢梭承认感觉是知识的来源,所有的一切都是通过人的感觉而进入人的头脑的。同时,卢梭指出人的感觉器官需要通过实际训练加以完善,针对当时教育只重书本的不良现象,他设计了种种训练感官的方法,其系统性是前所未有的。

(三)自然主义的教育理论

1.自然教育的基本含义和培养目标

(1)基本含义。自然主义教育的核心是"回归自然",卢梭认为善良的人性存在于纯洁的自然状态之中,因此只有回归自然,远离喧嚣,才有利于保持人的善良本性。要求教育遵循自然天性,也就是让儿童在自身的教育和成长中取得主动地位。自然教育是顺应儿童身心发展规律的教育,教师的任务是创造学习的环境并防范不良影响,而不是进行灌输和强迫。

(2)培养目标。自然教育的最终培养目标是"自然人",这个概念是相对于"公民"概念来说的,其主要特征包括①自然人是能独立自主、体现自己的价值的人;②自然人是人人平等无等级之分的人;③自然人是自由的、无所不能的人;④自然人是能自食其力的人。

2.自然教育的方法原则

(1)正确看待儿童。卢梭认为当时的教育向儿童强迫灌输旧的道德和知识,摧残了儿童的天性。他主张在儿童成熟之前不要将对成人的要求强加于他们,不要用成人的思想去替代儿童的思想和感情。

(2)给儿童充分的自由。卢俊认为教育应顺应儿童的身心发展规律,应进行成人不干预、不灌输、不压制的教育,教师在教育中的中心位置要让给孩子,让其自主发展,使其不再是被动受教,教师不再主宰一切。同时,卢梭也注意到儿童天性的个体差异,要求因材施教。

(四)自然主义教育的实施

1.婴儿期的教育(0~2岁)

该阶段的儿童不会说话,体弱无能,没有思考能力,因此这一时期的教育应以身体的养育和锻炼为主,锻炼的措施要合乎自然,且应给予儿童活动的自由,以便其更好地积累感觉经验。

2.儿童期的教育(2~12岁)

卢梭认为儿童期是从幼儿会说话开始,这一阶段应继续发展身体并进行感官教育。卢梭批判在儿童期进行理性教育,认为这不仅阻碍体力的发展,而且促使儿童为了对抗外界而学会虚伪、逃避、骗人等恶习。同时,卢梭认为这一时期的儿童应掌握一些道德观念,最好的方法是利用儿童自身不良行为所产生的自然后果来使他们成长。

3.青年期的教育(12~15岁)

这一时期是儿童体力发展最旺盛的时期,卢梭在《爱弥儿》中主要论述了该阶段中进行的智育和劳动教育等问题。其智育的主要内容包括以下几个方面。

(1)学习知识方面。卢梭认为最重要的是培养兴趣和提高能力,并注意通过学习知识来陶冶情操。他指出,关键不在于教儿童各种知识,而在于培养他有爱好学问的兴趣。

(2)学习内容方面。卢梭认为选择知识的第一个原则是学有用且能增进人的聪明才智的知识,第二个原则是不要让孩子学习他不能理解的人际关系方面的知识。卢梭推崇自然科学而排斥历史、哲学等社会科学,这既是基于他对儿童天性的认识和尊重,也表明了他对当时封建旧文化的厌恶。

(3)智育方法方面。卢梭强调活动在学习中的重要作用,即要让儿童置身于自然环境或工场的劳动环境中,从活动中去学习。卢梭主张行以求知,从做中学,注重实物教学和发现学习对儿童的感官、兴趣的发展作用。

4.青春期的教育(15~20岁)

这一时期的儿童已经积累了较为丰富的感性经验和自然知识,已经懂得了那些与他自己有关的道德观念,因此鉴于这些身心变化,儿童可以从农村返回城市,接受道德教育和宗教教育,开始学习做一个城市社会中的自然人。

卢梭认为,有道德的人就是那种能够克服欲望、遵照理性和良心指引,成为自己主宰而不受外界诱惑的人。道德教育首先从发展人的自爱自立开始,德育的目标就是把儿童自然的自爱天性扩展开来,把自爱之心扩大到爱别人,把自爱变成美德。卢梭将"爱"作为道德的中心内容,推动了18世纪的"博爱"潮流,冲击了封建等级观念。

宗教教育的主要内容则是教人们爱上帝胜于爱一切,但他反对荒诞的教义,反对教会的繁文缛节。

5.女子教育

卢梭关于女子教育的观点是从其遵从自然、回归自然的基本思想中引申出来的,他认为男女两性的不同是由于自然安排,因此男女都应得到尊重。卢梭认为女子的教育首先是培养健康的身体,女孩不可娇生惯养,应多活动多游戏,这对以后获得优美的身段和生育健壮的孩子都是有益的。

(五)论理想国家的公民教育

卢梭认为理想国家中的教育是培养忠诚的爱国者,儿童在幼时就应该开始看关于本国知识的书籍,随着年龄的增长不断地熟悉国家的物产、省区、道路、历史、法规等。要培养优秀的公民最重要的是改变当前的制度及教育,卢梭主张由国家掌握学校教育,并且他不赞同按教育对象的贫富来分设学校和课程,而是主张所有儿童都受同样的教育。

三、课后习题解答

1.试析卢梭教育思想的主要特点及其形成原因。

答:(1)卢梭教育思想的主要特点。

1)教育要在尊重人性的基础上开展。卢梭认为人天生具有自爱心与怜悯心,教育的作用只是顺其自然,发挥这份自爱心与怜悯心,同时发挥良心的作用,用良心将自爱心与怜悯心结合在一起。

2)教育要遵循自然教育理念,培养"自然人"。卢梭所主张的自然教育有两层含义:一是"归于自然",主张远离喧嚣城市,回归于自然,在乡村接受教育;二是"消极教育",主张教育应遵循自然天性,顺应儿童身心发展规律,让儿童在教育和成长中取得主动地位。"自然人"是相对于专制国家公民而言的,独立自主、平等自由、道德高尚、身心协调发展、能广泛适应社会情况,摆脱了封建羁绊的新人。

3)教育要注意人的年龄特征。卢梭提出了一套分段教育理论,将自然人的成长按照年龄划分为四个阶段,针对每一阶段提出了培养的目标和方法及学习的内容。此外,还着重提倡女子教育。

(2)卢梭教育思想特点形成的原因。

1)封建专制思想的束缚。卢梭教育思想的形成是和他所处的时代环境相联系的。18世纪的欧洲处于封建制度的统治之下,人们的思想被束缚,天性得不到发展。

2)宗教思想的压制。宗教思想居于统治地位,自由、民主的资产阶级思想被斥为异端,往往刚刚出现就被压制、消灭。残酷的宗教教育压制了儿童的身心发展,不利于其成长。

3)资产阶级思想的传播。自由、民主的观念启蒙了人们的思想,在这种思想的影响下,卢梭对当时法国腐朽的政治、宗教,特别是教育进行了猛烈抨击。他对摧残儿童身心的封建主义教育疾之如仇,要求加以根本改造。

2.卢梭自然主义教育理论的主要内容、意义和局限性是什么?

答:(1)主要内容:见章节精讲。

(2)意义。

1)卢梭主张教育应遵循人的自然本性,使人得到自由地发展。所有人为的教育和事物的教育要以自然的教育为基准,该理论确立了一种自然教育和儿童本位的教育观,影响了几代教育家的教育思想和实践,奠定了欧美新教育改革的思想基础。

2)自然教育是针对封建社会及其戕害人性的教育所发出的挑战,卢梭所提出的"自然人"实际上就是摆脱封建羁绊的资产阶级新人,他在问题的论述中所包含的重视普通教育、反对等级教育,强调手脑并用、身心两健,培养独立判断力和适应能力等教育思想至今仍然是教育思想中的宝贵理论财富。

3)卢梭教育思想的基本内容是高度尊重儿童的善良天性,并以此为标准批判了当时流行的教育思想和教育措施的荒谬,倡导了自然教育和儿童本位的教育观。他对封建教育腐朽性的揭露切中时弊,对新教育所提出的设想具有划时代的意义,不仅在当时的法国引起了强烈的反响,而且对整个欧洲、对后世的教育也产生了深刻的影响。

(3)局限。卢梭的教育主张在今天看来当然不可避免地存在着局限性,既有一些落后的、相互矛盾的和主观臆测的东西,也有某些以偏概全的论述。但在他生活的那个时代,他的教育思想却是富于革命性的,并给后世教育以重大启发。

四、考研真题汇编

(一)名词解释

1.自然主义教育。(曲阜师范大学 2012 年研,陕西师范大学 2015 年研)

2.《社会契约论》。(华南师范大学 2012 年研)

3."发现法"教学。(辽宁师范大学 2016 年研)

(二)简答题

4.简述卢梭的自然主义教育理论。(华南师范大学、上海师范大学 2015 年研,天津师范大学 2016 年研,华南师范大学 2017 年研,西南大学 2018 年研)

5.简述自然主义教育的核心。(西南大学 2016 年研)

6.简述卢梭的自然主义教育理论内涵。(北京师范大学 2015 年研)

7.简述卢梭的自然教育思想的实施。(东北师范大学 2016 年研)

8.简述卢梭自然教育理论的基本观点及其积极意义。(安徽师范大学、东北师范大学 2016 年研)

9.简述卢梭的自然教育理论及影响。(福建师范大学、苏州大学 2015 年研)

(三)论述题

10.试对卢梭的自然主义教育进行评述。(山东师范大学 2015 年研)

参考答案:

1.自然主义教育是由法国著名思想家、教育家卢梭提出的教育理论,其核心是教育应"回归自然",其目标是培养"自然人"。卢梭认为只有回归自然、远离喧嚣城市社会的教育,才有利于保持人的善良天性。

2.《社会契约论》是法国启蒙思想家、教育家卢梭于 1762 年写成的一本著作,卢梭在书中第一次提出了"天赋人权和主权在民的思想",是现代民主制度的基石,深刻地影响了逐步废除欧洲君主绝对权力的运动及 18 世纪末北美殖民地摆脱英帝国统治、建立民主制度的反抗斗争。

3.卢梭在强调让学生自主参与到实际活动中去观察事物时,提出了"发现法"教学的原则,他认为对儿童好奇心及兴趣的培养是至关重要的,而对好奇心和兴趣的培养关键在于不要直接去解答孩子的疑问,而是由他们发现学问、自己去满足自己的好奇心。

4.见章节精讲及课后习题解答。

5.自然主义教育的核心是教育应"回归自然"。一方面,卢梭认为善良的人性存在于纯洁的自然状态之中,因此只有回归自然,远离喧嚣,才有利于保持人的善良本性。要求教育遵循自然天性,也就是让儿童在自身的教育和成长中取得主动地位。自然教育是顺应儿童身心发展规律的教育,教师的任务是创造学习的环境并防范不良的影响,而不是进行灌输和强迫。另一方面,卢梭从儿童所受的多方面的影响来论证了教育必须"回归自然"。他说,每个人都是由自然的教育、事物的教育和人为的教育三者培养起来的,只有三种教育圆满结合才能达到预期的目的,而自然的教育是人力不能把控的,只能后两者趋同于自然的教育,才能实现良好有效的教育。因此教育的关键在于回归自然,尊重儿童在其成长和教育中的主体地位,顺应其身心发展的天性和规律。

6.见章节精讲及课后习题解答。

7.卢梭认为人生的每一个阶段,都有它适合的完善内容,自然主义教育应按照学生的年龄发展特征,顺应自然成熟的历程来进行。他将儿童从出生到成人分为四个不等长的阶段,并对不同阶段应进行的教育进行了论述。

(1)0~2 岁的婴儿期教育。该阶段的教育以体育锻炼为主,卢梭认为人的身体需能够适应较为艰苦的环境,反对娇生惯养,应给予儿童自由,以便其在自由活动中获得良好的体质和感觉经验。

(2)2~12 岁的儿童期教育。儿童期是从幼儿会说话开始,这一阶段主要应进行感官教育。卢梭认为感觉是知识的门户,是理性发展的工具,要学习思考,必须首先训练感觉和身体器官。他反对儿童在 12 岁以前学习书本知识,强调儿童应在观察、接触周围事物的活动中,积累对周围事物的感觉经验。

(3)12~15 岁的青年期教育。该阶段的儿童主要进行知识智育和劳动教育。卢梭认为此阶段的智育最重要的是培养兴趣和提高能力,他指出,关键不在于教儿童各种知识,而在于培养他有爱好学问的兴趣。而在如何培养学生学习兴趣及能力的方法原则上,卢梭主要提倡直观教学和发现学习,强调活动的重要性。

(4)15~20 岁的青春期教育。卢梭认为,这一时期的儿童已经积累了较为丰富的感性经验和自然知识,已经懂得了那些与他自己有关的道德观念,鉴于这些身心变化,儿童可以从农村返回城市,接受道德教育和宗教教育,学会做一个城市社会中的自然人了。道德教育首先从发展人的自爱自立开始,把儿童自然的自爱天性扩展开来,把自爱之心扩大到爱别人,把自爱变成美德。宗教教育的主要内容则是教人们爱上帝胜于爱一切,但他反对荒诞的教义,反对教会的繁文缛节。

8.(1)基本观点:见章节精讲及课后习题解答。

(2)意义:卢梭的自然教育理论有着反封建的进步意义。他强调教育必须顺应儿童身心发展特点,大大提高了儿童在教育过程中的地位,使儿童正式成为教育的中心,自然教育理论亦是当前儿童本位教育理念的思想渊源,它与以教师为主体,残害儿童身心的封建教育是完全对立的,开辟了现代教育理论的先河。卢梭关于教育的论述,虽存在着形而上学的观点,但已初步认识到遗传、教育、环境对人的发展的作用,对教育学理论的发展是有意义的。

9.(1)自然主义教育理论:见章节精讲及课后习题解答。

(2)影响:卢梭是划时代的教育思想家,他对封建专制的极端憎恨,对传统教育的猛烈批判,发出了时代的最强音。其自然主义教育思想要求深入研究儿童的身心特点,遵循自然规律而施教,成为近代儿童研究的先行者及内发论的源头。他的思想直接影响了之后的裴斯泰洛齐、赫尔巴特、福禄贝尔、杜威等一大批教育家的教育思想,并成为一种教育思潮,影响了各国初等教育的实践。

10.自然教育思想是卢梭教育理论的集中体现,其根本是反对封建社会对人性的压制,强调教育要以人的自然发展为中心,教育必须顺应儿童天性发展的自然历程。他的这些观点开辟了现代教育理论的先河,至今仍具有指导意义。

(1)树立以学生发展为本的教育观。卢梭在其自然主义教育理论中确立了儿童在教育过程中的主体地位。卢梭认为,每位儿童由于天赋、环境以及受教育程度等方面存在差异,因而具有不同的个性特征。教育就应该在承认个体差异的前提下,尊重每位学生的个性,并以此为依据从儿童的角度考虑教学,让儿童成为教育的中心与出发点,使不同层次的学生在原有水平上得到充分发展。

(2)依据学生的身心发展规律实施教育。卢梭依据儿童身心发展特点将自然教育划分为四个时期,并提出实施分阶段教学,在每个阶段教育的侧重点各不相同。虽然现代儿童心理学的发展表明卢梭的四阶段划分具有一定的局限性,但是卢梭这种遵循儿童自然发展规律实施教育的方法依然值得借鉴。儿童的成熟具有一定的发展规律,而把成人的教育内容强加给儿童,用成人惯用的方法把远超出儿童理解能力的知识提前灌输给学生,将造成学生学习困难而最终产生厌学现象。因此,教育应遵循儿童的身心发展规律及年龄特征,围绕儿童不同年龄的"关键期"有针对性地实施教育。

(3)倡导学生主动学习与探究。卢梭的自然主义教育思想认为,知识的获得应该以儿童的主动参与为基础。他提出,对孩子的教育不在于教他各种学问,而在于培养他有爱好学问的兴趣,而且在这种兴趣充分增长起来的时候,教他以研究学问的方法。因此,在教学方式上,卢梭主张学生运用直观性原则,进行发现式学习,儿童通过参与实际活动而获得属于自己的知识。这种方法有助于最大限度地激发儿童的求知欲望,促进学生想象力和创造力的发展。

五、强化训练及详解

(一)选择题

1.卢梭教育理论体系中一个最基本的思想是( )。

  A.把儿童当作儿童来看,儿童看作教育中一个积极因素

  B.提出"社会本位论"的儿童观

  C.提出了"白板说"

  D.为儿童拟定了百科全书式的启蒙教育大纲

2.下列不是卢梭所著的是( )。

  A.《社会契约论》 B.《新爱露易丝》 C.《宫廷人物》 D.《爱弥儿》

3.卢梭自然主义教育理论中的"消极教育"是指( )。

  A.教育作用有限 B.教育在等待儿童的成长

  C.教育对儿童难以发挥积极作用

  D.教育要遵循儿童本性,防范外界不良影响

4.在职业选择的问题上,法国教育家卢梭反对的是( )。

  A.选择适合儿童禀赋的职业 B.选择对社会有用的职业

  C.选择为法国政府服务的职业 D.选择有教育意义的职业

5.西方第一个完整的教育哲学、教育小说是( )。

  A.《爱弥儿》 B.《教育论》 C.《教育漫话》 D.《人的教育》

6.下列学习形式与卢梭所提倡的教育理念相悖的是( )。

  A.观察式学习 B.体验式学习 C.发现式学习 D.灌输式学习

7.卢梭认为可以指导人判断善恶,引导人弃恶从善,使自爱心和怜悯心协调一致,自然发展的是( )。

A."良心" B."善心" C."野心" D."责任心"

8.根据卢梭的自然教育理论,婴儿期的儿童主要应进行( )。

A.爱的教育 B.体能锻炼 C.德育 D.智育

(二)填空题

9.卢梭是18世纪法国启蒙运动中最激进的伟大思想家,其主要的教育理论是____。

10.卢梭在《爱弥儿》一书中根据自己对儿童的观察和研究,设想了教育的四个阶段,分别是____、____、____、____。

11.卢梭教育理念的核心是____,培养目标是____。

12.卢梭认为道德教育应该从发展人的____开始,卢梭提高了"爱"的地位,推动了18世纪的"博爱"潮流。

13.卢梭在论人的天性中提出了____和____两个观点。

14.卢梭强调教育必须顺应儿童天性发展的____历程。

15.由于受到法国政府和天主教会的政治迫害,卢梭避居于巴黎市郊,但他从未停止思考和写作,于1772年完成了自我评价性的最后一本著作____。

16.卢梭是批判____教育的一位伟大旗手。

(三)名词解释

17.名词解释:回归自然。

18.名词解释:"自然人"。

19.名词解释:《爱弥儿》。

20.名词解释:自爱心。

21.名词解释:公民教育。

(四)简答题

22.简述卢梭自然教育的理论基础。

23.简述卢梭的感官教育思想。

24.简述卢梭的劳动教育思想。

25.简述卢梭有关于女子教育的观点及其局限。

26.简述卢梭的道德教育思想。

27.简述卢梭的公民教育思想。

(五)论述题

28.试评述卢梭的教育思想。

参考答案:

1.A 2.C 3.D 4.C 5.A 6.D 7.A 8.B

9.自然主义教育思想

10.婴儿期的教育;儿童期的教育;青年期的教育;青春期的教育

11.回归自然;自然人

12.自爱自立

13.性善论;感觉论

14.自然

15.《忏悔录》

16.封建

17."回归自然"是卢梭自然主义教育理论的核心观点,包括两层内涵。第一,善良的人性存在于纯洁的自然状态之中,因此只有归于自然,远离喧嚣社会的教育,才有利于保持人的善良天性。第二,人的教育来源包括自然的教育、事物的教育和人为的教育。而自然的教育是人力不能把控的,只有事物的教育与人为的教育向自然教育靠拢,才能使三者完美结合达到预期的效果。因此教育应"回归自然",以自然为基准。

18."自然人"这个概念是相对于"公民"概念来说的,是卢梭自然教育思想的培养目标,其主要特征有包括以下几点:第一,自然人是能独立自主、体现自己的价值的人;第二,自然人是人人平等无等级之分的人;第三,自然人是自由的、无所不能的人;第四,自然人是能自食其力、具有劳动能力的人。

19.《爱弥儿》是法国杰出的启蒙思想家卢梭的重要著作,是第一本小说体裁的教育名著。在此书中,卢梭通过对他所设想的学生爱弥儿的教育,竭力反对经院主义教育,系统地阐明了他的自然教育理论。

20.自爱心是人们为了生存而具有的原始的、内在的、先于其他一切的自然欲念,是只要顺其自然发展,就能达到的一种自然情感。

21.公民教育是卢梭为理想国家的建立而提出的,这一思想主要体现在其《关于波兰政治的筹议》一书中,其目标是培养忠诚的爱国者,主要内容是要求学生阅读有关本国的书籍,学习有关本国物产、城市、道路、历史等方面的知识及法律法规。

22.见章节精讲。

23.(1)基本观点。卢梭非常重视感觉教育,认为感觉是知识的门户,是理性发展的工具。要学习思考,必须首先训练感觉和身体器官,以便为理性活动打好基础。基于上述观点,卢梭反对儿童在12岁以前学习书本知识,强调通过活动,积累对周围事物的感觉经验。他说,对于儿童来说,"他周围的事物就是一本书"。儿童在观察、接触周围事物的活动中,可以获得很多直接知识。

(2)感官训练的方法。在如何发展感觉,训练儿童各种感官方面,卢梭提出了许多有益的见解。卢梭指出,在各种感觉中运用最多的是触觉,发展触觉的主要方法是练习,让儿童像盲人那样抚摸物体,训练触觉的敏锐性和准确性。视觉方面的训练,主要通过各种游戏、写生画、制图来进行。而听觉官能的教育主要靠学说话、唱歌、听音乐来练习。

(3)评价。卢梭站在唯物主义感觉论的立场上,重视感觉教育,在西方近代教育史上第一次详细地论述了感官教育的意义、内容和具体方法,不仅具有反对封建教育的进步意义,而且提出了许多合理、有益的见解。

24.(1)基本观点。卢梭把劳动教育视为培养能够运用自己聪慧的头脑和灵巧的双手去从事劳动、营谋生活、自食其力的"自然人"的重要手段,因而十分重视劳动教育。卢梭还指出,劳动还有巨大的教育意义,它能培养儿童热爱劳动、热爱劳动人民的思想感情,体会到当时社会的不平等。

(2)劳动教育的内容。卢梭所提倡的劳动主要是农业和手工业劳动,特别是后者他更为推崇,认为类似细木工这样的个体手工劳动,既能使儿童获得自谋生计的劳动技能技巧,又可发展他们的头脑,使之增长智慧。

(3)评价。卢梭关于劳动教育的思想与他早年生活在社会下层,接近和了解劳动者的生活是分不开的。他从反对当时不平等的封建剥削制度和完全脱离生产劳动的封建教育出发,视劳动教育为培养新人不可缺乏的手段,这在当时有着巨大的反封建意义。他要求儿童通过参加生产劳动以获得知识技能,为今后参加实际生活做准备;同时培养他们热爱劳动、热爱劳动人民的思想感情,这些思想至今看来仍是正确的。不过他的劳动教育涉及的仅仅是手工业生产,这是其局限性所在。

25.(1)基本观点。卢梭关于女子教育的观点是从其遵从自然、回归自然的基本思想中引申出来的,他认为男女两性的不同是由于自然安排,因此男女都应得到尊重。卢梭认为女子的教育首先是培养健康的身体,女孩不可娇生惯养,应当多活动、多游戏,这对以后获得优美的身段和生育健壮的孩子是有益的。卢梭安排女子学习唱歌、跳舞、绘画等,以便更好地愉悦家人和教育子女。另外,他还强调对女子治家能力的培养。

(2)局限。卢梭在女子教育问题上的观点总体而言是保守的,他所主张培养的是小家碧玉、贤妻良母型女性,认为女子是孩子和父亲的纽带,生儿育女和体贴丈夫是她们的主要职责,而不主张其参与需要精细头脑和注意力的科学研究及各种社交活动。可见,卢梭关于女性的教育观点是存在一定局限性的。

26.卢梭道德教育的观点首先从发展人的自爱自立开始。自爱是人的本性,但是当孩子进入社会以后,自爱就容易发展成卑劣的自私。因此德育的目标就是把这种自然的天性扩展开来,把自爱之心扩大到爱别人,把自爱变成美德。卢梭将"爱"作为道德的中心内容,推动了18世纪的"博爱"潮流,以抽象的人类之爱冲击了封建等级观念。另外,卢梭还注意到了道德教育的知、情、意、行几个方面,而不是仅主张道德说教。

27.卢梭是一个对新的社会制度充满幻想的思想家,他在设想新制度建立后的教育问题时,特别主张进行良好公民的培养,这一思想主要体现在其《关于波兰政治的筹议》一书中。

(1)目标。卢梭认为理想国家中的教育"必须给予人民的心灵以民族的形式",其目标是培养忠诚的爱国者。

(2)培养内容。公民教育应从一个人诞生的时候就开始,儿童应该阅读有关本国知识的书籍,10岁时熟悉国家的产物;12岁时熟知一切省区、道路和城市;15岁时学习本国的历史;16岁时知道一切法规;20岁时对本国道德关辉历史及英雄人物铭记在心,成为一个良好的国家公民。

28.(1)基本观点。卢梭不主张教给学生百科全书式的知识,更不主张用书本知识来束缚儿童的头脑。在他看来,教学的基本任务在于①发展儿童获取知识的能力;②培养学生具有科学的头脑;③发展学生的求知欲和好奇心,以及学习的兴趣。卢梭还要求教学必须符合儿童心理发展水平。他说,儿童时期有儿童自己的观察、思考和感觉的方法,企图以成人的方法代替儿童的方法,那是最愚笨的。他强调按儿童年龄的不同采取不同的方法。

(2)知识选择的原则:①所学的知识要有用处,是真正有益于幸福的知识;②所学的知识应是这个年龄时期的儿童能够理解的知识。

(3)教学方法。卢梭重视直观,把直观当作教学的基础。卢梭从感觉经验是理性发展的凭借的唯物主义观点出发,强调教学必须给学生提供丰富的感性材料。他认为,直观性教学对于培养儿童敏锐的观察力、丰富的想象力和准确的判断力具有重要意义。卢梭所说的直观主要是实物观察、实验和实践。卢梭还提倡发现式学习,认为教学必须启发学生思考,引导他们自觉地去获取知识。他要求教师要引导学生去观察、分析、比较和概括。教师要少讲,学生要多问。

(4)评价。卢梭在反对封建传统教学的斗争中,提出了与之完全对立的新教学论。他的教学理论中虽不免有片面、偏颇之处,但却蕴藏着不少真知灼见,可资借鉴。在教育发展史上,卢梭关于教学的理论有着巨大意义,他不仅想使教学冲破经院主义的桎梏,而且努力使它挣脱古典的绳索。他反对儿童学习五六种语言,他呼吁儿童不应为文字教育所毒害。他要求尊重儿童的自由和兴趣,鼓舞学生通过自己的实地观察,结合实际生活,主动地、自觉地掌握有用的知识。他还提出必须把儿童作为教育的主体,教师的作用在于启发、引导、鼓励他们主动的学习。所有这些都表明了卢梭反对传统教学的彻底性,并为现代教学法理论开辟了先河。

第十二章　裴斯泰洛齐的教育实践与教育思想

一、考点概述

(1)裴斯泰洛齐的教育实验。

(2)裴斯泰洛齐论教育的目的:促进人的发展、促进社会进步。

(3)裴斯泰洛齐论"教育心理学化":教育目的与理论的心理学化、教学内容的心理学化、教学方法及原则的心理学化、教育主体的心理动机。

(4)裴斯泰洛齐的要素教育思想:德育、智育、体育。

(5)裴斯泰洛齐建立的初等学校各科教学法:语言教学、算术教学、测量教学。

(6)裴斯泰洛齐关于教育与生产相结合的思想。

二、章节精讲

(一)生平与教育活动

裴斯泰洛齐出生在瑞士苏黎世的一个医生家庭,他生活的时代正是瑞士社会发生深刻变革的时代。

1.第一次教育实验

1768年,他在苏黎士的比尔村建立了一个示范农场,取名诺伊霍夫,即新庄。1774年,裴斯泰洛齐将新庄变成了一所"贫儿之家"的孤儿院,裴斯泰洛齐一方面亲自教孩子们读、写、算的知识,同时让他们学习农耕、纺纱等生产技艺,将教育与生产劳动结合了起来。之后,裴斯泰洛齐开始总结他的实践经验,并逐渐转向研究与探索社会、教育问题,先后发表了《隐士的黄昏》《林哈德与葛笃德》《关于人类发展的自然进程》等论著。

2.第二次教育实验

1798年,受瑞士政府的委托,裴斯泰洛齐在斯坦兹建立了一所孤儿院,他基于对儿童的"爱"与孩子们相依为命,力求将孤儿院办成一个充满亲子之爱的大家庭式的教育机构。

3.第三次教育实验

1799 年底离开斯坦兹后,裴斯泰洛齐来到布格多夫的小学任教,他在学校增设了培养初等学校教师的训练班,探讨如何在初等学校根据人性的发展规律制定合适的教学内容和方法,以对儿童进行全面的和谐发展教育。1805 年,裴斯泰洛齐建立伊佛东学校,一度成为欧洲的"教育圣地"。晚年的裴斯泰洛齐回到新庄,著《天鹅之歌》《生活命运》以总结他一生的教育活动。

(二)论教育的目的

1.提出背景

裴斯泰洛齐身处于一个政局动荡、社会腐败,广大人民生活极其贫穷和落后的时代,他对此心怀强烈的同情和不满,期望能够改造当前的状况。在法国启蒙思想的影响下,裴斯泰洛齐认为只有人们有知识,才能摆脱愚昧,认清自己的本性和使命,建立一个自由、平等、博爱的美好社会。

2.基本内涵

裴斯泰洛齐认为教育的首要功能应是促进人的发展,尤其是能力的发展。其内涵包括以下几个方面。

(1)每个人生来都具有发展的要求和可能性,我们没有权利限制任何人发展他的全部才能的机会,教育就在于使人的这种潜力得到充分发挥。

(2)人由三种互相依存的状态组成,一是动物性,二是社会性,三是道德性。人的发展不仅是自然的,还具有社会的目的,教育的措施既要适合儿童的天性,又要符合他们所处的社会条件,教育同时要促使他们把自己提升到道德状态。

(3)人的本性中存在心、脑、手的能力的均衡性,并构成人的整体性和统一性,因此教育应使儿童的德、智、体诸方面得到全面和谐的发展。

(4)通过教育,人发展了能力,提高了素质,获得了本领,成为了具有独立人格的人,而社会也因此而受益。

(三)论教育心理学化

1.理论的提出

裴斯泰洛齐是世界教育史上第一个提出"教育心理学化"的人。他认为专制主义和经院主义的教育之所以存在种种弊端,在于它"忽视了所有心理学因素",违背了儿童本性,采用了不适合儿童发展的教育教学方法,因此达不到最终的教育目的。教育心理学化就是要找到根除这种教育弊病的"教学机制",这是建立新式学校教育的关键所在。

同时,裴斯泰洛齐还指出,教育有必要上升到科学的高度,而教育心理学化就是将教育建立在人的心理活动规律的基础上。

2.基本内涵

(1)教育目的和教育理论的指导应置于儿童天性发展的自然法则的基础上。

(2)教育内容的编制要适合儿童的学习心理规律,即教学内容心理学化。

(3)教学原则和教学方法的心理学化,使其与学生的认识活动规律相协调。

(4)要让儿童成为他们自己的教育者,让他们自己成为教育中的动因,学会自我教育。

(四)论要素教育

要素教育是基于教育心理学化理论对初等教育内容和方法的重要论述,即要求初等学校教育应进行简化,从一些最简单的,为儿童所能接受的"要素"开始,再逐渐转到日益复杂的要素,循序渐进地促进人的和谐发展。

1.德育

德育是培养和谐发展的人的极为重要的方面,道德精神的萌芽是儿童对母亲的爱,道德要素教育应从儿童在家庭中培养亲子之爱的感情开始,逐步扩展为爱兄弟,爱邻人,爱全人类及至爱上帝。

2.智育

智力的要素是整个要素教育的核心,儿童智力的最初萌芽是对事物的感觉与观察能力,这种能力的最初萌芽又与眼前事物的最基本、最简单的外部特征相统一,这就是事物的数目、形状和名称。而认识这三个要素的相应能力是计算、测量和表达,培养这三种能力的学科是数目、形状与言语。

3.体育

为获得人的全面发展,体能的训练必不可少,而其过程也需遵循人的自然发展规律。儿童体力的萌芽在于身体各关节的活动,故体育应从简单的关节活动开始,随年龄增长逐渐进行复杂的训练,使儿童不仅获得整个身体的健康,亦获得初步劳动技能的训练,进而影响儿童在智力和道德上的良好发展。

(五)论初等学校各科教学法

1.语言教学

(1)发音教学。让儿童学会发音,又称为言语器官的训练。

(2)单词教学。教儿童学会周围环境最重要的事物、历史、地理、人们的职业和社会关系等方面的单词。

(3)语言教学。教儿童把名称和事物联系起来,认识事物的各种特性及事物间的相互联系,学会清晰表述。

2.算术教学

裴斯泰洛齐认为算术应从简单的计数开始,先让儿童产生对数字的概念,并依次进行个位数、十位数、百位数……的四则运算,教学程序是先加法、乘法、除法,然后减法。

3.测量教学

测量教学也称形状教学,其目的是发展儿童对事物形状的认识能力。测量教学应从认识直线开始,然后认识角,再进而学习由直线组成的四边形、三角形、多边形及曲线和椭圆等。教学过程应该从观察到测量再到画图。

(六)关于教育与生产劳动相结合

裴斯泰洛齐虽不是第一个提出教育与生产劳动相结合思想的人,但他是西方教育史上第一位将此思想付诸实践的教育家。他认为,将教育与生产劳动相结合,能使儿童通过自己的劳动获得一定的经济收益而实现生活自给,能够帮助未进学校接受教育的农村贫困子弟提高劳动能力、学会谋生本领和改善生活状况。裴斯泰洛齐在其创办的"贫儿之家"和斯坦兹孤儿院中都先后进行了尝试,并不断总结实践经验。

三、课后习题解答

1.裴斯泰洛齐教育革新实验的基本指导思想及其意义是什么?

答:(1)基本指导思想。裴斯泰洛齐教育革新实验的基本指导思想是教育与生产劳动相结合。早期,裴斯泰洛齐主要重视生产劳动的经济价值,教育与生产劳动相结合只是一种单纯的、机械的外部结合,教学与劳动之间并无内在意义的联系。经过一段时期的教育实验后,裴斯泰洛齐逐渐关注生产劳动的教育价值,他认为教育与生产劳动相结合对培养人有重大教育意义,并认为这是"教育心理学化"的教育途径。因此他不仅把学习与劳动相结合视为帮助贫苦人民掌握劳动技能,从而改变贫困状况的手段,而且将其和体育、智育、德育联系起来,肯定其对人的和谐发展具有重要的教育价值。

(2)意义。

1)裴斯泰洛齐在教育革新实验的基础上总结和提出了要素教育理论和教育心理学化理论。裴斯泰洛齐从改革脱离实际、呆读死记的旧教学的强烈愿望出发,在长期研究、实验的基础上提出了一系列教育教学新方法,对促进教育教学心理学化和教育理论的发展做出了巨大贡献。

2)裴斯泰洛齐在实验中创建的小学各科教学法,是初等教育教学方法的革新,它改变了一直盛行于小学中的那种以教本为中心,教师强迫注入,学生呆读硬背,单纯文字重复的教学方式。

2.简述裴斯泰洛齐"教育心理学化"口号的主要含义及其影响。

答:(1)主要含义。

1)教育要适应儿童的心理发展。裴斯泰洛齐主张将教育目的和教育理论的指导置于儿童本性发展的自然法则的基础上,只有遵循儿童的心理活动和心理发展的规律性,教育才能取得应有的效果。

2)教学内容、教学原则和方法的心理学化。裴斯泰洛齐认为,教学应适合儿童的学习心理规律,应遵循自然的规律,与自然活动的规律相协调。裴斯泰洛齐还力图从客观现象和人的心理过程探索教育中普遍存在的基本要素,并以这些要素为核心来组织各科教学内容。

(2)影响。裴斯泰洛齐在西方教育史上第一次提出"教育心理学化"并在教育实践中探索以心理学为基础来发展人的能力的方法,进一步丰富和拓展了卢梭提出的"教育适应人的自然本性"思想的内涵及外延。虽然裴斯泰洛齐对人的心理的理解存在着唯心论的缺陷,但他关于"教育心理学化"的思想,不仅成为他自己关于人的和谐发展论、要素教育论和初等学校各科教学法的重要理论基础,而且对19世纪欧洲"教育心理学化"逐渐发展成一种思潮产生了重大影响。

3.试评述裴斯泰洛齐的"要素教育论"。

答:(1)基本内涵:见章节精讲。

(2)具体内容:见章节精讲。

(3)评价。裴斯泰洛齐提出的要素教育论基本符合当时初等教育的教学规律,并且具有突破性的意义。他在论述道德教育时强调要以爱心来关注和教育儿童,注重道德行为的实践;在智育中提出应通过思维的训练来培养和发展儿童的智力,这些均对初等教育产生了积极的指导意义。但同时也存在一些不足之处,因为他过于强调形式上的练习,存在某些形式主义的倾向,这对当时欧洲形式教育论的发展产生了一定的负影响。过分注重细节上各要素的练习,从而忽视整体的结构性,有一种"只见树木,不见森林"的感觉,不利于儿童的整体发展。

4.裴斯泰洛齐关于教育与生产劳动相结合的思想与实践的特点和意义有哪些?

答:(1)教育与生产劳动相结合的思想与实践的特点。

1)将教育与生产劳动结合视为探讨新教育的一个重要方面。明确地把学习与手工劳动相联系、学校与工场相联系作为实验内容之一。

2)以学习为主,劳动为辅。在斯坦兹孤儿院,裴斯泰洛齐以安排学习为主,参加手工劳动为辅,同时强调二者相联系。

3)强调应掌握基础的文化知识和基本的手工劳动技能。裴斯泰洛齐明确提出"在学习和手工劳动能够结合以前,两者必须分别打好基础",这表明裴斯泰洛齐甚为重视学习基础性的文化知识和掌握基本的手工劳动技能。

(2)教育与生产劳动相结合的思想与实践的意义。

1)发现了教育与生产劳动相结合对人的和谐发展和社会改造的重要意义,反映了资本主义工场手工业时代对教育与生产劳动之间关系的新要求。但受时代的限制,裴斯泰洛齐没有真正找到教育与生产劳动相结合的内在联系。

2)对19世纪初的空想社会主义者关于教育与生产劳动相结合的设想也有很大启示。特别是英国空想社会主义者欧文在裴斯泰洛齐的经验和理论的影响下,试图把教育与生产劳动的结合建立在机器大工业的物质技术基础上,从而将教育与生产劳动相结合推进到一个新阶段。

3)裴斯泰洛齐的教育实践和国民教育理论,对欧美各国的教育改革产生了重大影响。19世纪初,欧洲一些国家陆续设立了"裴斯泰洛齐式"的学校,掀起了"裴斯泰洛齐运动"。

5.为什么19世纪初在欧美会出现"裴斯泰洛齐运动"?

答:(1)欧美各国教育发展的需要。19世纪初,随着政治、经济、文化的不断发展,欧美各国的教育也发生着变革。教育的发展迫切需要有先进的理论作为指导,而裴斯泰洛齐的教育实践和教育理论恰好为这些国家国民教育的发展提供了很好的指导和借鉴作用。

(2)裴斯泰洛齐的教育实践与理论的魅力使然。裴斯泰洛齐提出了教育心理学化、要素教育、建立各科教学法和教育与生产劳动相结合等一些重要的理论,并进行了相关的教育实验。他的这些理论和实践对当时整个欧美都产生了巨大的影响。许多国家皆派送青年学生来瑞士学习,包括赫尔巴特、福禄培尔等。这些学者和教育家将裴斯泰洛齐的理论和实践的经验带回本国,用以指导本国的教育实践和改革。到19世纪初期,裴斯泰洛齐的实验学校已差不多成为欧洲教学改革运动的中心,最终掀起了"裴斯泰洛齐运动"。

四、考研真题汇编

(一)名词解释

1.教育心理学化(山东师范大学2012年研,天津大学2014年研)

2.要素教育(安徽师范大学2013年研,华东师范大学、陕西师范大学、西北师范大学2017年研)

(二)简答题

3.简述裴斯泰洛齐"教育心理学化"主张的基本含义。(全国卷2008年研)

4.简述裴斯泰洛齐教育心理学化的主要观点。(天津大学2017年研)

5.简述裴斯泰洛齐的教育心理学化。(河南师范大学2017年研)

6.简述裴斯泰洛齐的教育心理学化理论及其影响。(湖南师范大学2016年研)

7.简述裴斯泰洛齐关于和谐发展教育的基本观点。(湖南师范大学 2012 年研)

8.简述裴斯泰洛齐要素教育的主要内容。(北京师范大学 2014 年研)

9.简述裴斯泰洛齐教学思想的历史贡献及现实意义。(北京师范大学 2007 年研)

(三)论述题

10.试论裴斯泰洛齐的教育理论及其影响。(华东师范大学 2009 年研)

参考答案:

1.教育心理学化由裴斯泰洛齐第一次提出,其内涵是从对儿童自然本性及身心发展规律的关注出发,探究符合心理学因素的教学机制,建立符合儿童心理规律的教育科学。

2.要素教育是裴斯泰洛齐提出的重要教育理论,其基本含义是教育过程要从一些最简单、为儿童所理解和接受的要素开始,再逐步过渡到日益复杂的要素,循序渐进地促进人的和谐发展。

3.裴斯泰洛齐是西方教育史上第一个提出"教育心理学化",并在教育实践中探索以心理学为基础来发展人的能力的教育家。他的"教育心理学化"的含义有以下两点。

(1)教育应适应儿童的心理发展。裴斯泰洛齐认为人的自然发展是有一定的规律可循的,教育的进行应置于儿童本性发展的自然法则的基础上,只有遵循儿童的心理活动和心理发展的规律性,教育才能取得应有的效果。

(2)儿童心理的发展是一个连续不断的过程。裴斯泰洛齐认为,教育应依据儿童的天赋能力加以培养,使其逐步发展成熟。这是一个连续不断的过程,因此对儿童的教育应有一个适合人类本性的、心理的、循序渐进的方法。

4.裴斯泰洛齐教育心理学化的主要观点有以下四点。

(1)对教育目的和理论的探索应置于儿童本性发展的自然法则的基础上。

(2)教学内容的选择和编制应适合儿童的学习心理规律,按照"要素教育"的基本要求,实现教学内容的心理学化。

(3)教学原则和教学方法应与学生认识过程相协调,实现原则和方法的心理学化。

(4)教育者要适应儿童的心理时机,调动儿童学习的能动性和积极性,培养儿童独立思考和自我教育的能力。

5.(1)教育心理学化的提出:裴斯泰洛齐是世界教育史上第一个提出"教育心理学化"的教育学家。他提出该理论主要基于两方面的思考。

1)当时的专制主义和经院主义教育存在着种种弊端,其主要原因就在于它"忽视了所有心理学因素",违背了儿童本性,采用了不适合儿童发展的教育教学方法。而"教育心理学化"就是要找到根除这种教育弊病的"教学机制",这是建立新式学校教育的关键所在。

2)裴斯泰洛齐认为教育的理论有必要上升到科学的高度,而"教育心理学化"就是将教育建立在人的心理活动规律的基础上,为教育提供了心理学的依据。

(2)理论观点:①教育目的和理论应置于儿童天性自然发展的基础上。②教育内容的编制要适合儿童的学习心理规律。③教学原则和教学方法的心理学化,教学应与学生的认识活动规律相协调。④要让儿童成为他们自己的教育者,让他们自己成为教育中的动因,学会自我教育。

6.见章节精讲及课后习题解答。

7.(1)裴斯泰洛齐认为教育意味着完整的人的发展。在人的本性中存在人的心、脑和手的能力的均衡性,并构成人的整体性和统一性,因此教育应该使儿童的德、智、体诸方面的能力得到均衡、和谐的发展。孤立地只考虑发展任何一种才能将损害和毁坏人天性的均衡。

(2)另外裴斯泰洛齐深信教育与生产劳动相结合对人的和谐发展具有重大的教育意义,并首次将其运用于教育革新实验,与体育、智育、德育联系起来,实践其对人的和谐发展的教育价值。

8.见章节精讲及课后习题解答。

9.(1)历史贡献。裴斯泰洛齐在教育史上的显著功绩,在于提出了一系列教育理论及教学思想。其初等学校各科教学法的提出,更是奠定了现代各科教学法的基础,对英、法、德、美等国的影响很大。19世纪初,欧美各国纷纷派教育学家和学者到裴斯泰洛齐所创办的学校进行参观学习,以将其科学理论和经验带回本国,用于本国的教育改革。当时的欧洲一度掀起了"裴斯泰洛齐运动"。他的思想还在清末逐渐传入中国,对旧中国的初等学校的教学改革产生了相当的影响。可以说,裴斯泰洛齐的教学和实践是人类文化的宝贵历史遗产。

(2)现实意义。

1)裴斯泰洛齐教学思想的提出尊重了儿童的认识发展规律,注重儿童基本能力的培养,对现代幼儿教育具有积极的指导作用。

2)裴斯泰洛齐将基础的教学划分为语音教学、算术教学和测量教学三个部分,并进行了详细地论述,为现代初等学校教学法的系统化提供了一定的理论指导。但是由于裴斯泰洛齐在教学过程中过于强调机械化地分解教学内容并遵循由简到繁的原则,因而忽视了事物的整体性及其与外部环境的联系。

10.(1)教育理论。

1)论人的和谐发展的教育。生活在社会变革时代的裴斯泰洛齐十分重视人的和谐发展和教育,他的这一教育思想是以资产阶级的人道主义社会政治观为基础的。在他看来,人的发展经过三个阶段,分别是自然人、社会人和道德人,人只有得到和谐均衡的发展才能最终达到道德人的阶段,如此人类社会得以充满亲情和博爱。另外,重视人的和谐发展的教育观也是以他对社会现实的认识为基础的。裴斯泰洛齐在实施慈善教育活动和创办学校的过程中,深深感受到社会的不平等和人民的苦难,并把解除人民的痛苦作为自己一生追求的目标。他认为如果能使每个人都有自食其力的意愿和能力,社会就会得到进步,人民就会得到幸福与自由。由于每个人都具有和谐发展的潜在能力,因此应通过教育激发人身上存在的力量的萌芽,使其得到和谐的发展,使人在社会上发挥自己的作用。

2)论教育心理学化。裴斯泰洛齐从对人的自然发展的认识出发,认为人的心理发展是有一定顺序特点的,这便要求教育应适合人的心理发展规律,基于此他提出了"教育心理学化"的理论。具体来说"心理学化"包括在教育目的、理论、方法原则和内容上遵循儿童身心发展的自然本性,使其符合心理学规律。

3)论要素教育。裴斯泰洛齐认为,要使人的才能得到充分和谐的发展,对儿童来说,就是要"发展儿童道德、智慧和身体各方面的能力"。因此他提出了基于德育、智育和体育三个方面的要素教育理论。道德教育方面,裴斯泰洛齐把道德教育放在重要的位置上,认为它是"整个教育体系的关键问题"。在道德教育实践上,裴斯泰洛齐把爱作为道德教育的基础,重视家庭式的道德情感教育。智育方面,裴斯泰洛齐非常重视智力教育。他认为智育的主要任务是激发儿童的天赋才能和能力,发展儿童的心智。在裴斯泰洛齐看来,发展心智主要是发展儿童的思维能力,包括思考的能力和判断的能力,以及表达的能力和接受印象的能力。体育和劳动教育方面,裴斯泰洛齐把体育看成是人的和谐发展教育的重要内容,并主张体育与劳动教育应紧密联系。他认为体育与劳动教育不仅可以锻炼儿童的体能及培养其生存本领,还是其智力发展和道德养成的重要基础。

4)论初等学校各科教学法。裴斯泰洛齐以要素教育理论为基础,论述了初等教育中语文、算术、测量等学科的教学方法。关于语文教学,他提出语文教学有三个阶段,先是发音教学,其次是单字或单个事物教学,最后是语言教学,因而有了发音教学法、单词教学法和语言教学法。关于算术教学,他认为,由于数目是可以计算的,因而,算术教学首先应该让孩子了解数字的概念,再进行四则运算的训练。关于测量教学,他主张先从直线开始,进而练习转角、正方形、平行线、正方形的分割,然后练习曲线和几何图形等。此外,他还研究了地理教学法。

(2)影响。裴斯泰洛齐把他的教育理论与现实教育紧密地结合起来,创立了一套依照儿童的心理特点进行教育和教学的方法体系。他的思想具有鲜明的民主性和革新性,反映了一定和教育规律及时代对教育的要求。也正因如此,他的理论体系引起了许多国家的重视,欧美各国不仅设立了不少"裴斯泰洛齐式"的学校,甚至一时形成一种"裴斯泰洛齐运动",学习和推广裴斯泰洛齐的教育理论一度蔚然成风。

五、强化训练及详解

(一)选择题

1.首先提出"教育学心理学化"的是(　　)。

　　A.夸美纽斯　　　B.裴斯泰洛齐　　　C.赫尔巴特　　　D.布鲁纳

2.在西方近代教育中,依据教育心理学化的理念,提出初等学校教育应该从最简单要素开始,以便循序渐进地促进人的和谐发展的教育家是(　　)。

　　A.洛克　　　　　B.卢梭　　　　　C.夸美纽斯　　　　D.裴斯泰洛齐

3.裴斯泰洛齐认为,道德教育最基本的要素是(　　)。

　　A.儿童对母亲的爱　　　　　　　B.儿童对父亲的爱

　　C 儿童对全人类的爱　　　　　　D.儿童对上帝的爱

4.裴斯泰洛齐认为(　　)是一切教学最初的、最简单的要素。

　　A.读、写、算　　　　　　　　　B.音、体、美

　　C.数字、形状、语言　　　　　　D.数学、语文、外语

5.瑞士教育家裴斯泰洛齐的代表作是(　　)。

　　A.《林哈德与葛笃德》　　　　　B.《世界审美启示》

　　C.《母亲与儿歌》　　　　　　　D.《儿童与课程》

6.裴斯泰洛齐认为"为人在世,可贵者在于发展,在于发展个人天赋的内在力量,使其经过锻炼,使人尽其才,能在社会上达到他应有的地位,这就是教育的最终目的"。这句话反映了(　　)。

　　A.教育无目的论　　　　　　　　B.个人本位的教育目的论

　　C.效能主义的教育目的论　　　　D.社会本位的教育目的论

7.根据裴斯泰洛齐教育理论的观点,(　　)的要素是整个要素教育的核心。

　　A.体育　　　　　B.智育　　　　　C.德育　　　　　D.美育

8.被17世纪著名教育家裴斯泰洛齐视为基础性教育原则的是(　　)。

　　A.系统性原则　　　B.巩固性原则　　　C.直观性原则　　　D.量力性原则

(二)填空题

9.裴斯泰洛齐认为教育的首要功能是促进____。

10.裴斯泰洛齐在1800年发表的____一文中首次明确提出:"我正在试图将人类的教学过程心理学化,试图把教学与我的心智的本性、我的周围环境以及我与别人的交往都协调起来。"

11.裴斯泰洛齐是西方教育史上第一个将教育与生产劳动相结合思想付诸实践的教育家,先后在____和斯坦兹创办孤儿所。

12.裴斯泰洛齐一生致力于教育革新实验和教育理论的探索,晚年的裴斯泰洛齐回到新庄,写出《天鹅之歌》和____两部总结其教育经验的著作。

13.要素教育是裴斯泰洛齐关于初等教育内容和方法的重要论述,该思想对如何让每个人的____、____、____方面获得均衡全面的发展做了详细的论述。

14.在德育的实施方面,裴斯泰洛齐倡导____与____相结合,主张慈爱和威严相互结合的教育方式。

15.裴斯泰洛齐在研究初等学校教学问题时,提出对儿童的语言教学应由易到难分为____、____、____三个阶段。

16.裴斯泰洛齐根据教育心理学化和要素教育的理念,对初等学校中的语言教学、算术教学及测量教学的内容及方法进行了深入探究,被誉为现代____的奠基人。

(三)名词解释

17.《林哈德与葛笃德》。

18.《葛笃德怎样教育子女》。

19.贫儿之家。

20.伊佛东学校。

21.测量教学。

(四)简答题

22.简述裴斯泰洛齐教育实验的发展阶段。

23.简述裴斯泰洛齐教育理念中关于教育目的的主张。

24.简述裴斯泰洛齐教学原则"心理学化"的基本观点。

25.简述裴斯泰洛齐的德育观点。

26.简述裴斯泰洛齐语言教学法的主要内容。

27.简述裴斯泰洛齐关于教育与生产劳动相结合的理论与实践。

(五)论述题

28.试评述裴斯泰洛齐教育思想对现代幼儿教育的启示。

参考答案:

　1.B　2.D　3.A　4.C　5.A　6.B　7.B　8.C

　9.人的发展

　10.《方法》

　11.新庄(诺伊霍夫)

　12.《生活命运》

　13.德;智;体

　14.家庭教育;学校教育

　15.发音教学;单词教学;语言教学

　16.初等学校各科教学法

17.《林哈德与葛笃德》是裴斯泰洛齐的代表作,他通过书中的人物和故事情节,揭露了封建统治者的罪恶,表现出他期望通过革新教育,救民于水火的人道主义胸怀。裴斯泰洛齐在书中提出了教育与生产劳动相结合的思想,并通过女主人葛笃德的言行表现了他饱含爱心的教育主张。

18.《葛笃德如何教育她的子女》是19世纪瑞士著名教育家裴斯泰洛齐的作品,被誉为19世纪初等教育的"圣经"。作者在书中塑造了葛笃德这样一位善良的集母亲、教师、教育改革者于一身的妇女形象,并通过葛笃德的形象来系统地阐述自己的教育教学思想。

19.贫儿之家是瑞士教育家裴斯泰洛齐在新庄创办的一所孤儿院,这所孤儿院先后收容了50多位穷苦孩子,裴斯泰洛齐不仅为他们提供容身之所,还教他们读写算的知识,学习生产劳动的技能,让他们有自食其力的本领。

20.伊佛东学校是裴斯泰洛齐带领一些老师学生在伊佛东城创办的一所学校,包括小学、中学和师范部。裴斯泰洛齐在这所学校中系统地开展了他的教育革新实验,十年间学校取得了突出的成绩,一度成为当时欧洲的"教育圣地"。

21.测量教学也称形状教学,是裴斯泰洛齐初等学校各科教学法中有关发展儿童对事物形状的认识能力的教学方法。测量教学要求儿童从认识直线开始,然后认识角,再进而学习由直线组成的四边形、三角形、多边形及曲线和椭圆等。教学过程是从观察到测量再到画图。

22.见章节精讲。

23.(1)提出的背景。裴斯泰洛齐所处的时代,正是他的祖国处在从封建主义向资本主义过渡的时期,由于政局动荡、社会腐败,广大人民处于生活极其贫穷和落后的境地。裴斯泰洛齐对此心怀强烈的同情和不满,期望能够通过革新教育来改造当前的状况,建立一个自由、平等、博爱的美好社会。

(2)对教育的思考。裴斯泰洛齐认为,只有当人们有了知识,才能认清自己的本性和使命,从而摆脱愚昧,走向真理。教育的作用就在于促进人的发展,尤其是能力的发展。当人民群众的潜在才能得以发展,成为了有健全理性的人,他们的生活就能得到改善,从而推进社会的改良和进步。

(3)具体内涵。

1)每个人生来都具有发展的要求和可能性,我们没有权利限制任何人发展他的全部才能的机会,教育就在于使人的这种潜力得到充分发挥。

2)人由三种互相依存的状态组成,一是动物性,二是社会性,三是道德性。人的发展不仅是自然的,还具有社会的目的,教育的措施既要适合儿童的天性,又要符合他们所处的社会条件,教育同时要促使他们把自己提升到道德状态。

3)人的本性中,存在心、脑、手的能力的均衡性,并构成人的整体性和统一性,因此教育应使儿童的德、智、体诸方面得到全面和谐的发展。

4)通过教育,人发展了能力,提高了素质,获得了本领,成为了具有独立人格的人,社会也因此而受益。

24.教学原则的心理学化,这是裴斯泰洛齐几乎毕生都在探讨的重要课题。教学活动应遵循人的认识活动规律,基于此裴斯泰洛齐提出了两个主要的教学原则。

(1)直观性原则。他认为人的认识是由对客观事物的感觉印象发展到确切概念的,即知识获得首先在于人们对事物的感受,因此他强调将直观性作为最基本的教学原则。

(2)循序渐进性原则。裴斯泰洛齐认为,正如智慧和才能的发展一样,教学要有一个适合人类本性的、基于心理规律的方法,而循序渐进正是该方法的体现。

25.(1)基本观点。裴斯泰洛齐将德育看作是培养和谐发展的人的极为重要的方面,认为道德教育的根本任务就是要遵循道德自我发展的基本原理,培养和发展儿童的德行。而整个德育过程包括三个基本点:首先,唤起儿童富有生气的和纯洁的道德情感;其次,教导儿童联系自我控制,关心一切公正和善良的东西;最后,帮助儿童形成应有的道德权利和义务的正确观念。

(2)德育的基础要素。裴斯泰洛齐把爱作为道德教育的基础,在他看来"儿童对母亲的爱"是道德教育最基本的要素,他强调母亲在培养儿童的情感方面的重要作用。母亲通过对儿童的热爱和信任,可以激发儿童爱、信任和感激的种子,促使良心的萌芽。儿童从对母亲的爱开始,进而发展到爱双亲,爱兄弟姐妹,爱周围的人,爱所有的人。

(3)德育教育任务的实现。裴斯泰洛齐认为德育首先在于家庭教育,然后是学校教育,二者应紧密联系;他主张把学校建立在类似家庭生活关系的亲子之情的基础上,让学校成为家庭式充满亲情的教育场所,当然他同时也强调应慈爱和严格并施。

26.裴斯泰洛齐认为语言教学要从发音教学开始,然后进行单词教学,最后是严格意义上的语言教学,这就是裴斯泰洛齐提出的语言教学的三个阶段。

(1)发音教学,又称为言语器官的训练,主要是让儿童学会发音,首先是元音,再是辅音,之后再学字母和音节。

(2)单词教学。教儿童学会周围环境最重要的事物、历史、地理、人们的职业和社会关系等方面的单词。为了让儿童更好地记忆这些名称,裴斯泰洛齐编制了由一系列名称组成的名称一览表。

(3)语言教学。裴斯泰洛齐认为,语言是引导人类从紊乱的感觉印象达到清晰概念的手段,语言教学就是要教儿童把名称和事物之间建立起联系,并学会清晰地表述它们。

27.见章节精讲及课后习题解答。

28.(1)幼儿教育需顺应儿童的心理发展的进程与规律。裴斯泰洛齐认为,教师给儿童提供的学习内容必须是有顺序的,其开端与其全过程必须与儿童能力发展的开端及其过程保持同步。只有尊重的儿童自然本性的教育才是真正适合他们的教育。

(2)幼儿教育需是让儿童全面发展的教育。裴斯泰洛齐认为人只有得到脑、手、心三方面的均衡发展,才能最终成为完整的人,幼儿阶段的教育尤其如此。

(3)幼儿教育需是充满"爱"的教育。富有"爱心"的教育是裴斯泰洛齐教育实验的一条总原则,是他终身探索并实践的教育理念。他说家庭教育是培养儿童学会"爱"的最初场所,母亲对孩子的爱可以激发孩子的"爱"。而在学校教育中,裴斯泰洛齐认为,教师要像母亲那样经常从儿童的眼睛、嘴唇、面部表情判断他的心灵中最微小的变化,全面关心学生的生活、学习,精心地塑造儿童,让儿童在这种充满爱的氛围中成长。

第十三章　赫尔巴特的教育思想

(1)赫尔巴特教育思想的形成经历的三个阶段。

(2)赫尔巴特教育思想的心理学和伦理学基础。

(3)赫尔巴特的道德教育理论:教育目的、教育性教学原则、道德教育。

(4)赫尔巴特的课程理论:经验、兴趣与课程;统觉与课程;儿童发展与课程。

(5)赫尔巴特的教学理论:教学进程理论、教学形式阶段理论。

(6)赫尔巴特教育思想的传播。

二、章节精讲

(一)赫尔巴特教育思想的形成与理论基础

1.赫尔巴特教育思想的形成与发展

(1)日内瓦—不来梅时期(1797—1802年),赫尔巴特在担任两年左右家庭教师的教育实践中,获得了大量的教育经验,并受裴斯泰洛齐教育思想的影响,进一步总结了自己的实践经验,走上了形成自己的理论的道路。

(2)哥廷根时期(1802—1809年),赫尔巴特担任哥廷根大学教授。他先后写了《裴斯泰洛齐直观初步》和《普通教育学》等著作,在对裴斯泰洛齐的教育理论进行深入研究的基础上,开始较为详尽地阐述自己的思想主张,并建立了较为完整的教育理论体系。

(3)柯尼斯堡时期(1809—1833年),赫尔巴特应聘担任柯尼斯堡大学哲学教授。这个时期赫尔巴特研究教育学的问题从侧重于伦理学角度转向心理学的角度,形成了较为系统的心理学理论体系,并将成果运用到教育过程中,使其理论体系更趋完整。

2.赫尔巴特教育思想的理论基础

(1)伦理学基础。他认为伦理学指明教育的目的,起着价值规范的作用,为教育目的和基本方向的确立提供依据。赫尔巴特伦理学的基本内容之一,是提出了五种道德观念,即内心自由、完善、仁慈、正义和公平。

(2)心理学基础。赫尔巴特是西方历史上第一位把心理学作为一门独立学科加以研究、并努力把它建成为一门科学的思想家。他认为,观念是心理的最基本的要素。他把人的全部心理活动看成是观念的集聚和分散。他断定心理学是研究观念集聚、分散、结合和消失的科学。教育过程就是不断向学生呈现"观念"的过程。

(二)赫尔巴特的道德教育理论

1.教育的目的

(1)可能的目的:可能的目的是指与儿童未来所从事的职业有关的目的,也就是学生将来作为成年人本身所要确立的目的。

(2)必要的目的:教育的根本目的就是要养成内心自由、完善、仁慈、正义和公平五种道德观念,即道德的目的。

2.教育性教学原则

教育既然是以道德的养成为最高目的的,那么就可以通过教育性教学原则有效达到此教学目的。赫尔巴特说明教育(道德教育)只有通过教学才能真正产生实际作用,教学是道德教育的基本途径。用他的话说就是"通过教学来进行教育"。

3.道德教育

以道德为基础的教育目的是赫尔巴特教育思想的核心,对于如何实现这一目的,赫尔巴特提出并论述了教育过程的思想。他提出了管理、教学和训育的思想。

(三)赫尔巴特的课程理论

1.经验、兴趣与课程

(1)课程理论的基本主张。课程内容的选择必须与儿童的经验和兴趣一致,教学的主要任务是形成学生的观念,兴趣是头脑中各类观念相互联系的结果,是个体对观念加以体验的过程。

(2)兴趣的分类。关于兴趣,赫尔巴特还对不同的兴趣进行了划分:兴趣有两大类,六个方面。一类是与自然知识相联系的兴趣,一类是与社会交往相联系的兴趣。

(3)根据兴趣设置课程。赫尔巴特提出了根据兴趣设置课程的主张。由此,赫尔巴特提出了他的影响范围广泛的教学课程论。

2.统觉与课程

统觉指意识观念由无意识中选择那些能通过融合或复合而与自身合为一体的观念的同化过程,根据统觉原理,新的概念和知识总是在原有的知识背景中形成,是以原有观念和知识为基础产生的。

3.儿童发展与课程

赫尔巴特深入探讨了儿童的年龄分期问题,进而提出了关于不同时期学习相关课程的思想。赫尔巴特认为,儿童发展经历了四个不同的发展阶段:婴儿期、儿童期、少年期、青年期。依据这个划分,赫尔巴特提出了不同阶段的课程内容。

(四)赫尔巴特的教学理论

1.教学进程理论

(1)直观教学法。赫尔巴特认为直观方法是一种非常重要的教学方法。

(2)教学过程的完成大体上具有三个环节:感官的刺激、新旧观念的分析和联合、统觉团的形成。与此相应,他提出了三种不同的教学方法:单纯的提示教学、分析教学和综合教学。这三种教学方法之间相互联系,就产生了他所谓的"教学进程"。

(3)教学三环节。赫尔巴特所谓的单纯的提示教学方法实际上就是直观教学。在教学过程的第二个环节中,需要进行分析教学。教学过程的第三个环节是综合教学。

2.教学形式阶段理论

(1)兴趣活动的四个阶段。赫尔巴特不满足于通过对兴趣的分类建立他的课程论体系,他还注重个体兴趣的变化来说明教学过程,提出了教学的"形式阶段说"。

兴趣活动可以划分为四个阶段:①注意;②期待;③要求;④行动。

赫尔巴特指出,儿童在学习活动中的思维状态主要有两种:专心与审思。

(2)教学形式阶段理论。他指出,任何教学活动都必须是井然有序的,都经历四个阶段:明了阶段、联想阶段、系统阶段、方法阶段。

(五)赫尔巴特教育思想的传播

19世纪末20世纪初,正当赫尔巴特教育学说广泛传播之际,对它的批评也开始出现,并逐渐形成为一种较为普遍的趋势。在西欧新教育运动和美国进步主义教育运动兴起之后,赫尔巴特教育学被认为是"传统教育"的主要代表。尽管如此,赫尔巴特在欧美乃至世界近代教育的发展中所产生的重要影响却是客观存在的。

三、课后习题解答

1.赫尔巴特心理学与其教育思想的关系是什么?

答:(1)教育学以心理学为基础。

1)赫尔巴特心理学一开始就与教育和教学问题直接联系在一起,他的心理学是一种教育化了的心理学。

2)赫尔巴特的教育思想是基于心理学思想的,他的心理学又称观念心理学,主要观点包括观念、意识阈和统觉。观念的相互联合与斗争是心理学的基本内容;一个观念若要由一个完全被抑制的状态进入一个现实观念的状态,必须跨过一道界限,这个界限便为意识阈;他认为统觉的过程就是把一些分散的感觉刺激纳入意识,形成一个统一的整体。赫尔巴特把这种观念及其统觉论应用于教育中,就是要说明教育是如何通过感觉经验的作用使学生不断掌握新知识的。

(2)教育理论是对心理学理论的应用和发展。赫尔巴特在其心理学的基础上,提出了完整的教育理论。赫尔巴特的教学形式阶段理论是对统觉理论的应用。人的统觉团的形成要经历一系列的过程,而对这个过程的反应就是教学的四个阶段。这刚好反映了赫尔巴特教育学和心理学知识结合的特点。

2.赫尔巴特教育性教学原则的主要内容和意义是什么?

答:(1)"教育性教学"的主要内容。赫尔巴特认为教育必须形成学生一定的道德品质和道德观念,要进行道德教育,就必须进行教学。赫尔巴特把学校的全部工作都归结为"教育性教学"。

(2)"教育性教学"的意义。阐明了教育与教学之间存在的内在的本质联系,使道德教育获得了坚实的基础,揭示了教学必然具有教育性的规律,并且强调了在教学中必须对学生进行品德教育,这在当时和今天都是正确的。

但在另一方面,赫尔巴特把教学完全从属于教育,把教学当作实施德育的唯一途径,他没有认识到德育和智育是各有其相对独立性的,完全以教学来取代复杂的教育过程,具有机械论的倾向。

3.赫尔巴特教学形式阶段理论的主要内容和意义是什么?

答:(1)教学形式阶段理论的主要内容。

1)明了阶段。教师通过运用直观教具和讲解的方法,进行明确的提示,使学生获得清晰的表象。

2)联合阶段。由于新表象的产生并进入意识,激起原有观念的活动产生新旧观念的联合。

3)系统阶段。新旧观念最初形成的联系并不是十分有序的,因而需要对前一阶段由专心活动得到的结果进行审思。

4)方法阶段。新旧观念间的联合形成后,通过练习巩固新习得的知识。

(2)意义。

1)贡献:一定程度上符合人的心理规律和教学的某些规律,重视了新旧知识的联系,注意根据学生心理状态、兴趣特点选用教学方法,不仅反映了人类对教学过程和教学活动本质认识的发展,而且具有广泛的实践意义。

2)不足:过分强调阶段,强调教师的主宰作用;机械死板,易流于形式,而限制学生的主动性和教师的创造性,忽视儿童能力的培养;其固有的机械论倾向。

四、考研真题汇编

(一)名词解释

1.四段教学法。(贵州师范大学 2016 年研)

2.《普通教育学》。(南京师范大学 2014 年研)

3.赫尔巴特的教育目的论。(北京师范大学 2014 年研)

4.兴趣。(曲阜师范大学 2012 年研)

5.教育性教学原则。(云南师范大学 2017 年研)

(二)简答题

6.简述赫尔巴特教育性教学原则的基本观点。(浙江大学 2016 年研)

7.简述赫尔巴特道德教育理论。(内蒙古师范大学 2017 年研)

8.简述赫尔巴特的课程理论(东北师范大学 2015 年研)

9.简述赫尔巴特的教育性教学原则及其影响。(北京师范大学 2014 年研)

10.简述赫尔巴特的教学形式阶段理论。(天津大学 2016 年研,中国海洋大学 2018 年研)

(三)论述题

11.论述赫尔巴特兴趣观及其在教育理论体系中的作用。(全国统考教育学 2011 年研)

参考答案:

1.四段教学法:赫尔巴特根据其统觉思想,把教学过程分成四个阶段的一种方法。明了:给学生明确地讲授新知识;联想:新知识要与旧知识建立联系;系统:做出概括和结论;方法:把所学知识应用于实际(习题解答、书面作业等)。同这四个阶段相应的学生的心理状态是:注意、期待、探究和行动。

2.《普通教育学》是德国著名的哲学家和教育家赫尔巴特的重要著作。他的政治立场是保守的,代表着大资产阶级的利益,对人民抱着一定的敌视态度,但是他的教育理论在很多方面有着精辟的见解。

3.教育目的论:赫尔巴特认为,教育所要达到的目的可以区分为两种,即所谓的"可能的目的"和"必要的目的"。"可能的目的"是指与儿童未来所从事的职业有关的目的,也就是"学生将来作为成年人本身所要确立的目的"。"必要的目的"是指教育所要达到的最高和最为基本的目的。赫尔巴特指出道德普遍被认为是人类的最高目的,因此也是教育的最高目的。他认为教育的唯一工作与全部工作都可以总结在这一概念即道德之中。具体言之,教育的根本目的就是要养成内心自由、完善、仁慈、正义和公平五种道德观念。

4.兴趣是统觉的条件,是头脑中各类观念积极活动状态相互联系的结果,是个体对观念加以体验的过程,赋予统觉活动以主动性。

5.教育性教学原则是赫尔巴特提出的一条重要的教育教学原则,他认为教育是以道德的养成为最高目的的.教育必须形成学生一定的道德品质和道德观念,使之成为"完善"的人,而要达到这一目的最主要和最基本的手段还是教学。要进行道德教育,就必须进行教学强调任何教学过程都必须同时进行道德教育,道德教育必须依赖于教学。

6.见课后习题解答。

7.(1)教育的目的。赫尔巴特认为,教育所要达到的目的可以区分为两种,即所谓的"可能的目的"和"必要的目的"。"可能的目的"是指与儿童未来所从事的职业有关的目的,也就是"学生将来作为成年人本身所要确立的目的"。"必要的目的"是指教育所要达到的最高和最为基本的目的。赫尔巴特指出道德普遍被认为是人类的最高目的,因此也是教育的最高目的。他认为教育的唯一工作与全部工作都可以总结在这一概念即道德之中。具体言之,教育的根本目的就是要养成内心自由、完善、仁慈、正义和公平五种道德观念。

(2)教育过程。以道德为基础的教育目的是赫尔巴特教育思想的核心,对于如何实现这一目的,赫尔巴特提出并论述了教育过程的思想。他提出了管理、教学和训育的思想。教育过程就是通过管理和教学,向学生传授知识并形成学生一定道德品质的过程。

8.在欧美近代教育史上,赫尔巴特所提出的课程理论是最为完整和系统的。他继承了前人的合理思想,使之融合到一个有机联系的整体中,并力图赋予它以严格和广泛的心理学基础,从而使课程的设置与编制有了明确的依据,这就避免了课程设置中的盲目性和随意性,克服了课程设计的散乱现象,以保证教学工作的有效进行。客观地说,无论在理论上还是在实践中,赫尔巴特并未真正解决欧美近代学校的课程问题,但他为这个问题的解决进行了有益的探索,并提出了一些卓有见地的主张。

9.(1)教育性教学原则是指教育(道德教育)是通过而且只有通过教学才能真正产生实际的作用,教学是道德教育的基本途径。针对如何通过教学进行道德教育,他指出,教学的目的要与整个教育的目的保持一致。运用其心理学的研究成果,赫尔巴特具体阐明了教育与教学之间存在的内在的本质联系,使道德教育获得了坚实的基础。

(2)对近现代教育的发展产生深远影响。在教育和教学中始终存在着道德培养和知识传播的问题。古希腊哲学家苏格拉底提出了"美德即知识"的命题,从此这个问题就成了一个永恒的热门话题。但是,德育与智育究竟孰重孰轻,究竟怎样才能把两者结合统一起来,却始终众说纷纭,莫衷一是,甚至对这一概念的表述也常常是片面的、模糊的。直到 19 世纪初,赫尔巴特对这一问题做了较系统的阐述,第一次明确提出了"教育性教学"的概念,并把它作为教学的一条基本原则,对这个问题的研究才有了新的转机。赫尔巴特认为道德品质的培养是教育的最高目的,但在实现这一目的的同时,却不能放松文化科学知识的传授。因此,道德培养和知识传授构成了学校教育的两个基本内容,形成了实施学校教育的两条基本途径,即通过情感和意志的训练陶冶道德情操;通过系统知识的传授启发智慧。

10.赫尔巴特提出的教学形式阶段,实际上就是课堂教学的完整过程,是一个包括教学方法、教学形式等在内的规范化的教学程序。

(1)任何教学活动都要经历明了、联合、系统和方法四个阶段。

(2)赫尔巴特教学形式阶段理论依据心理学的观点,反映了人类对教学过程和教学活动本质认识的发展,为建立明确而规范的教学模式和教育科学化提供了理论依据;直接影响并推动了当时及之后世界教育实践的发展,为提高教学质量做出了贡献。

(3)赫尔巴特教学形式阶段理论过于强调从教师的角度推进教学进程,难以较好地适应学生的个别差异,表现出机械论倾向。

11.(1)赫尔巴特的兴趣观。

赫尔巴特认为,兴趣是一种将思维的对象保留在意识中的内心力量,是一种智力活动的特性,并具有道德的力量。他把人类所具有的兴趣分为两大类:经验的兴趣和同情的兴趣,其中,经验的兴趣包括经验的、思辨的和审美的三种;同情的兴趣,包括同情的、社会的和宗教的三种。根据兴趣的分类,赫尔巴特对课程内容进行了相应的划分,把兴趣活动分为四个阶段:注意、期待、探求和行动。

(2)兴趣观在其教育理论体系中的作用。

1)培养儿童具有多方面的兴趣是赫尔巴特为教学所确立的直接的、近期的目的,教学又是实现道德教育目的的基本手段。

2)兴趣观是赫尔巴特设置课程的基本依据之一。课程内容的选择和编制应该与儿童的兴趣相一致,根据经验类的兴趣设置自然、物理、化学、地理、数学、逻辑学、绘画等课程;根据同情类的兴趣设置外国语、本国语、历史、政治、法律、神学等课程。

3)兴趣观是赫尔巴特确立教学形式阶段的重要依据。兴趣以不同的形式贯穿于教学进程之中:在教学的明了阶段,学生的兴趣表现为注意;在教学的联合阶段,学生的兴趣表现为获得新观念前的期待;在教学的系统阶段,学生的兴趣表现为探求;在教学的方法阶段,学生的兴趣表现为行动。

五、强化训练及详解

（一）选择题

1.西方教育学发展史上第一次明确提出"教育性教学"概念的教育家是(   )。
   A.柏拉图   B.夸美纽斯   C.赫尔巴特   D.杜威

2.赫尔巴特所代表的传统教育思想的核心一般被概括为教材中心、课堂中心和
   (   )。
   A.教师中心   B.学校中心   C.学生中心   D.活动中心

3.赫尔巴特提出的教学形式阶段理论,认为任何教学活动都必须经历的四个阶段
   是(   )
   A.注意、期待、要求、行动   B.明了、联合、系统、方法
   C.注意、期待、相关、集中   D.明了、联合、提示、巩固

4.赫尔巴特教育过程分别为相互联系、前后衔接的三个部分,即(   )。
   A.统觉,教学和训育   B.兴趣,教学和训育
   C.联想,教学和训育   D.管理,教学和训育

5.赫尔巴特认为教育的目的包括"可能的目的"和"必要的目的",其中必要的目的
   是指(   )。
   A.与儿童未来所从事的职业有关的目的
   B.与儿童奠定必要的文化知识基础有关的目的
   C.与儿童养成内心自由、完善、仁慈、正义、公平道德观念有关的目的
   D.与儿童形成经验、思辨、审美、社会、宗教等与兴趣有关的目的

6.赫尔巴特强调教育的首要任务是(   )。
   A.道德教育   B.智力教育   C.劳动教育   D.健康教育

7.赫尔巴特的教育代表作是(   )。
   A.《爱弥儿》   B.《教育漫画》   C.《民主主义》   D.《普通教育学》

8.赫尔巴特说过:"我想不到有任何无教学的教育,正如在相反方面,我不承认有
   任何无教育的教学。"这说明了教学过程具有(   )的特点。
   A.间接经验与直接经验相结合   B.掌握知识与发展智力相统一
   C.教学过程中知、情、意统一   D.主导作用与学生能动性相结合

（二）填空题

9.赫尔巴特伦理学的基本内容之一,是指出了五种道德观念,即_____、_____、
   _____、_____、_____。

10.在其伦理学和心理学所建构的基础上,赫尔巴特提出了完整的教育理论,他把
   对儿童教育的整个过程划分为_____、_____、_____三个部分。

11.赫尔巴特指出通过_____原则,可以有效地达到道德教育的目的并把它当作

教育的基本原则。

12.赫尔巴特课程理论的一个基本主张是课程内容的选择必须与儿童的_____和_____相一致。

13.赫尔巴特把多种多样的兴趣划分为两大类:_____和_____。

14.赫尔巴特所提出来的教学形式阶段,实际上就是课堂教学的完整过程,是一个包括_____、_____等在内的规范化的教学程序。

15.根据赫尔巴特的主张,统觉过程的完成大体上具有三个环节:_____、_____、_____。

16.依据统觉原理,赫尔巴特为课程设计提出了_____和_____两项原则,目的是保持课程教学的逻辑结构和知识的系统性。

(三)名词解释

17.统觉理论。

18.审思。

19.训育。

20.意识阈。

21.管理观。

(四)简答题

22.如何通过教学进行道德教育?

23.简述赫尔巴训育的具体措施。

24.如何使课程与兴趣保持密切的相关?

25.简述赫尔巴特教师中心论的主张。

26.如何评价赫尔巴特教学形式阶段理论?

27.简述赫尔巴特关于教学内容和方法的思想。

(五)论述题

28.论述赫尔巴特道德教育思想的历史意义。

参考答案:

1.C 2.A 3.B 4.D 5.C 6.A 7.D 8.C

9.内心自由;完善;仁慈;正义;公平

10.管理;教学;训育

11.教育性教学

12.经验;兴趣

13.经验的兴趣;同情的兴趣

14.教学方法;教学形式

15.感官的刺激;新旧观念的分析和联结;统觉团

16.相关;集中

17.统觉理论是赫尔巴特课程理论的又一重要基础。根据统觉原理,新的概念和知识总是在原有的知识背景中形成,是以原有观念和知识为基础产生的,当新的刺激发生作用时,表象就通过感官的大门进入到意识阈上,当观念活动对事物的特性产生了兴趣这样一种活动时,意识阈上的观念就处于高度的活跃状态,因而更易唤起原有的观念,并争取到新的观念。

18.审思是指追忆和调和意识内容,即对由专心而得到的知识进行同化。

19.训育与道德教育直接相关,是指性格训练,主要是关于道德教育方法的主张。

20.意识阈指一个观念若要由一个完全被抑制的状态进入一个现实观念的状态,必须跨越一道界线,这些界线便为意识阈。

21.赫尔巴特把对儿童的管理看成进行教学和道德教育的首要的不可缺少的条件。他把管理放在教育过程的第一阶段,认为管理与对儿童的认识有重要的联系。赫尔巴特认为,必须从小就注意着重地加以"管理",以便"造成一种守秩序的精神"。

22.首先要求教学的目的与整个教育的目的保持一致。正因如此,赫尔巴特认为,教学工作的最高目的在于养成德行。但他又认为,为了实现这个最终目的,教学还必须为自己设立一个近期的、较为直接的目的,这个目的就是"多方面的兴趣"。所谓兴趣,是指智力活动的特性,而对于教育性教学来说,一切都取决于其所引起的智力活动。在赫尔巴特看来,多方面的兴趣具有一种道德的力量,人们首先应通过扩展了的兴趣来改变个性,必须使其接近一般形式,才可以设想个性有对普遍适用的道德规律发生应变的可能。

23.在训育的具体实施方面,赫尔巴特提出了六种基本的措施或方法。

(1)维持的训育。它的作用主要在于巩固儿童管理所取得的结果,使儿童懂得行为的界限和对权威的服从。

(2)起决定作用的训育。它的主要作用是"引起学生作出选择":关键在于学生应能根据自身的实际经验证实教育者的告诫,从而使他们以后不用等待证实就相信其他各种告诫。

(3)调节的训育。它的主要作用是说服学生,使他们回忆以往的经历,预言未来,剖析自己的内心世界,从中找到他的行为同根源的联系。

(4)抑制的训育。它旨在使学生保持情绪的平静和头脑的清晰,以克服狂热的冲动,从而培养审美的判断和道德品质。

(5)道德的训育。它的作用在于以上述四种训育为基础,向学生说明真理,进行真正的道德培养。

(6)提醒的训育。它的作用在于及时提醒学生,并纠正他们的错误。

24.在这方面,赫尔巴特依据他的兴趣分类理论做了有意义的探讨。在赫尔巴特看来,"兴趣存在于有趣的事物之中",而事物是多方面的,因而兴趣也是广泛的和多方面的。他把多种多样的兴趣划分为两大类:经验的兴趣和同情的兴趣。其中,经验的兴趣包括经验的、思辨的和审美的三种;同情的兴趣,包括同情的、社会的和宗教的三种。根据兴趣的分类,赫尔巴特对课程内容进行了相应的划分。他主张,根据经验的兴趣,应设置自然、物理、化学和地理等课程;根据思辨的兴趣,应设数学、逻辑和文法等课程;根据审美的兴趣,应设文学、绘画等课程;根据同情的兴趣,应设外国语(古典语言和现代语)、本国语等课程;根据社会的兴趣,应设历史、政治和法律等课程;根据宗教的兴趣,应设神学等课程,以达到将兴趣融入课程,使之与课程保持密切相关的目的。

25.以德国教育家赫尔巴特为代表。认为教育过程中,学生对教师必须保持一种被动状态。强调教师权威,忽视学生积极性。以赫尔巴特为代表的"教师中心论"主张从统觉论出发,研究人的心理活动,认为学生在学习的过程中,只有当新经验已经构成心理的统觉团中概念发生联系时,才能真正掌握知识。所以教师的任务就是选择正确的材料,以适当的程序提示学生,形成他们的学习背景或称统觉团。

26.赫尔巴特教学形式阶段理论的突出贡献,是在严格按照心理过程规律的基础上,对教学过程中的一切因素和活动进行高度抽象,以建立一种明确的和规范化的教学模式。从这个意义上讲,教学形式阶段理论不仅反映了人类对教学过程和教学活动本质认识的发展,而且具有广泛的实践意义。正因如此,教学形式阶段理论对19世纪后期、20世纪前期世界许多国家和地区师范教育的发展,发挥了重要的推动作用。但在另一方面,教学形式阶段理论所固有的机械论倾向,也使它不断受到来自各方面的批评。

27.赫尔巴特把教学看作是整个教育过程的核心。赫尔巴特被称为"传统教学的鼻祖"。

(1)"教育性原则"。他说:"教学如果没有进行道德教育,只是一种没有目的的手段。道德教育(或者品格教育)如果没有教学,就是一种失去了手段的目的。"说明了教学与道德的关系,他把教学作为进行道德教育的最主要和最基本的手段。赫尔巴特认为,教学的目的有两种:一种是终极目的,另一种是一般目的。教学的终极目的是和统总的教育目的相一致的,即通过教育、教学把儿童培养成为具有完善的道德品质的人。

(2)学科课程体系。赫尔巴特把儿童的兴趣分为两大类六个方面,并且根据六个方面的兴趣设置了相应的学科:经验的兴趣、思辨的兴趣、审美的兴趣、同情的兴趣、社会的兴趣、宗教的兴趣。

(3)形式阶段教学法。赫尔巴特以其观念心理学为基础,特别是依据"统觉作用"原理把教学过程分为四个阶段,每一个阶段由于观念活动的状态不同,儿童所表现出来的心理活动也就不同,因此需要教师根据儿童不同的心理活动来制定不同的教学任务,采取不同的教学方法。具体内容如下:明了阶段,所采用的方法是叙述法;联想阶段,所采取的方法是分析法;系统阶段法,采用综合的方法;方法阶段,采取应用的方法。

赫尔巴特这一形式阶段教学法,后来被他的学生发展为"五阶段教学法",即把教学分为预备、提示、联系、总结、应用五个阶段。

28.(1)作为西方道德教育理论体系的一个极其重要的组成部分,赫尔巴特的道德教育思想无疑具有历史进步意义。它特别明显地表现在以下四个方面。

第一,他系统论述了道德教育的理论基础、道德的内涵、影响儿童道德发展的因素和道德培养的方法等问题,从而构建了传统道德教育理论的基本框架。

第二,他从心理学角度对道德的分析涵盖了道德的基本要素,这些道德要素至今仍是人们分析道德必须考虑的问题。

第三,赫尔巴特试图把经过改造的伦理学运用于德育过程之中,他的道德观念在某些方面体现了德国资产阶级要求改革的软弱的呼声。

第四,他的德育论既是他长期教育经验的升华,也是对西方道德教育理论的继承与发展。其中,有一些反映了道德教学规律的成分(如教育性教学等),它与中世纪以来强制灌输的方法相比是个历史进步。

(2)赫尔巴特德育论对我们今天道德教育的开展仍然有借鉴意义。

首先,他充分认识到道德与个性、多方面兴趣的联系。一方面,培养学生对知识的浓厚兴趣是实现最高教育目的的首要条件。没有兴趣,就不可能有真正的道德教育。兴趣必须是多方面、均衡的。教学中如果只有单一的兴趣,或者某个方面兴趣过度,会出现与完全缺乏兴趣相同的结果:破坏完善道德的培养。另一方面,个性、品格、多方面兴趣融为一体,三者结合起来既为实现教育的最终目的——道德的完善奠定了基础,又为实现可能的目的创造了条件。

其次,他认为道德教育的完成需要多方面的、持续的努力。终极目的不是个别教师、学科所能完成的,需要全体教育者和社会的共同努力,更需要受教育者的终生努力。他批评了仅仅把道德当成一种约束的现象,主张使五种道德观念成为学生自己的意愿。

最后,道德上的一些具体措施,进一步支撑了赫尔巴特的德育论。

第十四章　福禄培尔的教育实践与教育思想

一、考点概述

（1）福禄培尔的生平与教育活动。

（2）福禄培尔教育的基本原理：统一原则、发展原则、创造原则、顺应自然原则。

（3）福禄培尔幼儿教育理论。

（4）福禄培尔论学校教育。

二、章节精讲

(一)生平与教育活动

（1）1782 年，福禄培尔出生于德国中部图林根一个路德派新教的牧师家庭。

（2）中学毕业后，福禄培尔在林务部门做学徒。

（3）1799—1801 年，福禄培尔进入德国耶拿大学学习数学和自然哲学。

（4）自 1805 年起，福禄培尔开始从事教育工作，并研究裴斯泰洛齐的教育方法。

（5）1816 年，福禄培尔在家乡开办了一所初等学校，称为"德国普通教养院"，1826 年写成《人的教育》一书。

（6）1836 年回国后，福禄培尔的工作完全转向学前幼儿教育。

(二)论教育的基本原理

1.统一的原则

（1）对于统一的认识。福禄培尔在《人的教育》中表述了他对"统一"的基本认识："有一条永恒的法则在一切事物中存在着、作用着、主宰着。""这个统一体就是上帝。"

（2）教育的任务。教育的实质在于使人能自由和自觉地表现他的本质，即上帝的精神。帮助人类逐步认识自然、人性和上帝的统一，这就是教育的任务。

2.顺应自然的原则

在他看来,教育适应自然的发展,在于反对违反自然的人为干涉的教育,使人像自然那样按照其本性发展。

3.发展的原则

(1)人的发展的各个阶段之间实际上是相互过渡、不间断地前进的。只有当他真正符合了他的幼年期、少年期和青年期的要求时,才成为成年人。

(2)人的成长也必须服从两条互相补充的原则:对立与调和。教育总是从内因和外因的矛盾入手,在两者之间发现调和的东西,克服差异,最终使二者达到统一。

4.创造的原则

创造的原则也是与统一的原则相联系的。上帝创造了人,人也应当像上帝一样进行创造。

(三)幼儿园教育理论

1.幼儿园工作的意义与任务

幼儿园工作的任务是通过各种游戏和活动,培养儿童的社会态度和民族美德,使他们认识自然与人类,发展他们的智力与体力以及做事或生产的技能和技巧,尤其是运用知识与实践的能力,从而为下一个阶段的发展做好准备。此外,幼儿园还应担负起训练幼儿园教师、推广幼儿教育经验的任务。

2.幼儿园教育方法

福禄培尔关于幼儿园教育方法的基本原理是自我活动或自动性。他认为,自我活动是一切生命的最基本的特性。

3.幼儿园课程

(1)游戏与歌谣。福禄培尔关于游戏与歌谣的思想反映在其1843年出版的《母亲与儿歌》中。他认为这本书奠定了他的教育原则的基本思想。

(2)福禄培尔的恩物。恩物是福禄培尔创制的一套供儿童使用的教学用品。恩物的教育价值就在于它是帮助儿童认识自然及其内在规律的重要工具。

(3)作业。

1)它主要体现福禄培尔关于创造的原则。实际上,作业是要求将恩物的知识运用于实践,只有在学会摆弄恩物后才能进行。

2)与恩物的区别:从安排的顺序说,恩物在先,作业继后;恩物的作用主要在于接受或吸收,作业则主要在于发表和表现;恩物游戏不改变物体的形态,作业则要改变材料的形态。

（4）运动游戏。运动游戏的基本形式是：圆圈游戏、团体游戏和伴以诗歌的游戏。运动游戏的根本原则是"部分—整体"，有助于儿童了解个体与团体的关系。

（5）自然研究。设有"自然研究"课程，如研究自然的旅行、园艺与饲养等活动，不但可使儿童养成爱护花木禽兽之品性，还有助于满足儿童的好奇心，促进其知识的学习与智力的发展，培养其对自然科学研究的兴趣。

4.从幼儿园到学校的过渡

儿童在离开幼儿园进入普通学校之前，必须有所准备。否则，从幼儿园的直观方法突然转变为学校的抽象方法，会使儿童难以适应。

（四）论学校教育

1.关于学校的性质

福禄培尔认为，学校作为一种教育机构，应当把外部世界以及与外部世界密切联系的学生自己呈现在学生面前。学校教育的目的是按照自觉的内在联系有意识地向学生传授知识。

2.关于学校的教学内容

福禄培尔认为学校的教学内容主要有四大类，一是宗教与宗教教育；二是自然常识与数学；三是语言与语言教学，以及相关的阅读和书写；四是艺术。

根据上述思想，福禄培尔提出了16种教学科目。

（1）他非常重视初等教育阶段语言的练习。福禄培尔强调在语言练习中要通过不断的提问，让学生在自己所熟悉的事物中，认识各种事物的关系和联系，认识其不同点和共同点，并且从中让学生进行语言的练习，学会对不同事物的感知和描述。

（2）其他内容。在教育上，福禄培尔还重视学校教育与家庭教育的密切联系。在学校教育中，福禄培尔还强调重视艺术教育。福禄培尔还主张把身体训练作为学校的教学内容。

三、课后习题解答

1.试析福禄培尔教育哲学思想。

答：福禄培尔深受德国谢林、费希特和黑格尔古典哲学的影响，认为宇宙精神是万物存在的根源，从教育思想的渊源来看，裴斯泰洛齐又为其提供了方法论基础。在此基础上，福禄培尔为其教育哲学思想确定了四项原则。

（1）统一的原则。福禄培尔认为自然界和人都统一于神。人类首先须认识自然，进而认识人性，最终认识上帝的统一。教育的任务就是帮助人类逐步认识自然、人性和上帝的统一。

(2)顺应自然的原则。福禄培尔根据裴斯泰洛齐的教育适应自然的原则,把这个原则理解为适应隐藏在人身上的力量和能力的自我发展。儿童有四种本能:活动的本能、认识的本能、艺术的本能和宗教的本能。教育要追随活动的本能就是要唤起儿童的积极性、创造性和自动性。

(3)发展的原则。福禄培尔把人性看成一种不断发展和成长的事物,人的发展的各个阶段之间相互衔接、自然过渡、不间断地前进。

(4)创造的原则。福禄培尔认为,上帝具有创造精神,上帝创造了人,人也应当像上帝一样进行创造。因此,教育要尽一切可能为儿童提供表现创造性的机会和场所。

2.试述福禄培尔学前教育理论。

答:(1)学前教育工作的意义与任务。

1)学前工作的意义。福禄培尔重视家庭尤其是母亲在早期教育中的作用。强调幼儿园是家庭生活的继续和扩展。两者的一致性,乃是完善教育的首要的不可缺少的条件。

2)学前工作的任务。福禄培尔指出,幼儿园工作的任务是通过各种游戏和活动,培养儿童的社会态度和民族美德,发展他们的智力与体力以及做事或生产的技能和技巧,尤其是运用知识与实践的能力,从而为下一个阶段的发展做好准备。此外,幼儿园还应担负起训练幼儿园教师、推广幼儿教育经验的任务。

(2)学前教育方法。福禄培尔关于学前教育方法的基本原理是自我活动或自动性,主要表现在以下几个方面。

1)重视儿童的亲身观察。他要求教育工作者有意识地把有关联性的事物呈现在儿童面前,使儿童能容易而正确地知觉这些事物,并形成观念。

2)高度评价游戏的教育价值,把游戏看作儿童内在本质向外的自发表现,是人在这一阶段上最纯洁的精神产物。

3)主张儿童应在团体的活动中来接受教育,把"社会参与"作为重要的幼儿园教育方法,要求教育儿童使之充分适应小组生活,并重视家庭和邻里生活之复演。

(3)学前教育课程。依据感性直观、自我活动与社会参与的思想,福禄培尔建立起了一个以活动与游戏为主要特征的幼儿园课程体系,包括游戏与歌谣、恩物游戏、手工作业、运动游戏、自然研究以及唱歌、表演和讲故事等。

1)游戏与歌谣。1843年,福禄培尔在《母亲与儿歌》中,系统地介绍了通过歌谣及其相关的游戏活动教育婴幼儿的方法。

2)恩物。恩物是福禄培尔创制的一套供儿童使用的教学用品。他认为,恩物的教育价值就在于它是帮助儿童认识自然及其内在规律的重要工具。

3）作业。作业与恩物的关系十分密切，它主要体现福禄培尔关于创造的原则。实际上，作业是要求将恩物的知识运用于实践。

4）运动游戏。福禄培尔指出运动游戏的基本形式是圆圈游戏、团体游戏和伴以诗歌的游戏。运动游戏是建立在儿童模仿自然界和日常生活中所观察的各种动作的基础上的。

5）自然研究。受裴斯泰洛齐的影响，福禄培尔幼儿园的课程中设有"自然研究"。福禄培尔认为，幼儿园开展诸如研究自然的旅行、园艺与饲养等活动，不但可使儿童养成爱护花木禽兽之品性，还有助于满足儿童的好奇心，培养自制力和牺牲精神，促进儿童知识的学习与智力的发展，培养其对自然科学研究的兴趣。

（4）学前教育与学校教育的过渡。福禄培尔认为，儿童在离开幼儿园进入普通学校之前，必须有所准备，在最大程度上减少从幼儿园到普通学校之间的不连续性。

3.福禄培尔在教育史上有怎样的地位？

答：（1）幼儿教育领域的突出贡献。他首创了幼儿园，并在长期的幼儿教育实践中摸索、总结出一套教育幼儿的新方法，建立起近代学前教育的理论体系。他在积极宣传公共的学前教育思想、广泛扩展幼儿园以及培训幼教师资方面，也做出了不懈的努力。他的幼儿教育方法一直深刻地影响了欧美各国、日本和其他国家的幼儿教育，被誉为"幼儿园之父"。

（2）其影响超出了学前教育的范围。他对儿童积极主动活动的重视，对游戏的教育意义的强调，对手工教育的推崇以及对于家庭、社区和儿童集体在儿童教育过程中重要作用的评价，不仅得到后来许多教育思想家的肯定，而且逐渐影响到小学乃至中学课程的设置。

四、考研真题汇编

（一）名词解释

1.福禄培尔。（南京师范大学 2013 年研）

2.恩物。（天津师范大学 2016 年研）

3.幼儿教育。（北京师范大学 2013 年研）

4.家庭教育。（南京师范大学 2011 年研）

5.游戏教育。（北华大学 2016 年研）

（二）简答题

6.简述福禄培尔的幼儿教育理论。（西北师范大学 2016 年研）

7.简述家庭教育的地位和作用。（南京师范大学 2013 年研）

8.简述福禄培尔幼儿园的教育内容。（浙江师范大学 2011 年研）

9.简述福禄培尔教育思想。（曲阜师范大学 2015 年研）

10.简述生活与幼儿教育的关系。(南京师范大学2012年研)

(三)论述题

11.论述福禄培尔教育思想对今天幼儿教育的启示。(浙江师范大学2013年研)

参考答案:

1.德国教育家,幼儿园运动的创始人。其教育理论以德国古典哲学和早期进化思想为主要根据,以裴斯泰洛齐的教育主张为教育思想的主要渊源,是19世纪著名的教育家、幼儿园的创始人和近代学前教育理论的奠基人,被誉为"幼儿教育之父"。

2.恩物是德国学前教育家福禄培尔为儿童设计的一套玩具。福禄培尔认为,自然界是上帝的恩赐物,是使人们认识上帝的大学校。为适合儿童教育的特殊需要,须仿照大自然的性质、形状及法则,制造简易的物件,作为儿童认识万物和理解自然的初步手段。它是适合儿童特点的上帝的恩赐物,故名"恩物"。

3.幼儿教育从广义上说,是凡是能够影响幼儿身体成长和认知、情感、性格等方面发展的有目的的活动,如幼儿在成人的指导下看电视、做家务、参加社会活动等,都可以说是幼儿教育。而狭义的幼儿教育则特指幼儿园和其他专门开设的幼儿教育机构的教育。

4.家庭教育是指在家庭生活中,由家长(其中首先是父母)对其子女实施的教育,即家长有意识地通过自己的言传身教和家庭生活实践,对子女施以一定教育影响的社会活动。而按照现代观念,家庭教育包括生活中家庭成员(包括父母和子女等)之间相互的影响和教育。

5.福禄培尔是第一个阐明游戏教育价值的人,他认为幼儿是通过游戏将内在的精神活动表现出来的;他强调游戏对幼儿人格发展、智慧发展有重要意义。

6.①创建了世界上第一所幼儿园。②明确提出了幼儿园的任务。③幼儿自我发展的原理。④创制了"恩物"。⑤协调原理。⑥亲子教育。⑦强调游戏在幼儿园教育中的地位和作用。⑧强调作业的重要性。总体而言,福禄培尔的幼儿教育理论体系虽然带有浓厚的宗教色彩,但在很多方面揭示了幼儿教育的规律,其价值是不可否认的。

7.①家庭教育是其他教育的坚实基础。②家庭教育是学前儿童认识和步入社会的起点。③家庭教育是学前儿童全面发展的关键所在。④家庭教育的各种因素是学前儿童性格养成的条件。

8.(1)幼儿园工作的意义与任务。幼儿园工作的任务是指通过各种游戏和活动,培养儿童的社会态度和民族美德,使他们认识自然与人类,发展他们的智力与体力以及做事或生产的技能和技巧,尤其是运用知识与实践的能力,从而为下一个阶段的发展做好准备。此外,幼儿园还应担负起训练幼儿园教师、推广幼儿教育经验的任务。

(2)幼儿园教育方法。福禄培尔关于幼儿园教育方法的基本原理是自我活动或自动性。

(3)幼儿园课程。①游戏与歌谣;②恩物;③作业;④运动游戏;⑤自然研究。(见章节精讲)

9.(1)教育应当追随儿童发展之自然。福禄培尔认为儿童有4种本能,即活动的、认识的、艺术的、宗教的本能。其中活动的本能是最重要的本能,因此,幼儿园应注重开展活动,让幼儿身心都得到发展。

(2)自我活动是儿童教育的原则。福禄培尔认为,幼儿的行为是其内在生命形式的表现,是由内在的动机支配的。通过这些行为,幼儿才可以成长发展。

(3)强调游戏的价值。他对教育有几个基本的原则,分别是统一的原则,他认为帮助人类逐渐认识自然、人性和上帝的统一,这就是教育的任务。顺应自然的原则,一方面指大自然,一方面指尊重天性。还有发展的原则,他在教育史上第一次把自然哲学中"进化"的概念完全而充分地运用于人的发展和人的教育,他还强调发展不仅是分阶段的,更是连续的和联系的。创造的原则,创造的原则也是与统一的原则相联系的。福禄培尔还把人类初期发展分为四个时期:婴儿期、幼儿期、少年期和青年期。他关于幼儿园教育方法的基本原理是自我活动或自动性。他认为,自我活动是一切生命的最基本的特性,也是人类生长的基本法则。通过自我活动,个体自动地向外表现存在于自身的上帝的精神。正是自我活动,帮助个体认识自然,认识人类,最终认识上帝的统一。他在幼儿园课程上选取游戏与歌谣,还发明了恩物。他的课程中设有自然研究。他认为这不但可使儿童养成爱护花木禽兽的品性,还有助于满足儿童的好奇心,培养自制力和牺牲精神,促进儿童知识的学习与智力的发展,培养其对自然科学研究的兴趣。

10.①幼儿教育教材取之于生活;②幼儿教育目标贯穿于生活;③幼儿教育准备来源于生活;④幼儿教育过程贴近于生活;⑤幼儿教育理论引领生活。

11.(1)对幼儿园形成正确的认识。幼儿园是一个可以让幼儿自由发展的场所,幼儿时期的孩子不太适合接受一些概念性理论,太多概念性的东西会限制孩子思想的发展。幼儿教育旨在培养儿童的兴趣。

(2)现代幼儿教育中要重视家庭教育的重要作用。要将家庭教育和学校教育之间紧密联系,让家长能够掌握一定的幼儿教育手段,对幼儿展开家庭教育,进而保证幼儿教育工作的顺利开展。

(3)重视游戏在教育中的重要性。游戏是幼儿的一种本能,幼儿教育不仅不能将幼儿的这种本能抹杀,反而应该鼓励他们进行游戏,让幼儿在游戏过程中开发智力、锻炼身体,进而健康快乐地成长。

(4)利用"恩物"教育丰富教育教学手段。将枯燥的教学知识与游戏相结合，激发学生学习的兴趣。

(5)激发儿童热爱游戏的本能，设置一系列适合儿童操作，并有利于儿童成长的游戏。

(6)注重自然科学研究的培养。福禄培尔认为自然研究不但可使儿童养成爱护花木禽兽之品性，还有助于满足儿童的好奇心，培养自制力和牺牲精神，促进儿童知识的学习与智力的发展，培养其对自然科学研究的兴趣。

五、强化训练及详解

(一)选择题

1.在西方教育史上，最早命名为"幼儿园"的幼儿教育机构诞生于(　　)。

　　A.1820年　　　　B.1830年　　　　C.1840年　　　　D.1850年

2.1840年，(　　)创立了第一所幼儿园，被人们誉为"幼儿教育之父"和"幼儿园之父"。

　　A.瓦德蔡克　　　B.福禄培尔　　　C.巴西多　　　　D.蒙台梭利

3.福禄培尔重视发挥游戏在幼儿教育中的价值，他将游戏理解为(　　)。

　　A.儿童的外部肢体活动

　　B.儿童创造性自我活动的表现

　　C.对儿童实施基础教育的最佳形式

　　D.促进儿童身体发育和健康成长的手段

4.福禄培尔主张教育上应坚持的原则是(　　)。

　　A.主动的和顺应的　　　　　　　B.被动的和顺应的

　　C.被动的和反抗的　　　　　　　D.主动的和反抗的

5.福禄培尔认为游戏是一种(　　)的活动。

　　A.可培养　　　　B.后天性　　　　C.发展性　　　　D.本能性

6.活动性原则要求学前教育以活动为主，并以活动贯穿整个教育过程，这里活动主要指(　　)。

　　A.教师设计和指导的活动　　　　B.儿童主动积极的活动

　　C.儿童的自选活动　　　　　　　D.儿童的游戏活动

7.以下哪一项不属于福禄培尔学校教育的内容？(　　)

　　A.宗教教育　　　B.体育教育　　　C.语言教学　　　D.艺术教育

8.德国教育家福禄培尔的教育著作是(　　)。

　　A.《爱弥儿》　　B.《大教学论》　　C.《儿童的发现》　　D.《人的教育》

(二)填空题

9.1840年，福禄培尔创立了第一所幼儿园，被人们誉为_____和_____。

10.福禄培尔认为,如同万物生长一样,人的成长也必须服从两条互相补充的原则:_____和_____。

11.福禄培尔主张幼儿教育方法有_____、_____、_____。

12.福禄培尔关于幼儿园教育方法的基本原理是_____或_____。

13.福禄培尔建立起了一个以活动与游戏为主要特征的幼儿园课程体系,包括_____、_____、_____、_____、_____等。

14.福禄培尔关于游戏与歌谣的思想反映在其 1843 年出版的_____中,他认为这本书奠定了他的教育原则的基本思想。

15.福禄培尔运动游戏的根本原则是_____,有助于儿童了解个体与团体的关系。

16.福禄培尔为儿童个性的发展开辟了新的领域。_____、_____和_____是福禄培尔的重要教育原理和他对教育的不朽贡献。

(三) 名词解释

17.作业。

18.自然研究。

19.中间学校。

20.《人的教育》。

21.艺术教育。

(四) 简答题

22.为什么说福禄培尔创办的幼儿园是真正意义上的幼儿园?

23.福禄培尔认为儿童有哪四种本能?

24.福禄培尔的顺应自然原则是什么?

25.恩物应满足什么条件? 其与作业的区别是什么?

26.福禄培尔关于教育目的和原则的基本观点是什么?

27.福禄培尔的游戏理论是什么?

(五) 论述题

28.论述福禄培尔在学前教育理论和幼儿园实践上的主要贡献。

参考答案:

1.B　2.B　3.B　4.A　5.D　6.B　7.B　8.D

9.幼儿教育之父;幼儿园之父

10.对立;调和

11.亲身观察;游戏;社会参与

12.自我活动;自动性

13.游戏与歌谣;恩物;作业;运动游戏;自然研究

14.《母亲与儿歌》

15.部分;整体

16.社会合作;互助;参与

17.作业与恩物的关系十分密切,它主要体现了福禄培尔关于创造的原则。实际上,作业是要求将恩物的知识运用于实践。作业主要在于发表和表现,改变材料的形态。

18.如研究自然的旅行、园艺与饲养等活动。他认为自然研究不但可使儿童养成爱护花木禽兽之品性,还有助于满足儿童的好奇心,培养自制力和牺牲精神,促进儿童知识的学习与智力的发展,培养其对自然科学研究的兴趣。

19.中间学校是介于幼儿园和普通学校之间的学校任务,帮助儿童顺利地实现从感觉直观到抽象思维的转折。一方面,它继续采用幼儿园的某些做法,如游戏、观察等,另一方面在此基础上逐步引导儿童进行抽象思维活动,由具体事物的认识发展到关于事物的一般原则和概念,在最大程度上减少从幼儿园到普通学校之间的非连续性。

20.《人的教育》是19世纪德国著名教育家和实践家、近代学前教育理论的奠基人福禄培尔论述学前和学校教育的重要著作。他将教育分为三个阶段:哺乳期,教育的主要任务是发展儿童的外部感觉;童年期,是家庭教育、游戏和言语发展的时期;少年期,已有自觉目的,是学校教育期。

21.福禄培尔艺术教学的目的不在于培养艺术家,而在于培养学生的艺术欣赏能力,使人得到全面充分的发展。按照艺术表现的材料和方式的不同,福禄培尔将艺术划分为音乐、绘画、雕塑三种。

22.(1)幼儿园教育是学校教育的一种形式,体现了教育的目的性、计划性、组织性、系统性和规范性。因此真正意义的幼儿园必须能够体现专业性和系统性。

(2)德国教育家福禄培尔是"幼儿园之父",原因就在于他所创立的幼儿园具有一整套幼儿教育理论和相应的教育方法、教材、玩具。

(3)福禄培尔创立的幼儿园中以游戏为主要活动,幼儿通过"恩物"来学习,这不仅尊重了幼儿教育的规律,而且对幼儿教育实践具有重要的指导意义。

23.活动的本能(即是一种创造的本能);认识的本能(即揭示万物的本能);艺术的本能(即进行艺术创作的本能);宗教的本能,是前三类本能的归宿。教育的任务在于促进儿童内在本能的发展,以培养儿童的主动性和创造性。由此,他把课程分为宗教及宗教教育、自然科学及数学、语言及语言教育、艺术及艺术教育四大领域。

24.德国教育家福禄培尔在万物有神论的思想基础上提出了顺应自然的原则。福禄培尔所谓的"自然"主要有两层含义:一方面是指大自然;另一方面是指儿童的天性即儿童的生理和心理特点。在论述教育顺应自然时自然主要指后者。

但是福禄培尔并没有绝对否认强制性、干预性的教育。他的教育顺应自然思想是建立在性善论的基础上的,可见福禄培尔顺应自然的原则是具有宗教的色彩的。

25.(1)恩物应满足的条件:能使儿童理解周围世界,又能表达他对于这个客观世界的认识;应包含一切前面的恩物,并应预示后继的恩物;每种恩物本身应表现为完整的有秩序的统一。整体由部分组成,部分可形成有秩序的整体。

(2)恩物与作业的区别。作业与恩物的关系十分密切,它主要体现了福禄培尔关于创造的原则。实际上,作业是要求将恩物的知识运用于实践。作业与恩物的明显区别在于,其一,从安排的顺序说,恩物在先,作业继后;其二,恩物的作用主要在于接受或吸收,作业则主要在于发表和表现;其三,恩物游戏不改变物体的形态,作业则要改变材料的形态。

26.(1)福禄培尔认为任何万物都是上帝的创造物,具有"上帝的精神"。教育的目的就是唤起和发展埋藏在人体内部的"上帝的本源",把人身上潜在的上帝精神表现出来。

(2)福禄培尔的教育原则主要有四点。第一,统一的原则。人类首先须认识自然、进而认识人性,最终认识上帝的统一。教育的实质在于使人能自由和自觉地表现他的本质,即上帝的精神。帮助人类逐步认识自然、人性和上帝的统一,这就是教育的任务。第二,教育适应自然的原则。教育要适应潜藏在人体中的力量才能自我发展,教育应追随儿童的天性。第三,发展的原则。教育活动应该按照儿童的本性,连续、协调地促进他们在各个方面得到发展。第四,创造的原则。创造的原则也是与统一的原则相联系的。在福禄培尔看来,上帝是富有创造精神的。上帝创造了人,人也应当像上帝一样进行创造。

27.福禄培尔高度评价游戏的教育价值,他认为,游戏是幼儿时期最纯洁、最神圣的活动,是组成儿童学习和生活的一个重要因素,是人类在童年时代生活中最快乐的一处现象。它为幼儿生活提供了丰富的内容,也用于幼儿主动性和创造性的发挥。通过各种游戏活动,可能使幼儿全面地表现他们的内部世界,感受外部世界,把内部和外部世界做试探性比较,达到对上帝这个统一一体和对生活本身的认识,从而获得愉快、自由和满足,并保持内在与外在的平衡。他还认为,儿童的内部本性是按照一定的心理顺序发展的,随着儿童年龄的增长,游戏愈来愈显示其促进智力和品德发展的作用,同时游戏对增强儿童的体力和养成他们的节制、友爱、勇敢等良好品质具有十分重要的意义。游戏还能促进儿童语言的发展。

福禄培尔主张,儿童的游戏需要进行合理的、有意识的指导。游戏必须是有目的的活动,否则就不能为儿童注定要承担的那些生活职责做准备。他非常重视游戏的社会内容,主张把幼儿园变成社会的缩影。他还重视运用唱歌和语言的训练,并且经常把它们结合起来进行训练。最后,他还重视儿童对自然的接触和了解。

28.(1)福禄培尔是 19 世纪上半叶德国著名的教育家,近代学前教育的奠基人,他以其学前教育的理论和方法,特别是倡导的幼儿教育运动,获得了世界的声誉,至今人们仍把幼儿园与福禄培尔的名字联系在一起。他详细研究了学前教育理论和幼儿园的教学方法,并在教育实践和教育理论研究的基础上创立了完整的学前教育理论体系。他明确指出了幼儿园的任务,建立了游戏的理论体系,制造了一系列的玩具,提出了一整套作业体系和教育方法,他的"恩物",作为幼儿活动玩具,具有广泛的影响,现代的儿童玩具中仍包含有它的某些基本形式。他还热情地宣传了幼儿教育思想,培养了不少幼儿园教师,为幼儿教育做出了巨大的贡献。福禄培尔的贡献还不止于学前教育方面,他在学校教育方面也提出了不少有价值的理论和建议。他在卡伊尔霍学校多年实践和理论研究的基础上写的主要教育著作《人的教育》,是记录全部儿童时期的教育的颇有价值和影响深远的教育理论著作。

(2)福禄培尔的整个教育理论体系是建立在唯心论哲学基础上的,带有宗教神秘主义色彩,具有一定的局限性。尽管如此,他的理论体系中的许多合理因素的价值是不容低估的。例如,他反对强制性教育,重视儿童的积极活动,重视发展儿童的创造性等,都是正确的。他重视儿童游戏以及手工制作活动和劳动的教育作用,对 19 世纪后期资本主义国家初等教育有一定的影响。他对儿童发展的看法和自我活动等的一些教育原则,对 20 世纪初的"新教育理论"有直接的影响。尤其是他创办的幼儿园以及提出的幼儿教育理论,对世界各国幼儿教育的发展有广泛的影响,直到 20 世纪初期,他所制定的学前教育体系仍是学前教育领域中最流行的。

(3)福禄培尔的思想在世界各国得到广泛的传播,特别是自 19 世纪末被美国教育界接受后,增加了一些新的特征,削弱了宗教神秘主义色彩和某些不合理的因素,形成了新的变种。人们称之为"新福禄培尔主义"。

(4)幼儿园这种新型的学前教育机构,自福禄培尔创建之后,在世界上许多国家中开发和建立起来。他的幼儿教育理论体系在欧美各国广为流传,影响非常之大。

第十五章　19世纪欧美主要国家和日本的教育

一、考点概述

(1)19世纪的德国教育：教育发展状况、费希特论国民教育、第斯多惠论教育。

(2)19世纪的法国教育：教育发展状况、涂尔干论教育。

(3)19世纪的英国教育：教育发展状况、斯宾塞论教育。

(4)19世纪的美国教育：教育发展状况、贺拉斯·曼论教育。

(5)19世纪的俄国教育：教育发展状况、乌申斯基论教育。

(6)19世纪的日本教育：教育发展状况、福泽谕吉论教育。

二、章节精讲

(一)19世纪的德国教育

1.教育发展的状况

(1)学前和初等教育。德国学前教育发展较早，19世纪之后，德国初等教育快速发展。

(2)中等教育。在洪堡新人文主义思想的影响下，19世纪德国中等教育也实施了改革：对文科中学进行改革；发展实科中学。

(3)高等教育。19世纪，德国高等教育的发展具有世界意义。而这一影响又与1810年洪堡柏林大学的创办紧密相联。

2.费希特论国民教育

(1)论国民教育的作用与目的。教育的作用在于培养具有民族精神、宗教意识与道德感的合格国民。

(2)国民教育的实施。在国民教育实施过程中，费希特主张把智育与德育结合起来。

3.第斯多惠论教育(德国师范教育之父)

(1)论影响人发展的因素：天资、教育与自由自主。

(2)论教育目的：教育的最高目标或最终目的在于激发学生的主动性，培养独立性,使人达到自我完善。

(3)教学论。

1)形式教学与实质教学:所有的教学既是形式的,又是实质的,形式教育只有在实质教育中才能形成,实质教育只有在形式教育中才能产生。

2)教学原则:遵循自然原则;遵循文化原则;遵循连续性与彻底性原则;遵循直观教学原则。

(4)论教师:①自我教育;②教师要有崇高的责任感;③教师要有良好的教育素养和教学技能。

(二)19世纪的法国教育

1.教育发展概况

19世纪的法国政局动荡不安,社会历史和教育呈现出明显的阶段性特征。

(1)中央集权式教育管理体制的确立及其演变。

法兰西第一帝国时期,法国中央集权式教育管理体制确立于拿破仑执政。

复辟王朝时期,宗教势力在教育管理中一度甚嚣尘上,但在华特门斯尼尔出任宗教事务与公共教育部部长后得以改观。

巴黎公社时期,在教育世俗化及教育普及化方面取得了显著成就。

普法战争结束后,着力提高法国国民整体素质。

(2)初等教育。

在拿破仑第一帝国时期,初等教育的发展未受到政府足够的重视。

七月王朝时期初等教育持着较为强劲的发展势头。

第二帝国时期初等教育经费增加,初等学校教育的内容得以扩充。

巴黎公社时期初等教育的发展主要表现为免费、义务初等教育的发展。

第三共和国初期,《费里法案》的颁布标志着法国初等教育的发展达到了一个新的水平。

(3)中等教育:19世纪初,法国中等教育的发展受到拿破仑第一帝国政府的高度重视。

(4)高等教育:高等教育在拿破仑第一帝国时期的发展主要表现为一批专科学校、军事学校及巴黎高等师范学校的创办。

2.涂尔干论教育

涂尔干是近代法国著名的社会学家和教育家,西方教育社会学的奠基者。

(1)论教育功能。

1)教育在于使年轻一代实现系统的社会化,由"个体我"向"社会我"转变。

2)教育在于促使个体的潜能得以显现与发展,并在此基础上培养个体遵守社会秩序、服从政治权威等品质。

3)教育还可以将个体适应社会生活所必需的各种能力进行代际间的传递。

(2)论道德教育:非宗教化观点。

(3)论教育学与社会学的关系:教育受社会各系统的制约,具有明显的依赖性。

(三)19世纪英国的教育

1.教育发展概况

(1)国家逐步干预教育。

(2)初等教育的发展:1870年之后,基本上普及了初等教育。

(3)中等教育改革:主要依靠两类教育机构开展中等教育,一种是捐办文法学校,另一种是公学。

(4)高等教育的发展:在产业革命的推动下,高等教育的发展与变革主要表现为新大学运动与大学推广运动。

2.斯宾塞论教育

(1)论教育目的与课程:斯宾塞主张教育目的在于为完满生活做准备,为实现此目的,教育应从当时古典主义的传统束缚中解放出来,应该切实适应社会生活与生产的需要。

(2)教学原则与方法:反对传统教育中照本宣科、死记硬背等无视学生身心健康的教学方法,主张重视学生心理规律、兴趣与实验等。

(四)19世纪美国的教育

1.教育发展概况

(1)教育管理体制的变迁。

(2)初等教育的发展:19世纪初期美国初等教育内容脱离实际,经费投入明显不足。

(3)中等教育的发展:实施中等教育的主要机构为文实中学与公立中学。

(4)高等教育的发展:19世纪,美国高等教育在办学形式、学校类型、课程设置、教育规模等方面均发生了重大变化。

2.贺拉斯·曼论教育

(1)教育目的:培养社会需要的各类专业工作者。

(2)教育内容:完整的教育内容应该包括体育、智育、政治教育、道德教育以及宗教教育诸方面。

(3)师范教育:极为重视师范教育,将之视为提高公立学校教育的重要手段。

（五）19世纪的俄国教育

1.教育发展概况

（1）19世纪初的教育改革：在国内资产阶级民主思想和法国革命的影响下，沙皇亚历山大一世实施了教育改革。

（2）19世纪60年代的教育改革：教育领域均有一定程度的发展，但资产阶级民主主义教育并未取得实质性的发展。

（3）19世60年代的教育复辟：统治阶级在改革和进步的潮流面前采取了一些进步的教育改革措施，在一定程度上促进了教育事业的发展，但同时还出现了一系列的反复与倒退。

2.乌申斯基论教育

（1）教育的目的：培养全面和谐发展的个人。

（2）教学观：教学原则包括自觉性与积极性原则、直观性原则、连贯性原则、巩固性原则。

（3）论道德教育：培养个人具有爱国主义、人道主义情感，形成追求真理、公正、诚实、谦逊、尊重他人、信仰上帝等道德品格的最佳途径。

（4）论教育学及师范教育：教育学的最终目的在于希望从一切方面教育人，并且充分关注师范教育。

（六）19世纪的日本教育

1.发展概况

（1）初等教育的发展：明治维新之前，日本初等教育已有一定程度的发展，之后发展更快。

（2）中等教育的发展：19世纪末日本中等教育结构已构筑完成。

（3）高等教育：借鉴了欧美发展高等教育的经验，同时又较好地利用了本国已有的教育基础。

2.福泽谕吉的教育思想

（1）教育作用：知识富人，教育立国。

（2）智育：修习学问，唯尚实学。

（3）德育：培养国家观念与独立意识。

（4）体育：造就健康国民。

三、课后习题解答

1.比较19世纪欧美和日本教育发展过程中的异同。

答:(1)相同点:①形成了比较完善的近代教育体制,并在原有的基础上进行修缮、补充,使其更加系统全面。②以法律促成教育体制的完善,在具体的实施上,欧美和日本都用颁布法律的形式来强制性实施教育方面的改革,用法律的力量来促使教育体制的完善。③在初等教育上,全面开始实行免费义务教育,从而保障儿童受教育权利,并且颁布了具体的义务教育法来督促实行。④在中等教育上,积极发展师范教育,加强教师方面的教育提高整个教师群体的素质,保障师范教育的质量,从而利于普通教育质量的提高。⑤在高等教育上,主张自由的学术研究,重视学术研究与培养学生的研究能力。

(2)不同点:①教育改革的中心不一样,欧美只是针对原有的教育体制进行修补完善并没有推倒重新建立,而日本的明治维新却是从本质上将封建道路向资本主义道路迈进的过程。②明治维新一方面使日本教育走上了近代化道路,另一方面表现出军国主义色彩,欧美则不带有军国主义色彩,明治维新以来日本教育最大的弊端就是教育改革上留有很多封建残余的思想,并主导着教育的发展。

2.19世纪德国面临的主要教育问题有哪些?费希特和第斯多惠是如何论述这些问题的?

答:(1)德国面临的问题。

1)国家的不统一造成整个国家教育体制的分裂状态,各级学校教育质量的落后。

2)民族危机。随着政治、经济、民族振兴的需要,德国开始对各级教育的发展重视起来,希望通过教育的手段来改善国民素质,提高民族意识,挽救德意志民族。

3)封建王朝复辟。德国出现封建王朝复辟,对各级学校教育体系改动干涉,压制大学的自治和学术自由,阻碍了学校教育的发展。因此,要拯救国家、塑造全新的个人,发展教育就成为民族和国家振兴的必要途径。

(2)费希特的论述。

1)国民教育的作用与目的。彻底改革现有教育制度是使德意志民族延续下去的唯一办法。道德是教育的根本目的,强调爱国主义和民族精神的培养。完人是人性完善发展的人,完人应该是有理性的,完人是身心协调、平衡发展的人。

2)论国民教育的途径。国民教育包括全民教育和全面教育两个部分,提出全民教育是指教育应该针对全体国民,它不是一部分人的特权。全面教育是指对个人而言,每个人应该受到道德、智力、身体等全面的培养。

3)教育目标分类。他把教育目标分为学者和大众两类。学者教育注重培养学生独特的、自由的学术能力;大众教育则培养学生将来生活的实际能力。他主张把智育和德育结合起来。在知识与能力的关系上,他特别强调培养学生的认识能力。

(3)第斯多惠的论述。

1)在教育目的方面,他认为人生的最高目的是完善教育,发挥人的天资、智力和主动性。教育的最高目标或最终目的是激发学生的主动性,培养独立性,使人达到自我完善。

2)在教学论方面,他提出形式教学与实质教学的观点,教学原则要遵循自然原则、文化原则、连续性与彻底性原则、直观教学原则。

3)在教师观上,他主张自我教育,有崇高的责任感,有良好的素养和教学技能。

3.论述 19 世纪法国初等教育发展的历史过程。

答:(1)波旁王朝复辟时期和七月王朝时期的发展:拿破仑时期初等教育并未取得进步,反倒是在波旁王朝复辟时期和七月王朝时期得到了发展。

(2)第二共和国时期,教育部部长卡诺颁布《法卢法案》,加强了教会在初等教育领域的势力,初等教育经费有所增加,初等教育内容得以扩展,受教人数也得到增加。

(3)第三共和国时期及其之后,法国的初等教育主要向着免费和义务的方向发展。第三共和国时期,1881 年和 1882 年,法国政府颁布了《费里法案》,确立了国民教育义务、免费、世俗化三大原则,为法国初等教育的发展提供了必要的法律保障,指明了进一步努力的方向,它标志着法国初等教育的发展达到了一个新的水平。

4.试述评 19 世纪的科学教育思想。

答:(1)科学教育思想的形成与发展。早在十六七世纪,一些思想家如培根、夸美纽斯、洛克等人,就先后倡导进行自然科学知识的教育。培根是以提倡近代自然科学和科学教育而著名的重要哲学家,他开辟了近代科学教育发展的道路。夸美纽斯主张泛智教育,洛克在其绅士教育中指出学问的内容必须是实际有用的广泛知识。

(2)科学教育思想的基本主张。

1)斯宾塞的科学教育思想。斯宾塞认为,教育目的是为完满生活做准备,他呼吁教育应从古典主义的束缚中解放出来,适应生活、生产的需要。人类的一切活动都离不开科学知识,科学知识在指导人们生活的各种活动中具有最重要的价值。斯宾塞强调自然科学知识与人类生产和社会生活的密切关系。围绕着改革古典课程这个中心,斯宾塞还坚持改革古典的教育方法。

2)赫胥黎的科学教育思想。赫胥黎从工业发展和现代生活的需要出发,阐述了科学教育的重要性。他更重视科学和人文学科之间的平衡。

(3)科学教育思想的影响。

1)科学教育思想十分强调科学知识的价值,大力提倡科学教育。科学教育思想十分重视学校课程和教学方法的改革。科学教育思想对学校教育领域的改革实践直接起到了推动作用,这种改革是在学校中直接进行实践的。

2)科学教育思想的产生和发展适应了社会发展和时代进步的客观要求。其中包含了许多反映教育客观规律和具有普遍指导意义的论断,对近代教育实践和教育思想的发展起到了巨大的促进作用。

3)科学教育思想也有其历史局限性,斯宾塞的课程论反映了资产阶级利益,带有功利主义、经验主义和机械主义的色彩。

5.试述 19 世纪美国公立教育运动及其代表人物的有关观点。

答:(1)公立学校运动的概况。

1)19 世纪初期,美国初等教育发展的标志是公立学校运动。这是以实施国民初等教育为主旨的教育运动。

2)这场运动的主要内容包括以下几点。第一,建立地方税收制度,兴办公立小学;第二,颁布义务教育法;第三,采用免费教育的手段促进普及入学。公立学校运动为建立和形成完整的现代教育制度打下了坚实基础。

(2)代表人物的思想。贺拉斯·曼是"美国公立学校之父"。他认为教育目的是培养社会需要的各种工作者;教育内容应包括体育、智育、道德教育、政治教育、宗教教育。贺拉斯·曼十分重视教师的培养,认为这是提高公立学校教育质量的重要手段。他提倡设立师范学校培训未来教师。学校中除了开设公立学校要教的科目外,还有各科教学法、心理学、哲学、人体生理学、卫生学等。贺拉斯·曼的普及教育、师范教育思想深刻影响了美国乃至国际范围的教育实践,但其思想中有其阶级、时代的局限性,如美化美国政体、宗教思想等。

6.简述乌申斯基的教育思想。

答:见章节精讲。

7.简述福泽谕吉的教育思想。

答:见章节精讲。

四、考研真题汇编

(一)名词解释

1.《莫雷尔法案》。(东北师范大学 2017 年研)

2.《费里教育法案》。(北京师范大学 2016 年研,湖南师范大学 2018 年研)

3.《赠地法案》。(厦门大学 2016 年研)

4.《福斯特法案》。(华东师范大学 2013 年研)

5.福泽谕吉。(河北大学 2011 年研)

(二)简答题

6.简述日本明治维新的措施。(东北师范大学 2016 年研)

7.简述日本明治维新教育改革的主要内容。(深圳大学 2013 年研)

8.简述法国斯宾塞的科学教育思想。(东北师范大学 2014 年研)

9.简述 19 世纪德国柏林大学改革。(湖南大学 2016 年研)

参考答案：

1.《莫雷尔法案》是美国联邦政府于 1862 年颁布的。《莫雷尔法案》可以看作是第一个职业教育法,该法案规定,按各州在国会中参议院和众议院人数的多少分配给各州不同数量的国有土地,各州应当将这类土地的出售或投资所得收入,在 5 年内至少建立一所"讲授与农业和机械工业有关知识"的学院。

2.19 世纪 80 年代法国教育部长费里于 1881 年和 1882 年两次颁布教育法案,统称为《费里教育法案》,规定初等教育为免费教育,从此确立了国民教育的免费、义务、世俗化三原则,为近代法国国民教育的发展奠定了基础。

3.1862 年,美国参议员贾斯廷·莫瑞尔推动《赠地法案》实施,即由政府免费提供土地用以创办"赠地大学"。这个法案使美国 59 个州分别获得 3 万英亩土地创办大学,并且允许大学将这些土地变卖,用卖地之资作为学校经费。这些学院后来多半发展为州立大学,成为美国高等教育的一支重要力量,为美国的经济腾飞做出了重大贡献。

4.《福斯特法案》是英国第一个关于初等教育的法案,其中最有意义的是强迫初等教育,这是英国对过去政府从不过问初等教育的一个彻底的转变。此法案标志着英国国民初等教育制度正式形成。也正是由于此法案,使英国初等教育在此后的时间里,得到了迅速的发展。

5.日本近代著名的启蒙思想家、明治时期杰出的教育家。他毕生从事著述和教育活动,形成了富有启蒙意义的教育思想,对传播西方资本主义文明和日本资本主义的发展起了巨大的推动作用,因而被日本称为"日本近代教育之父""明治时期教育的伟大功臣"。

6.见下一题。

7.1868 年,日本进行了明治维新,开始了日本资本主义近代化的进程。

(1)提出了富国强兵、殖产兴业、文明开化的改革目标。

(2)在教育方面设置了文部省,负责管理全国的文化教育事业。

(3)1872 年 8 月,颁布了日本近代第一个教育改革法令—《学制令》,具体规定了日本的教育领导体制和学校制度。

(4)在教育领导体制方面,实行中央集权的大学区制。

（5）文部省设立督学局，各大学区设督学，督学有权与地方官员协商督办区内的教育。

（6）《学制令》规定废止寺子屋和乡学，开办8年制的、分为初级和高级两段各4年的小学校，让儿童接受普及义务教育。

8.见课后习题解答。

9.首先，柏林大学拥有充分的办学自主权。教师与学生享有研究与学习的自由，即"教学自由"与"学习自由"。其次，聘请一批学术造诣深厚、教学艺术精湛的教授到校任教，切实提高柏林大学的教学质量与学术声望。最后，重视柏林大学的学术研究与培养学生的研究能力，在哲学院、法学院、神学院与医学院等大兴学术研究之风。

五、强化训练及详解

（一）选择题

1.19世纪德国教育家洪堡推动新大学运动，制造了柏林大学办学模式，为大学增添了（　　）。

　A.人才培养功能　　B.科学研究功能　　C.社会服务功能　　D.文化传播功能

2.近代法国中央集权式教育管理体制确立的标志是拿破仑第一帝国时期设立的（　　）

　A.帝国大学　　　　B.教育部　　　　　C.大学区　　　　　D.索邦大学

3.19世纪中后期，英国全日制大学以校内或校外讲座的形式，向社会中下层及女子提供更多接受高等教育的机会，史称（　　）。

　A.高等教育普及化运动　　　　　B.新大学运动

　C.高等教育大众化运动　　　　　D.大学推广运动

4.在英国教育史上，促成英国政府教育委员会和地方教育当局的结合，形成以地方教育当局为主体的教育行政管理体制的教育法案是（　　）。

　A.《福斯特教育法》　　　　　　B.《巴尔福教育法》

　C.《费舍教育法》　　　　　　　D.《巴特勒教育法》

5.主张教育目的是"为完满生活做准备"、反对英国古典主义教育传统的教育家是（　　）。

　A.培根　　　　　B.洛克　　　　　C.斯宾塞　　　　　D.赫胥黎

6.在美国公立学校发展史上做出杰出贡献，并被誉为"美国公立学校之父"的教育家是（　　）。

　A.约翰·杜威　　　　　　　　　B.本杰明·富兰克林

　C.贺拉斯·曼　　　　　　　　　D.亨利·巴纳德

7.19世纪30年代，美国公立学校运动的主要内容之一是兴办（　　）

    A.公立小学　　　　B.公立中学　　　　C.公立职业学校　D.州立大学

8.1862 年,美国时任总统林肯批准了《莫雷尔法》,要求各州开办或资助农业和机械工艺类学院。这类学院被称为(　　　)。

    A.初级学院　　　　B.社区学院　　　　C.赠地学院　　　　D.技术学院

(二)填空题

9.19 世纪之后,德国初等教育速度加快,具体表现在颁布_____,为初等教育的发展提供了相应的法律保障。

10.法国大革命时期资产阶级提出的各种教育方案的一个共同点是反对_____垄断教育。

11.基佐法案是法国_____时期著名的教育法案。

12.法国第三共和时期两次颁布的《费里法案》,确立了国民教育_____、_____、_____三大原则,而且把这些原则的贯彻实施予以具体化。

13.法国大革命时期,资产阶级提出的著名教育方案有_____教育计划、_____教育计划、_____教育计划等。

14.19 世纪 20 年代英国的"新大学运动",促进了新大学_____的产生。

15.1804 年,俄国逐步建立和完善了学校体系和管理体制,颁布的_____主要内容是全国分为六大学区,每一学区设立一所大学,主要目的在于培养国家官吏。

16.日本明治政府在中央设立文部省,统一管理全国的文化教育事业并监管宗教事务。1872 年颁布的_____进一步确立了日本的教育领导体制中央集权式的大学区制。

(三)名词解释

17.《初等义务教育法》。

18.《教育论》。

19.《佐基教育法》。

20.导生制。

21.《中学校令》。

(四)简答题

22.简述柏林大学的主要特征及其在高等教育管理领域中的作用。

23.简述费希特论的国民教育。

24.简述涂尔干教育思想的基本内容。

25.19 世纪英国高等教育是如何发展的?

26.美国 19 世纪高等教育发展的特点是什么?

27.19 世纪俄国高等教育是如何发展的?

(五)论述题

28.试论述涂尔干道德教育思想的启示。

参考答案：

1.B 2.A 3.D 4.B 5.C 6.C 7.A 8.C

9.《初等义务教育法》

10.教会

11.七月王朝

12.义务原则；免费原则；世俗化原则

13.康多塞；雷佩尔提；拉瓦锡

14.伦敦大学

15.《大学附属学校章程》

16.《学制令》

17.19世纪之后，德国初等教育发展速度加快，具体表现在以下几个方面：一些公国进一步颁布《初等义务教育法》，为初等教育的发展提供了相应的法律保障；初等学校的教学内容也得以扩展和丰富，增加了数学、博物学、自然、几何、地理等学科。初等教育的发展大大提高了德国国民的整体教育素质，国家实力也得以增强。

18.《教育论》是英国斯宾塞的主要教育著作。原名为《教育——智育、德育和体育》。该书主要从理论上论证与宣传了19世纪英国资本主义经济繁荣发展时期资产阶级对教育的新要求，书中贯穿了斯宾塞的实证主义哲学观和资产阶级的社会政治思想。

19.1833年，法国教育部长基佐采纳库新的建议，颁布了《国民教育法令》又名《基佐教育法》，提出大力发展初等教育和师范教育，具体规定了全国每一分区设初等小学一所，修学年限6年，学习科目为法语、算术、度量衡、道德和宗教。《基佐教育法》的颁布，大大推动了初等教育的发展。

20.导生制又称为贝尔兰开斯特制，由英国传教士贝尔和兰开斯特创于19世纪上半期，是一种教学方法的基本方法，是教师在学生中选择一些年龄较大、学习成绩较好的学生充任导生，教师先对导生进行教学，然后由他们去教其他学生。

21.1886年的《中学校令》则为中等教育的发展做出了具体规范。《中学校令》认为中学主要应承担两大任务：实业教育及为升入高等学校做准备而实施的基础教育。中学分为寻常中学及高等中学两类，前者修业五年，由地方设置及管理，每府县设一所，属普通教育学校；后者修业两年，每学区设一所，全国仅设五所，属大学预科性质，直接受辖于文部大臣。在课程设置上，寻常中学主要开设修身、国语及汉文、习字、数学、物理、化学、矿物、农业知识等；高等中学则实施分科教育，一般设文、理、法、医、农商五科。

22.(1)特征：整个19世纪，欧美高等教育最光辉的榜样是德国柏林大学的建立。柏林大学建于 1810 年,当时正是德国民主和国家最困难的时期,教育部长洪堡接受建议,并在费希特和施莱尔马赫的亲自帮助下创办了柏林大学。柏林大学的重要特征和原则就是尊重自由的学术研究,以专门的科学研究为主要的追求,以科研带动教学。大学开办讲座,开展自由讨论,提倡师生研究,鼓励新的建树。

(2)意义:柏林大学确立了科学研究在大学中的地位,使世界高等教育发展到了一个新的时代,彻底结束了欧美长达 200 年的高等教育的"冰河期";也使德国成为 19 世纪世界高等教育的中心。

23.见章节精讲。

24.见章节精讲。

25.在产业革命的推动下,19 世纪英国高等教育的发展与变革主要表现为新大学运动与大学推广运动。1828 年,伦敦大学学院的成立标志着新大学运动的开始。该学院不再实施宗教教育,转而重视自然科学的教育。国教派成立英王学院,除了在宗教教学问题上与伦敦大学学院存在分歧外,英王学院也对实科教育持较为重视的立场。此后两院合并成为伦敦大学。在其带动下,英国城市学院纷纷成立,城市学院的兴起极大地改变了英国高等教育的传统,科学教育步入大学的讲坛,高等教育从此向中产阶级子弟开放。大学推广运动主要指全日制大学以校内或校外讲座的形式将教育推广到非全日制学生。伦敦大学、牛津大学、剑桥大学在大学推广运动中发挥了关键作用。大学推广运动产生了较大的社会影响,在加强大学与社会之间的联系,促使社会中下层阶级和女子有更多的接受高等教育机会,推动课程改革和高等教育机构发展等方面发挥了重要作用。

26.19 世纪,美国高等教育的办学形式、学校类型、课程设置、教育规模等方面产生了重大变化,主要特点如下。

(1)办学形式上,以私立为主体,私、公兼有。

(2)高等院校数量大增,但规模较小。

(3)农工学院兴起。1820 年,缅因州的加德纳职业学校为美国第一所农业学校。1862 年,林肯批准了《莫雷尔法》,该法促进了农工学院的发展。农工学院的发展开创了高等教育为工农业生产服务的方向,改变了高等教育重理论轻实际的传统。

(4)取法德国经验,建立学术型大学。

(5)女子进入高等院校。19 世纪美国高教制度的建立奠定了 20 世纪高教发展的基础,但高等教育仍然是资产阶级的特权。

27.直到 19 世纪初,俄国才陆续创办了更多大学。根据 1804 年的《大学章程》,大学不仅是教育和学术研究的高级机构,而且是各大学区的教育中心和领导机关;大学本身享有选举校长、系主任、教授等自治权利。当时这些大学是专门培养那些高官显贵子弟的阶级特权学校,在社会上有着很高的声望,它们聚集着来自社会各阶层的思想先进的学者。俄国的高等教育虽然起步较晚,但它比较重视高等技术教育。在社会和教育改革运动的强大压力下,1863年的《大学章程》才恢复了大学自治的某些权利(教授自治权,大学委员会权等)。与此同时,高等农业教育和高等艺术教育也纷纷发展起来,出现了彼得堡农学院、彼得罗夫斯克—拉祖莫夫农林学院、彼得堡音乐学院等著名的专业学院。19世纪下半叶,俄国涌现出了许多世界著名的科学家、思想家、文学家、艺术家,这都是与这一时期高等教育的蓬勃发展分不开的。高等教育的进步对俄国经济的发展也造成巨大的影响。

28.涂尔干是第一个以社会学家的身份系统地将道德、德育纳入自己的研究视野,并将其作为整个理论中心的学者。涂尔干的社会情怀影响了他的教育观,他认为教育即人的社会化。教育不是要培养远离现实社会的理念中的人,而是要培养合格的公民。所以教育应该面向现实世界,将真实的现实世界教给学生。

(1)重视知识的道德教育价值。

1)以完整的知识培养完整的人性。教育要促进人性的完善和发展,但人性不是纯形式的,人的社会化也不是建立在流沙之上,只有通过知识的学习才能促进人性的发展。

2)以现实的知识培养现实的人性,不同时代人性有不同的特征,教育要重视面向现实世界,要注重现时代人的感受,注重用现时的知识教育学生,这样才能培养出能够适应社会、使国家强大的人才。

(2)重视教育方法的道德教育。

1)让心智直接面对事物。教学应当能够使学生以形形色色的方式和外在现实发生关联,只有让心智直接面对事物,面对事物实际运作的状况,才能使心智养成这些态度。

2)重视理性能力的培养。知识不仅是积累起来的信息财富,而且是思考方式,无论是使用何种教育方式,都需要培养受教育者的理性思考能力。

(3)师生之间的个人化关系。学生和教育者之间保持个人持续接触,这种接触使得教师和学生之间形成了良好的关系。教师更了解学生,知道教育应该从哪里开始,所以他所施行的教育也就越发地强大有力。总之,涂尔干重视知识的道德教育价值,尤其是重点论述了科学知识的道德教育价值,他认为道德教育必须要通过各种知识的学习才能达到。撇开知识学习单纯地进行道德教育,并不能使人养成面对生活的基本的习惯和态度,不能对现实做出正确的判断。另外,并不是有了知识就自然能对人产生道德认知、情感、意志上的教育意义,知识的学习要培养学生面向现实的态度和能力以及理性的思考能力,这样的知识教学才能成为道德教育的途径。

第十六章 马克思和恩格斯的教育思想

一、考点概述

(1)马克思和恩格斯对空想社会主义者教育思想的批判继承。

(2)教育与社会的关系。

(3)教育与社会生产。

(4)马克思关于人本质的观点与个性形成的因素。

(5)人的全面发展学说。

(6)教育与生产劳动相结合。

二、章节精讲

(一)对空想社会主义者教育思想的批判继承

马克思、恩格斯教育思想的产生和形成,是基于对近代科学发展及资本主义制度的发展带来新情况和新问题的思考和研究。对其教育思想的形成影响最大的,是19世纪三大空想社会主义者圣西门、傅立叶和欧文的教育观点。

1.关于对资本主义社会的教育的批判

马克思、恩格斯认为,三大空想社会主义者的批判是有积极意义的。但空想社会主义者主要是从人性论出发,错误地认为资本主义制度及其教育中的各种弊端只是由于它不符合人性或者所谓人的理性。

2.关于环境和教育对人的发展的影响

关于空想社会主义者欧文的"环境决定论"和"教育万能论"的性格形成学说,马克思、恩格斯既批评其重蹈了旧唯物主义的错误覆辙,将人视为完全是环境的消极产物,忽视了人的主观能动性,看不到人在革命实践的过程中改变着客观世界,同时也改变着人自身;但又肯定这一学说强调人的发展的社会制约性和高度重视教育的作用。

3.关于人的全面发展

马克思、恩格斯尽管赞赏空想社会主义者关于人的全面发展要求及其实现的预示性描绘,但却扬弃了其中基于人性论的空想。

4.关于教育与生产劳动相结合

教育与生产劳动相结合,是三大空想社会主义者的共同主张。欧文关于教育与生产劳动相结合的思想和教育实践活动,是试图将科学知识教育与机器生产劳动结合起来,从而受到马克思、恩格斯的高度评价。但是他们也指出其并未能真正揭示教育与生产劳动相结合的客观规律性。

(二)论教育与社会的关系

一定的社会关系制约着教育的发展、教育的社会性质,以及教育的社会职能的实现;同时又要求教育为这些关系服务,特别是为维护和发展一定社会的经济、政治服务,发挥教育的社会功能。马克恩、恩格斯虽然强调社会关系的性质决定教育的社会性质,但他们又认为,教育还受多重因素的制约,教育对社会关系具有相对的独立性和继承性。因此他们从未抽象地、一般地否定资本主义社会的教育,而只是强调要改变资本主义教育的阶级性质,使教育摆脱资产阶级的影响。

(三)论教育与社会生产

(1)教育是劳动力生产和再生产的重要手段。
(2)教育是科学知识转化为现实生产力的重要手段。
(3)学校还是科学知识再生产的重要场所。

(四)论人的本质和个性形成

1.马克思关于人的本质的观点

(1)首先,反对把人的本质看成单个人所固有的抽象物,强调在其现实性上考察人、认识人。其次,强调人的社会性。

(2)肯定人是社会的产物,但又指出,人不是消极的客体,人区别于动物的特点之一就在于人具有实践活动的主观能动性。

2.个性形成的因素

(1)人的遗传素质,是人赖以发展的物质基础和前提,人们所处的社会条件和教育对人的个性的形成和发展具有决定意义。

(2)重视社会环境和教育对于人的形成和发展的作用,人们在改造客观环境的实践中,能动地接受环境和教育的影响,从而又改造自己的主观世界,发展自身。

(五)论人的全面发展

人的全面发展,意味着劳动者智力和体力两方面,以及智力的各方面和体力的各方面都得到发展,达到体力劳动和脑力劳动相结合,这是人的全面发展的基础。但从更深层次看,它也是指一个人在志趣、道德、个性等方面的发展,即作为一个真正"完整的""全面性"的人的发展,而且是每个社会成员得到自由的、充分的发展。使每个社会成员得到自由的、充分的发展,还必须向全体社会成员施以普遍的全面教育,以及实行教育与真正自由的生产劳动相结合。实现每个人的全面发展,是一个历史发展过程。社会全体成员的全面发展,只有到共产主义社会才能最终实现。

(六)论教育与生产劳动相结合

(1)现代生产与现代教育的关系。

1)工业的发展需要多方面发展的工人,需要工人尽可能受到适应劳动职能变更的教育。

2)机器大工业生产是建立在现代科学技术基础上的,教育与生产劳动有机地结合才能为其提供基础。

3)综合技术教育贯穿的现代教育内容也为教育与生产劳动相结合提供了重要的"纽带"。

(2)教育与生产劳动相结合的重大意义:它不仅是提高社会生产的一种方法,而且是造就全面发展的人的唯一方法。

三、课后习题解答

1.怎样理解社会关系决定教育的社会性质?

答:(1)教育是与人类的生产联系在一起的,既取决于生产的物质条件也取决于生产关系。社会或社会生产关系决定着教育,制约着教育的发展、社会性质以及社会职能的实现,并要求教育为这些关系服务,发挥教育的社会功能。

(2)社会关系的性质决定教育的社会性质,教育还受多重因素的制约,由于教育与社会关系存在着复杂的关系,建立正确的教育制度,需要改变社会条件,为了改变社会条件,又需要相应的教育制度,从实际情况出发。

2.马克思从哪些方面说明教育对社会生产的重要意义?

答:(1)教育是劳动力生产和再生产的重要手段,是提高劳动生产率的最关键的因素。

(2)教育是科学知识转化为现实生产力的重要手段。科学要想转化为劳动力,必须通过教育培养出技术人才与直接劳动者。

(3)学校还是科学知识再生产的重要场所。学校教育不仅把人类长期积累的科学知识进行有效的保存、选择和传递,而且通过高等专业技术教育机构的研究和开发,再生产科学知识。

3.为什么说马克思、恩格斯关于人的个性形成学说是对"环境决定论"和"教育万能论"的突破?

答:(1)马克思、恩格斯关于人的个性形成学说。

1)人的遗传素质是人发展的物质基础和前提。人的遗传素质存在个别差异,但是对人的形成和发展具有决定性意义的是人们所处的社会条件和教育。

2)马克思主义重视社会环境与教育对于人的形成和发展的作用,但对环境决定论和教育万能论提出批判,认为它夸大了环境和教育对人的作用。

3)马克思主义将实践的观点纳入关于人的形成发展理论,认为人们是在改造客观环境的实践中,能动地接受环境和教育的影响,从而又改造自己的主观世界,发展自身的。

马克思主义创始人强调以实践的观点将人作为认识活动的主体加入环境与教育的影响过程,这为科学地解决环境和教育在人的发展中的作用,以及教育在社会发展中的作用问题奠定了科学的理论基础,并使人的形成发展学说取得了重大的突破。

(2)环境、教育与个性形成的关系。

马克思、恩格斯既批评欧文忽视了人的主观能动性,看不到人在革命实践的过程中改变着客观世界,同时也改变着人自身;但又肯定这一学说强调人的发展的社会制约性和高度重视教育的作用。

4.马克思、恩格斯怎样揭示现代生产、现代科学和现代教育的内在联系?

答:(1)现代科学的发展是现代生产出现和发展的前提和基础。现代生产的发展是建立在现代科学技术基础上的。随着现代科技的出现和发展,生产技术不断革新。

(2)现代科学和生产的发展推动了现代教育的产生,随着现代大工业的逐步建立,现代科学和生产对教育提出了更高的要求。

(3)现代教育的发展是现代生产gn科学进一步发展的动力。一方面现代教育为现代生产的发展提供了大量的专门人才。另一方面,现代教育不断地使科学知识得以生产和再生产,通过高等专业技术教育机构的研究和开发再生产科学知识,从而进一步推动了现代科学技术的发展。

5.真正逐步实现全体社会成员的全面发展需要有哪些条件?

答:(1)人的全面发展,即劳动者智力和体力两方面,以及智力的各方面和体力的各方面都得到发展,达到体力劳动和脑力劳动相结合,这是人的全面发展的基础。

(2)人的全面发展只能依据现实的社会条件才能实现,所以必须从根本上变革资本主义生产方式,废除生产资料的私有制,消灭阶级划分,全面解放生产力,这是实现人的全面发展的前提条件。

(3)实现每个人的全面发展,是一个历史发展过程。实现人的全面发展和彻底消灭私有制、建立共产主义社会是互为条件的。私有制只有在个人得到全面发展的条件下才能消灭,同时,也只有共产主义社会才能实现人的全面发展。

四、考研真题汇编

(一)名词解释

1.马克思人的全面发展学说。(北京师范大学 2015 年研)

2.教育万能论。(温州大学 2013 年研)

3.主观能动性。(北京大学 2011 年研)

4.遗传素质。(福建师范大学 2015 年研)

(二)简答题

5.简述社会生产力对教育的制约作用所表现的方面。(四川师范大学 2016 年研)

6.简述马克思对人的本质问题的理解。(首都师范大学 2014 年研)

7.简述影响人发展的基本要素。(北京师范大学 2015 年研)

(三)论述题

8.试论述马克思、恩格斯的教育思想。(华南师范大学 2017 年研)

参考答案:

1.马克思人的全面发展学说是马克思主义最高价值理想,指人的全面发展,人的自由发展,人的全面而自由的发展,是未来社会的价值目标,也是现实人的发展的最高理想境界的有机统一。

2.教育万能论是一种片面地夸大教育在人的发展中的作用的观点,认为人完全是教育的产物,忽视或否定了遗传素质及人的主观能动性在人的发展中的作用,把社会环境和教育看作是影响人的发展的决定性因素。

3.主观能动性指人的主观意识和实践活动对于客观世界的反作用或能动作用,人们能主动地认识客观世界并在认识的指导下能动地改造客观世界。

4.遗传素质是指从父母先代继承下来的,与生俱有的生理解剖特点。

5.(1)生产力水平决定教育的规模和速度。

(2)生产力水平制约着教育结构的变化。

(3)生产力发展水平制约着课程的设置和教育内容的选择。

(4)生产力水平制约教育方法、手段对教学组织形式的变革。

6.(1)人的本质是现实的、具体的,反对脱离具体的历史条件和社会关系考察人的本质。

(2)人的本质是由社会关系决定的,人类在劳动的过程中,在社会关系中才形成了人的本质。

(3)一切社会关系的总和是诸多社会关系的有机统一,各种社会关系在有机统一的联系中不是并列的、平等的,它们在决定人的本质方面发挥不同的作用。在各种社会关系中,物质关系,特别是生产关系是最基本、最主要的,它决定和制约着其他一切社会关系。

(4)人的本质是历史的、发展的,人的本质不仅不是抽象的,而且不是永恒不变的,是随着历史的发展而发展的。因为社会关系不是固定不变的,而是随着社会生产力和生产关系的矛盾运动而不断发展变化的。

(5)马克思主义承认并重视人的自然属性,认为人的自然属性是人的社会属性的物质承担者、基础和前提,没有自然属性就谈不上人类的生存和发展。人的本质主要体现的是人与动物相区别的根本特征,人不仅是自然存在物,更是社会存在物。所以,社会属性才是人的本质属性。

7.(1)遗传素质为个体的身心发展提供了可能,没有遗传素质就谈不上后期的发展,遗传素质是造成个体间个别差异的原因之一。

(2)成熟对个体发展的影响。人的机体的成熟程度制约着身心发展的程度和特点,它为一定年龄阶段身心特点的出现提供了可能性。

(3)环境对个体发展的影响。环境指个体生活中,影响个体身心发展的一切外部因素。环境为个体的发展提供了多种可能。

(4)学校教育。学校教育是由承担责任的教师和接受教育的学生共同参与和进行的,这是学校活动中主体的特殊性。

(5)个体在社会实践中主观能动性的巨大作用。

8.(1)教育同社会生产和社会关系密切联系。社会或社会关系决定教育,一定社会的这些关系制约着教育的发展、教育的社会性质,以及教育的社会职能的实现;但同时又要求教育为这些关系服务,特别是为维护和发展一定社会的经济、政治服务,发挥教育的社会功能。

(2)教育与社会生产的关系。物质生活资料的生产是人类社会存在和发展的基础。不同的生产力发展水平,为教育提供了不同的物质基础。社会生产的发展,不仅促进了教育发展的规模和速度,也推动了教育的内容、方法和组织形式的改革。教育是劳动力生产和再生产的重要手段、是科学知识转化为现实生产力的重要手段、是科学知识进行再生产的重要场所。

(3)教育、环境和人的发展之间的关系。遗传素质是人赖以发展的物质基础和前提;重视社会环境与教育对于人的形成和发展的作用,强调实践的观点,把人作为认识活动的主体加入环境与教育的影响过程。

(4)关于人的全面发展的学说。马克思和恩格斯指出,人的全面发展,意味着劳动者智力和体力两方面,以及智力的各方面和体力的各方面都得到发展,达到体力劳动和脑力劳动相结合,这是人的全面发展的基础。但从更深的层次看,它也是一个人在志趣、道德、个性等方面的发展,即作为一个真正"完整的""全面性"的人的发展,而且是每个社会成员都得到自由的、充分的发展。

(5)关于教育与生产劳动相结合。马克思和恩格斯指出,首先,大工业生产的本性需要尽可能多方面发展的工人,客观上要求将生产劳动和教育结合起来;其次,由于机器大工业生产是建立在现代科学技术基础上的,这就通过科学这一中介,为教育与生产劳动有机地结合提供了基础;最后,综合技术教育,也为教育与生产劳动相结合提供了重要的纽带。

五、强化训练及详解

(一)选择题

1.马克思主义教育学说认为,人的发展的根本动力是( )。
  A.环境影响　　　B.教育作用　　　C.内在因素　　　D.实践活动

2.人的发展总是受到社会的制约,这意味着( )。
  A.教育要坚持社会本位的价值取向　　B.教育要充分考虑社会发展的需要
  C.教育目的的确不应从个人出发　　　D.教育要为社会生活做准备

3.马克思主义经典作家关于人的全面发展的基本涵义是( )。
  A.人的劳动能力的全面发展　　　B.德智体全面发展
  C.人的独立个性全面发展　　　　D.人的身心全面发展

4.马克思主义经典作家认为,实现人的社会全面发展的基本途径是( )。
  A.发展生产力　　　　　　　　　B.消灭社会分工
  C.普及教育　　　　　　　　　　D.教育与生产劳动相结合

5.下列选项中不属于马克思对人的本质的界定的有( )。
  A.劳动是人的本质　　　　　　　B.人的需要即人的本质
  C.人的本质是人的全部属性的总和　D.人的本质是一切社会关系的总和

6.生产方式是社会发展的决定力量,以下不属于其原因的是( )。
  A.它是人类社会存在和发展的基础　B.它是全部社会关系的总和
  C.它决定社会制度的性质　　　　　D.它决定社会形态的更替

7.教育对社会发展起着( )。
  A.促进作用　　　B.阻碍作用　　　C.决定作用　　　D.促进或阻碍作用

8.马克思、恩格斯认为,实现人的全面发展的根本的社会条件是( )。
  A.资本主义制度　　　　　　　　B.体力劳动与脑力劳动相统一
  C.科技高度发展　　　　　　　　D.共产主义制度

(二)填空题

9.物质生活资料的生产是人类社会存在和发展的基础,教育的发展归根到底要受到_____的制约。

10.社会生产的发展,不仅促进了教育发展的规模和速度,也推动了教育的_____、_____和_____。

11.马克思在《关于费尔巴哈的提纲》中写道:"人的本质不是单个人所固有的抽象物。在其现实性上,它是_____。"

12.马克思认为人的全面发展的基础是达到_____和_____相结合。

13.教育受社会、社会关系的_____,又为社会_____。

14.对马克思、恩格斯教育思想的形成影响最大的,是19世纪三大空想社会主义者_____、_____、_____的教育观点。

15.马克思、恩格斯认为,人类社会存在和发展的基础是_____的生产和再生产。

16.由于机器大工业生产是建立在现代科学技术基础上的,这就通过科学这一中介,为_____与_____有机地相结合提供了基础。

(三)名词解释

17.空想社会主义。

18.环境决定论。

19.辩证唯物主义。

20.社会关系。

21.教育的社会制约性。

(四)简答题

22.什么是马克思主义课程论?

23.马克思主义的思想来源是什么?

24.马克思主义基本原理是什么?

25.马克思人的全面发展学说的内容是什么?

26.马克思主义关于人性的基本观点是什么?

27.马克思主义关于教育与生产劳动相结合的基本观点是什么?

(五)论述题

28.试论述马克思主义关于人的全面发展学说及其当代教育实践意义。

参考答案:

1.D 2.B 3.A 4.D 5.C 6.B 7.D 8.D

9.社会生产力

10.内容;方法;组织形式的改革

11.一切社会关系的总和

12.体力劳动;脑力劳动

13.制约;服务

14.圣西门；傅立叶；欧文

15.社会物质生活资料

16.教育；生产劳动

17.空想社会主义是建立在唯心史观基础上的向往理想社会的社会主义学说。它批判资本主义制度，企图在脱离现实的情况下，建立一个没有阶级对立的新社会，亦称"乌托邦社会主义"，是资本主义经济尚未充分发展，无产阶级和资产阶级之间的阶级斗争尚未充分展开时期的一种社会思潮。

18.环境决定论者重视教育和环境对儿童心理发展的作用，是19世纪后半期到20世纪初，西方关于儿童心理发展的主要的观点之一。但是他们片面地强调和机械地看待环境或教育的作用，认为儿童心理的发展完全是由环境决定的。

19.辩证唯物主义是马克思主义的一种哲学理论，是把唯物主义和辩证法有机地统一起来的科学世界观。辩证唯物主义认为物质世界是按照它本身所固有的规律运动、变化和发展的，它揭示了事物发展的根本原因在于事物内部的矛盾性。事物矛盾双方又统一又斗争，促使事物不断地由低级向高级发展。

20.社会关系是人们在共同的物质和精神活动过程中所结成的相互关系的总称，即人与人之间的一切关系。

21.教育的社会制约性，是教育社会性的最主要的表现形式，指教育受一定社会的生产关系和生产力发展水平的制约，同时也受到社会文化传统和人口等其他社会因素的制约。这种制约是客观存在的，只有认识它，才能把握教育发展和改革的规律，教育本身才能得到更好的发展，教育也才能更好地为社会的政治、经济、文化建设服务，促进社会的进步。

22.马克思主义课程论是以人的全面发展为中心的课程论。它是以马克思主义关于人的全面发展学说为基础，以实现社会主义教育目的为依据，以促成人的全面发展为核心，以德、智、体、美、劳五育为基本内容的新课程论。它主张教学内容要按照学科自身的体系分科设课，既要遵循学科的内在逻辑体系，又要适应学生的认识规律和发展水平，既能促成他们知识技能的增长、智力和体力的发展，又能促进他们科学世界观和共产主义道德品质的形成。

23.(1)德国古典哲学、英国古典政治经济学和19世纪法国及英国的空想社会主义学说，是马克思主义的直接理论来源。

(2)马克思、恩格斯吸收了德国古典哲学中黑格尔辩证法的合理思想和费尔巴哈唯物主义的基本思想，创立了辩证唯物主义和历史唯物主义，在哲学领域实现了革命性的变革。

(3)马克思、恩格斯吸取了亚当·斯密和大卫·李嘉图等英国古典经济学家的劳动价值论等合理思想，创立了剩余价值学说，使经济学发生了革命性的变革。

(4)马克思、恩格斯批判地吸取了空想社会主义学说的积极成果，创立了科学社会主义理论,实现了社会主义理论的变革。

24.与时俱进就是坚持一切从实际出发,理论联系实际,实事求是,在实践中检验真理和发展真理,是马克思主义最重要的理论品质。

25.我们认为,马克思关于人的全面发展学说的内涵主要包括人的全面发展的目标观、人的全面发展的过程观和人的全面发展的内在依据观三个方面。

(1)关于人的全面发展的目标观。马克思主义关于人的全面发展学说把人的全面发展理解为一个目标,认为人的全面发展目标的内涵,主要包括人的劳动活动、劳动能力、社会关系、自由个性和人类整体的全面发展。人的劳动活动的全面发展,是人区别于动物的本质性活动。人的劳动能力的全面发展既包括从事物质生产劳动的能力和作为生产力要素的生产技术能力,又包括从事精神活动和精神生产的能力。人的社会关系的全面发展是指人总是在一定的社会关系中生存和发展的。人的自由个性的全面发展反映的是人的不断发展的特殊性和差异性。人类整体的全面发展是指个人的全面发展和人类整体的全面发展是相辅相成、不可分割的一个问题的两个方面。没有个人的全面发展,就不可能有人类整体的全面发展,个人的全面发展也只有在人类整体的全面发展中才能实现。

(2)关于人的全面发展的内在依据观。马克思主义关于人的全面发展学说的提出有其内在的依据,即人的全面发展体现了共产主义社会的本质规定性的要求,是适应社会化大生产需要的客观要求。第一,人的全面发展是共产主义社会的本质规定性。马克思认为共产主义社会的特征之一就是"人的全面发展"。第二,人的全面发展是社会化大生产的客观要求。马克思认为,资本主义生产是一种大工业生产,是符合历史发展方向的。

26.人性是人作为类存在物所具有的共性,是人区别于其他动物的特性;是人成其为人及其特性的根据和原因。马克思第一次从科学的实践观来对待人性,把人分为三层属性:自然属性、社会属性、精神属性。人性是现实的、具体的、历史的。人只有在社会关系中才成为真正的人。而人的这种社会属性正是在社会实践中形成的,而且主要是在改造自然、改造社会关系、改造人本性的社会生活实践中形成的。人的社会属性是具体的历史现实的动态的形成过程。

27.劳教结合是改造现代社会的最强有力的手段之一;劳教结合是提高社会生产的一种重要方法;劳教结合是造就全面发展的人的唯一方法。

28.(1)关于人的全面发展学说请参考第25题。

(2)当代实践意义:①马克思关于人的全面发展学说为教育目的的价值取向提供了最基本的理论依据。中国现代教育就必须站在这个角度,去把握人的发展水平与社会历史进程的统一,从而去实现现存条件下最大可能的人的全面发展,即在关注人的劳动能力全面发展的同时,也要追求全面提高人的素质前提下人的发展的高层次目标。②坚持以人为本,促进人的全面发展。教育要以人为本,把人本身的全面发展突出出来。在实践层面上,把学生当作人来培养,不要把学生当作"应试机器"或当作符合某种社会规格的产品来进行生产。③实施素质教育,实现人的内在个性潜能最大程度的协调发展。在应试教育的压力下,我国的"五育并举"实际上只重视智育,忽视德育和体育,放弃美育和劳动技术教育。在这种教育中培养的人是不全面的,这是其一。其二,应试教育不能面向全体学生。其三,不能激发学生的创造力和主动性。④教育同生产劳动相结合,实现人与社会的协调发展。这里的教劳结合有两层含义:一是教育与生产劳动相结合;二是生产劳动与教育相结合。基于当前我国生产力和教育发展水平,在观念上应重视培养学生的劳动观念和劳动习惯;在实践上应根据现代化生产力的要求,结合地区和学校的实际情况,合理地进行课程设置,系统地安排中小学生的生产劳动活动。⑤全面发展与个性发展相结合,实现人的本性的充分自由发展。首先,我们要正确认识全面发展与个性发展、基础与提高之间的关系。其次,由于遗传、环境及后天教育的不同,学生之间存在着个体差异,所以,学校教育不应该像花匠摆弄盆景那样,按自己的意愿去剪裁学生。⑥构建终生教育体系,在终生教育中实现人的全面发展。终生教育思想不仅定位在学校教育后的继续教育,学前教育和学校教育都要贯彻这一思想。应着重从两个方面把握:一是培养成才基础的学前教育观;二是注重学习能力培养的学校教育观。⑦呼唤教育公平,实现面向社会全体成员的平等的教育。人的全面发展不仅指每个人的发展,也包含着社会全体成员的发展。不公平的社会造成不平等的教育,不平等的教育会加剧社会的不公平。

第十七章　19世纪末至20世纪前期欧美教育思潮和教育实验

一、考点概述

(1)新教育运动:新教育运动的形成和发展。

(2)进步教育运动:进步教育运动始末、几种重要的教育制度和教育方法。

(3)实验教育学。

(4)凯兴斯泰纳的"公民教育"与"劳作学校"理论。

二、章节精讲

(一)新教育运动

新教育运动亦称新学校运动,是19世纪末20世纪初在欧洲兴起的教育改革运动,在教育实践不断推广的基础上,新教育理论进一步发展。

1.新教育的由来及发展

1889年,英国教育家雷迪在英格兰创办了阿博茨霍尔姆乡村寄宿学校,标志着欧洲新教育运动的开始。在雷迪的影响下,欧洲各国出现了一批新学校。

①德国的利茨创办了德国第一所乡村寄宿学校。

②法国的德莫林创办了法国的第一所新学校——罗斯学校。

上述新创立的乡村寄宿学校注重把学校设在自然环境中,使儿童了解自然,在自然中得到体力和智力的发展。

2.爱伦·凯

爱伦·凯是瑞典作家和教育家。她的著作《儿童的世纪》被视为新教育的经典作品。作为新教育的倡导者,她尖锐地批判家庭和学校教育对儿童的摧残,竭力倡导自由教育,主张建立以儿童为中心的理想学校。

3.德可乐利

德可乐利是比利时教育家,新教育的代表人物。德可乐利重视儿童的本能与兴趣,将它们视为教育的基础,也重视环境的作用,强调两者的融合,主张学校应循着两条路线进行改革:加强教育与生活的联系;为儿童的发展提供适宜的有刺激的环境。

4.罗素

罗素是英国哲学家、数学家、逻辑学家和教育家。他认为现代教育有四大发展趋势:教育制度民主化;教育内容实用化;教育方法自由化;给幼儿期以更多的注意。罗素的教育思想以其民主与科学的精神为基本特征,充满了怀疑精神与向旧观念挑战的勇气。

(二)进步教育运动

进步教育运动是指产生于19世纪末并持续到20世50年代的美国的一种教育革新思潮,亦称"进步主义教育运动",进步学校更关心普通民众的教育,更强调教育与生活的联系、从做中学以及学校的民主化问题。

1.进步教育运动始末

1)兴起阶段(19世纪末至1918年)。19世纪末,美国教育家帕克创造了"昆西教学法",被杜威称作"进步教育之父"。1896年,美国教育家杜威在芝加哥大学创办了一所实验学校。在他的影响下,许多进步教育实验以各种形式展开。

2)建立组织阶段(1919—1929年)。1919年,美国成立了进步教育协会。1920年,协会提出了进步教育的七项原则(改进初等教育的七大目标)。1924年,美国进步教育协会创办了《进步教育》杂志,向读者介绍欧洲的教育革新和美国的进步教育实验。

3)后期发展阶段(1930—1957年)。1957年,《进步教育》杂志停办,标志着美国教育史上一个时代的结束。

2.几种重要的教育制度和教育方法

1)帕克的昆西教学法。帕克的教育革新措施以"昆西教学法"或"昆西制度"著称。帕克认为教育要使学校适应儿童,而不是使儿童适应学校;重视学校的社会功能;主张学校课程应尽可能与儿童的实践活动联系起来;强调培养儿童自我探索和创造的精神。

2)约翰逊的有机教育学校。

3)沃特的葛雷制学校。沃特是美国教育家,葛雷制学校的创始人。"葛雷制"计划亦称"双校制""二部制",曾被认为是美国进步教育思想最成功的例子。

4)帕克赫斯特的道尔顿制。道尔顿制是一种个别教学制度。帕克赫斯特批评传统的班级授课制使学生处于被动地位,学生的个别差得不到应有的照顾。

5)华虚朋的文纳特卡计划。华虚朋是美国教育家,华虚朋的教育实验以"文纳特卡计划"著称。华虚朋提出的解决办法是将个别学习和小组学习结合起来,个性发展与社会意识的培养相联系。

6 克伯屈的设计教学法。克伯屈是美国教育家,被称为"设计教学法之父"。他将"设计教学法"定义为在社会环境中进行有目的的活动,重视教学活动的社会的和道德的因素。

(三)实验教育学

实验教育学 19 世纪末 20 世纪初产生于德国,是作为传统教育的对立物而出现的,试图解决旧教育的弊端,批判旧教育注重逻辑推理和抽象思辨的方法,重视实验,并强调从实验的结果中寻找教育的途径和方法。

1.德国的实验教育学

(1)梅伊曼是德国实验教育学的创始人之一。他从实验教育思想出发,批评了传统教育学,主张应采用观察和实验的方法来研究教育,并通过科学实验的验证来发现和陈述事实。

(2)拉伊,德国教育家,认为用思辨方法建立起来的旧教育学缺乏科学性,强调实验与教育实际的密切联系,重视学校、教师在教育实验研究中的作用和意义。

2.霍尔、桑代克

(1)霍尔,美国儿童心理学的创始人,是美国第一个试图把发展心理学运用到教育方面的人。

(2)桑代克,教育心理学家,重视对教育进行科学研究,把学习过程看作形成后天习得的联结的过程,并提出了他的尝试错误的学习理论和学习的三个定律。

3.智力测验

智力测验是儿童研究运动的表现形式之一。

比纳编制智力量表是当时法国实施义务教育的需要,法国政府要求动用各种方法来鉴别低能儿童,以便为他们开设特殊学校或特别班。

(四)凯兴斯泰纳的"公民教育"与"劳作学校"理论

(1)凯兴斯泰纳是德国教育家,是 19 世纪后期开始在欧美流行的劳作教育思潮的主要代表人物和推动者。

(2)公民教育理论,认为培养有用的国家公民是国家公立学校的目的,也是一切教育的目的。公民教育的中心内容是通过个人的完善来实现为国家服务的目的。

(3)劳作学校理论,强调造就对国家、社会有用的人,而不仅仅是注重个人的发展,更为重视教育的社会功效。

三、课后习题解答

1.试论 19 世纪末至 20 世纪前期欧美教育思潮产生和发展的历史背景、共同特征及其意义。

答:(1)历史背景。

1)欧美教育思潮是欧美社会改革运动的重要组成部分。

2)实验科学尤其是实验心理学的诞生和发展,为教育革新提供了科学依据和方法论基础。

3)卢梭及其追随者们的教育主张成为教育革新运动的主要思想渊源。

(2)共同特征。

1)重视儿童自身在教育过程中的主体地位。

2)重视儿童研究和教育调查,并运用定性和定量研究结合、思辨与经验结合、比较和测量等新方法,力图使教育研究科学化。

3)重视儿童的创造性活动、社会合作活动和劳动在儿童身心发展中的作用。

4)在儿童研究中有着严重的生物化倾向。

5)极端的个人主义过高地估计了儿童自由、个性和创造性的意义。

6)片面强调实用、适应,忽视基本知识的传授和一般智力的发展,降低了教育质量。

(3)意义。

欧美教育重视儿童在教育过程中的主体性,重视儿童活动在其身心发展中的作用,在很大程度上构成了西方现代教育理论的最初形态,并对 20 世纪欧美国家的教育发展产生了广泛而深刻的影响。但是这一时期的欧美教育也存在一些片面性、局限性或不成熟性,留下了许多尚未解决的矛盾,因而引起了传统派思想的回潮。

2.试比较德可乐利教学法、葛雷制、道尔顿制、文纳特卡制和设计教学法的异同。

答:(1)共同点。

1)都强调教育要符合儿童的身心发展特点,顺应儿童的发展需要。

2)都强调以儿童的活动为中心。

3)都以具体的实践活动为教学内容。

(2)不同点。

1)德可乐利教学法主张取消分科教学,以儿童的四种兴趣为中心安排综合课程和教学体系。

2)葛雷制以具有社会性质的作业为学校的课程。

3)道尔顿制是一种个别教学制度。道尔顿制存在的主要问题是过于强调个体差别,对教师要求过高,以及在实施时易导致放任自流。

4)文纳特卡制主要是将课程分为两个部分:共同知识或技能和创造性的、社会性的作业。

5)设计教学法。主要特点是打破学科体系,把学生有目的的活动作为设计的学习单元,儿童自动的、自发的、有目的的学习是设计教学法的本质。

3.实验教育学产生的历史条件、主要成就与局限是什么?

答:(1)实验教育学产生的历史条件。

1)实验心理学为实验教育学提供了科学的基础和实验方法。

2)实验教育学也从实验生理学以及其他自然科学的研究成果中吸取养料。

3)实验教育学作为传统教育的对立物出现。

(2)实验教育学的基本特征。

1)重视研究儿童发展与教育的关系。

2)重视实验,并强调从实验的结果中寻找教育的途径和方法。

3)批判旧教育注重逻辑推理和抽象思辨的方法,认为其结果必然导致与教育实践和对象的脱离。

4)将教育学建立在自然科学的基础上,使教育学成为一门真正的科学。

(3)实验教育学取得的主要成就。见章节精讲。实验教育学是作为传统教育的对立物而出现的,试图解决旧教育的弊端。它的产生和形成受到实验心理学、实验生理学和其他自然科学的影响,为新教育提供了重要的理论依据,促进了教育理论的科学化,使教育学从哲学的桎梏中解放出来,并给实际教育工作者以有益的启迪,对当时和后世的教育都产生了深远的影响。

(4)局限。实验教育学片面强调儿童的生物性,过分考虑教育的自然科学化,忽视了社会性因素;忽视了社会科学与自然科学之间的差异,以致简单地照搬自然科学的方法。

4.应如何分析和评价凯兴斯泰纳的公民教育与劳作学校理论?

答:(1)公民教育与劳作学校理论。

1)公民教育理论。关于国家职能的思想是凯兴斯泰纳公民教育理论的政治基础。①公民教育的中心内容是通过个人的完善来实现为国家服务的目的。②公民教育的目标主要是培养国家的好公民。③有用的国家公民应具备三项品质:第一,具有关于国家的任务的知识;第二,具有为国家服务的能力;第三,具有热爱祖国、愿意效力于国家的品质。④关于公民教育的对象.所有阶级都需要公民教育,不仅是劳动群众,而且也包括富有的和有教养的阶级。

2)劳作学校理论.①在教育学上的定义:不只是体力上的,而且是一种身心并用的活动;应能唤起个人客观兴趣,使学生有内心需求,照自己的计划想方设法去完成,并检验自己的劳动成果。②劳作学校的主要任务是要帮助学生将来能在国家的组织团体中,担任一种工作,这是劳作学校的基本任务。③劳作学校任务的实现:改革传统科目的教学,着重培养和训练学生逻辑思考的本领;发展学生的公民和社会技能,发展利他主义,努力把学生的注意力引向社会的利益。

(2)评价。一方面,凯兴斯泰纳的教育是为德国资产阶级统治服务的,为当时德国资产阶级统治集团的对内统治和对外扩张侵略提供了精神武器。另一方面,为实现国家主义教育政策,他将新的教育方法引进公立学校体系,努力培养学生的合作精神和创造性的劳动能力,改革了国民学校的教育和工人的进修教育。

四、考研真题汇编

(一)名词解释

1.道尔顿制。(湖南师范大学 2017 年研)

2.实验教育学。(安徽师范大学 2016 年研)

3.新教育运动。(重庆师范大学 2017 年研)

4.实验教育学派。(华中科技大学 2012 年研)

5.设计教学法。(华东师范大学 2014 年研)

(二)简答题

6.简述桑代克的学习定律。(四川师范大学 2014 年研)

7.简述道尔顿制。(杭州师范大学 2015 年研)

8.简述新学校运动及其教育思想对欧美教育发展的重要作用。(湖南师范大学 2010 年研)

9.简述进步主义教育运动的产生、发展及影响。(福建师范大学 2015 年研)

10.简述进步教育的代表人物、内容和意义。(陕西师范大学 2012 年研)

(三)论述题

11.论述欧洲新教育运动形成和发展的过程。(中国海洋大学 2017 年研)

参考答案:

1.道尔顿制是教学的一种组织形式和方法,又称"契约式教育"。其特点是,教师不系统讲授教材,只为学生分别指定自学参考书、布置作业,由学生自学和独立作业,有疑难时才进教室辅导。

2.实验教育学是 20 世纪初欧美的教育学者利用实验、统计和比较的方法研究教育问题的一种教育学,是作为传统教育的对立物而出现的,试图解决旧教育的弊端。它的产生和形成受到实验心理学、实验生理学和其他自然科学的影响。

3.新教育运动是 19 世纪末至 20 世纪初在欧洲出现的资产阶级教育改革运动。它的主要内容是建立与旧式的传统学校在教育目的、内容、方法上完全不同的新学校,因此也称新学校运动。

4.实验教育学派是由德国教育理论家 E.梅伊曼首先提出的。他认为教师用以指导工作的理论,往往与实际相抵触。为防止仅仅根据理论和偶然经验下结论,他提出必须借助生理学、解剖学、精神病学,以及实验心理学的研究成果与方法对儿童生活及学习活动进行实验。

5.设计教学法主张废除班级授课制和教科书,打破传统的学科界限,在教师指导下,由学生自己决定学习目的和内容,在自己设计、自己负责的单元活动中获得有关的知识和能力。

6.桑代克的学习定律是指桑代克在实验基础上提出的准备律、练习律和效果律。

(1)准备律指学习者在学习开始时的预备定势,当某一刺激与某一反应准备联结时,给予联结就引起学习者的满意,反之就会引起烦恼。

(2)练习律是指一个学会了的刺激—反应之间的联结,练习和使用越多,就越来越得到加强,反之会变弱。刺激—反应联结的应用会增强这个联结的力量,联结的失用(不练习)会导致联结的减弱或遗忘。

(3)效果律是指如果一个动作跟随着情境中一个满意的变化,在类似的情境中这个动作重复的可能性将增加,但如果跟随的是一个不满意的变化,这个动作重复的可能性将减少。导致满意后果的行为被加强,带来烦恼的行为则被削弱或淘汰。后来,他发现惩罚并不一定消弱联结,其效果并非与奖励相对,于是,他取消了效果律中消极的或令人烦恼的部分。

7.在该理念形成初期,它在弥补班级教学制度的不足、发展学生个性、培养学生独立工作的能力等方面有一定的积极作用,并对程序教学、个别指导教育等曾发生过影响;但它偏重学习学科知识,过分强调个性差异,忽视了班集体作用以及德育,在推行时往往形成了教学上的放任自流。在理念逐步运用和大量的实践过程中,道尔顿教育理念不断进行优化和调整。道尔顿制不是一种学校制度,也不是一种管理系统,甚至也不是课程的代名词,它"是一种简单经济的学校改组法",目的在于帮助学生与教师提高工作效率并获得自我发展,使他们在这两方面浪费的时间与精力都可以减至最少限度"。"自由""合作"是道尔顿教育的基本原则,通过"目标明确的作业任务""学科教室"和"管理图表"等具体措施得以施行。从详细的情形可以发现该制有一定的优势,也存在着很多的问题。优势主要是倡导自由研讨,主动自发,发展个性,协作精神,学习的后果是切实的。主要的问题是装备和参考书的缺少;学生剽窃偷勤现象严重;学生的差异增大影响上课;工作难以指定。

8.新学校运动及其教育思想:详情可参照章节精讲(一)。

(1)新学校运动:主要是在教育目的、内容、方法上建立与旧式的传统学校完全不同的新学校。

(2)教育思潮作用:促使人们对西方教育传统进行全面反思,推动了人们对教育现象的重新认识,为现代教育的改革提供了新的模式。新教育家们思想的重点在儿童个人的发展,所注重的主要是精英教育而非大众教育,并且始终未能解决好教育过程的一些基本矛盾。

9.(1)进步主义教育运动的产生、发展:详情请参考章节精讲二。

(2)影响。人们对进步教育思想以及进步教育运动的看法褒贬不一,对进步主义教育思潮对美国学校教育的影响的估计也存在很大分歧。但是,进步教育无疑在西方教育史尤其是美国现代教育史上构成了重要的一章。进步教育在反对落后的传统教育方面发挥了积极作用,为学校带来了许多方面的变革。"进步教育"作为一个运动已划上了句号,但作为一种思想,它仍然与当今美国教育中的许多问题联系在一起。

10.(1)昆西教学法(美国教育学家帕克):①强调儿童应处于学校教育的中心;②重视学校的社会功能;③学校课程应与实际相联系;④强调培养儿童的自我探索精神。

意义:①重视学校的社会功能;②主张学校课程应尽可能与儿童的实践活动联系起来;③强调培养儿童自我探索和创造的精神。

(2)有机教育学校(美国教育学家约翰逊):学校的整个课程计划以活动为主:体育活动、自然研究、音乐、手工、野外地理、讲故事、感觉教育、数的基本概念、戏剧表演、体育比赛以及画地图和地形等。

意义:①在于发展人的整个机体,培养感觉、体力、智力和社会生活能力,以改善生活和文化;②课程以活动为主。

(3)葛雷制(沃特,1907年),亦称双校制、二部制或分团学制,以"教育即生活""教育即社会"和"做中学"为依据,把学校分为四个部分(体育运动场、教室、工厂和商店、礼堂)。

意义:①葛雷制曾被认为是美国进步教育思想最卓越的例子。②它的课程设置能保持儿童的天然兴趣和热情。③它的管理方式经济而又有较高的效率。

(4)道尔顿制(美国,帕克赫斯)是一种个别教学制度:①学校废除课堂教学、课程表和年级制,代之"公约"或"合同式"的学习;②教室改为作业室或实验室,按学科性质陈列参考书和实验仪器,作业室中配有该科教师负责指导学生;③用"表格法"来了解学生进度;该制度原则是自由和合作。

意义:帕克赫斯特批评传统的班级授课制使学生处于被动地位,学生的个别差异得不到应有的照顾。

(5)文纳特卡计划(华虚朋,1919年):其课程被分为两部分,一部分按照学科进行,由学生个人自学读、写、算和历史、地理等方面的知识、技能;另一部分通过音乐、艺术、运动、集会以及开办商店、组织自治会等来培养和发展学生的"社会意识"。前者通过个别教学进行,后者通过团体活动进行。

意义:①重视学校的功课适应儿童的个别差异,将个别学习和小组学习结合起来;②课程分为共同知识和创造性作业,前者按学科进行,后者分小组开展。

(6)设计教学法(克伯屈,"设计教学法之父"):有目的的活动是该教学法的核心,儿童自动、自发的学习是设计教学法的本质;取消课程制、分科教学和教科书,把学生有目的的活动作为设计的学习单元。

意义:①充分发挥了儿童的学习积极性和主动性;②遵循了儿童身心发展的规律,有利于提高教学质量;③注意培养学生的合作精神;④注意学习内容与儿童的经验和实际生活相联系。

11.(1)1889年,英国人雷迪在英格兰创办了欧洲第一所新学校阿博茨霍尔姆乡村寄宿学校,标志着新教育运动的开始。

(2)1912年在瑞士教育家费里埃尔的倡议下于瑞士成立了国际新教育联盟;1922年正式颁布协会章程,提出了新教育的7项原则,使儿童不仅能成为了尊重自己的邻里、本民族和一般人类的公民,而且还能意识到自己个人尊严的人,推行儿童中心的教育目标。

(3)1966年,新教育联谊会改名"世界教育联谊会",标志着新教育运动作为一场运动的终结。新教育促使人们对西方教育传统进行全面反思,推动了人们对于教育现象的重新认识。新教育的思想和实践,为现代教育的改革与发展提供了新的教育模式,对20世纪欧美国家的教育发展产生了广泛而深刻的影响,构成了20世纪西方教育的重要起点。新教育对世界各国,如中国的教育也产生了广泛的影响。新教育只关注儿童个人的发展,注重精英教育而非大众教育,始终未能解决好教育过程中的一些基本矛盾,如儿童主动性与教师工作的矛盾、活动与系统知识的矛盾、自由和纪律的矛盾及发展个性与社会合作的矛盾等。

五、强化训练及详解

(一)选择题

1.19世纪末20世纪初德国教育家梅伊曼和拉伊创立的教育学说是( )。
A.实验教育学　　B.文化教育学　　C.批判教育学　　D.科学教育学

2.在进步教育运动中,美国教育家克伯屈的主要贡献在于创立了( )。
A.葛雷制　　B.昆西教学法　　C.道尔顿制　　D.设计教学法

3.美国进步主义教育运动期间所创立的道尔顿制的基本原则是( )。
A.自由与合作
B.活动与主动
C.注重学生个性差异
D.儿童中心主义与"从做中学"

4."新教育"是19世纪末20世纪初,随着欧洲国家工业化发展,垄断进一步形成而出现在欧洲的一种反对( )的理论和方法,广泛采用新的教育形式、内容和方法,革新已有教育的方方面面的教育改革运动。

A.传统教育　　　　B.实科教育　　　　C.古典教育　　　　D.人文教育

5.19世纪末20世纪初在欧美流行的劳作教育思潮的主要代表人物和推动者是（　　　）。

A.拉伊　　　　B.凯兴斯泰纳　　　　C.蒙台梭利　　　　D.克里斯曼

6.在美国进步教育运动中,为了充分利用学校设施提高办学效率,在教学中采用"分团学制"的教育改革试验是(　　　)。

A.昆西制度　　　　B.葛雷制　　　　C.道尔顿制　　　　D.文纳特卡制

7.美国进步教育运动因1929—1933年经济危机而发生明显转向,具体表现为(　　　)。

A.从中等教育转向初等教育

B.从重视集体教学到重视个别教学

C.从教育理论研究转向学校实验研究

D.从强调儿童的自由发展转向重视教育的社会职能

8.教育测验运动和实验教育学在研究方法上主要体现了(　　　)。

A.人本主义取向　　　　　　　　B.科学主义取向

C.解释主义取向　　　　　　　　D.历史主义取向

(二)填空题

9.1898年,德国的利茨在哈尔茨山区的伊尔森堡创办了德国第一所乡村教育之家,招收学生。在利茨的影响下,德国先后出现了许多以他的学校为模式的新学校,形成_____。

10.德可乐利的课程论思想以"兴趣中心"为其主要特征,有四种主要的兴趣中心:食物、躲避自然灾害、防御敌人以及劳动和相互依赖。他打破传统的分科体系,把课程分为关于_____和_____两大类。

11.英国教育学家罗素主张教育的目的是培养四种理想的品性:_____、_____、_____、_____。

12.进步主义运动是19世纪末在美国兴起的广泛的_____,旨在反对工业社会的政治经济弊病,他们揭露了公立学校中存在的各种严重问题,试图通过改革使学校教育适应美国社会的新的需要。

13.根据杜威的"思维五步法",克伯屈提出了设计教学法的四个步骤:_____、_____、_____、_____。

14.比纳是法国心理学家、智力测验方法的首创者。他广泛研究人的各种差异,尤其关心人的思维方式的差异,从不同角度区分出三组思维类型:_____、_____、_____。

15.关于_____是凯兴斯泰纳公民教育理论的政治基础,他的政治理想是要建立一个"文化法治的国家"。

16.凯兴斯泰纳在汉堡所作的《小学校的改造》的讲演中,首次使用"劳作学校"这一名称,主张为实现公民教育的目的,强调_____、_____、_____关系是目的、手段和机构的关系,它们是三位一体的。

(三)名词解释

17.昆西教学法。

18.有机教育学校。

19.葛雷制。

20.文纳特卡计划。

21.德可乐利教学法。

(四)简答题

22.简述美国进步教育运动衰落的原因。

23.简述1900年左右出现的实验教育学思潮。

24.简述罗素的教育思想以及他认为现代教育发展的发展趋势。

25.如何评述实验教育学创始人梅伊曼的教育思想?

26.如何评价克伯屈的设计教学法?

27.简述进步教育之父帕克的教育观。

(五)论述题

28.试论:进步主义教育运动对我国基础教育改革的启示。

参考答案:

1.A 2.D 3.A 4.A 5.B 6.B 7.D 8.B

9.乡村之家运动

10.个人的知识;关于环境的知识

11.活力;勇气;敏感;理智

12.社会改良运动

13.决定目的;制定计划;实施计划;评判结果

14.分析逻辑的思维方式和直觉灵感的思维方式;客观的思维方式和主观的思维方式;实际的思维方式和思辨的思维方式

15.国家职能的思想

16.公民教育;职业教育;劳作学校

17.答案详情参考考研真题汇编第11题。

18.答案详情参考考研真题汇编第11题。

19.答案详情参考考研真题汇编第11题。

20.答案详情参考考研真题汇编第11题。

21.德可乐利制教学方法,是比利时德可乐利博士所创。其教学法和美国设计教学法相似,所以有比利时设计教学法之称。德可乐利认为,儿童认识一种事物须经过观察、联想、发表三种步骤。观察练习即收集并理解第一手资料。联想即对已充分理解的第一手资料进行综合、分类和比较,并为概括打好基础。表达的目的在于帮助巩固前两个阶段所习得的东西,并帮助扩大学生的兴趣范围。

22.首先,进步教育运动不能与美国社会的不断变化始终保持同步。该运动存在期间,美国社会发展迅速,变化剧烈,对美国教育不断提出新的要求。美国在完成了工业化和城市化以后,基本实现了现代化,社会结构亦更为复杂,不同集团的利益日趋多元化,使进步教育家们无所适从。尤其是战后冷战局面的出现、与朝鲜的战争以及美国国内麦卡锡主义的盛行,这种社会状况使进步主义教育运动失去了赖以生存的客观基础。1957年苏联人造卫星的上天使进步主义教育遭到更为广泛、激烈的批评。其次,进步教育理论和实践本身存在许多矛盾和局限,例如,过分强调儿童个人的自由,忽视社会和文化对个人发展的决定作用;过分否定学校工作的一些基本规律,导致教学质量的下降。此外,进步教育运动在指导思想和理论基础的多元化与运动的相对统一性之间,以及教育理论和教育实践之间也存在矛盾,导致了运动内部的分裂。进步主义者所建议的做法在时间和能力上,对教师提出了过高的要求。最后,改造主义和各种保守主义的抨击,在很大程度上击中了进步教育的要害,加速了其衰落的进程。

23.(1)拉伊的实验教育学。

1)阐明了实验教育学的研究方法和性质。他认为新旧教育学的主要区别在于他们积累经验的方式和研究的方法。他提出教育实验包括下列三个阶段:①提出假设;②设计并实施实验;③在实践中进行验证。

2)从生物学理论的角度出发,提出教学的三阶段:反应、同化和表现,即先使学生通过感觉去感受外界事物,再通过思维整理感觉印象,最后用行动表达所感受和思考的有关知识。

3)拉伊把活动作为全部教育的基础,将活动的原则、表现的原则作为基本的教育原则。根据这一原则,他倡导活动学校,反对赫尔巴特学派的主智主义和形式主义的教育学。

(2)梅伊曼的实验教育学。首先,他批评了传统教育学体系的弊端,认为它所提出的规章和准则或是思辨的产物,或是直观思维的结果,都缺乏以科学实验方法所做的严密论证。他主张通过科学实验的验证来发现和陈述事实,反对任何思辨,否认实验教育学应包括教育学的整个领域。其次,他论述了实验教育学的研究范围,主要关注与智力发展相关的问题,尤其是心理疲劳和记忆题。最后,他主张实验教育学的研究人员应主要是训练有素的实验心理学家,研究的主要场所是心理实验室,不赞成课堂教学实验法。在教育史上,梅伊曼首次系统地论述了实验教育学的性质、方法、研究范围和任务。他看到了教育学的实践性,指出了以思辨和逻辑推理方式研究教育的局限性,要求把教育学建立在科学实验的基础上,对于传统教育的改革起了很大的促进作用。但是他反对建立教育学的完整体系,并把实验研究方法强调到极端。

24.见章节精讲。

25.见考研真题。

26.设计教学法充分发挥了儿童的主动性和积极性,使儿童成为学习的主人;力求使教学符合儿童的心理发展规律,注重培养儿童的合作精神,加强了教学与儿童实际生活的联系。但设计教学法的四个步骤是针对生产者设计而言的,克伯屈本人也承认没有为学习知识的设计教学确定明确的步骤。由于强调根据儿童的经验组织教学,设计教学法实施的结果,必然导致系统知识学习的削弱。

27.帕克强调学校应该适应儿童的发展,而不是儿童去适应学校教育,在学校中,儿童应该处于学校的中心地位,而不是教学科目成为中心。学校的重点应该在于培养儿童的观察、理解和描述能力。教师的基本任务是提供必要的和适当的条件,使每一个儿童的个性能得到充分发展。在帕克所进行的昆西学校实验中,儿童成为学校的中心,学校从儿童的兴趣、能力和需要出发,尽量提供各种游戏、活动和工作机会,并向儿童提出必要的建议,使儿童获得丰富的经验。

28.(1)教育价值取向的清晰、统一是教育改革持续推进的前提。进步主义教育运动一开始是以传统教育的对立面而引人注目的,运动的结果只能是百花齐放式的发散发展,而不能凝固其理论基石。反思我国本轮基础教育改革的价值追求,教育价值的定位在理念和实践层面上出现巨大落差,要以美国进步主义教育运动为鉴,我国基础教育当前亟须澄清、统一理论与实践中的培养学生学科素养的目标追求。

(2)"儿童中心"论的辩证运用是教育改革付诸实践的关键。美国进步主义教育运动对儿童主观能动性的高度重视及其在发展儿童能力方面的成就,影响深远。尽管美国进步主义教育运动已经解体,但运动中出现的各类教育思想和教育著作至今仍盛传于世,被世界各国所学习借鉴。以人类文明的传承、社会与国家的发展需求制定学校教育的培养目标和课程内容,以遵循儿童学习规律的方式实施课程的教学活动,教育才能培养出能适应社会,又是社会所需的人。

(3)教育改革的非运动化是教育发展的必然需求,教育自身的发展就需要其随着社会发展而不断变革。唯有自身不断新陈代谢的教育,才能培养出社会需求的下一代。正视教育发展的这一自身改革需求,任何一次教育改革就不应该是"断裂式"的运动。即使是在人类社会处于农业经济向工业经济,继而向知识经济发生巨大转变之时,教育仍需要秉持继承与发扬的方针,基于原有的教育实施有的放矢的改革。

第十八章　蒙台梭利的教育实践与教育思想

(1)蒙台梭利的生平与教育活动。
(2)蒙台梭利论儿童心理发展与遗传、环境的关系。
(3)蒙台梭利论儿童心理发展的具体特点。
(4)蒙台梭利论教育的环境及自由、纪律与工作。
(5)蒙台梭利幼儿教育的内容。

二、章节精讲

(一)蒙台梭利论儿童心理发展的特点

蒙台梭利认为儿童的心理发展具有四个存在着内在联系的显著特点。

1.具有独特的心理胚胎期

蒙台梭利认为人类有两个"胚胎"期:一个是在母体内生长发育的过程,称之为"生理的胚胎期";另一个则是人类特有的"心理的(或称精神的)胚胎期",具体表现在从出生到3岁的婴幼儿阶段。她认为这个时期是儿童心理的形成时期,内在生命力及创造能力的驱使,加上外界刺激和印象,材料的积累,形成许多感受点和心理所需要的器官,然后才产生心理活动。

2.心理具有吸收力

蒙台梭利认为婴儿具有一种下意识的、不自觉的感觉能力与特殊的鉴别力,简称"吸收心理",即能通过与周围环境的密切接触和情感的联系,获得各种印象和文化。她认为幼儿这种自然吸取和创造性的功能是成人所没有的,儿童在幼年期所获取的一切将保持下去,甚至影响一生。

3.发展具有敏感期

蒙台梭利认为儿童心理的发展有各种敏感期,在发展过程中也经过不同的阶段,每个阶段都有某种心理的倾向性和可能性显示出来,过了特定的时期,其敏感性则会消失。同时,敏感期是在一定的外界环境中出现的,环境提供了心理发展的必要条件。所以教育者应该关注儿童的发展特点,并努力创造条件以最大限度地利用其促进儿童的发展。

4.发展具有阶段性

蒙台梭利把儿童的发展分为三个阶段,并逐一详细分析了每一阶段的特点。

第一阶段:0~6岁,称为创造期。该阶段又可细分为两个时期,0~3岁为心理胚胎期,此时儿童没有有意识的思维活动;3~6岁为第二个时期,是儿童个性形成时期。

第二阶段:6~12岁,是较平稳发展的时期,儿童开始具有抽象思维的能力。

第三阶段:12~18岁,称为青春期,是身心发展逐步走向成熟的时期。

综上所述,蒙台梭利儿童观的要点是重视早期教育;认为儿童心理的发展具有节律性、阶段性、规律性;强调生命力的冲动是儿童心理发展的原动力,同时又强调儿童心理的正常发展必须依靠环境和教育的及时、合理的安排。

(二)蒙台梭利论自由、纪律和工作

蒙台梭利认为,儿童生命潜力的自发冲动表现为自由活动,引导还是压制儿童的自由活动是区分教育好坏的标准。她提出真正的科学的教育学的基本原则是给学生以自由,允许儿童自由活动,这是实施新教育的第一步。同时,她把自由与纪律密切联系起来,认为真正的纪律只能建立在自由活动的基础上,是主动的而不是被动的。但并非任何自由活动都能导致良好的纪律,只有身心协调的活动才能导致纪律,蒙台梭利称之为工作。自由、工作和纪律是蒙台梭利"儿童之家"的三根支柱,它们通过工作有机地联系起来。

(三)蒙台梭利关于幼儿教育的内容

1.感观教育

重视幼儿的感官(或称感觉)训练和智力的培养,是儿童之家的重要特色,也是蒙台梭利方法的一大特点。幼儿处于各种感觉的敏感期,蒙台梭利针对人的各种感官,为"儿童之家"专门设计了各种各样的教具。她把感官训练分成视觉、触觉、听觉、嗅觉和味觉的训练,其中以触觉训练为主,每种感觉又可按其性质和形式分别进行练习。这些感官练习还可以校正儿童早期出现的一些感官上的缺陷。在实施感官教育时,蒙台梭利还强调应遵守循序渐进的原则。

2.读、写、算的练习

蒙台梭利认为,3~6岁的儿童已具备学习文化知识的能力,她经过实验也证明了所有儿童都具有学习读、写、算的能力。教育者应当利用这种能力,为儿童准备适当的教材、教具,并提供正确的学习途径。在儿童之家里,蒙台梭利打破常规,将写字的练习先于阅读的练习,程序大致如下:第一阶段,练习执笔、用笔的机械动作;第二阶段,掌握字母的形体;第三阶段,练习词组。掌握了书写的技能之后,儿童再转入阅读学习。

3.实际生活练习

蒙台梭利的感觉训练、读写算的练习,属于蒙氏教育体系中的"发展的练习"。另一类练习则是实际生活训练,主要包括以下几项:①日常生活技能的练习;②园艺活动;③手工作业;④体操;⑤节奏动作。

蒙台梭利要求手脑结合、身心和谐的幼儿活动的指导思想是可贵的。蒙台梭利的幼教理论问世之后,曾受到狂热的欢迎,也遭遇到尖刻的批评。20世纪50年代末,人们开始重新评价蒙氏的思想,她的重视早期教育的思想,对于儿童智力及心理发展的观点,有关敏感期及儿童心理发展的阶段理论,乃至感官训练思想,又重新引起人们的兴趣并获得肯定的评价。

三、课后习题解答

1.蒙台梭利的儿童发展观与教育思想的主要特点是什么?体现出新教育的哪些重要特色?

答:(1)蒙台梭利的儿童发展观的要点及特色是重视早期教育;认为儿童心理的发展具有独特的节律性、阶段性、规律性;强调生命力的冲动是儿童心理发展的原动力,同时又强调儿童心理的正常发展必须依靠环境和教育的及时、合理的安排。

(2)蒙台梭利作为新教育的代表人物,所主张的儿童发展教育观,体现了新教育的要求和理论特色,主张在以儿童教育为中心的基础上培养儿童的观察能力、审美能力和独创精神。蒙台梭利重视儿童兴趣和思维能力的发展,道德上灌输资产阶级民主、协作的观念,从而培养儿童的责任心和进取心,具体表现为以下几点:第一,增进儿童的内在精神力量;第二,尊重儿童个性发展;第三,儿童的天赋自由施展;第四,鼓励儿童自制;第五,培养儿童为社会服务的合作精神;第六,发展男女儿童教育的节奏;第七,要求儿童尊重他人也保持个人主义。

2.你怎样评价蒙台梭利关于自由、纪律与工作的观点?

答:(1)关于自由、纪律与工作的观点。蒙台梭利认为,儿童生命潜力的自发冲动表现为自由活动,引导还是压制儿童的自由活动是区分教育好坏的标准。自由是蒙台梭利方法的最基本原则。蒙台梭利把自由与纪律密切联系起来,她认为真正的纪律只能建立在自由活动的基础上,是主动的而不是被动的。但并非任何自由活动都能导致良好的纪律,只有身心协调的活动才能导致纪律。蒙台梭利把这种活动称作工作。自由、工作和纪律,是蒙台梭利的"儿童之家"的三根支柱,它们通过工作有机地联系起来。第一,工作有助于肌肉的协调和控制,因而能促进纪律的形成。第二,工作有助于培养儿童的独立性,有助于儿童进行自我教育。第三,工作有助于培养意志力。服从是自我约束的重要标志,而服从的先决条件是具有相应的活动或抑制能力,即意志,而意志是在工作过程中发展起来的。

（2）对自由、纪律与工作观点的评价。通过工作这一种在相当程度上是身心结合的自由活动去建立良好纪律的思想,是蒙台梭利在自由与纪律问题上的基本与独特的观点。这一主张的实质即"纪律必然通过自由而来"。她认为通过"工作",即使放手给儿童以自由行动的权力,他们也不会有越轨行为。这一主张在她的幼儿教育实践中取得了一定的成功。蒙台梭利通过工作而统一起来的从自由经作业而秩序的纪律教育思想是富有创见的。但蒙台梭利完全排斥说理在幼儿教育中的作用,不免与卢梭一样陷入片面性。

3.简述蒙台梭利在世界幼儿教育史上的地位。

答：蒙台梭利是20世纪杰出的幼儿教育家,也是西方教育史上与福禄培尔齐名的两大幼儿教育家之一。她以自己辛勤的劳动与不懈的努力,推动了新教育运动及儿童教育的发展,并为"儿童的世纪"涂上了浓墨重彩的一笔。

她在弱智儿童和幼儿教育方面颇有建树。1907年,蒙台梭利在罗马贫民区开办了一所幼儿学校,并命名为"儿童之家"。其主要教育代表作有《蒙台梭利方法》《教育人类学》《童年的秘密》《新世界的教育》《儿童发展》。

四、考研真题汇编

简答题

1.简述蒙台梭利教育思想的基本内容。（湖南师范大学 2005 年研）

2.简述蒙台梭利有关学前教育理论的的儿童观。（首都师范大学 2016 年研）

3.简述蒙台梭利教学法。（华中师范大学 2017 年研）

参考答案：

1.蒙台梭利的教育思想主要包括论幼儿的发展,论自由、纪律与工作,论幼儿教育的内容。（详见章节精讲）

2.蒙台梭利的儿童观主要包括以下几点。

（1）儿童发展具有"胚胎期"。蒙台梭利认为人类有两个"胚胎"期:一个是在母体内生长发育的过程,称之为"生理的胚胎期";另一个则是人类特有的"心理的（或称精神的)胚胎期",具体表现在从出生到 3 岁的婴幼儿阶段。蒙台梭利指出,正如作为生理胚胎的儿童的发育需要母亲的子宫这一特殊环境一样,作为心理胚胎的儿童的发展也需要一种相应的特殊环境。这种特殊环境要求要尽可能排除有害生命力呈现的任何不利因素,要尽可能专门设置能满足儿童各种内在需要的环境。

（2）儿童发展具有敏感期。蒙台梭利认为儿童心理的发展有各种敏感期,在发展过程中也经过不同的阶段,每个阶段都有某种心理的倾向性和可能性显示出来,过了特定的时期,其敏感性则会消失。同时,敏感期是在一定的外界环境中出现的,环境提供了心理发展的必要条件。所以教育者应该关注儿童的发展特点,并努力创造条件以最大限度地利用其实现儿童的发展。

（3）儿童发展具有阶段性。蒙台梭利是用发展的观点看待儿童的,她认为儿童处于一个不断发展的过程中,这种发展呈现出阶段性。在发展的每一阶段,儿童的生理、心理和社会性发展的特点都和前一阶段不同,而每一阶段的发展又为下一阶段的发展打下基础。基于这种认识,她将儿童的发展分为三个阶段。第一阶段是0~6岁,称为创造期。该阶段又可细分为两个时期,0~3岁为心理胚胎期,此时儿童没有有意识的思维活动;3~6岁为第二个时期,是儿童个性形成时期。第二阶段是6~12岁,是较平稳发展的时期,儿童开始具有抽象思维的能力。第三阶段是12~18岁,称为青春期,是身心发展逐步走向成熟的时期。

（4）儿童发展是在工作中实现的。蒙台梭利认为活动在儿童心理发展中有着极其重要的意义。儿童由于内在生命力的驱使和心理的需要产生一种自发性活动,这种自发性活动通过与环境的交互作用使儿童获得有关经验,从而促进儿童心理的发展。工作即是儿童最主要和最喜爱的活动,而且只有工作才能培养儿童多方面的能力并促进儿童心理的全面发展。

3.蒙台梭利教学法是蒙台梭利创立的一种全面提升儿童素质,发展儿童潜能的教育方法,是以科学的方法为根本的教育,是对幼儿实施素质教育及潜能开发的优秀教育模式。其教学法的精髓在于培养幼儿自觉主动的学习和探索精神。在蒙氏教室里,有丰富多彩的教具,它们都是根据儿童成长发展敏感期所创立的适宜儿童成长的"玩具"。孩子通过自我重复操作蒙氏教具创新建构完善的人格,在自由操作中得到了多方面的能力训练。蒙台梭利教学内容包括日常生活教育、感官教育、数学教育、语言教育、科学文化教育等方面。

（1）日常生活教育:训练孩子日常生活自理能力、以培养独立、自主的人格和良好的习性。

（2）感官教育:通过感官教具,精练孩子的视觉、触觉、味觉、嗅觉,使孩子五官更敏锐,进而更聪明更有智慧。

（3）数学教育:由少至多量的比较,最后引入加、减、乘、除等具体操作,而进入四则的运算、建立数学基础。

（4）语文教学:蒙台梭利发现儿童语言的敏感期在6岁之前,因此我们不但要强调母语教学,而且应同时培养多种语言,特别是英语的发展。

（5）文化教育:在蒙台梭利的教室里配备了动物、植物、历史、地理、天文、地质等玩具、教具,让孩子学习如何照顾动物、植物,了解自己所居住的大环境、了解宇宙万物的奥秘、认识各种矿物等。

五、强化训练及详解

(一)选择题

1.20 世纪意大利学前教育家蒙台梭利教育方法的主要特点是强调(　　)。

　A.自然后果　　　B.作业的作用　　　C.感官教育　　　D.游戏的作用

2.将游戏理解为儿童创造性的自我教育活动,主张为儿童建设公共游戏场所的教育家是(　　)。

　A.第斯多惠　　　B.乌申斯基　　　C.蒙台梭利　　　D.福禄贝尔

3.1907 年,蒙台梭利在罗马贫民区开办了一所幼儿学校,并命名为(　　)。

　A.快乐之家　　　B.游戏之家　　　C.儿童之家　　　D.工作之家

4.自由、(　　)和纪律,是蒙台梭利"儿童之家"的三根支柱。

　A.工作　　　　B.恩物　　　　C.游戏　　　　D.教育

5.蒙台梭利的感觉训练、读写算的练习,属于"发展的练习",另一类练习则为实际生活练习,又称(　　)。

　A.感官练习　　　B.动作教育　　　C.肌肉练习　　　D.知识教育

6.蒙台梭利重视感官教育,她的感观教育主要包括视觉、听觉、嗅觉、味觉及触觉的训练,其中以(　　)练习为主。

　A.触觉　　　　B.听觉　　　　C.嗅觉　　　　D.视觉

7.在"儿童之家"里,读写算的练习中,蒙台梭利打破常规,将(　　)的练习先于阅读的练习。

　A.算术　　　　B.写字　　　　C.动作　　　　D.肌肉

8.蒙台梭利根据自己的观察和研究,把儿童的发展分成三个阶段,其中 6~12 岁处于(　　)。

　A.胚胎期　　　　　　　　　B.个性形成期

　C.较平稳发展的时期　　　　D.青春期

(二)填空题

9.除《蒙台梭利方法》外,蒙台梭利的主要著作有_____、_____、_____。

10.蒙台梭利认为人类有两个"胚胎期",分别是_____、_____。

11.蒙台梭利儿童观的要点是重视早期教育;她认为儿童心理的发展具有节律性、_____、_____。

12.蒙台梭利提出,真正的科学的教育学的基本原则是_____。

13.自由、工作和纪律是蒙台梭利"儿童之家"三根支柱,其中_____起着中介作用。

14.蒙台梭利儿童之家的重要特色是重视_____教育。

15.蒙台梭利认为，_____的儿童已具备学习文化知识的能力。

16.体现蒙台梭利"人之所以成人,不是因为教师的教,而是因为他自己的做"的原则的是_____。

(三)名词解释

17.儿童之家。

18.心理胚胎期。

19.感观教育。

20.蒙氏教具。

21.工作。

(四)简答题

22.简述蒙台梭利提出的儿童心理发展的具体特点。

23.简述蒙台梭利关于教育目的的观点。

24.简述蒙台梭利重视感官教育的原因。

25.简述蒙台梭利感观教育中设计的感官教具的重要特点。

26.简述蒙台梭利识字法的教学程序。

27.简述蒙台梭利幼儿教育的主要内容。

(五)论述题

28.试比较蒙台梭利和福禄培尔教育体系的异同。

参考答案:

　　1.C　2.C　3.C　4.A　5.B　6.A　7.B　8.C

　　9.《蒙台梭利手册》;《童年的秘密》;《儿童的发现》

　　10.生理的胚胎期;心理(或精神的)胚胎期

　　11.阶段性;规律性

　　12.给学生以自由

　　13.工作

　　14.感官

　　15.3~6岁

　　16.自我教育

　　17.儿童之家是蒙台梭利于1907年在罗马贫民区开办的一所招收3~6岁贫民儿童的幼儿学校。在那里,她将最初用于低能儿童的教育方法经过适当修改,运用于正常儿童,取得了巨大的成功。

　　18.蒙台梭利认为人类有两个"胚胎期",一个是"生理的胚胎期",另一个是人类特有"心理的(或精神的)胚胎期",具体表现在从出生到3岁的婴幼儿阶段,她认为这个时期是儿童心理的形成时期。

19.感观教育是蒙台梭利教育方法的一个重要组成部分,她非常重视幼儿的感官(或称感觉)训练和智力的培养。感观教育的主要内容包括视觉、听觉、嗅觉、味觉及触觉的训练,其中以触觉练习为主。

20.蒙氏教具是蒙台梭利根据其教育思想,针对不同年龄段的儿童设计的一套用来教学的工具,主要分6大领域,感官教育教具、数学教育教具、语言教育教具、科学文化教育教具、日常生活教育教具及音乐教育教具,其中最经典的是感官教育教具。

21.工作在蒙台梭利关于自由、纪律与工作的观点里,指的是一种手脑结合、身心协调的作业。

22.蒙台梭利认为,儿童的心理发展具有四个存在着内在联系的显著特点。(详见章节精讲)

(1)具有独特的心理胚胎期。

(2)心理具有吸收力。

(3)发展具有敏感期。

(4)发展具有阶段性。

23.蒙台梭利认为,教育有两个方面的目的,一是生物的目的,即帮助个人的自然发展;另一个是社会的目的,即使个人能适应并利用环境。而教育的基本任务是使二者结合,使每个儿童的潜能在一个有准备的环境中都能得到自我发展的自由。

24.蒙台梭利重视感观教育主要是基于以下原因。

(1)幼儿正处在各种感觉的敏感期,为了不失时机,使感官得到最充分的发展。

(2)感官是心灵的门户,感官对智力发展具有头等重要性。正确的智力活动是建立在清晰的概念之上的,所以整理儿童原有的印象是智力发展的第一步,这也需要通过感官教育才能办到。

(3)蒙台梭利早期从事特殊教育时就认为,智力低下与其说是医疗问题,不如说是教育问题,通过感官教育,可以对某些感官存在缺陷而影响心智发展的儿童进行及时补救。

25.蒙台梭利感官教具的重要特点。

(1)教育根据其用途分为不同的种类。例如,训练感知重量的教具,所有的部件均同质、同形,只是每个部件之间存在量的差异,以便使儿童通过操作这套教具,训练对重量感觉的敏锐性。

(2)每种教具各训练一种特殊的感觉。要求在训练时,应尽可能排除其他感官的干扰,以便使所要训练的感官得到的印象尽可能纯正、清晰。

(3)教具能控制儿童犯使用不当的错误。即使儿童在操作过程中能根据教具的"暗示"进行"自我教育",一旦使用不当,就要推倒重来,直到正确为止。

26.蒙台梭利识字法的主要程序包括以下 3 个阶段。

(1)第一阶段,练习执笔、用笔的机械动作。训练儿童的肌肉机制和握笔能力。

(2)第二阶段,掌握字母的形体。通过视、听、触觉相结合的练习,掌握字母形体。

(3)第三阶段,练习词组。

27.蒙台梭利幼儿教育的主要内容包括感观教育,读、写、算的练习,及实际生活练习。(详见章节精讲)

28.(1)在教育思想渊源上,福禄培尔和蒙台梭利都受卢梭自然教育与裴斯泰洛齐和谐教育的影响,不同的是,福禄培尔的教育思想具有深刻的哲学基础,主要是德国古典哲学,并深受费希特、谢林和克劳塞哲学思想以及他的万物有神论的世界观的影响。而蒙台梭利作为继福禄培尔后最伟大的学前教育家,她的教育思想渊源更加丰富,她受福禄培尔本身的影响就很大,尤其是自由教育观。同时蒙台梭利的思想与她的生物学、遗传学、生理学和生命哲学基础也有紧密的内在联系。

(2)在教育目的上,他们都重视幼儿的早期教育,以及主张环境在儿童发展中的作用。但是,福禄培尔从上帝是万物统一体的哲学观出发,提出了教育的目的,即人要使自己的本质得到发展,就必须认识自己,认识别人,认识上帝和自然,然后使自己的一切与自然和上帝协调一致。人的教育就是激发和教导作为一种自我觉醒中的、具有思想和理智的生物的人有意识地和自觉地表现内在的法则。而蒙台梭利的教育目的是表明儿童发展的缺陷不是医学的问题,主要是教育的问题,为此她进行了一系列学前教育的创举。

(3)在教育内容上,一方面福禄培尔将奠定在游戏基础上的作业与恩物作为幼儿教育的主要内容,而在蒙台梭利的教育体系中,感官训练则占有重要地位。"恩物"和"教具"是福禄培尔和蒙台梭利教育体系的重要组成部分,二者具有一定的相似之处,但各具特色。创造性是恩物应用的目的,感官训练则是教具应用的基础。另一方面,福禄培尔尤其强调游戏的重要性,认为游戏和语言是组成儿童生活的重要因素,对儿童进行教育必须先发展其语言,再通过游戏来发展其体力和智力。蒙台梭利则主张工作,认为工作是幼儿特有的有价值的活动,反对有想象的游戏及玩具。

第十九章　杜威的教育思想

一、考点概述

(1)杜威论教育的本质:教育即生活、教育即生长、教育即经验的改造。
(2)杜威论教育的目的:生长作为教育的目的、无目的论。
(3)杜威课程与教材观:对传统课程的批判、从做中学。
(4)杜威关于思维与教学方法的观点:反省思维与"五步教学法"。
(5)杜威的道德教育观:个人与社会、道德教育的途径和方法。

二、章节精讲

(一)杜威论教育的本质

1.教育即生活

杜威认为,教育是生活的过程,而不是将来生活的预备。他强调的生活是现在的、儿童的生活,要求教育重视儿童现在生活的内在价值,使儿童从目前的生活中得到乐趣,而不仅仅将现在的生活视作为另一种生活做准备的工具与手段。

杜威提出的"教育即生活"包含两个方面的基本含义。首先,学校生活应与儿童自己的生活相契合;其次是学校生活应与学校以外的社会生活相契合。这两个方面实质上是要改造不合时宜的学校教育和学校生活,使之更有益于儿童发展和社会创造。因此,杜威进而提出"学校即社会",以克服学校和社会生活的分离。

2.教育即生长

"教育即生长"也是针对教育时弊而提出的。杜威所理解的生长是机体与外部环境、内在条件与外部条件交互作用的结果,是一个持续不断的社会化的过程。"教育即生长"要求摒除压抑、阻碍儿童自由发展之物,使一切教育和教学适合儿童的心理发展水平和兴趣、需要的要求。杜威要求尊重儿童但不同意放纵之,这是杜威与进步主义教育实践的一个重要区别。

同时,"教育即生长"所体现出的儿童发展观也是杜威民主理想的反映。尊重儿童身心发展特点是使儿童获得充分生长和发展的重要条件,而儿童的充分生长和发展亦有助于社会目的的达成。杜威并不仅仅把儿童个体的充分生长视为达到社会目的的一个手段和工具,他认为儿童充分生长本身便是民主主义的要求,便含有丰富的价值意义。可以说,杜威期望把民主主义发展到学校中求学的儿童,给儿童提供一个有利的生长环境,让其充分、自由生长。

3.教育即经验的改造

杜威认为经验在教育中的地位举足轻重,"一切真正的教育从经验中产生"。那么什么是经验呢?杜威理论中的经验与以往西方哲学中的经验有所不同,他根据自己的教育实践和教育理论赋予了"经验"新的内涵。

首先,克服了经验与理性的对立。

其次,拓宽了经验的外延。

再次,强调了经验过程中人的主动性。

(二)杜威论教育的目的

杜威反对外在的、固定的、终极的教育目的,他认为世界是不断变化的,他所希求的是过程内的目的,这个目的就是"生长"。

在民主社会里,教育目的应内在于教育的过程之中,杜威主张以生长为教育的目的,要求尊重儿童愿望和要求,使儿童从教育本身中、从生长过程中得到乐趣。

(三)杜威论课程与教材

1.对传统课程的批判

杜威强烈反对传统教育所使用的以既有知识为中心的课程和教材。在他看来,传统教育的课程是由前人所积累起来的系统的间接经验构成的。他认为,儿童的生活和经验具有同一性和完整性,儿童到学校读书,多种多样的分门别类的学科割裂和肢解了他的世界,使儿童对世界的认识失去应有的全面性。

2.从做中学

杜威要求从做中学、从经验中学,要求以活动性、经验性的主动作业来取代传统书本式教材的统治地位。

杜威主张以"教材心理化"来解决怎样使儿童最终获得较系统的知识而同时又能在学习过程中估计儿童的心理水平这个问题。这就需要把各门学科的教材或知识各部分恢复到原来的经验,恢复到它所被抽象出来的原来的经验,心理化就是把间接经验转化为直接经验。

3.课程论的不足之处

(1)杜威的活动性课程似乎不能代表社会生活的基本类型。

(2)并非所有的系统知识都可还原为直接经验。

（3）组织原则的贯彻存在困难。

四、杜威论思维与教学方法

1.反省思维与杜威的五步教学法

（1）杜威所力倡的反省思维，是指对某个经验情境中的问题进行反复的、严肃的、持续不断的思考，其功能在于求得一个新情境，把困难解决、疑虑排除、问题解答。

（2）杜威将思维的方法直接用在教学上，由此提出了解决问题的"五步教学法"。

1）学生要有一个真实的经验的情境。

2）在这个情境内部产生一个真实的问题，作为思维的刺激物。

3）占有必须的知识和材料，进行必要的观察。

4）提出解决问题的种种方法。

5）对方法进行检验。

2.杜威思维方法的社会价值

（1）杜威视科学思维的方法为革除社会弊端、实现社会理想的最重要的手段。

（2）杜威将科学思维的方法与民主主义联系起来，认为科学思维的方法反对因循守旧，反对任何外部的权威，强调创造和验证，与民主主义是相通的。

3.杜威教学方法论的不足

（1）知识的地位问题。杜威也强调知识的重要性，但将知识的获得、发展从属于智慧的培养，从属于探究的过程。

（2）问题存在的普遍性。杜威将思维过程、经验改造过程、知识获得过程皆与解决问题联系，实际并没有那么多问题。

（五）杜威论道德教育

杜威认为道德教育的主要任务是协调个人与社会的关系，他提倡与人合作的新个人主义，道德教育的目的就是要培养出这种时代的新人。

杜威认为教育的道德性和社会性是相通的，道德教育应在社会性的情境中进行，要求学校生活、教材、教法皆应渗透社会精神，学校生活、教材、教法都是道德教育的重要途径。

三、课后习题解答

1.试评述杜威教育本质论的内容与现实意义。

答：（1）杜威教育本质论的内容，详见章节精讲。

(2)杜威教育本质论的现实意义。

1)积极意义。杜威教育本质论主要解决三个重要问题,即教育与社会的脱离、教育与儿童的脱离、理论和实践的脱离。杜威的教育本质论要求加强教育、学校和社会生活的联系,使学校不只是消极地适应社会的变化,而是积极参与社会生活的优化;要求加强理论与实践的联系,使理论在实践中指导实践并使自身受到检验和发展等观点至今依然有重大的启发意义。

同时他的教育本质论所反映的教育要克服个人与社会的对立,要培养一种新型的人以适应世界的变化,要求将教育的工具价值和内在价值结合起来,要求克服教学论中知识与行为、知识与道德、理智与情感、感性与理性等方面的对立等观点,对我们今天的教育改革也具有重大的理论价值和实际意义。

2)不足之处。杜威教育本质论也体现出他的改良主义唯心史观,他对教育抱有过高的期望,企图通过教育、通过改变每个人的心智来达到变革社会的目的,这是有一定局限性的。他认为民主的目标应以民主的方式去达成,反对暴力革命,反对以暴制暴。他认为智慧的方法较暴力的方法是一个更佳选择,其中改良主义性质十分明显。这也导致了他的一些教育理论不能在教育实践中有效发挥作用,一些问题解决方案存在不切实际的弊端。

2.如何评价杜威的课程理论?

答:(1)杜威"从做中学"的观点,强调儿童直接经验的重要性,对传统课程忽视儿童的兴趣和直接经验等的批判都是切中要害的。他强调"从做中学""从经验中学"以及活动性的课程等观点都有积极的意义,有利于加强学校与社会的联系,一定程度上满足了学生的兴趣和需要,对于促进19世纪末20世纪初的进步主义教育运动的展开也起了积极作用。

(2)杜威课程论的不足之处。(详见章节精讲)

3.试评述杜威关于教学方法的理论。

答:(1)杜威关于教学方法的理论主要有反省思维、五步教学法。(详见章节精讲)

(2)对杜威教学方法的评价。(详见章节精讲)

4.比较分析赫尔巴特和杜威的教育理论。

答:赫尔巴特与杜威历来被认为分别是传统教育和现代教育的典型代表,他们的教育理论中都凝聚了前人论述和当时他们对教育问题的反思与改进。

(1)赫尔巴特和杜威教育理论的统一性。首先,二人都很关注教育的目的、课程理论、教学过程以及道德教育等这些基本问题,他们的教育理论都是建构在这些主要问题的基础上的。但是由于二者在哲学认识论、教育观等方面的不同,导致他们在论述这些问题时的侧重点都有所不同。其次,二人对哲学、生理学和心理学的理解,是其教育理论和实践的重要前提,赫尔巴特的哲学思想受康德和费希特影响,主张培养学生"多方面兴趣"。而杜威的教育理论则建立在他的实用主义哲学思想之上。

(2)赫尔巴特和杜威在教育理论上的差异。

1)在对教育目的的认识上,赫尔巴特认为教育的目的是要发展人的多方面的兴趣,使人的各种能力得到和谐的发展。杜威则认为,教育的目的在于促进儿童的生长。

2)在教学过程方面,赫尔巴特提出教学形式阶段理论,即教学的四个阶段:明了,给学生明确地讲授新知识;联想,把新旧知识联系起来;系统,做概括结论;方法,把所学方法用于实际。杜威提出了"五步教学法"(详见章节精讲)。

3)在道德教育方面,赫尔巴特认为存在着五种道德观念,即内在自由、完善、善意、法权和争议的培养。观念是最根本的要素,人们用这些观念来调节个人意志和社会冲突,就能使自己成为服从既定法治的、有道德的人。杜威的道德教育观详见章节精讲。

四、考研真题汇编

(一)名词解释

1.教育即经验的改造。(湖南师范大学 2014 年研)

2.杜威的教育观。(湖南大学 2013 年研)

3.民主主义与教育。(杭州师范大学 2016 年研)

(二)简答题

4.简述杜威的教育目的论。(北京师范大学 2016 年研)

5.简述比较赫尔巴特与杜威的教育过程理论。(东北师范大学 2015 年研)

6.简述杜威的五步教学法。(天津师范大学 2017 年研)

7.简述杜威"做中学"的教育理念。(贵州师范大学 2015 年研,厦门大学 2018 年研)

8.简述杜威实用主义教育学基本观点。(首都师范大学 2014 年研)

(三)论述题

9.论述杜威关于教育本质的思想及其现实意义。(江西师范大学 2017 年研,中央民族大学 2018 年研)

参考答案:

1.教育即经验的改造,即在教育过程中,主要不是教给儿童既有的科学知识,而是让儿童在活动中自己去获得经验。首先,它克服了经验与理性的对立;其次,它拓宽了经验的外延;再次,它强调经验过程中人的主动性。

2.(1)论教育的本质与目的。杜威认为,教育的本质是经验的不断改造和重组,因此教育即生长、教育即生活、教育即社会、教育没有外在的目的。一方面,杜威认为教育无目的;另一方面,杜威在论述中也承认教育存在社会性目的,那就是民主,教育为社会进步服务,为民主制度的完善服务。

(2)论课程与教材。在教育基本观念的基础上,杜威对教育实践也提出了与以往不同的思路和措施,其核心就是建立在科学探究概念基础上的"做中学"和教材心理化的观念。

(3)论思维与教学方法。杜威所力倡的思维是反省思维,据此还提出了五步教学法:疑难的情境;确定疑难所在;提出解决问题的种种假设;推断哪个假设能解决问题;验证假设。

(4)论道德教育。杜威认为道德教育的主要任务是协调个人与社会的关系。

3.《民主主义与教育》是杜威的代表作之一,最集中、最系统地表述了杜威教育理论。在《民主主义与教育》中,杜威全面阐述了他的实用主义教育理论,把民主的思想引入教育,就教育的本质、目的、内容、方法、教材等问题提出了独特的见解。

4.(1)一方面,杜威认为教育无目的,教育的过程是一个不断改组的、不断改造和不断转化的过程。所谓"教育无目的说"并不是说教育真的没有目的。杜威反对外在的、固定的、终极的教育目的,追求的是过程内的目的,这个目的就是"生长"。教育的过程,在它自身以外没有目的,它就是它自己的目的。

(2)杜威在论述中也承认教育存在社会性目的,即教育是民主的工具,教育是为了民主的,教育也应该是民主的。因此,杜威认为教育是社会进步和社会改革的基本方法,学校是社会进步和改革的最基本和最有效的工具。

5.(1)根据科学的实验主义探究方法和反省思维方式,杜威提出了五步教学法:疑难的情境;确定疑难所在;提出解决问题的种种假设;推断哪个假设能解决困难;验证假设。杜威的五步教学法重视科学探究思维,重视解决实际问题的行动能力,与主智主义的传统教育理论有本质区别。但该方法过于注重活动,忽视了系统知识的传授,在实践中也存在诸多影响教育质量的问题。

(2)赫尔巴特指出,任何教学活动都必须是井然有序的,都经历以下四个阶段:明了;联想;系统;方法。赫尔巴特教学形式阶段理论是在严格按照心理过程规律的基础上,对教学过程中的一切因素和活动进行高度抽象,以建立一种明确的和规范的教学模式。它不仅反映了人类对教学过程和教学活动本质认识的发展,而且具有广泛的实践意义。但是,教学形式阶段理论所固有的机械论倾向,也使它不断受到来自各方的批评。

6.杜威的五步教学法可以简明地概括为情境;问题;假设;推论;验证。

(1)教师给学生创设一个课题,情境必须与实际经验相联系,使学生产生要了解它的兴趣。

(2)给学生足够的资料,使学生进一步观察、分析,研究该课题的性质和问题所在。这个情境中须能产生真实的问题作为思维的刺激物。

(3)学生自己提出解决问题的设想,或暂时提出一些尝试性的不同的解答方案。

(4)学生根据自己的设想,进行推理,以求得解决问题的方案。儿童自己负责一步一步地展开他所设想的解决疑难问题的方法。

(5)进行实验验证。学生要根据明确的假设方案亲自动手去做,以检查全过程所达到的结果是否符合预期的目的。在做的过程中,自己发现这些设想、假设的真实性和有效性。

"五步教学法"与传统的教学模式相比,无论是教师的主导作用,还是学生的主体地位,都得到了充分的发挥,特别是学生的主体地位得到加强,五环节中都有学生主动参与,对现代教学有一定的借鉴作用。

7."从做中学"是杜威针对学校多种多样分门别类的学科割裂和肢解儿童的世界的弊端提出的,要求以活动性、经验性的主动作业来取代传统书本式教材的统治地位。

杜威认为,从做中学,即要从儿童的实际生活出发,提出能够引起儿童主动关注的问题,在解决问题的过程中学习知识。从做中学,即"从活动中学""从经验中学",它使得学校里知识的获得与生活过程中的活动联系了起来,儿童能从那些真正有教育意义和有兴趣的活动中学习,从而有助于儿童的成长和发展。

8.杜威实用主义教育学基本观点包括以下内容。

(1)教育即生活,教育的过程和生活的过程是合一的,而不是为将来的某种生活做准备。

(2)教育即个人经验的增长,教育在于让学生在真实的情境中增长自己的经验,这是教育的最终目的。

(3)教育即生长,其原因在于学校就是一个雏形的社会,学生在学校的学习实际上就是一个在社会成长的过程。

(4)学校的课程是以学生的经验为中心的,打破了原来以学科为中心的课程体系。

(5)教育教学中不再以教师为中心,教师只是学生成长的帮助者,学生才是教育教学的中心。

(6)在教育教学过程中,要注重儿童的创造性的发挥,提倡让儿童在学习的过程中独立探索、发现。

实用主义教育学是以美国实用主义文化为基础的,它对以赫尔巴特为代表的传统教育理论进行了深刻的批判,推动了教育学的发展。

9.(1)杜威是美国著名的哲学家、教育家、心理学家和社会学家。他一生从事教育活动和哲学心理学及教育理论的研究,对美国乃至世界教育的发展产生了深远的影响。在杜威看来,教育的本质就是教育即生长,教育即生活,教育即经验的持续不断的改造。

1)教育即生长。儿童的心理发展基本上是以本能为核心的情绪、冲动、智慧等天生技能不断发展生长的过程,教育的目的就是促进这种本能的生长。杜威批评传统教育无视儿童内部的本能和倾向,只是从外部强迫他们学习成人的经验,使教育成为一种外来的压力的做法,他明确提出了儿童为教育中心的主张。

2)教育即生活。在杜威看来,一切事物的存在都是人与环境相互作用产生的,人不能脱离环境,学校也不能脱离眼前的生活。因此,教育即是生活本身,而不是为未来的生活做准备。根据教育即生活,杜威又提出了一个基本的教育原则"学校即社会",明确提出,应把学校创造为一个小型的社会,从而培养能够适应现实生活的人。

3)教育即经验的改造。经验是杜威实用主义哲学和实用主义教育体系的核心概念,他把教育视为从已知经验到未知经验的连续过程,这种过程不是教给儿童既有的学科知识,而是让他们在活动中不断增加经验,经验的获得离不开儿童的亲身经验。杜威的这种观点在当时教育严重脱离社会生活的情况下,有利于使教育参与生活,是有积极意义的,在当时对传统教育中只教死知识的书本教学形成了有力的冲击。

(2)现实意义。

杜威教育本质论着意要解决三个重要问题即教育与社会的脱离、教育与儿童的脱离和理论与实践的脱离。杜威的教育本质观要求加强教育、学校与社会生活的联系,使学校不只是消极地适应社会的变化,而是积极参与社会生活的优化;要求加强理论与实践的联系,使理论在实践中指导实践并使自身受到检验和发展等观点至今依然有重大的启发意义。

同时,杜威的教育本质论所反映的教育要克服个人与社会的对立,要培养一种新型的人以适应世界的变化,要求将教育的工具价值和内在价值结合起来,要求克服教学论中知识与行为、知识与道德、理智与情感、感性与理性等方面的对立等观点,对我们今天的教育改革也具有重大的理论价值和实际意义。

另一方面,杜威教育本质论也体现出他的改良主义唯心史观,他对教育抱有过高的期望,企图通过教育、通过改变每个人的心智来达到变革社会的目的,这是有一定局限性的。他认为民主的目标应以民主的方式去达成,反对暴力革命,反对以暴抑暴。他认为智慧的方法较暴力的方法是一个更佳选择,其中改良主义性质十分明显。这也导致了他的一些教育理论不能在教育实践中有效发挥作用,一些问题解决方案存在不切实际的弊端。

五、强化训练及详解

（一）选择题

1.杜威教育理论成型的标志性著作是（　　）。
A.《经验与教育》　　　　　　　B.《民主主义与教育》
C.《我的教育信条》　　　　　　D.《教育与社会》

2.杜威的"思维五步法"包括经验的情境的寻求、问题的产生、资料的占有和观察的开展、解决方法的提出以及方法的运用和检验。他把这种思维称作（　　）。
A.反省思维　　B.情境思维　　C.逻辑思维　　D.形象思维

3."教育即生活"是杜威教育本质论的基本观点之一，其主要含义是（　　）。
A.教育是未来生活的预备，而不是儿童生活的过程
B.教育不是未来生活的预备，而是儿童生活的过程
C.教育是学校的生活，而不是儿童的生活
D.教育不是学校的生活，而是儿童的生活

4.杜威所主张的教育思想被称作（　　）。
A.实用主义思想　B.实验主义思想　C.存在主义思想　D.机能主义思想

5.杜威要求以活动性、经验性的主动作业来取代传统书本式教材的统治地位，据此提出了（　　）。
A.教材心理学化　　　　　　B.从做中学
C.教育即生长　　　　　　　D.教育即经验的改组

6.在师生关系问题上，杜威主张（　　）。
A.儿童中心论　　　　　　B.教师中心论
C.教师为主导，学生为主体　　D.双主体论

7.杜威认为，在民主社会里，教育目的应内在于教育的过程中，主张以（　　）为教育的目的。
A.知识　　　B.智慧　　　C.生长　　　D.经验

8.我国教育家（　　）受杜威"教育即生活"的影响，主张生活教育。
A.晏阳初　　　B.陈鹤琴　　　C.陶行知　　　D.黄炎培

（二）填空题

9.最集中、最系统地表述杜威教育理论的著作是_____。

10.杜威针对当时的教育无视儿童天性，消极对待儿童，不考虑儿童的需要和兴趣的时弊，提出了_____。

11.杜威认为教育不能脱离社会变革而我行我素，由此提出了_____。

12.杜威主张以_____作为教育的目的。

13.杜威认为，儿童的生活和经验具有_____和_____，儿童到学校读书，多

种多样的分门别类的学科割裂和肢解了他的世界。

14.杜威主张_____,来解决怎样使儿童最终获取较系统的知识而同时又能在学习过程中顾及儿童的心理水平的问题。

15.杜威要求_____,以活动性、经验性的主动作业来取代传统书本式教材的统治地位。

16.杜威的社会理想是_____,要求教育为社会进步服务,为民主制度的完善服务。

(三)名词解释

17.教育即生活。

18.教育即生长。

19.教育适应生活说。

20.教材心理化。

21.反省思维。

(四)简答题

22.简述杜威的课程与教材论的相关内容及其现实意义。

23.简述杜威"从做中学"的观点。

24.简述杜威的道德教育观。

25.简述杜威实用主义教育思想的儿童观。

26.简述杜威在教育思想史上的影响。

27.简述杜威教育思想的社会价值取向。

(五)论述题

28.论述陶行知的生活教育理论及其和杜威教育思想的关系。

参考答案:

1.D 2.A 3.B 4.A 5.B 6.A 7.C 8.C

9.《民主主义与教育》

10.教育即生长

11.学校即社会

12.生长

13.统一性;完整性

14.教材心理化

15.从做中学

16.民主主义

17.杜威认为教育是生活的过程,学校是社会生活的一种形式,学校生活也是生活的一种形式。一切事物的存在都是人与环境相互作用产生的,人不能脱离环境,学校也不能脱离眼前的生活。因此,教育即是生活本身,而不是为未来的生活做准备。

18.杜威针对当时教育无视儿童天性,消极对待儿童,不考虑儿童的需要和兴趣的时弊,提出了"教育即生长"。杜威认为生长是机体与外部环境、内在条件与外部条件交互作用的结果,是一个持续不断的社会化的过程,"教育即生长"要求摒除压抑、阻碍儿童自由发展之物,使一切教育和教学适合儿童的心理发展水平和兴趣、需要的需求。

19.杜威认为教育是生活的过程,学校是社会生活的一种形式,学校生活应与儿童自己的生活相契合,满足儿童的需要和兴趣,适应现代社会变化的趋势并成为推动社会发展的重要力量。

20."教材心理化"是杜威为解决怎样使儿童最终获取较系统的知识而同时又能在学习过程中顾及儿童心理水平而提出的,要求把各门学科的教材或知识各部分恢复到原来的经验,恢复到它所被抽象出来的原来的经验。

21."反省思维"是杜威所力倡的在经验的情境中思维的方法,意指对某个经验情境中的问题进行反复的、严肃的、持续不断的思考,其功能在于求得一个新的情境,把困难解决、疑虑排除、问题解答。

22.(1)杜威的课程与教学观包括以下几个方面。

1)教材与社会生活。杜威认为,教材与社会生活是紧密联系在一起的,两者不可分割,他主要是从以下两个方面加以论述一是教材来源于社会生活,因而它本身具有社会性;二是教材的内容具有广泛性,并且随着社会的变化而变化。另外,教材在内容上还具有广泛性,能全面地反映社会生活的整体面貌。

2)教材与儿童。杜威指出儿童的不成熟是其生长的条件,教育则是根据儿童的自然禀赋,通过组织适当的符合儿童心理特征的课程教材使儿童的天赋能力得到发展,得到不断的生长。

3)教材与经验。儿童现在的经验和学校教材中所包含的人类的种族经验是经验的改造过程中的两个不同阶段,两者不能相互对立。教材的组织编写不仅要按照经验的逻辑顺序来进行,还要与儿童的心理发展水平和现有的经验、能力和兴趣相符合。

(2)意义。杜威的教材观对我们新课程教材改革有很大的启示。首先,从教材内容的选择上来看,一方面要有结构化的学科知识体系作为教材的支撑,使学生能够获得人类共同的知识。其次,从教材设计的目的上来看,教材设计要能最大限度地满足学生的需要和可能,要能贴近学生的生活,引发学生学习的兴趣和积极性。最后,从教材形式的设计上来看,尽管是静态的文本形式也要注重形式上的美观和呈现形式的多样化,来吸引学生的目光。除此之外,还可以依靠现代化的技术手段,来增加学生获取知识的渠道。

23.(1)杜威认为,"从做中学"也就是"从活动中学""从经验中学",它使得学校里知识的获得与生活过程中的活动联系了起来,儿童能从那些真正有教育意义和有兴趣的活动中学习,从而有助于儿童的成长和发展。

(2)杜威的"从做中学"教学理论的积极方面表现在以下几个方面。首先,他主张从做中去学习,从经验中积累知识。杜威认为,传统的教学片面强调以教科书、课堂、教师为中心,严重脱离社会生活,压制了学生的个性、主动精神和能力的发展。教学上要做的和应该做的,就是让儿童有活动的机会,使儿童在自身活动中去学习。其次,注重教学内容和教学方法的选择。杜威主张,儿童所做的内容,主要是那些符合儿童心理发展的年龄特征的、生动有趣的、能发挥儿童个性的具体活动。

(3)但是,由于杜威主张的"从做中学"是以实用主义经验论和机能心理学为依据的,过分强调了工作和活动在教学过程中的地位,甚至提出行动处于观念的核心,行动就是认识本身,因此,对知与行的关系的看法显然存在着片面的和不足的地方。他反对教条主义,却陷入了经验主义。同时,杜威的"从做中学"所强调的"做"主要是个人亲自尝试的工作和活动,仅是获得和改组个人的经验,以使儿童自己的兴趣和需要得到满足。再者,杜威的"从做中学"理论只能适用于初级阶段和低浅层次的教学工作,并不适用于处理高级阶段和高深层次的教学工作。

24.(1)杜威视野中的道德的含义是具有强烈的民主主义色彩的。他认为道德是在实现自身利益前提下的利他化,是一种朴素的道德,是一种发生在日常生活中的道德。其次,杜威认为道德的含义是宽泛的,道德是普遍地存在于人类的一切行为中的,不能限定在某个专属的领域。杜威认为一切教育的最终目的都是为了使儿童社会化,道德教育也不例外,道德教育的目的就是协调个人与社会的关系,培养儿童的社会协作精神和有效地参与社会生活的能力。

(2)关于道德教育的方法,杜威主张实施德育的方式应该是活动式的,而非灌输式的,道德源于经验,只有在经验中获得并检验的知识才具有道德意义。因此,他主张学校德育应充分利用学校生活、教材和教法三种重要的课程资源,使学生"从做中学""从经验中学",从而在活动的情景中去认识和体会社会生活,最后获得道德的经验。

25.杜威实用主义教学主张儿童是教育的中心。杜威认为教育的本质是教育即生长、教育即学校、教育即经验的改组。他的三个命题揭示的教育观是相同的。

(1)教育既要尊重儿童,又要联系社会。

(2)教育不仅应尊重儿童的需要、兴趣和能力,同时也应为促进儿童这些心理因素的发展提供外部条件,尤其是社会条件。

(3)儿童的教育、儿童的发展应是一个社会化的过程,应是一个使儿童身心不受压抑的过程。

26.(1)杜威是世界教育思想史上的巨人,其教育理论不仅系统全面,论证精微,而且洋溢着清新的现代气息,的确大大超出其前人。杜威教育观的基本要求是实现教育的内在价值与工具价值的结合,使教育过程本身既是有乐趣的,有益于儿童个人的,又是富有实效,有益于国计民生的。这种教育观体现了现实主义与理想主义的结合,它源于现实又高于现实,希望通过教育这种手段使不完美的现实走向完美的理想之境。这种教育观的历史地位在于它立足于新现实、新理论的基础上,宣告了教育理论旧时代的终结和新时代的开始。

(2)杜威的教育理论着意解决三个重要问题:教育与社会的脱离;教育与儿童的脱离;理论与实践的脱离。这三个问题不仅杜威的时代存在,而且现在乃至将来依然存在。也许杜威提供的解决这些问题的方案并不切实,但他提出的这些问题及他提出的解决这些问题的思路直到今天依然有启发意义。

27.(1)杜威认为科学的思维方法是革除社会弊端、实现社会理想的最重要的手段。个人有科学的思维方法,就不会世故保守,而会用于开拓和创新,意味着有一个积极的人生态度,一个成功的人生历程。整个社会有了求实精神和诚恳的科学态度,就不会停滞不前,社会问题就会逐步减少,社会就会变得更加完善。

(2)杜威还认为科学思维的方法是与民主主义紧密联系的,科学思维的方法反对因循守旧,反对任何外部的权威,强调创造和验证,与民主主义是相通的。民主不仅仅是一种政治形式,而是一种渗透一切的生活方式,而教育恰是使人掌握这种方法的最重要的手段。

28.(1)杜威是美国民主主义教育家,他提出教育即生活、学校即社会、教育即经验、教育即生长等观点,他主要是想解决教育与生活相脱离、教育与学生相脱离、教育与实践相脱离的问题,特别强调教育的生长功能。陶行知是我国著名教育家,创立了生活教育论,他是杜威的学生,所以他的思想渊源来自杜威,生活教育理论的核心思想是生活即教育、社会即学校、教学做合一。他主张为生活而教育,用生活教育和为生活提高而教育。

(2)杜威认为教育即生活指的是教育是生活的过程,教育的本质就是生活;教育的内容要与儿童积极的生活相吻合,这样才能满足儿童的需要和兴趣;学校生活应该以学生以外的社会生活相联系。

陶行知认为生活即教育指的是生活含有教育的意义和源泉,过什么样的生活就受什么样的教育;实际生活是教育的中心,生活与教育是同一个过程;生活决定教育,教育改造生活。

可见,二者都重视教育与生活的联系,重视学校与社会的紧密联系,强调理论与实际的紧密联系。他们都把生活和教育作为各自理论的核心,希望教育中体现生活,生活中体现教育。同时,他们都重视学生的主体性,要求教育中"做"与"学"合一。

(3)杜威和陶行知对"生活"和"教育"的理解是有差异的。

1)二人的社会背景不同。杜威生活在美国发展的统一安定时期,杜威认为教育是生活的过程,希望教育与生活的相互联系能够更好地促进社会发展。而陶行知处在中国衰弱之时,教育难以正常进行,他更看重生活中的教育意义,看重教育改造生活的作用。

2)对生活的理解不同。杜威所指的生活是现在的、儿童的生活。陶行知更强调人们的实际生活。

3)对教育的理解不同。杜威强调学校教育;陶行知强调社会意义上的教育。

第二十章 20世纪前期英、法、德、美和日本教育的发展

一、考点概述

(1)英国教育行政管理体制的变化及《巴尔福教育法》等教育法案的内容和作用。

(2)20世纪前期法国统一学校运动,中学课程改革及职业技术教育的发展。

(3)德意志帝国与魏玛共和国时期的教育、纳粹德国时期的教育。

(4)美国中等教育的改革和发展:《中等教育的基本原则》、"八年研究";初级学院运动;职业技术教育的发展:"全国职业教育促进会"《史密斯—休斯法案》。

(5)日本20世纪初期至20年代末的教育改革与发展:《教育敕语》;军国主义教育体制的形成和发展。

二、章节精讲

(一)英国教育的发展

1.《巴尔福教育法》与教育行政管理体制的变化

1902年,为了公平分配教育补助金和加强对地方教育的管理,英国通过了《巴尔福教育法》,法令主要内容如下:设立地方教育局,以取代原来的地方教育委员会;地方教育局有权对私立学校和教会学校提供资助和进行控制。

《巴尔福教育法》是20世纪英国的第一个重要的教育法案。它促成了英国中央教育委员会和地方教育当局的结合,形成了以地方教育当局为主的英国教育行政体制。

2.公共教育制度的发展和完善

(1)普及初等义务教育的《费舍教育法》。1918年,英国国会通过了教育大臣费舍提出的关于初等教育的法案,即《费舍教育法》。该法案规定:加强地方当局发展教育的权力和国家教育委员会制约地方当局的权限;为2—5岁的幼儿开设幼儿学校,5~14岁为义务教育阶段,一律免除学费;地方教育当局应建立和维持继续教育学校,并向进入这种学校的年轻人(14~16岁)免费提供一定的学习课

程和教育训练。

《费舍教育法》对提升国民素质、建立完整的国家公共教育制度具有重要的意义。

(2)中等教育的变化。

1)《哈多报告》。1926年,以哈多为主席的英国调查委员会提交了一份关于英国初等教育的报告,该报告称为《哈多报告》。报告的主要内容如下:小学教育应当重新称为初等教育;儿童在11岁以后所受到的各种形式的教育均称为中等教育;为了使每个儿童进入最合适的学校,应当在11岁时进行选择性考试。

《哈多报告》第一次从国家的角度阐明了初等教育与中等教育衔接,中等教育面向全体儿童的思想,并从儿童发展的角度,明确提出了初等教育后教育分流的主张,以满足不同阶层人们的需要。

2)《斯宾塞报告》。为了适应经济发展对技术人才的广泛需求,英国政府又于1938年提出了以改革中等教育为中心的《斯宾塞报告》。该报告根据英国初级技术学校增加的现实,进而把《哈多报告》中的双轨教育方案扩展为三轨,即文法学校、现代学校和技术中学,使得技术中学成为中等教育的重要组成部分。同时,《斯宾塞报告》还提出了在同一所中学设立兼有文法、现代和技术学科的多科性中学的设想。

《斯宾塞报告》的出台,促进了英国中等教育的发展。到第二次世界大战之前,英国基本上形成了文法学校、现代学校和技术中学三种类型的学校。"人人受中等教育"的观念已经为公众所接受。

3)《1944年教育法》。1944年,英国政府通过了以巴特勒为主席的教育委员会提出的教育改革方案,即《1944年教育法》,又称《巴特勒法》。该法的基本内容如下:加强国家对教育的控制和领导;加强地方行政管理权限,设立由初等教育、中等教育和继续教育组成的公共教育系统;实施5~15岁的义务教育。

《1944年教育法》是英国现代教育发展中极其重要的一部法律。该法确立和完善了中央与地方在教育行政、管理体制上相互合作的"伙伴关系",结束了二战前英国教育制度发展不平衡的状况,形成了初等教育、中等教育和继续教育相互衔接的国民教育制度,对以后英国教育的发展产生了重要的影响。

(二) 法国教育的发展

1.“统一学校运动”与学制改革

1919年,针对不平等的"双轨制",法国掀起了"统一学校运动"。该运动主张初等教育和中等教育相互衔接,高等教育向一切中学毕业生开放。"统一学校"的改革采取的是由初等教育向中等教育逐步推进,并考虑"方向指导"的策略。

1923年,法国政府决定在初等教育阶段实施统一的学校制度。

1925 年,法国初步实现了小学阶段的统一学校。

1930 年,法国的国立中学和市立中学实行免费。

1933 年,法国政府颁布政令,在中学设立统一入学考试制度。

1937 年,原法国教育部长让·泽提出了在中学的初级阶段实行统一学校制度的方案。

统一学校运动所引发的对法国学制的改革,极大地冲击了法国的双轨教育,扩大了劳动人民子女接受中等教育的比例,推动了法国教育民主化的进程。

2.中学课程的改革

19 世纪末,法国的中学形成了古典课程和现代课程并行,以古典课程为主的课程体系。1902 年,法国教育部门提出了中等教育课程改革的方案。这次改革强调古典课程和现代课程的价值及相互的补充,确立了法国中等教育课程改革的新的模式。

1923 年,雷昂·贝哈赫出任法国教育部长以后,又使得古典学科占据了中等教育的主导地位。这次课程改革加重了古典主义教育的色彩。

3.职业技术教育的发展(《阿斯蒂埃法》)

1919 年,法国议会通过了议员阿斯蒂埃提出的职业教育法案,即《阿斯蒂埃法》,主要内容包括国家设立相关部门负责职业教育的管理工作;规定全国每一市镇设立一所职业学校,经费由国家和雇主各负担一半;规定 18 岁以下的青少年有接受免费职业教育的义务;职业技术教育内容包括补充初等教育的普通教育、作为职业基础的各门学科、获得劳动技能的劳动学习三个部分。

《阿斯蒂埃法》的颁布,使法国职业技术教育成为一种国家管理的事业。

(三) 德国教育的发展

1.德意志帝国与魏玛共和国时期的教育

(1)德意志帝国时期的教育。在德意志帝国时期,德国教育形成了典型的三轨制,在这种制度下形成了三类学校,即国民学校、中间学校和文科中学,其中文科中学在德国教育中占有重要地位。

19 世纪末,受新人文主义的影响,德国开始了对中等教育的改革。

进入 20 世纪后,德国又对各类教育进行了改革。

(2)魏玛共和国时期的教育。德国在 1919 年建立了魏玛共和国,并通过了《魏玛宪法》,规定了德国教育发展的指导思想,明确教育权归各州所有,国家负责对各类教育进行监督。在此时期,德国对初等教育、中等教育、教师培养以及高等教育进行了改革。

在初等教育方面,德国废除了帝国时期的双轨学制,在全国实施了四年制的统一初等学校制度。

在中等教育方面,主要出现了两个方面的变化。一是取消了中学预备学校阶段,使中学开始建立在统一的基础学校之上。二是在原来中间学校、文科中学以及文实中学和实科中学的基础上,新增加了德意志学校和上层建筑学校。

在教师培养方面,德国提出了彻底改革小学教师培养的方案,规定小学教师须由属于高等教育的师范学院来培养,学习期限为四年。

2.纳粹德国时期的教育

(1)纳粹政府的教育方针。1933年,希特勒领导的纳粹党掌握德国政权,并在德国全面实行法西斯专政。从此,德国社会和教育被纳入法西斯化的轨道,成为纳粹实施法西斯专政的工具。为了配合纳粹的统治和加强国家对教育的控制,1934年,纳粹德国设立国家科学、教育和国民教育部。1937—1938年,纳粹德国的国民教育部根据希特勒的培养学生民族信念的思想,对初等教育和中等教育分别做出规定,强调小学的任务是把德国的少年儿童培养成民族大家庭的一员,中学则要有助于"国家社会主义者"的培养,使学生具有面向未来的志向。这一时期,各级学校教育的重点不在于传授知识,而在于强调品行训练,其目的是培养效忠于纳粹政府的工具。

(2)学校教育的全面倒退。在纳粹政府统治时期,德国的各级学校教育出现了全面倒退的趋势。

在初等教育方面,完全是为纳粹统治服务的。

中等教育方面,纳粹德国先后颁布了关于"压缩中学学习年限"和"提供统一中学课程"的法令。

这一时期,德国大学也处于压缩和政治化的时期,大学入学人数大大削减。

(四)美国教育的发展

1.中等教育的改革和发展

到20世纪初期,美国基本上完成了初等义务教育的普及任务。这一时期,中等教育改革成为美国教育发展的主要任务。

(1)《中等教育的基本原则》与中学职能的转变。1913年,美国全国教育协会成立了"中等教育改组委员会",重新研究中等教育的职能和目的问题,以提高中等教育的社会效益。该委员会在1918年提出了《中等教育的基本原则》的报告,指出美国教育的指导原则应当是民主的原则,应当使每一个成员通过为他人和为社会服务的活动来展示他的个性。

《中等教育的基本原则》在美国教育史上是一份很有影响的报告,它不仅肯定了六三三学制和综合中学的地位,而且提出了中学是面向所有学生并为社会服务的机构的思想。这一时期,美国中学的改革对美国教育乃至其他国家的教育,都产生了重要的影响。

（2）"八年研究"。20世纪20年代，美国的进步教育广泛地影响了小学和初中。从30年代起，进步主义教育也开始关注高中的发展及其存在的问题。如何处理学生的升学和就业问题，特别是大学与中学的关系，一直是困扰美国高中发展的重要因素。1930年，美国进步教育协会成立了"大学与中学关系委员会"，试图通过加强中学与大学的合作关系来解决高中长期存在的问题。该委员会制定了一项为期八年的大规模的高中教育改革实验研究计划，即"八年研究"计划。

"八年研究"主要涉及教育目的、教育管理、课程方法的选择和安排及评估工作。

"八年研究"通过对高中教育和高等教育关系的实验，为美国教育改革向纵深发展提供了有益的思路。

2.初级学院运动

19世纪后半期，为解决中学与大学的衔接问题，人们开始从高等教育的教育目标和高等教育结构方面提出改革的设想。1892年，原芝加哥大学校长哈珀率先提出把大学的四个学年分为两个阶段的设想。第一个阶段的两年为"初级学院"，第二阶段的两年为"高级学院"。同时也把大学的课程分为两部分，使前一阶段的课程类似于中等教育，后一阶段的课程类似于专业教育或研究生教育。

初级学院是一种从中等教育向高等教育过渡的教育，学生毕业后可以直接就业，也可以转入四年制大学的三年级继续学习。其产生和发展是美国高等教育适应美国社会政治、经济和文化需要的产物。

3.职业技术教育的发展

美国职业技术教育的发展是随着美国经济的发展而发展的。1906年，美国成立了"全国职业教育促进会"，其主要目的是推动制定一部能对全国职业教育提供财政补助的法律。

1914年，为了提高工人的技术和更好地推动职业技术教育的发展，美国国会又任命了一个专门研究补助职业教育问题的"职业教育国家补助委员会"。1917年，美国国会通过了《史密斯—休斯法》。

《史密斯—休斯法》使得普通教育开始由单一的升学目标，转向升学和就业的双重目标，加强了普通教育与社会的联系，同时也为美国职业教育的发展提供了有利的条件，对美国普通教育和职业教育的发展产生了重要影响。

（五）日本教育的发展

1.20世纪初期至20年代末的教育改革与发展

为了寻找一条继承日本传统文化、抵御西方文化影响的途径，1890年，日本制定了由天皇颁布的《教育敕语》,其主要内容是重申忠孝为日本国体之精华、日本教育之渊源。《教育敕语》的颁布,表明日本教育开始把儒家伦理道德规范与日本民族意识的培养结合起来。

这一时期,日本各级各类教育都进行了结构和课程的改革,形成了相对完整的学校教育体系,为日本教育的进一步发展提供了重要的条件。

2.军国主义教育体制的形成和变化

1926 年,日本裕仁天皇即位后,更加重视道德教育和民族主义精神的教育,大肆鼓吹军国主义和对外扩张的思想,从此,日本开始转向军国主义。其主要表现有对日本师生民主进步运动的控制和镇压;传播军国主义思想;军事训练学校化和社会化。

三、课后习题解答

1.20 世纪前期,英、法、德、美、日各国教育主要解决的基本问题是什么? 哪些因素影响了其教育改革的进程?

答:(1)各国教育主要解决的基本问题。

1)一些国家的教育制度还存在着典型的双轨制,初等教育与中等教育互不衔接。

2)中等教育还存在着严重的古典主义倾向,与工商业发展急需新型人才的要求不相适应。

3)学校制度和教育体制的管理还处在相对分散、比较混乱的状态。

(2)影响教育改革进程的因素。

1)生产力的发展水平。工业革命的开展和完成,使得最低水平的初等教育已经不能满足社会的需求了。

2)以进化论为代表的生物学思想和方法论的产生。一方面,学校教学普遍重视科学方法的训练;另一方面,强调教育可以培养优秀的个人和民族,以提高社会效率的思想占据重要地位。在这一思想指导下,许多国家的学校教育采取选择和淘汰的政策,在学校制度上采取多轨制或设置多种课程的办法,实行教育上的分流。

3)19 世纪末 20 世纪初兴起的欧美教育思潮和理论对这一时期教育的改革与发展起到了很大的推动作用。

2.20 世纪前期,现代教育发展的两大趋势是什么? 在英、法、德、美、日是如何体现的? 试予以分析。

答:(1)改变双轨制、加强中等教育和高等教育的联系,改革中等教育的组织、结构和职能。

1)英国,《哈多报告》第一次明确提出了初等教育的终点和初等教育后的教育分流的主张,以满足不同阶层人们的需要。《斯宾塞报告》把教育方案扩展为文法中学、现代中学和技术中学三轨。

2)法国,1919年统一学校运动所引发的对法国学制的改革,有力地冲击了法国的双轨学制,扩大了劳动人民子女接受中等教育的比例。

3)德国,魏玛共和国时期,德国废除了初等教育阶段的双轨学制,实施了4年制的统一初等教育。中等教育方面,取消了中学的预备阶段,新建立了德意志中学和上层建筑学校。

4)美国,《中等教育的基本原则》肯定了六三三学制和综合中学的地位,提出了中学不应该是一个选择机构,而是面向所有学生并为社会服务的学校的思想。

(2)职业教育与高等教育的发展。

1)法国,《阿斯蒂埃法》的颁布,使法国的职业技术教育第一次获得了有组织的形式,成为一种由国家管理的事业。

2)美国,"八年研究"研究大学与中学的关系问题,建立初级学院,颁布《史密斯—休斯法案》,把传统的专为升学服务的中学改为兼具就业和升学职能的综合中学。

3.美国在中等教育改革中,研究和探讨了哪些问题?有何历史和现实意义?
答:(1)美国中等教育改革研究和探讨的问题,详见章节精讲。

(2)历史和现实意义。

19世纪末,美国的中等教育改革,对美国社会和教育的发展产生了重要影响。《中等教育的基本原则》在美国教育史上是一份很有影响的报告,它不仅肯定了六三三学制和综合中学的地位,而且提出了中学是面向所有学生并为社会服务的机构的思想。

"八年研究"通过对高中教育和高等教育关系的实验,研究了高中教育发展中过去没有涉及的许多问题,其主要内容、实验步骤、运用的手段和方法对20世纪中后期的美国教育理论和实践产生了不同程度的影响。

4.英、法两国在教育改革中各提出了哪些教育法案和报告?主要解决的问题是什么?
答:(1)20世纪前期,英国在教育改革中主要提出了《巴尔福教育法》《费舍教育法》《哈多报告》《巴特勒法案》等(详见章节精讲)。

(2)法国在教育改革中主要提出了《费里教育法》《阿斯蒂埃法》(详见章节精讲)。

5.德、日两国教育变化中都出现了极端的民族主义倾向,最后又都导致了法西斯专制主义教育,二者各自的特点是什么?应当吸取什么教训?
答:(1)德国教育的特点。

1)德意志帝国时期,德国教育具有明显的多轨性、等级性和阶级性,例如三轨制的学校教育制度将学校分为国民学校、中间学校、文科学校三类。

2)民族主义和国家主义倾向。

3)法西斯化。

(2)日本教育的特点。

1)民族主义加强。

2)引进国外教育思想。日本1890年的《教育敕语》把儒家伦理道德规范与日本民族意识的培养结合起来。

3)国家加强对教育的控制。

4)重视民族精神教育和军国主义教育。

(3)教训。

1)要避免极端的民族主义和军国主义教育。

2)要强调教育的独立地位,将教育从政治、军事领域独立出来,适当吸取其他领域的东西,并加以合理利用。

3)应建立合理的教育制度,使教育内容、教育组织符合教育本身的需求,不违背人类的发展道路。

四、考研真题汇编

(一)名词解释

1.初级学院运动。(浙江师范大学 2016 年研)

(二)简答题

2.简述巴特勒法案。(山东师范大学 2015 年研)

3.简述美国"八年研究"主要涉及的问题。(天津师范大学 2013 年研)

(三)论述题

4.试从教育发展的历史角度论述美国近现代教育发展的原因。(陕西师范大学 2010 年研)

参考答案:

1.初级学院运动是19世纪末至20世纪初兴起的美国高等教育发展中的一次具有重要意义的革新运动。1892年,原芝加哥大学校长哈珀率先提出把大学的四个学年分为两个阶段的设想。第一阶段的两年为"初级学院",第二阶段的两年为"高级学院"。这次运动所创立的新的教育形式——初级学院,有力地促进了美国高等教育的普及和发展。

2.二战期间,"人人受中等教育"的观念深入人心,而英国的实际与此有较大差距,中等教育继续改革。《巴特勒教育法》也称《1944年教育法》,由原英国教育委员会主席巴特勒提出。主要内容:①加强国家对教育的控制和领导,设立教育部统一领导全国的教育；②加强地方教育行政管理权限，设立由初等教育、中等教育和继续教育组成的公共教育系统；③实施5~15岁的义务教育，同时向义务教育超龄者提供全日制教育和业余教育；④加强职业教育；⑤法案还提出了宗教教育、师范教育和高等教育改革等要求。

影响和意义：巴特勒教育法是英国教育制度史上一个及其重要的法令，形成了初等、中等和继续教育衔接的国民教育制度，中央和地方教育行政管理相结合、以地方为主的教育管理体制，扩大了国民受教育的机会，对英国战后教育发展的基本方针和政策产生了重要影响。

3.美国"八年研究"亦称"三十校实验"。1930年，美国进步教育协会成立"大学与中学关系委员会"，制定了一项为期八年（1933—1940年）的高中教育改革的实验研究。其主要内容包括以下方面。

（1）关于教育目的，学校教育的目的主要是实现个人的发展并且有效协调个人与社会的关系。

（2）关于教育管理，最有效的方式是全体教师共同参与对教学大纲的再评价和再计划。

（3）关于课程、方法的选择与安排，影响较大的是核心课程的思想，也称综合课程。

（4）关于教育评估，新的实验设计了许多教育过程和目标的测验。

美国的"八年研究"通过对高中教育和高等教育关系的研究实验，揭示了高中教育发展中的许多问题，为美国改革向纵深发展提供了有益思路。

4.美国教育所显示的教育发展客观规律，不仅能应用于美国，而且对其他国家教育的发展也具有借鉴意义。美国近现代教育发展的原因有以下几点。

（1）美国没走欧洲的老路，面对现实建设需要而锐意创新。美国独立战争后，资本主义工业发展，经济发展需要提高劳动者的劳动能力，因而使人人受教育的公立学校兴起，并在内战后迅速发展，使美国成为德国之后第二个实行义务教育的国家。文实学校和公立学校都重视职业教育和青年的就业准备，显示了美国中等教育的特色。

（2）视教育为立国之本、政治革新、社会进步的必由之路。培养民主政治制度下的公民离不开教育，美国政府以教育为立国之本，大力提倡公民教育。解决社会矛盾离不开教育。随着经济的发展，工人阶级不断壮大，阶级觉悟日益提高，要求通过教育来提高经济地位。同化移民更需要教育的力量。美国是移民的国家，移民成分、宗教信仰都很复杂，教育就成为同化新移民的一项重要措施。

（3）政府重视支持，公民踊跃参与。美国的建国者都视教育为立国之本，早期政府都支持教育，为以后的政府树立了榜样。各州也都把教育视为政府的责任，先后建立了专门机构加强对教育的领导。美国公民对教育的参与意识也是强烈的,人们普遍认为兴办学校是每个公民的义务。

(4)善于吸取别国经验,以别国之长来补己教育之短。美国在学习欧洲的同时又保持了自己的特点,建国之后,美国又多次派员赴欧考察、参观和学习。

(5)重视教育科学研究。杜威的实用主义哲学、赫钦斯的永恒主义教育思想、要素注意思想等都对美国教育的发展方向和努力目标起到了指导作用,尤其是杜威理论的影响更是广泛而深远的。

近代美国的教育对美国的发展有很大的影响,带动了美国经济的发展,促进了美国的多元民主文化的融合和统一民主性的形成,还推动了美国的政治民主化进程。

五、强化训练及详解

(一)选择题

1.在英国教育史上,第一次从国家角度阐明"中等教育面向全体儿童"的教育文献是( )。

A.《斯宾塞报告》　　　　　　　B.《哈多报告》

C.《雷沃休姆报告》　　　　　　D.《诺伍德报告》

2.西方在近现代教育发展中逐渐形成了不同类型的教育行政管理体制,其中以地方教育当局为主体、中央教育行政机构与地方当局相结合的教育行政领导体制形成于( )。

A.英国　　　　　B.法国　　　　　C.美国　　　　　D.德国

3.1918年,英国首次明确宣布教育立法的实施"要考虑建立面向全体有能力受益的人的全国公共教育制度"的法案是( )。

A.《巴特勒法案》　　　　　　　B.《费舍教育法》

C.《巴尔福教育法》　　　　　　D.《福斯特教育法》

4.1881年,法国政府颁布了( ),突出强调了国民教育制度的义务、免费、世俗化三原则。

A.《巴尔福教育法》　　　　　　B.《费舍教育法》

C.《费里教育法》　　　　　　　D.《法卢法令》

5.在德意志帝国时期,德国教育就已经形成了国民学校、中间学校、文科中学三类学校的三轨制,其中( )在德国教育中占有重要地位。

A.国民学校　　　B.文科中学　　　C.中间学校　　　D.综合中学

6.二战后,美国颁布了( ),规定建立一个中等教育与初等教育相衔接的学校系统,肯定了美国的六三三学制的地位。

A.《中等教育的基本原则》　　　B.《史密斯—休斯法》

C.《国防教育法》　　　　　　　D.《中小学教育法》

7.近代,美国制定的一个能对全国的职业教育提供财政补助的法律是(　　)。

　　A.《国防教育法》　　　　　　　　B.《中等教育的基本原则》

　　C.《中小学教育法》　　　　　　　D.《史密斯—休斯法》

8.为了寻找一条继承日本传统文化、抵御西方文化影响的途径,1890 年,日本颁布了(　　)。

　　A.《教育敕语》　　B.《大学令》　　C.《学校令》　　D.《教育基本法》

(二)填空题

9.1902 年,为了公平分配教育补助金和加强对地方教育的管理,英国通过了____。

10.1919 年,法国为了衔接初等教育与中等教育,掀起了_____。

11.在法国教育史上,有"技术教育的宪章"之称的法案是_____。

12.19 世纪末,德国受人文主义影响,开始了对中等教育的改革,出现了两类学术性中学,分别是_____、_____。

13.德国魏玛共和国时期的教育改革,在中等教育方面,在原来的中间学校、文科中学以及文实中学和实科中学的基础上,又新增了_____、_____两种学校。

14.美国率先提出把大学的四个学年分为两个阶段的设想的是_____。

15.美国《史密斯—休斯法》的颁布,使得普通教育开始由单一的升学目标,转为____和_____的双重目标。

16.为了适应日本社会对培养高级人才的需要,日本政府于1918 年颁布了_____。

(三)名词解释

17.《费舍教育法》。

18.统一学校运动。

19.《魏玛宪法》。

20.《史密斯-休斯法》。

21.《教育敕语》。

(四)简答题

22.为什么说英国教育长期具有双轨的性质?

23.简述英国《1944 年教育法》的主要内容及意义。

24.简述德国魏玛共和国时期教育改革和发展的内容。

25.简述 19 世纪末 20 世纪初美国初级学院运动的原因及内容。

26.20 世纪美国职业技术教育发展有哪些举措和经验?

27.简述美国综合中学产生的背景原因。

(五)论述题

28.试述并评析 19 世纪末 20 世纪初欧美"教育科学化运动"的基础、基本内容和对现代教育发展的意义。

参考答案:

1.B 2.A 3.B 4.C 5.B 6.A 7.D 8.A

9.《巴尔副教育法》

10.统一学校运动

11.《阿斯蒂埃法》

12.实科中学;文实中学

13.德意志学校;上层建筑学校

14.哈珀

15.升学;就业

16.《大学令》

17.《费舍教育法》是1918年英国教育大臣费舍提出的关于初等教育的法案,主要内容有加强地方当局发展教育的权利和国家教育委员会制约地方当局的权限;地方当局为2~5岁的儿童开设幼儿园,5~14岁为义务教育阶段,小学一律免费;地方当局应建立和维持继续教育学校。在英国历史上,《费舍教育法》的颁布对于提升国民素质、建立完整的国家公共教育制度有着重要意义。

18.统一劳动学校是1919年,法国试图衔接初等教育与中等教育,打破"双轨制"这种不平等的教育形式而掀起的改革运动。1923年,法国政府决定在初等教育阶段实施统一的学校制度。

19.1919年,德国废除君主政体,建立魏玛共和国并通过了《魏玛宪法》。宪法规定了德国教育发展的指导思想,明确教育权归各州所有,国家负责对各类教育进行监督。

20.《史密斯-休斯法》是美国1917年颁布的关于职业技术教育改革的法案,主要内容有由联邦政府拨款补助各州大力发展大学程度以下的职业教育;联邦政府应与州合作,提供工业、农业、商业和家政等方面科目的师资培训,同时对职业教育师资训练机构提供资助;在公立学校中设立职业科,设置供选修的职业课程。

21.《教育敕语》是日本为了寻找一条继承日本传统文化、抵御西方文化影响的途径,于1890年颁布的。主要内容是重申忠孝为日本国体之精华,日本教育之渊源。其颁布表明日本教育开始把儒家伦理道德规范与日本民族意识的培养结合起来,反映了日本政府统一思想和规范教育的要求。

22.在二战以前,英国教育一直具有明显的双轨性质。初等教育历来属于宗教、慈善事业。1870年"初等教育法"颁布后,政府才广设公立学校,逐渐普及初等义务教育,一般劳动者的子弟从中受到的宗教教育和粗浅的文化教育,是不足以升学的。作为另一轨道,中等教育为升大学做准备,它有自己的预备学校,是达官贵人和富裕家庭的子弟求学的轨道,以文法学校、公学和牛津、剑桥等古典大学为主体。19世纪以后,其他形式的中学、大学以及师范教育才适应社会的发展需要而陆续发展起来。然而,直至20世纪初,就读于现代中学和一般职业技术学校的英国平民子弟还是难以升学的,而富裕家庭出身的青年依旧经过家庭教育或预备学校升入公学和文法学校,为将来升入大学做准备。显然,英国教育长期存在着双轨学制。

23.(1)1944年,英国政府通过了《1944年教育法》,又称《巴特勒法》,其主要内容有加强国家对教育的控制和指导;加强地方行政管理权限,设立由初等教育、中等教育和继续教育组成的公共教育系统;实施5~15岁的义务教育。

(2)《1944年教育法》还提出了宗教教育、师范教育和高等教育改革等要求。这部法律在英国现代教育发展中占据及其重要的地位。它结束了二战前英国教育制度发展不平衡的状况,形成了初等教育、中等教育和继续教育相互衔接的公共教育制度,对以后英国教育的发展产生了重要的影响。

24.魏玛共和国时期,德国教育在以下几个方面发生了重要变化。

(1)在初等教育方面,实施了四年制的统一初等学校制度,废除了帝国时期的双轨学制,为进一步提高国民素质创造了条件。同时,还实施了八年义务教育后教育,为完成义务教育的人提供补习学校,使其接受职业继续教育。

(2)在中等教育方面,取消了中学预备学校阶段,在原来中间学校以及文实中学和实科中学的基础上,新增加了德意志学校和上层建筑学校。这一时期德国的教育改革使得学生在初等学校毕业以后,可以有多种中学就读,反映了德国教育改革的多样性。

(3)在教师培养方面,德国改革了小学教师培训的方案,规定小学教师须由高等教育的师范学院培养,学习期限为四年。这种模式大大地提高了德国小学教师的质量。

25.(1)原因:19世纪后半期,美国中等教育改革的一项重要内容是解决中学与大学的衔接问题,人们开始从高等教育的教育目标和高等教育自身结构方面提出设想。1892年,原芝加哥大学校长哈珀率先提出把大学的四个学年分为两个阶段的设想。

(2)内容,详见章节精讲。

(3)美国初级学院运动的产生和发展,是美国高等教育大众化和民主化进程的产物,适应美国社会政治、经济和文化发展的需要,成为美国高等教育的重要组成部分,构成了美国高等教育体系中的一个重要层次。

26.(1)美国职业技术教育的发展是随着美国经济的发展而发展的。20世纪以后,随着美国经济发展的加速,职业技术教育更受到重视。

(2)1906年,美国成立了"全国职业教育促进会",其主要目的是推动制定一部能对全国职业教育提供财政补助的法律。

(3)1914年,为了提高工人的技术和更好地推动职业技术教育的发展,美国国会又任命了一个专门研究补助职业教育问题的"职业教育国家补助委员会"。1917年,美国国会通过了《史密斯—休斯法》。该法案的颁布,对美国普通教育和职业教育的发展产生了重要影响。它使得普通教育开始由单一的升学目标,转向升学和就业的双重目标,加强了普通教育与社会的联系。随着该法的实施,美国联邦政府对职业教育的投资力度不断加大。

27.(1)19世纪末20世纪初的美国中学面临着来自大学、社会与职业教育等多方面的压力,包括杜威、斯内登在内的各界人士都参与其中,站在自己的立场上对美国中等教育的去向进行了思考与建议,甚至发生了许多争论。几番周折后,美国终于创建了本土化的教育范型——综合中学,将职业教育纳入普通中学的范畴中来,为适应工业化民主社会的需求提供了途径。

(2)职业教育浪潮的侵袭。一场关于职业教育法案的大争论开始上演,关于职业教育到底应该另立门户与普通中学并行不悖,还是应该进入中学,作为对普通中学课程的补充,各界人士发表了自己的意见,直到《史密斯—休斯法》的颁布。法案认可了职业教育作为中等教育的组成部分,学生可以根据不同兴趣和能力选择自己的道路。但是它在谈到职业教育的归属时却显得格外模糊,使得普通教育与职业教育的关系变得更加扑朔迷离。

(3)在杜威看来,当时的高中已经名副其实是一种真正意义上的中介:它是大学、非大学行业和职业人士之间的中介,必须不断处理各种新生成的关系对其生存造成的影响,一方面满足那些准备上大学的人的要求,另一方面在广泛的意义上为其学生的未来生活做好准备。他们"代人受难",而小学和大学却收获了他们奋斗的成果。面临这种进退维谷的境地,杜威的建议是高中要反思小学和大学的理想与方法,并对自身的教育方法做出调整,因为这将关乎其存在的合理性,并对摒弃公众的抱怨与攻击有重大作用。

(4)其他各方力量对综合中学的支持。除了杜威极力支持综合中学之外,很多支力量受杜威影响也对创办综合性中学热情高涨。

28.(1)把教育作为一种科学并进行研究是20世纪初期欧美教育革新运动的重要内容。这一时期,许多心理学家、教育家借用自然科学的手段和工具来研究教育问题,以使其作为一种社会科学,推动了教育科学的发展。这主要是通过儿童研究运动,学校调查运动以及教育科学研究运动来进行的。

(2)儿童研究运动是19世纪80年代在欧美出现的从心理学的角度研究儿童各方面的发展的运动。

1)产生的原因:受工业化生产迅速发展的影响;受当时生物学进化论思想的影响;当时儿童的培养教育环境还有许多不尽人意和急需解决的问题。

2)儿童研究的主要问题:关心儿童的健康和身体的发展;对儿童情感、态度和兴趣的关注;关注儿童的智力问题。

3)儿童研究运动的成果:产生了具有重要价值的研究论著;大多数国家创办了儿童研究杂志;为了促进和推动研究发展,大多数国家都创建了儿童研究协会;形成了"儿童学"的理论。

(3)学校调查运动。

1)产生的原因:19世纪后期出现的社会福利运动;工业化和城市化的推进;工业化过程中所形成的思想。

2)美国的学校调查:美国学校调查运动是在1901年爱达荷州出现的。通过调查研究,研究者发现5点现象。学校调查中使用了多种方法和技术。

(4)教育科学研究运动。

教育科学研究运动的主要代表人物是桑代克和克拉帕海德。桑代克是美国哥伦比亚大学师范学院的教育心理学家,他重视对教育进行科学研究。克拉帕海德是瑞士心理学家,在研究教育科学的过程中,他提出了"适应个体学校"和"适应个体教育"的思想。

梅伊曼是德国实验教育学的创始人之一。从实验教育思想出发,梅伊曼批评了传统教育学,主张应采用观察和实验的方法来研究教育,并通过科学实验的验证来发现和陈述事实。

这一时期的教育科学研究运动尽管存在一些问题,但还是取得了很大成就的。它为分类、迁移和教学方法的推广提供了有用的经验性的答案;它推动了新教育的发展;它还推动了教育研究定量化、科学化的发展。

第二十一章 第二次世界大战前的苏联教育

(1)苏联建国初期的教育改革。

(2)苏联 20 世纪 20 年代的学制调整和教学改革实验。

(3)20 世纪 30 年代教育的调整、巩固和发展。

(4)马卡连柯的教育实践和教育思想:集体主义教育和劳动教育论。

二、章节精讲

(一)建国初期的教育改革

苏维埃政权创立初期,为了使教育适应新的政治经济发展的要求,苏维埃政府采取了一系列果断的措施,对旧教育进行了根本性的改革。

1.改革教育管理体制

1918 年起,苏维埃俄国开始废除旧的国民教育管理体制,撤销学区制,撤销学堂管理处和观察处等机构;建立无产阶级的教育领导机构,实行民主化、非宗教化的国民教育原则。

2.建立统一劳动学校制度

1918 年,苏俄教育委员会制定了《统一劳动学校规程》和《统一劳动学校宣言》,提出建立一种各阶层各居民都能入学的统一劳动学校,以完成普通教育的任务。

规程明确了要设立 9 年制的统一劳动学校。学校分为两级,第一级 5 年(8~13 岁),第二级 4 年(14~17 岁),各级学校互相衔接。"统一"原则是指所有的学校为同一类型,低、高两级互相衔接,它是针对沙俄学校的等级性而言的。"劳动"则表现为学校是进行综合技术劳动教育的,所有儿童都要参加体力劳动,这是根据旧学校中理论脱离实际、脱离生产劳动等缺点而提出的。

3.改进学校的教育、教学工作

在教学组织形式方面,仍是最流行的上课形式,但在具体运用上与改革前大不相同,非常强调个性化的教学,力图把班级集体工作和学生小组或个人工作结合起来。

在教学方法上,除了继续采用教师讲解、谈话等方式以外,还广泛地运用图表演示、实验室作业和参观旅行的方式。

在教育工作方面,特别重视集体主义和爱国主义教育。

4.团结、教育和改造教师

为了使广大教师从资本主义制度的支柱转变为社会主义制度的支柱,苏维埃政府通过召开各种代表大会,举办讲习班和政治学习小组,组织教师学习和参加各种实践活动,不断提高教师的政治觉悟和教育工作水平。在教育和改造原有教师的同时,还大力发展师范教育,培养新教师。

(二)20世纪20年代的学制调整和教学改革实验

1.学校制度的调整

20年代,苏联开始了对教育教学的调整和改革。经过会议讨论,通过了学制改革的决议,把七年制学校作为普通学校的主要类型,允许在七年制学校的基础上设立修业年限3~4年的中等技术学校和职业学校。

根据第一次党的国民教育会议的决定和列宁指示的精神,俄罗斯联邦教育人民委员部通过了《改组第二级学校的条例》,形成了以下学制:四年制小学,招收8~12岁的学生;七年制学校(四三分段),招收8~15岁的学生;九年制学校(四三二分段),招收8~17岁的学生;中等技术学校(三年或四年)。

2.综合教学大纲的试行及其经验教训

1921—1925年苏俄国家学术委员会公布了《国家学术委员会教学大纲》。这个大纲打破了学科界限,将指定要学生学习的全部知识,按自然、劳动和社会三方面的综合形式来编排,而且以劳动为中心。

国家学术委员会编制综合教学大纲的出发点,是为了加强教育与教学、理论和实际的联系,培养儿童自己掌握知识的能力和自觉的劳动态度,充分发挥他们学习的主动性和创造性。但是,它打破了学科界限,仅着眼于现实生活,忽略了科学知识本身的逻辑系统,导致了教学质量的下降。

3.加强劳动教育和综合技术教育

1923年,在实施综合教学大纲的同时,苏联的学校相应地改变了教学方法,开始采用所谓的"劳动教学法",即在自然环境中,在劳动和其他环境中进行教学;主张废除教科书,广泛推行"工作手册"等;在教育的组织形式上,主张取消班级授课制,而采用分组实验室制和设计教学等。

4.高等教育的改革

从 20 世纪 20 年代末开始,联共(布)开始着手改革和发展高等教育,主要措施有:改进招生制度,逐步恢复新生入学考试;改革高等学校的管理体制;加强教学与生产的关系。

(三)30 年代教育的调整、巩固和发展(1931—1941)

1931 年联共(布)中央公布的《关于小学和中学的决定》,是 20 世纪 30 年代苏联改革和发展国民教育的纲领性文件。"决定"从当时的实际情况出发,对学校的基本任务、教学方法、中小学的物质基础以及学校管理等方面提出了明确的要求和具体的改进措施。

《关于小学和中学的决定》涉及的主要内容有改革学校制度,延长学习年限;实施普及义务教育,提高全民文化水平;改进普通学校的教学工作,调高教学质量;发展师范教育,提高教师素质;继续改革和调整高等教育。

(四)马卡连柯的教育实践和教育思想

1.马卡连柯论教育的目的

马卡连柯非常重视教育的目的问题,他认为教育过程的目的乃是教育工作的主要基础和教育事业成功的首要条件。而且教育的目的不应是绝对的和永恒不变的,随着整个社会生活的变化而应有所不同。因此,马卡连柯从当时苏联社会主义建设的实际情况出发,主张教育的目的应该是把青年一代培养成为真正有教养的苏维埃人、劳动者,一个有用的、有技术的、有学识的、有政治修养和高尚道德的身心健全的公民。

2.关于集体和集体教育的理论

集体主义教育是马卡连柯教育思想的重要组成部分。他确定教育工作的对象是集体,教育工作的主要方式是集体教育。教育过程的最终目的,是把整个集体教育好,同时把集体中的每个成员教育好。"通过集体、在集体中和为了集体"的教育是马卡连柯教育理论的核心思想。

3.马卡连柯关于劳动和劳动教育理论

马卡连柯非常重视年轻一代的劳动教育。他认为劳动教育就是人的劳动品质的教育,也是公民将来生活水平及其幸福的教育。其目的是要发展儿童的体力、智力和培养他们从事生产劳动的技能,更重要的是要使学生在道德上和精神上得到良好的发展。

但是并不是任何劳动都能教育人,只有那些按照教育原则组织的、作为教育过程总的体系的一部分的劳动才有教育意义。马卡连柯还要求把劳动和思想政治教育结合起来,以收到良好的教育结果。

三、课后习题解答

1.略述苏维埃建国初期(1917—1920)教育改革的意义。

答:苏维埃政权建立初期(1917—1920)的教育改革,是为了使教育适应新的政治经济发展的要求而进行的。这一时期的教育改革,改革了教育管理体制,快速地推动了面向普通人民的普及教育,保证了学校领导的统一性,保证了各民族、各阶层人民子女受教育的权利;建立统一劳动学校制度,改善了旧学校中理论脱离实际、脱离生产劳动等缺点;团结、教育和改造教师,提高了教师的思想政治觉悟和教育工作水平,还促进了师范教育的发展,培养了新的教师。

2.试评述20世纪20年代苏联普通教育改革的经验教训。

答:20世纪20年代,苏联对普通教育首先进行了学制的调整,把七年制学校作为普通学校的主要类型,允许在七年制学校的基础上设立修业年限3~4年的中等技术学校和职业学校。调整后的新学制的优点是灵活多样,能在比较短的时间里为国家培养各行各业的干部和技术人员。

随后,苏联开始了对教育和教学的调整,1921~1925年国家学术委员会公布了《国家学术委员会教学大纲》。这个大纲完全取消了学科界限,试图加强教学内容同生活的联系,但破坏了各学科之间的内在逻辑,削弱了学习中对系统的基础理论知识的学习和对基本的读写算能力的训练。

同时,这一时期苏联还广泛开展了劳动教育和综合技术教育,学校与实际生活有了更密切的联系。但在具体实施方面也存在一些严重的缺点和错误,导致教学过程和各门学科内容被破坏,使学校的综合技术教育脱离了科学基础知识的学习,而且往往流于形式主义。

3.第二次世界大战前苏联教育改革与发展的成就及其影响有哪些?

答:(1)成就。经过20世纪最初几年对旧教育的根本改造、20年代对新教育的探索和30年代对教育的全面调整,苏联的教育取得了巨大的成就,主要有建立了自己独特的、民主的学校制度;形成了一套完整的教育科学理论体系;培养了一大批有社会主义觉悟的、有文化的劳动者和各行各业的专家,为社会主义教育事业的发展提供了许多成功的经验和失败的教训。

(2)影响。苏联共产党和政府非常重视学校教育的思想方向性,重视学生的劳动教育和综合技术教育,力图把学生培养成为既能从事脑力劳动,又能从事体力劳动的全面发展的人。但是,在具体实施教育与生产劳动相结合的过程中也出现过偏差,严重影响了学校教育工作的质量。

重视师范教育,注意教师队伍的建设,有力地推动了苏联教育事业的发展,使苏联教育能尽快赶上资本主义国家,并对世界各国特别是对我国解放后的教育产生了深远的影响。

4.试评述马卡连柯的主要教育观点及其影响。

答:(1)马卡连柯教育目的观、集体教育理论、劳动教育理论,详见章节精讲。

(2)影响。

1)苏联杰出的教育理论家、实践家和革命家马卡连柯的教育理论,是苏联教育科学中的重要组成部分。高尔基对此给予高度评价,称马卡连柯为新型的教育家,说他的教育经验是具有世界意义的。事实正是如此。马卡连柯的教育理论和教育经验不仅在苏联,而且在其他社会主义国家,尤其在解放后的中国,都产生了并继续产生着重大的影响。

2)马卡连柯的教育理论是在他积极参加社会主义建设的过程中,从马克思主义创始人关于教育的学说出发,在与形形色色的资产阶级教育思潮的斗争中及其创造性的实践中建立起来的。他不仅创造性地揭示和论证了教育科学中许多最现实的最复杂的问题,并且指出在教育实践中应当怎样以共产主义道德精神教育儿童。他不是从书本上的公式出发,而是从分析实际情况出发,对苏联学校教育问题提出了许多有价值的原理、原则和方法。

3)马卡连柯的教育理论是一个全面系统和完整的体系,既有教育实际工作经验和理论,又有教学实际工作经验和理论;既重视思想政治和道德品质的教育,又重视文化科学基础知识的教与学。因他所组织领导的教育机构高尔基工学团和捷尔任斯基公社的特殊性和当时的具体条件及实际需要,他首先着手整理和总结了思想政治教育和道德教育工作方面的经验,提出了关于这方面的理论,后因突然病逝,未及整理和提出关于文化科学基础知识的教与学方面的经验和理论。这对教育科学是个极大的损失。

四、考研真题汇编

简答题

1.简述马卡连柯的集体教育思想及其现实意义。(云南师范大学 2017 年研)

2.论述 20 世纪二三十年代苏联相继颁布实施了《国家学术委员会教学大纲》和《关于小学和中学的决定》,试评述其中有关系统知识教学与生产劳动相结合的规定及其实施结果。(厦门大学 2016 年研)

参考答案:

1.马卡连柯是苏联早期著名教育理论家和实践家,其主要著作有《父母必读》和《教育诗篇》等。集体教育是马卡连柯教育理论的重要组成部分。他认为,教育工作的基本对象是集体,教育工作的主要方式是集体教育。因此,他把集体和集体教育看成是全部教育理论的首要和关键的问题。"通过集体、在集体中和为了集体"的教育,是马卡连柯集体教育理论的核心思想。他认为集体应该具有以下性质。

(1)集体是人们在共同目的和共同劳动中的联合组织。

(2)集体是苏维埃社会的一部分,同一切其他集体有机地联系着。

(3)集体是社会的有机体,拥有管理机构和协调机构。

(4)集体应该坚持全世界劳动人民统一的原则性立场,应接受共产党的领导。

马卡连柯认为,作为社会主义教育的第一个目的,学校集体不仅是青年们的集合,而且是"具有苏维埃国家里任何其他集体的一切特点、权利和义务的社会主义的细胞"。它首先应当成为教育工作的对象,在集体中组织全部教育过程,通过经常的、系统的教育工作,把学生培养成为集体的成员,真正的集体主义者。

当前中国与马卡连柯所处的时代相比,各方面都发生了巨大的变化,但其集体教育思想中的内容和原则以及特点都是从教育实践的角度出发,对受教育者进行了深刻的研究,对我们当今仍有这些借鉴意义:坚持以人为本;重视班集体建设;加强校园文化建设等。

2.1921—1925年间苏联国家学术委员会的科学教育组编制并正式公布了《国家学术委员会教学大纲》(统称综合教学大纲或单元教学大纲)。

在实施综合教学大纲的同时,学校相应地改变了教学方法,开始采用所谓劳动的教学法,即在自然环境中,在劳动和其他活动中进行教学。综合教学大纲的编者解释说,学生的基本知识不是通过课堂教学在教师指导下系统地学习教学大纲规定的教材获得的,而是在完成计划作业时顺便获得的。因此,他们主张废除教科书,广泛推行"工作手册""活页课本"和"杂志课本"等。在教学的组织形式方面,主张取消班级授课制而代之以分组实验室制(即道尔顿制)和设计教学等。

1931年9月5日,苏联颁布了《关于小学和中学的决定》。该决定从当时的实际情况出发,对学校的基本任务、教学方法、中小学的物质基础以及学校管理等方面提出了明确的要求和具体的改进措施,建议立刻组织对教学大纲进行科学研究,保证在教学大纲中有范围精确的各种系统知识;要求在学校中采取有助于培养主动的、积极的社会主义建设参加者的各种新的教学方法,加强基础知识和基本技能的训练。

《关于小学和中学的决定》纠正了20世纪20年代后期出现的学校教学上的问题,成为20世纪30年代改革普通教育的指导思想和理论依据,加快了苏联教育的发展。该决定对于克服苏联普通学校工作中存在的缺点,进一步改进学校的教学、教育工作,提高教学质量,使之更加适合于社会主义建设的需要具有极其重要的意义,而且改变了学生和教师醉心于参加工人和集体农民的一般劳动而忽视学校教育工作的错误倾向,但其亦存在一定的弊端。

五、强化训练及详解

(一)选择题

1.20世纪30年代指导苏联国民教育改革和发展的纲领性文件是(　　)。
　　A.《教育人民委员会关于国民教育的宣言》
　　B.《国家学术委员会教学大纲》
　　C.《关于小学和中学的决定》
　　D.《统一劳动学校规程》

2.第二次世界大战结束以前,苏联在实施教育与生产劳动相结合的过程中,曾出现把智育视为教育的中心任务,片面追求升学率、相对忽视劳动教育的现象,此现象发生于(　　)。
　　A.建国初期的教育改革　　　　　　B.20年代的教育改革
　　C.30年代的教育改革　　　　　　　D.卫国战争时期的教育改革

3.20世纪20年代,苏联普通学校"综合教育大纲"取消了学科界限,将全部知识按综合形式加以排列,其中心是(　　)。
　　A.活动　　　　　B.自然　　　　　C.社会　　　　　D.劳动

4.20世纪20年代,苏联在学校制度的调整中,通过学制改革的决议,把(　　)学校作为普通学校的主要类型。
　　A.七年制　　　　B.四年制　　　　C.五年制　　　　D.三年制

5.20世纪30年代,苏联在实施普及义务教育的过程中,规定对年满(　　)岁的男女儿童一律实行免费的、义务的普通教育和综合技术教育。
　　A.14　　　　　　B.13　　　　　　C.16　　　　　　D.18

6.把高尔基团建设成为一个模范的教育机构,使几百个经历过严重摧残和屈辱生活的人,改造成为"真正的苏维埃人"的教育家是(　　)。
　　A.凯洛夫　　　　B.赞科夫　　　　C.苏霍姆林斯基　　D.马卡连柯

7.马卡连柯认为良好的纪律是通过正确的教育产生的,而(　　)是纪律教育不可缺少的因素和方法。
　　A.要求　　　　　B.命令　　　　　C.尊重　　　　　D.惩罚

8.马卡连柯认为(　　)对儿童成长的影响极大,他认为,儿童将来成为怎样的人,主要取决于其教育。
　　A.家庭教育　　　B.学校教育　　　C.活动教育　　　D.社会教育

(二)填空题

9.苏联建国初期,在改进学校的教育教学工作中,特别重视_____、_____。

10.20年代苏联《国家学术委员会教学大纲》,完全取消了学科界限,将指定要学生学习的全部知识,按_____、_____、_____三方面的综合形式来编排。

11.1932 年联共(布)在《关于中小学教学大纲和教学制度的决定》中正式予以肯定,并决定从 1932—1933 年起,把_____的综合技术教育改成_____。

12.苏联 30 年代在发展师范教育,提高教师素质方面发布的决议是_____。

13.苏联在 30 年代改进教学工作,加强专业课程的教学方面,增加了_____和__
_____的教学时间。

14.马卡连柯教育理论的思想基础是_____、_____、_____。

15.马卡连柯教育思想的核心是_____。

16.在马卡连柯的劳动教育思想中,他认为,在社会主义社会,_____也应当是最根本的因素之一。

(三) 名词解释

17.统一劳动学校。

18.集体。

19.《关于中学和小学的决定》。

20.平行教育。

21.前景教育。

(四) 简答题

22.简述苏联建国初期的统一劳动学校制度。

23.简述苏联《统一劳动学校规程》的影响。

24.简述第二次世界大战前苏联改革学校制度的举措及经验。

25.简述 20 世纪 20 年代苏联综合教学大纲的试行及其经验教训。

26.简述马卡连柯的纪律教育理论。

27.简述合作教学的产生及其影响。

(五) 论述题

28.论述马卡连柯的劳动教育思想及其给我们的启示。

参考答案:

1.C 2.C 3.D 4.A 5.C 6.D 7.C 8.A

9.集体主义;爱国主义教育

10.自然;劳动;社会

11.七年制;十年制学校

12.《关于普及初等义务教育的决定》

13.一般技术;专业学科

14.辩证唯物主义教育观;革命的乐观主义;社会主义人道主义

15.劳动

16.集体主义教育

17.根据《统一劳动学校章程》的规定,凡属教育人民委员部管辖的俄罗斯苏维埃社会主义共和国的一切学校(除高等学校外),一律命名为统一劳动学校。所谓"统一"是指所有的学校是一个不间断的阶梯,所有儿童都应进同一类型的学校。而"劳动"强调新学校应当是劳动的,并且把劳动列入学校课程。

18.马卡连柯认为,集体不是一群人的偶然集合,而是以社会主义社会的结合原则为基础的人与人互相接触的总体。集体应该具有以下性质。

(1)集体是人们在共同目的和共同劳动中的联合组织。

(2)集体是苏维埃社会的一部分,同一切其他集体有机地联系着。

(3)集体是社会的有机体,拥有管理机构和协调机构。

(4)集体应该坚持全世界劳动人民统一的原则性立场,应接受共产党的领导。

19.《关于中学和小学的决定》是1931年苏联政府颁布的,是20世纪30年代苏联改革和发展国民教育的纲领性文件。该决定从当时的实际情况出发,对学校的基本任务,教学方法、中小学的物质基础以及学校管理等方面提出了明确的要求和具体的改进措施。

20.平行教育是苏联教育家马卡连柯提出的著名的集体教育原则的别称。意思是通过教育集体影响个人,通过教育个人形成集体。"平行教育原则"要求班主任在教育中要处理好集体与个人的关系,坚持两者的教育相结合,以点带面,以面促点,相互影响。

21.前景教育原则是苏联教育家马卡连柯的德育教育思想,就是通过经常在集体和集体成员面前呈现美好的"明天的快乐"的前景,推动集体不断向前运动、发展,永远保持生气勃勃的旺盛的力量。

22.(1)1918年,苏联开始讨论建立新的学校制度问题,并通过了《统一劳动学校章程》和《统一劳动学校基本原则》,规定凡属教育人民委员部管辖的俄罗斯苏维埃社会主义共和国的一切学校(除高等学校外),一律命名为统一劳动学校。所谓"统一"是指所有的学校是一个不间断的阶梯,所有儿童都应进同一类型的学校。而"劳动"强调新学校应当是劳动的,并且把劳动列入学校课程。

(2)统一劳动学校分为两个阶段:第一级招收8~13岁的儿童,学习期限为5年;第二级学校招收13~17岁的少年和青年,学习期限4年。两级学校均是免费的,并且互相衔接。

23.《统一劳动学校规程》错误地取消了一切必要的、合理的教学制度,取消了教学计划,完全废除了考试和家庭作业,不正确地解释教师的作用,过高地估计了劳动在学校中的地位,宣称"生产劳动应当成为学校生活的基础"等。但是它毕竟是苏联教育史上第一个重要的立法,在世界教育史上第一次贯彻了非宗教的、民主的和社会主义的教育原则;尖锐地批判了旧学校的形式主义、脱离实际的倾向,要求把教育与生产劳动紧密地结合起来等。

24.(1)苏联建国初期,在学校制度上,主要是公布了《统一劳动学校规程》和《统一劳动学校基本原则》,规定凡属教育人民委员部管辖的俄罗斯苏维埃社会主义共和国的一切学校(除高等学校外),一律命名为统一劳动学校。统一劳动学校分为第一级学校和第二级学校两个阶段。

(2)苏联在20世纪20年代的学制调整和教学改革试验阶段,主要是调整学校制度,通过学制改革的决议,把七年制学校作为普通学校的主要类型,允许在七年制学校的基础上设立修业年限3~4年的中等技术学校和职业学校;通过了《改组第二级学校的条例》,对第二级学校进行调整,逐步把第二级学校改组为中等技术学校。原先的统一劳动学校制度发生变化,形成了以下学制:四年制小学、七年制学校、九年制学校和中等技术学校。

(3)在20世纪30年代教育的调整、巩固和发展阶段,联共(布)中央在《关于中小学教育大纲和教学制度的决定》中,决定把七年制的综合技术教育学校改为十年制学校,规定全苏联的普通教育学校的类型为小学、不完全中学和中学,中学毕业生有权优先进入高等学校。这样,从1934年起,苏联便形成了以下学制:小学、不完全中学、完全中学、技工铁路学校、工厂学校和工厂艺徒学校、中等专业学校和高等学校。

25.随着学校制度的建立和发展,必然要求改革旧的教学内容和教学方法。20世纪20年代,苏联开始了对教育和教学的调整和改革。1921—1925年间,国家学术委员会的科学教育组编制并公布了《国家学术委员会教学大纲》。大纲完全取消了学科界限,将指定要学生学习的全部知识按自然、劳动和社会三方面的综合形式来编排,而且以劳动为中心。

新大纲试图打破学科界限,把学校的教学工作同现实生活紧密联系起来,彻底克服旧学校教学与生活完全脱离的缺点。但是大纲实际上破坏了各门学科之间的内在逻辑,曲解了教学活动与现实生活之间的联系,因而削弱了学习中对系统的基础理论知识学习和对基本的读、写、算能力的训练。

26.在马卡连柯的教育思想体系中,纪律教育是与集体主义教育紧密地联系在一起的。纪律教育思想的主要内容有以下几点。

(1)纪律存在于集体之中。虽然在本质上和教育理念的设计上,马卡连柯的集体范畴与个人范畴相互一致,但是在现实中二者之间仍旧存在很多不可否认的矛盾。如何处理这些矛盾,如何维系一个集体,是一个必须考虑的问题。马卡连柯的回答就是纪律。

(2)纪律是一种道德、政治范畴。纪律总是与集体的利益、社会的利益相联系,因此纪律就成为一种道德的、政治的范畴。在苏维埃社会或者共产主义社会里,这种要求是十分普遍的。个人的行为不属于个人,个人的利益也并不孤立,因此每个人都应当时刻从集体和社会的角度出发来约束自己的行为,使自己成为社会主义社会的建设者和捍卫者。

（3）纪律充满自觉性。比起纪律的强制作用，马卡连柯更看重其自觉性。纪律是充分的自觉性、明确性以及大家对于应当怎样行动的充分理解，同清楚的十分明确的外部形式的结合。

27（1）为克服苏联教育中存在的问题，诸如教师的创造性不能充分发挥；对学生搞"教学与教育分离"；不注意发展学生的个性；师生关系较多地强调教师的权威和主导作用，而比较忽视教学过程中双边活动的学生一方等，以阿莫纳什维利、沃尔科夫、雷先科娃、沙塔洛夫等为代表的一些教育学家推出了一种新的教育理论：合作教育学。合作教育学的核心思想是强调把教学、教育过程建立在师生合作的新型关系之上。这种新型关系是，教师与学生之间在教学、教育中始终保持无条件的平等，师生都享有尊重、信任、相互要求的权利。

（2）合作教育学理论在教学内容的选择上，主要是贯彻了自由选择的原则。自由选择的原则就是要把来自社会的外部要求与学生个人的内在需要结合起来。为了使儿童感到自己是与教师合作的志同道合者，凡在一切可行的场合，都应给他们提供自由选择的机会。

（3）在教学方法上，给学生提供学习依靠点，即引导性的叙述线索、解题的规则和方法，使能力最差的学生也能流利地回答教师的提问，同时又不影响全班学生的学习，也不打乱课的进程。大单元教学，"合作教育学"的倡导者，对教材做了综合处理，使之联结成一个个的大单元，在教学中既减轻了学生的负担又大大增加了学生学习的知识量。按适当形式进行教学，选择适当的科的形式有利于学生更好掌握学科内容，还可以培养学生的学术素养。学科之间不同形式转化也能更好地激发学生学习的兴趣。

28.（1）马卡连柯的劳动教育思想。

1）马卡连柯非常重视年轻一代的劳动教育，他认为，劳动教育有益于学生劳动能力的提升，也有益于学生劳动品质的培养。在社会主义社会，劳动也是最根本的因素之一，劳动教育就是人的劳动品质的教育，也是公民将来生活水平及其幸福的教育。马卡连柯主张学校是学生劳动教育的主要场所。在整个苏维埃教育中不仅要注重学校劳动教育，而且要强调这种劳动教育必须是科学的。

2）马卡连柯强调家庭是学生劳动教育的重要辅助，家庭劳动教育问题是马卡连柯劳动教育思想体系的重要组成部分之一。他认为家长在劳动中的引导是必要的，家长在对孩子进行劳动教育时方法一定要科学。

（2）启示。

1）学校应该高度重视劳动教育。马卡连柯劳动教育中"劳动"这一概念的含义是广阔的，包括自我服务劳动、社会公益劳动、工农业生产劳动、学生的学习劳动，既包括体力劳动，又包括脑力劳动。学校劳动教育是对学生进行共产主义思想品德教育的重要内容,是社会主义教育制度的主要特征,是培养社会主义一代新人的重要途径。

　　2)家长应该重视孩子的劳动教育。马卡连柯指出正是家庭的劳动锻炼,对于人们未来的熟练技术具有十分重要的意义,在家庭里获得了正确劳动教育的儿童,以后就会很顺利地完成自己的专门教育。家长要借鉴马卡连柯的思想,正确认识劳动教育,利用家庭教育的优势积极主动地辅助学校对孩子进行劳动教育,使家庭成为劳动教育的重要场所。

第二十二章　第二次世界大战后美、英、法、德和日本的教育改革

一、考点概述

（1）二战后美国《国防教育法》、60年代的教育改革。

（2）二战后英国60—70年代的教育改革。

（3）二战后法国郎之万—瓦隆教育改革方案及《哈比改革》。

（4）德国1959年开始的教育改革。

（5）二战后日本教育改革。

二、章节精讲

（一）美国的教育改革

1.《国防教育法》和20世纪60年代的教育改革

二战后美国大规模的教育改革始于20世纪50年代末的《国防教育法》的颁布与实施。主要内容有加强普通学校的自然科学、数学和现代外语的教育；加强职业技术教育；强调"天才教育"；增拨大量教育经费。《国防教育法》是作为改革美国教育、加快人才培养的紧急措施推出的，其颁布和实施，为二战后美国教育改革提供了坚实的法律保障，促进了美国教育事业的发展。

20世纪60年代美国教育改革主要在三个方面进行：中小学的课程改革；继续解决教育机会不平等问题；发展高等教育，提高高等教育质量。

2.20世纪70—80年代的教育改革

（1）70年代的教育改革。70年代美国开展了以"生计教育"和"返回基础"为主题的教育改革。

"生计教育"是美国原教育总署署长马兰于1971年所首倡。他提出，生计教育的实质是以职业教育和劳动教育为核心的适应瞬息万变的社会的教育。随后，美国国会通过了《生计教育法》，许多州也相继颁布了法令，采取实际步骤推行生计教育。

"返回基础"实施于1976年，并发展成为70年代后期美国教育改革的主流。

这项改革主要针对中小学基础知识教学和基本技能训练薄弱问题而开展,要求在小学阶段加强阅读、写作和算术教学,实质上是美国的一种恢复传统教育的思潮,强调严格管理,提高教育质量。

(2)80年代的教育改革。在持续不断的教育改革进程中,教育质量问题始终是美国教育改革的重点和难点。1983年,美国提出一份《国家处在危险之中:教育改革势在必行》,对美国教育提出了以下改革建议:加强中学五门"新基础课"的教育;提高教育标准和要求;改进师资培养;发挥联邦政府、州和地方官员以及学校校长和学监的领导作用。

这个报告是直接引领美国80年代教育改革实践的纲领性文件,产生了积极的效果。

3.20世纪90年代的教育改革纲领

20世纪90年代,美国为确保自己的世界领先地位又对教育进行了改革,相继提出了《美国2000年教育战略》和《2000年目标:美国教育法》,为即将步入新世纪的美国教育改革与发展指明了前进的方向,对建立高质量的教育体系起着至关重要的作用。

4.进入21世纪以来的教育改革与发展

(1)中小学教育。2002年,布什上任后颁布实施《不让一个孩子落伍法》,其改革总目标是确保所有公立学校里的每个孩子都能在安全的学习环境中学习基于科学研究的课程,能够接受高素质教师的指导和教学服务。该法为21世纪初期美国基础教育改革指明了方向。

(2)高等教育。2009年执政的奥巴马政府对高等教育经费表现出明显的倾斜,加大了对高等教育事业的财政支持。

(3)科技教育。2006年,时任美国总统的布什提出《美国竞争力计划——在创新中领导世界》,旨在培养创新人才,加强美国在世界的经济竞争力。

2002年,为了进一步促进美国科技教育的发展,美国教育部出台《2002—2007年教育战略规划》。该规划强调在学校教育中营造科技教育的氛围,重视提高学生的科技教育意识。

(二)英国的教育改革

1.20世纪60—70年代的教育改革

(1)中等教育改革。根据《1944年教育法》,二战后英国的主要中等教育机构类型包括文法学校、技术中学和现代中学,教育的不平等性尤其突出,引发了广泛的社会争论。工党主张设立综合中学取代三类中学并存的状况,以体现教育计划均等,保守党则反对设立综合中学。工党和保守党在60年代和70年代轮流执政,所以建立综合中学的进程也时快时慢。

(2)高等教育改革。在高等教育改革方面,较有影响的是1963年的《罗宾斯报告》,报告建议应为所有在能力和成绩方面合格的、愿意接受高等教育的人提供高等教育课程,此建议后被称为"罗宾斯原则"。

20世纪60年代,英国创办了英国教育史上具有划时代意义的新型高等教育机构——"开放大学",为英国高等教育的发展注入了活力,也被世界许多国家所效仿。

(3)师范教育改革。在师范教育方面,较有影响的是1972年发表的《詹姆斯报告》,该报告提出了一项全新的教师职前培训教育和在职培训计划,把师资培训分成个人高等教育、职前教育专业训练和在职进修三个阶段构成的统一体,即"师资培训三段法"。

2.20世纪80年代的教育改革

进入20世纪80年代以后,英国教育改革频繁,这一时期的改革仍把高等教育改革作为重点,同时还对整个教育体制提出了全面的改革设想。

比较有影响的是《雷夫休姆报告》和《1988年教育改革法》。前者为1988年英国推出新的改革法提供了思想准备,后者在较大程度上动摇了英国教育的某些传统,被看作是英国教育史上又一里程碑式的教育改革法案,对英国教育发展产生了长期的历史影响。

3.20世纪90年代的教育改革

20世纪90年代,英国教育继续推行各项教育改革事业。在初等教育方面,英国继续实施《1988年教育改革法》确立的国家统一课程。在高等教育方面,具有代表性的法案主要是《1992年继续教育和高等教育法》和《迪尔英报告》,彻底废除了"双重体制",建立起统一的高等教育体制,英国高等教育彻底实现了从精英教育向大众教育的转变。

4.进入21世纪以来的教育改革

在高中教育方面,通过提供个性化的课程学习服务,凸显高中教育发展的个性化,成为21世纪英国高中教育改革的主题之一。

在科学教育方面,为适应英国科学教育实践进一步发展的需要,英国政府推出了新版《国家科学教育课程标准》,该标准包括了科学课程概况、学习计划、教学要求和实现目标四个部分,确定了科学探究、生命进程及生物、物质及其属性和物理过程这些学生需学习的基本科学内容。

(三)法国的教育改革

1.《郎之万-瓦隆教育改革方案》

1945年,法国议会组建了一个新的教育改革委员会,该委员会于1947年提交了《教育改革方案》(又称《郎之万-瓦隆教育改革方案》)。该方案提出了法国教育改革的六条原则:社会公正;社会上的一切工作价值平等,各学科价值平等;人人都有接受完备教育的权利;在加强专门教育的同时,适当注意普通教育;各级教育实行免费;加强师资培养,提高教师地位。"方案"成为战后初期法国教育改革的依据。

2.20 世纪 50—60 年代的教育改革

(1)1959 年的《教育改革法》和《国家与私立学校关系法》。

1959 年,戴高乐政府颁布了《教育改革法》,该法案规定,义务教育年限由战前的 6~14 岁延长到 16 岁,并规定到 1969 年完全实现这一目标。但是此方案由于不够灵活,难以操作,在实践中并未完全实施。

1959 年 12 月,法国还颁布了《国家与私立学校关系法》,该法规定国家采取"简单契约"或"协作契约"的形式,分别给予私立学校财政资助;但私立学校必须采用学校的生活规则和教学大纲,接受国家监督。

(2)1968 年的教育改革。在 1968 年的改革中,戴高乐政府开始将重点转移到中等教育和高等教育领域。在中等教育领域,法国在教学组织形式方面推行能力分组的改革实验。在高等教育方面,法国议会通过了《高等教育方向指导法》(又称《富尔法案》),确立了法国高等教育"自主自治、民主参与、多科性结构"三项办学原则。

3.20 世纪 70—80 年代的教育改革

20 世纪 70 年代中期,法国议会通过了《法国学校体质现代化建议》(又称《哈比法》),就普通中小学校管理体制、教学内容、教学方法等做出了相应规定。

20 世纪 80 年代,法国的改革目标是解决法国教育逐级淘汰率高和教学内容现代化水平的问题,积极推行教育民主化和现代化的改革。

4.20 世纪 90 年代的改革

20 世纪 90 年代,法国在继承 80 年代教育改革成果的基础上,推行了一系列新的教育改革措施,主要涉及了继续实施"优先教育区"政策,进一步将实施范围由小学推广到各类中学。另外,基础教育课程改革和师范教育改革也成为这个时期的改革重点。

5.进入 21 世纪以来的教育改革

法国于 2003 年成立了"学校未来全国讨论委员会",提出了一份《为了全体学生成功》的报告,该报告确立了法国未来教育改革的目标是"为了全体学生成功,使全体学生在义务教育完成之后都能具备就业所必需的知识能力与行为准则,并为其终身学习奠定基础"。据此,法国议会颁布了《学校未来的导向与纲要法》,提出了法国教育改革的蓝图以及可以采取的具体措施。

(四)联邦德国和统一后德国的教育改革

1.1959 年开始的教育改革

早在 1949 年和 1953 年,联邦德国先后成立了联邦各州教育部长会议和德国教育委员会。这两个机构的建立为协调联邦德国各州的教育事业、采取统一的教育改革措施、使联邦德国教育最终走向全国统一规划和统一管理的体制奠定了基础。

1959 年,德国教育委员会提出的最具代表性的改革建议是《改组和统一公立普通学校教育的总纲计划》,该计划集中探讨了普通初等和中等教育的改进问题,建议设置主要学校、实科学校和高级中学三种中学。

2.20 世纪 60—70 年代的教育改革

1964 年,联邦德国各州州长在汉堡签订了《关于统一学校教育事业的修正协定》,规定了所有儿童均应接受九年义务教育,在中等教育机构类型方面,也肯定了主要学校为基本的中学类型。

1970 年,联邦德国教育咨询委员会提出了名为《教育结构计划》的改革建议,提出把学前教育纳入学校教育系统,整个学校教育系统应由初步教育、初等教育、中等教育、高等教育和继续教育构成。

1976 年,联邦政府颁布了《高等学校总纲法》,规定正规高等学校修业年限为四年,对大学的任务、入学许可、学校内部人员机构构成、学校组织和管理、学历的认定等做了规定。这个法案成为战后联邦德国第一个有权威的高等教育方面的法案。

此外,这个时期的教育改革还涉及了职业教育和师范教育。

3.20 世纪 80 年代的教育改革

20 世纪 80 年代以后,联邦德国继续采取教育改革措施,改革涉及初等教育、中等教育、高等教育和师范教育等许多方面。

4.德国统一以来的教育改革

初等教育方面,德国政府除开展基础教育体制与机构改革外,还推行了包括课程内容、教学大纲以及教学方法在内的课程与教学改革,注重学生外语能力、创造能力以及现代信息技术应用能力的培养。

高等教育方面,从结构、组织和内容上进行改革。

职业教育方面,各州在义务教育之后,实施三年制义务职业教育。

师范教育方面,各州基本上采取把专业训练与实践训练分为两个不同阶段的做法。

(五) 日本的教育改革

1.《教育基本法》和《学校教育法》

1947 年,日本国会公布了《教育基本法》和《学校教育法》,否定了战时军国主义教育政策,为二战后教育指明了发展方向。其中,作为确保《基本教育法》具体实施的法律文本,《学校教育法》为二战后日本教育的系统化改革提供了有力的法律保障。

2.20 世纪 50—60 年代的教育改革

这个时期的日本经济逐渐复苏,为解决普通高中较发达与职业技术人才短缺之间的矛盾,日本采取了一些措施。

1951 年,文部省公布了《产业教育振兴法》,制定了振兴职业教育的政策。

1957 年颁布《新长期经济计划》,首次将教育发展计划和教育政策编入国民经济计划,强调振兴科学技术。

1960 年,日本制定的《国民收入倍增计划》是战后日本经济发展中最有影响的计划,强调普及提高中等教育。

1965 年,日本制定《中期经济计划》,进一步强调"提高人的能力和振兴科学技术"的重要性及迫切性。

3.20 世纪 70 年代的教育改革

1971 年,日本中央教育审议提出了《关于今后学校教育综合扩充、整顿的基本措施》咨询报告,报告成为日本 70 年代以来教育改革的纲领性文件。咨询报告涉及各级各类教育,尤其重视日本中小学教育和高等教育改革。

在中小学教育方面,提出了重视人的个性发展、国家和教育者的责任 3 个基本目标和为实现目标而制定的 10 项具体措施。在高等教育方面,报告提出了 5个方面的要求和 12 项具体措施。

4.20 世纪 80 年代的教育改革

20 世纪 80 年代,日本的教育改革更加具体和深入。1984 年,日本成立"临时教育审议会",1987 年,日本文部省成立了"教育改革推进本部",二者成为推进日本 80 年代教育改革的领导机构。

5.20 世纪 90 年代的教育改革

90 年代,日本教育改革主要集中在基础教育和高等教育方面。其中基础教育改革的方向是"在宽松的环境中培养学生的生存能力"。高等教育改革主要致力于高等教育的个性化、高水平化、经营管理灵活化发展。

三、课后习题解答

1.第二次世界大战后发达国家在普及义务教育方面进行了哪些改革?

答:战后主要发达国家都用立法的形式保障其普及义务教育的措施。

(1)美国,1958年《国防教育法》颁布规定,增拨大量教育经费,作为对各级学校的财政援助。20世纪60年代,美国的教育改革主要在于中小学的课程改革;继续改善教育机会不平等问题。

(2)英国,《1944年教育法》,规定实施5~15岁的义务教育,地方教育当局应向义务教育超龄者提供全日制教育和业余教育。《1988年教育改革法》规定实施全国统一课程,确定在5~15岁的义务教育阶段开设核心课程、基础课程和附加课程三类课程。

(3)法国,《郎之万-瓦隆教育改革方案》实施6~18岁的免费义务教育,主要通过基础教育阶段、方向指导阶段和决定阶段进行。1959年,戴高乐政府颁布的《教育改革法》规定,义务教育年限由战前的6~14岁延长到16岁。

(4)德国,1964年《关于统一学校教育事业的修正协定》规定,联邦各州的所有儿童应接受九年义务教育,义务教育阶段应是全日制学校教育。

(5)日本,1947年《教育基本法》规定全体国民接受九年义务教育。

2.联邦德国和日本职业技术教育改革的举措和经验是什么?

答:(1)联邦德国职业技术教育改革的举措和经验。

1)推行职业基础教育年的计划。1978年,联邦德国开始推行职业基础教育年的计划,在职业教育的第一年专门进行职业基础教育。职业基础教育是将220种职业划分为13个职业领域,学生学习某职业领域的必备知识、技能,为以后接受特定职业的专门训练奠定基础。

2)为接受了九年义务教育之后不能继续进大学学习的青年提供接受"双元制"职业教育的机会。双元制就是一面在工厂企业培训中心接受实际操作性的训练,一面在职业学校进行理论知识学习。

联邦德国职业技术教育改革将职业教育和学生就业相联系,在学生就业之前进行职前教育,着重培养学生就业的必备知识和技能,同时建立"双元制"职业教育体制,保障学生的就业机会,将普通教育和职业教育结合在一起,从体制和教育机会上保障学生的就业。

(2)日本职业技术教育改革的举措和经验。

日本职业技术教育改革的举措详见章节精讲。

日本战后经济的飞速发展是重视职业教育的结果。

3.英国《1988年教育改革法》的内容是什么?对我们有什么启示?

答:(1)《1988年教育改革法》的内容详见章节精讲。

（2）启示。从《1988年教育改革法》的内容就可看出，该法涉及的内容十分广泛，开启了英国自二战以来规模最大的一次改革，包含了课程、考试制度、学校管理体制、高等教育管理和经费预算等内容，在一定程度上触动了英国教育的某些传统，对英国教育发展产生了长期的影响。

4.美国20世纪80年代以后教育改革的动向是什么？

答：20世纪80年代以来，在持续不断的教育改革进程中，教育质量问题始终是美国教育改革的重点和难点，此外，美国传统课程教学的内容和手段表现出新的变化，所以80年代以后，美国教育改革的动向是：①把提高教育质量作为改革的中心目标；②教育改革的重点在于课程和教材；③促进科技教育的发展。

四、考研真题汇编

(一) 名词解释

1.《学校教育法》。（北京师范大学2005年研）

2.《国防教育法》。（湖南师范大学2015年研）

3.《富尔法案》。（首都师范大学2013年研）

4.美国《国家在危机中的报告》。（北京师范大学2013年研）

5.生计教育。（华东师范大学2015年研）

(二) 简答题

6.简述美国《国防教育法》的主要内容。（陕西师范大学2016年研）

(三) 论述题

7.论述英国《1988年教育改革法》的基本内容及其影响。（北京师范大学2016年研）

参考答案：

1.《学校教育法》是二战后日本颁布的教育法令，是《教育基本法》的具体化，是对日本学校教育制度规定最为系统的法律。其主要内容有，废除中央集权制，实行地方分权；采用六三三四制单轨学制，延长义务教育年限；高级中学以施行普通教育和专门教育为目的；将原来多种类型的高等教育机构统一为单一类型的大学。《学校教育法》否定了战时军国主义的教育政策，为战后日本教育指明了发展的方向。

2.《国防教育法》是美国政府于1958年颁布的一项法案，主要内容有加强普通学校的自然科学、数学和现代外语的教学；加强职业技术教育；强调"天才教育"；增拨大量教育经费。《国防教育法》有利于美国教育的发展，有利于科技人才的培养。

3.《富尔法案》是法国1968年在巴黎大学生"五月风暴"运动的推动下颁布

的,该法确立了法国高等教育"自主自治、民主参与、多科性结构"三项办学原则。主要内容有取消大学院系建制,设置"教学与科研单位",集若干"教学与科研单位"为一所多科性大学;各大学由教学和科研人员、行政和技术人员、工人和学生代表组成大学审议会,参与大学管理事务。

4.《国家在危机中:教育改革势在必行》的报告建议加强中学五门"新基础课"的教学,中学必须开设数学、英语、自然科学、社会科学、计算机课程;提高教育标准和要求;改进教师的培养;各级政府加强对教育改革的领导和实施。该报告对美国的影响在于恢复和确定了学术学科在中学课程中的主体地位;加强了课程的统一性,对所有学生进行了严格的统一要求;增强了公众对教育的关注和信心以及资助。

5."生计教育"是美国原教育署署长马兰于1971年所首倡,他提出,生计教育的实质是以职业教育和劳动教育为核心,引导帮助人们学会许多新的知识和技能,以适应瞬息万变的社会的教育,实现个人生存和社会发展的双重目的。

6.二战后,美国社会各界对美国的教育质量展开了激烈批评,特别是1957年苏联卫星上天后,美国全国震惊,改革教育的呼声更为高涨,在此背景下,美国颁布了《国防教育法》。其主要内容有以下几点。

(1)加强自然科学的教育。加强普通学校的自然科学、数学和现代外语的教育,国家为此将提供财政援助。

(2)加强职业技术教育。积极发展职业教育,培养大批高级技术人才。要求各地区设立职业技术教育领导机构,对更多的年轻人进行职业技能训练。

(3)强调"天才教育"。鼓励有才能的中学生升入高等教育机构研修,从中培养拔尖人才。为保证所有有能力的学生不因缺乏财力而失去学习机会,为大学生和研究生提供奖学金和贷款。

(4)为低收入家庭的儿童提供必要的帮助。对于在地方教育机关学区内就读的处境不利的儿童,地方教育机关应为其提供特殊的教育服务和安排,以使该类儿童同样能够享受到国家提供的设备和材料的帮助。

总之,《国防教育法》的颁布是美国立法史上的一个里程碑,它的颁布说明美国认识到了教育在国际竞争中的重要性,教育与国家的安危和前途息息相关。大量教育经费的投入,有利于教育质量的提高,并使小学的入学率迅速提高,中等教育普及速度大大加快。

7.(1)1988年,英国国会通过了由教育大臣贝克负责制定的教育改革法案,即《1988年教育改革法》,从而掀起了第二次世界大战以来英国最大规模的一次教育改革。该法为当代英国教育体制进行全面改革提供了法律依据。该法的主要精神是改革普通教育,同时兼顾高等教育。其主要内容包括以下几点。

1)规定实施全国统一课程。在义务教育阶段开设三类课程:核心课程、基础课程和附加课程。核心课程和基础课程合称为"国家课程",是中小学的必修课程。核心课程包括英语、数学和科学。

2)改革考试制度。在整个义务教育阶段举行四次全国性考试,分别在7岁、11岁、14岁、16岁时举行。

3)改革学校管理体制,加强中央对教育的控制。规定地方教育当局管理的中小学,在多数家长要求下可以摆脱地方教育当局的控制,直接接受中央教育机构的指导。这一政策称为"摆脱选择政策",被认为是英国打破过去中央、地方两级分权管理教育的传统,走向中央集权制的重要一步。

4)改革高等教育的管理和经费预算。废除英国高等教育"双重制",即英国的各类学院由地方管理,而大学则由中央管理的体制。一些高等院校将脱离地方教育当局的管辖,成为独立机构,取得法人地位。

(2)《1988年教育改革法》的意义。从其主要内容可以看出,该法案涉及的问题十分广泛,而且非常重要,在一定程度上触动了英国教育的某些传统。因此,它在英国引起的反响异常强烈,被认为是自1944年《巴特勒教育法》以来英国历史上又一次里程碑式的教育改革法案。总体而言,这次改革强化了中央集权式的教育管理,对过去从来没有做过统一规定的课程、考试等问题开始进行全国划一管理,这对英国未来教育的发展产生了不可忽视的影响。

五、强化训练及详解

(一)选择题

1.20世纪六七十年代,为促进教育机会均等,英国工党政府将文法学校、技术中学和现代中学合并组成新型中学。这种中学是(　　)

 A.完全中学 B.统一中学 C.综合中学 D.文实中学

2.1947年,日本颁布的终结军国主义教育并为战后教育指明方向的划时代教育方案是(　　)。

 A.《学制令》   B.《大学令》

 C.《产业教育振兴法》   D.《教育基本法》

3.1963年,英国颁布教育改革法案《罗宾斯高等教育报告》,探讨高等教育如何为社会服务问题,提出了著名的"罗宾斯原则",其含义是(　　)。

 A.为所有类型的高等学校提供无任何附加条件的国家援助

 B.为所有有能力和成绩合格并愿意接受高等教育的人提供高等教育课程

 C.高等教育分为"自治"部分(大学)和"公共"部分(大学以外的学院)

 D.建立由个人高等教育、职前专业训练、在职进修构成的"师资培训三段法"

4.20世纪60年代英国开始改革以文法中学、技术中学、现代中学为主体的"三分制"中等教育体系,试图消除不同类型学校的学生在就业和升学方面的不平等,大力推动建立(　　　)。

  A.统一学校   B.国立中学   C.中间学校   D.综合学校

5.20世纪70年代英国《詹姆斯报告》的颁布与实施,促进了(　　　)。

  A.英国中等教育民主化水平的提高

  B.英国高等教育普及化水平的提高

  C.英国职业教育与普通教育的融合

  D.英国师范教育非定向培养体制的确立

6.20世纪80年代日本国会批准成立的指导日本教育改革的领导机构是(　　　)。

  A.临时教育审议会   B.中央教育审议会

  C.终身教育审议会   D.地方教育审议会

7.20世纪60年代,确立法国高等教育发展的民主、自治和多学科原则,规定大学是享有教育、行政和财政自主权的国家机构的教育法案是(　　　)。

  A.《富尔法案》   B.《哈比改革法案》

  C.《阿斯蒂埃法案》   D.《郎之万—瓦隆教育改革方案》

8.(　　　)是联邦德国战后第一部高等教育法,它保留了德国大学民主自治的传统,同时又注重发掘大学的潜力,使之适应社会的新需要。

  A.《富尔法案》   B.《高等教育总纲法》

  C.《教育改革法》   D.《基佐法案》

(二)填空题

9.20世纪70年代美国开展了以_____和_____为主题的教育改革。

10.20世纪80年代,在持续不断的教育改革进程中,_____始终是美国教育改革的重点和难点。

11.根据英国《1944年教育改革法》,二战后英国的主要中等教育机构类型包括_____、_____、_____。

12.法国《郎之万—瓦隆教育改革方案》提出在法国实施6~18岁学生的免费义务教育,这种教育具体可划分为_____、_____、_____。

13.德国1959年公布的《改组和统一公立普通学校教育的总纲计划》集中探讨了_____和_____的改进问题。

14.1947年日本国会公布了_____和_____,否定了战时军国主义教育政策。

15.1968年法国议会颁布的《高等教育方向指导法》(又称《富尔法案》),确立了法国高等教育_____、_____、_____三项办学原则。

16.20世纪60年代中期后,联邦德国出现了_____,将过去的主要学校、实科学校和完全中学合并起来。

(三)名词解释

17.罗宾斯原则。

18.返回基础。

19.《不让一个孩子落伍法》。

20.三分制教学法。

21.优先教育区。

(四)简答题

22.简述二战后法国的《郎之万-瓦隆教育改革方案》。

23.简述英国二战后高等教育改革的变化。

24.简述二战后法国师范教育改革的特点。

25.简述"哈比改革"的中心要求与主要内容。

26.简述日本《教育基本法》颁布的历史背景和主要内容。

27.简述日本进入21世纪以来教育改革的特点。

(五)论述题

28.论述美国二战后教育改革的进程及经验教训。

参考答案：

1.C　2.D　3.B　4.D　5.C　6.A　7.A　8.B

9.生计教育;返回基础

10.教育质量问题

11.文法学校;技术中学;现代中学

12.基础教育;方向指导阶段;决定阶段

13.普通初等教育;中等教育

14.《教育基本法》;《学校教育法》

15.自主自治;民主参与;多科性结构

16.综合中学

17."罗宾斯原则"是英国20世纪六七十年代在高等教育改革中,《罗宾斯报告》改革方案里提出的建议,指的是为所有有能力和成绩方面合格的、并愿意接受高等教育的人提供高等教育课程。

18."返回基础"是美国20世纪70年代后期教育改革的主流,主要针对中小学校基础知识教育和基本技能训练薄弱问题而开展。这项改革要求在小学阶段加强阅读、写作和算术教学;确定中学阶段的教育重点在于英语、自然科学、数学和历史等科目的教学;强调教师在教学过程中发挥主导作用;取消选课,增加必修课等。"返回基础"实质上是美国的一种恢复传统教育思潮,强调严格管理,提高教育质量。

19.《不让一个孩子落伍法》是美国继20世纪80年代《国家处在危机中》之后一系列教育文件、法律精神的集中体现,主要内容有实行中小学责任制;强化中小学教学工作的科学研究基础；给学生家长更多选择；给地方更大的自主权。该法为 21 世纪初期美国基础教育改革指明了方向。

20．"三分制教学法"是法国在 20 世纪 60 年代末出现的教学法，是指把教学内容分为工具课程(包括数学和法语)、启蒙星课程和体育课程三部分。每天上课时间也相应分为三段，一般上午安排工具课程，下午安排启蒙星课程和体育课程。

21．优先教育区是法国 20 世纪 90 年代教育改革中推行的政策，这一政策的首要目的是使处境最不利的学生的学业成绩得到提高。

22．(1)二战后法国议会组建了新的教育委员，该委员会于 1947 年提交了教育改革方案，即《郎之万—瓦隆教育改革方案》。方案批评了法国教育的弊端，就各级各类学校的组织、制度、教育内容和方法提出了具体改革意见。

(2)方案提出了二战后法国教育改革的六条原则：社会公正；社会上的一切工作价值平等，任何学科的价值平等；人人都有接受完备教育的权利；在加强专门教育的同时，适当注意普通教育；各级教育实行免费；加强师资培养。

(3)方案提出在法国实施 6～18 岁的免费义务教育，具体划分为基础教育、方向指导、决定三个阶段。

(4)在该方案的影响下，法国开始大力扩充初等教育，同时把较好的初等学校升格为中学，极大地促进了中等学校的普及，基本实现了初等和中等教育的衔接。

23．(1)在英国 20 世纪 60—70 年代的教育改革中，在高等教育方面，较有影响的是《罗宾斯报告》，报告探讨了英国高等教育如何为社会服务这一重大问题，建议应为所有有能力和成绩方面合格的、并愿意接受高等教育的人提供高等教育课程，此建议后被称为"罗宾斯原则"。在此政策下，英国在 1958—1968 年间，全日制大学生人数增长了 110%。此外，20 世纪 60 年代末，英国还创办了英国教育史上具有划时代意义的新型高等教育机构——开放大学，主要以成年人为教育对象，以现代化的教学手段和灵活的教学方式进行教学，为英国高等教育的发展注入了新的活力。

(2)在英国 20 世纪 80 年代的教育改革中，高等教育方面，主要是关于高等教育管理和经费预算的改革。英国废除了各类学院由地方管理，而大学则由中央管理的"双重制"，同时成立"多科技术学院基金委员会"，负责多科技术学院的发展规划和拨款事务。

(3)20 世纪 90 年的教育改革中，在高等教育方面，英国颁布了《学习社会中的高等教育》，报告就英国高等教育目的、模式、结构、规模、拨款、面临的教育危机以及未来 20 年的发展做出了具体规划，并提出建立高等教育经费筹措机制、加强高等教育在地方和区域发展中的作用等多项改革建议。

由此可以看出,英国在高等教育方面的改革,从最初的扩大教育对象,到改革教育管理和经费,然后改革内容越来越具体,后期改革涵盖了教育目的、模式、结构等许多高等学校具体开展的内容。

24.(1)法国20世纪80年代对师范教育进行了改革,于1986年公布了师范教育改革法令,将师范专科学校学制年限由三年改为四年,分为两个阶段。规定从1986年起,未经师范学校培养者不得被聘用为小学教师;每个教师在八年的任职期间,须接受为期一年的脱产进修培训,培训时间可灵活安排。这些改革措施在对教师的职前培养和在职进修上都做出了规定,有利于教师教学水平的提高,促进了教育事业的发展。

(2)20世纪90年代师范教育改革是法国教育改革的一个重点。这个时期,法国开始逐步设置大学的教师培训学院,统一对初等教育阶段的教师进行职前和在职培训。同时这一阶段的改革,还为有意从事教师职业的大学生设置专门的津贴,提高在职中小学教师的工资,增强了教师职业的吸引力。

25.20世纪70年代,法国在教育部长哈比的领导下,开始进行教育改革。此阶段改革的中心是促进教育机会平等,加强教育民主化进程,重视职业技术教育,使教育更好地适应现代化的需要。1975年,法国议会通过《法国学校体制现代化建议》,就普通中小学校教育管理体制、教学内容、教学方法等做出了相应规定。主要内容包括以下几点:①关于教育管理体制,规定中学校长由教育部长任命,学校内成立各种组织。②关于教学内容,要求在小学增设加强自然、社会环境及科学技术基础知识综合性教育的"启蒙课"。③关于教学方法,要求运用最新的心理学研究成果指导教学,开展各种教学实验。

26.(1)二战后日本在以美国为首的盟军部队控制下宣布放弃军国主义政策,实施和平建设的基本国策。二战后日本的改革采取了经济兴邦的战略。为发展经济,日本继承了明治时期优先发展教育的传统,及时酝酿并推出了发展蓝图,于1947年公布了《教育基本法》,为二战后教育指明了发展方向。

(2)《教育基本法》的主要内容有教育必须以陶冶人格为目标,教育必须致力于培养和平的国家及社会的建设者;全体国民接受九年义务教育;尊重学术自由;政治教育是培养有理智的国民;国立、公立学校禁止宗教教育;教育机会均等;保证教师良好的待遇;家庭教育和社会教育应得到尊重和鼓励。

27.(1)在基础教育改革方面,继续推行《关于面向21世纪的我国教育》的相关规定,实行"宽松教育",在中小学开设培养生存能力的课程,强化综合学习时间。

(2)在义务教育改革方面,日本发表《开创新时代的义务教育》,指出义务教育的目的在于帮助每个国民养成健全人格,成为合格的国家建设者。日本教育从此前的"宽松教育"转向"扎实学力教育"。

(3)在高等教育方面,日本的21世纪的改革主题是"大学结构改革",具体包括国立大学的重组与合并、国立大学法人化改革、21世纪的"卓越中心"计划等。

28.(1)第二次世界大战结束后,各国先后进入了恢复经济、教育的稳定时期,全球的局势趋于平静,给各国提供了一个发展教育事业的良好时机。为了争取在国际上的地位,美国自然不甘落后,在二战结束后的很长一段时间,美国进行了大量的教育改革。

1)二战结束初期的《国防教育法》和60年代的教育改革。

1958年,美国国会颁布《国防教育法》,旨在改变美国教育水平的落后状况,使美国教育能够适应现代科学技术的发展和满足国际竞争的需要。

60年代的教育改革主要在三个方面进行:中小学的课程改革;继续解决教育机会不平等的问题;发展高等教育,提高高等教育的质量。

2)70年代初期的教育改革。

这一时期的改革主要是围绕"生计教育"和"返回基础"进行的。

3)20世纪80—90年代的教育改革。

80年代初期,美国中小学教育质量问题成为社会关注的中心。80年代中后期,美国教育为面向21世纪提出了改革的新设想。80年代后期,布什推行了新的教育政策。其主要内容是:提高学术水平,奖励学生努力学习,鼓励教师热心工作,兴办新型学校,促进学校体系更新;关注困难儿童教育,加强职业教育和高等教育等。

(1)经验教训。

1)教育改革中存在着一定的急功近利的思想。虽然教育为了适应社会现实的发展必须进行相应的改革,但教育不是万能的,也无法在短期内就能妥善解决各类社会问题。美国教育改革中存在着一定实用主义的问题。

2)教育理论和教育实践有一定的脱节。一些教育理论无法在现实中得到有效地实施,没有遵循教育规律,没有考虑到学生和教师的现实状况,因而没有达到预期的效果。

3)为了应对现实的挑战,美国政府十分重视科技教育、自然科学,而对人文社会科学存在一定的忽视倾向。为了在短期内使教育更好地为社会生产服务,美国大力加强科技教育和科技人才的培养,但对人文社会科学的重视程度不够,这不利于人才的全面培养,也不利于教育的和谐发展。

4)夸大了教育对社会发展的作用。在社会现实的基础上,针对社会问题进行教育改革是非常正确的,但夸大教育对社会发展的作用,认为通过教育可以解决各类社会问题则是不现实的。因为许多问题实际上是植根于社会制度内部的,不进行社会的根本变革,而只采用教育加以缓解,无法从根本上解决问题。

第二十三章 第二次世界大战后苏联和俄罗斯的教育

一、考点概述

(1)二战后初期至 20 世纪 50 年代中期苏联教育的恢复与发展。

(2)20 世纪 50 年代后期至 80 年代苏联的教育改革。

(3)凯洛夫《教育学》的教育思想体系。

(4)赞科夫的教育实验及其发展性教学理论。

(5)巴班斯基的教学过程最优化理论。

(6)俄罗斯联邦的教育。

二、章节精讲

(一)二战后初期至 20 世纪 50 年代中期苏联教育的恢复与发展

1.二战后初期的恢复工作

1941 年 6 月 22 日,法西斯德国发动对苏联的突然袭击,战争虽以法西斯德国的彻底失败告终,但纳粹德国强加给苏联的战争不仅中断了苏联的建设工作,而且使它遭受了巨大的损失。苏联的文化教育实施也受到十分严重的破坏。国家在战争中还损失了几百万熟练工人、工程师、技术员、医生、教师和学者。战争结束后,苏联人民以坚韧不拔的精神和极大的爱国主义热情投入国民经济和文化教育的恢复与重建工作。

1946 年 3 月,苏联最高苏维埃通过了《关于恢复与发展国民经济的五年计划(1946—1956)的法令》,规定这个五年计划的基本任务是使受害地区得到恢复,使工农业恢复并超过第二次世界大战前的水平。

高等教育和职业教育在第二次世界大战后的第一个五年计划期间也得到了迅速的恢复与重建。

2.20 世纪 50 年代中期教育的发展

苏联在二战后的第一个五年计划(即苏联的第四个五年计划)中就提出了要保证城市和农村 7 岁以上的儿童都受到普及义务教育的任务,并要求在广泛组织青年工人学校和农村青年学校的基础上保证使战争时期未能及时完成学业的青年都受到七年制学校或完全中学(十年制学校)程度的普通教育。

俄罗斯联邦于1949年即做出了普及7年制义务教育的决定,其他加盟共和国也做出了相应的决定。

随着完全中学的发展,中学毕业生的人数逐年增多,而高等学校本科招生人数有限,中学应届毕业生不能升入高等学校的人数不断增长,而青年学生对参加工农业劳动及其他工作的思想与实际准备不够。为了解决这一问题,苏联共产党在第19次代表大会的有关决议中就曾强调必须在中学实施综合技术教育,并采取过渡到普及综合技术教育的必要措施。

为了提高普通教育的教育、教学质量,本时期进一步采取了一些改进师资培养工作的措施。在高等教育方面,苏联部长会议和苏共中央于1954年8月通过了《关于改进具备高等和中等专业教育程度专门人才的培养、分配和任用》的决议。

(二)20世纪50年代后期至80年代苏联的教育改革

1.1958年的教育改革

50年代前期,苏联普通中小学校的教学任务主要是为高一级学校培养和输送合格的毕业生,所以在教育过程中对生产劳动经验和生活经验的传播,以及劳动技能的训练有所忽视。

时任苏共中央总书记的赫鲁晓夫在1958年9月21日提出了《关于加强学校同生活的联系和进一步发展全国国民教育制度的建议》。这个建议的出台,标志着战后苏联一场规模较大的教育改革的序幕正式拉开。随后将“建议”改为“提纲”,又将文中的“提纲”改为“法律”。

法律的第一章对普通教育改革提出以下具体要求:①确立新的办学目标,明确中学的主要任务是培养青年走向生活,参加公益劳动,进一步提高普通教育和综合技术教育水平;②普及教育年限从七年延长到八年,初等教育仍为四年,然后是中等教育;③中等教育的后三年为中等教育的第二阶段,这段教育由三种教育机构实施;④八年制学校的教育教学工作应当在科学基础知识的教学、综合技术性质的教学、劳动教育以及引导学生广泛参加适合其年龄的各种公益劳动相互结合起来的基础上进行;⑤为了在儿童的教育过程中加强社会的作用并对家庭有所帮助,要求扩大寄宿学校网,增加长日制的学校和班级。

法律的第二、三章对职业学校、技术学校的改革提出以下具体要求:①改组原有职业、技术教育体制,设立城市和农村职业技术学校,使在八年制学校毕业后参加生产的青年受到职业技术教育。②进一步改进中等专业教育制度,开办建立在八年制学校基础上的中等专业学校,培养具有高度的理论水平和良好的实际知识的中级专门人才。

法律第四章对高等教育改革提出以下具体要求:①规定苏联高等学校使命是培养精通科学和技术的相应部门的具备多方面知识的人。②高等学校应优先录取具有从事实践工作经历的人入学。③重视加强重点大学的建设,尤其是注重尖端专业的发展。

2.1966 年的教育改革

1966 年 11 月 10 日,苏共中央和苏联部长会议通过了《关于进一步改进普通中学工作的措施》,对中学教学内容也提出了具体要求:①教学内容要符合科学、技术和文化发展的要求;②1~10 年级科学基础知识的学习要有衔接性,要把教材按学年做较合理的分布,要从第四年开始系统地讲授科学基础知识;③要删除教学大纲和教科书中过于烦琐和次要的材料,克服学生负担过重的现象;④1~4 年级周学时的最高限额为 24 学时,5~10 年级为 30 学时;从七年级起开设选修课,目的是加深数理学科、自然学科和人文学科的知识,发展学生多方面的兴趣与才能。

3.1977 年以后的教育改革

1977 年 12 月 22 日,苏共中央和苏联部长会议通过了《关于进一步完善普通学校学生的教学、教育和劳动训练的决议》,确定普通中学是统一的劳动综合技术学校,规定增加劳动教学实践,9~10 年级的劳动时数从每周两小时增加到四小时。

进入 80 年代以后,苏联更加大了教育改革的力度。在继续 60 年代和 70 年代教育改革成果的基础上,苏联又实施了新的改革措施。

(三)凯洛夫《教育学》的教育思想体系

1.形成凯洛夫《教育学》思想体系的历史背景及其思想基础

凯洛夫《教育学》的理论体系是在 20 世纪 30 年代后期开始形成的。当时斯大林模式的社会主义体制已经在苏联确立,基本上实现了国民经济的技术改造和社会主义工业化,农业也走上了集体化和机械化的发展道路。

关于凯洛夫《教育学》的思想渊源,凯洛夫曾在书中指出,包括以下三个部分:①作为科学一般方法论基础的马克思列宁主义哲学,以及马克思、恩格斯、列宁、斯大林关于文化和教育的学说;②经过批判地改造过了的教育学的历史遗产,学校及其他教育机关的工作与发展的历史经验,特别是我们祖国进步的教育学对于科学的贡献;③苏联学校及其他教育机关的现代工作经验以及家庭教育的经验。

2.凯洛夫《教育学》的教学论

(1)关于教学过程本质的论述。凯洛夫《教育学》认为,教学首先是指教师在学生自觉与自动参与下以知识、技能和熟练技巧的体系武装学生的过程,但它还负担着以科学原理和共产主义世界观武装学生与有计划地发展学生智力、培养学生道德品质的任务,因此,"教学在整个复杂的教育过程中,乃是主要的一面。教学,是教育的基本途径"。

教学过程所具有的特点包括以下几点。第一,通过教学过程应使学生接受的是前人已经获得的真理(知识);第二,在教学过程中学生是在有经验的教师领导下获得对事物的认识的;第三,在教学过程中一定要有巩固知识的工作;第四,在教学过程中还包括有计划地实现发展儿童智力、道德和体力的工作。

该书提出了以下六个教学基本环节:①使学生感知具体的事物并在此基础上形成学生的表象;②分清事物的异同、主次,认清他们之间的各种关系;③形成概念,认识定律、定理、规则、主导思想、规范等;④使学生牢固地掌握事实和概括性工作(记忆、背诵和一般的巩固知识的工作);⑤技能和熟练技巧的养成和加强;⑥在实践中检验知识,把知识应用于包括创造性作业在内的各种课业中。

(2)凯洛夫《教育学》中的教学原则。根据教学过程的基本环节,凯洛夫《教育学》提出了五条指导教学工作的原则,即直观性原则、自觉性与积极性原则、巩固性原则、系统性与连贯性原则、通俗性与可接受性原则。

(3)论教养和教学的内容。教养和教学的内容具体表现在教学计划、教学大纲和教科书中。《教育学》强调普通学校授予学生的应该是从整个科学知识中选择出来的基本知识,包括属于自然科学、社会科学与各种艺术以及思维科学的21门学科。凯洛夫认为,教科书是学生知识的主要源泉之一。它包括基本原理和学生独立学习的材料,加深和巩固着教师上课时所讲授的那些教材,还包括着学生必须领会的知识。

(4)论教学工作的组织形式与方法。在教学工作的组织形式方面,《教育学》比较详细地论述了班级授课制度的产生与发展,以历史的经验肯定它是教学工作的基本组织形式,为联共(布)中央《关于中小学教学大纲和教学制度的决定》中有关指示的正确性进行论证,并总结了该决定颁布后苏联学校推行班级授课制的新经验。

《教育学》中讲述的教学方法也主要是从教师如何教的角度提出的。

3.凯洛夫《教育学》的德育论

(1)论德育的任务和内容。德育的任务主要包括培养苏维埃爱国主义精神、社会主义的人道主义精神、集体主义精神、对劳动和社会公共财产的社会主义态度、自觉纪律以及布尔什维克的意志与性格特征六个方面。

从具体内容来说,培养苏维埃爱国主义精神就是要培养对社会主义祖国的热爱和把自己全部知识与才能贡献于祖国的决心,在祖国遇到危难的时候能决心保卫祖国,抵抗一切敌人。以爱国主义精神教育青年学生,还包括培养国内各民族人民之间的友谊和互助思想以及民族和种族平权思想。

（2）德育的原则与方法。应该使培养、教育和训练现代化青年的全部事业，成为培养青年的共产主义道德的事业，这是第一个德育原则。其他的原则还有，适应儿童的发展水平、连续性、对学生的严格要求和尊重学生人格相结合、长善救失、在集体中和通过集体进行教育、了解学生特性和进行个别教育、教师的威信与示范和发挥学生的独立精神相结合、教育影响的统一等。

关于德育的途径与方法，凯洛夫《教育学》首先强调的是教学。德育的方法包括说服法、练习法、儿童集体组织法、奖惩法，"其中每一项方法都是各种培养手段的总和"。榜样、伦理谈话、学习伟人传记等都被认为是形成马克思主义伦理观点和共产主义信念的有效手段。

（四）赞科夫的教育实验及其发展性教学理论

1.提出和开展"教育与发展关系问题"课题研究的历史和时代背景

"教育与发展关系问题"的研究发端于 20 世纪 50 年代中期。此时，苏联教育理论界正在对其前一段研究工作进行总结与反思。1950 年，斯大林发表《马克思主义和语言学问题》，在教育理论界印发了长达一年多有关教育专门特点和教育研究方向与任务问题的讨论，讨论中提出了儿童教育与发展之间的相互关系问题。

1952 年斯大林又发表了《苏联社会主义经济问题》，强调研究客观规律的重要性，提出了必须使社会全体成员从体力和智力上得到全面发展和实施普及义务的综合技术教育问题。在同年 10 月举行的苏共第 19 次代表大会通过的五年计划中，将中等学校中实施综合技术教育的问题置于重要地位。这一切都使形成于 20 世纪 30 年代而在 40 年代继续保持的教育理论模式受到极大的冲击，促使教育理论界对其过去的工作进行反思。

1956 年 6 月，苏共中央发表《关于克服个人崇拜及其后果的决议》，在全国掀起了批判个人崇拜和教条主义的运动。这一运动对于教育与发展这一课题的意义，第一是获得了重新评价教育家沙茨基和心理学家布隆斯基、维果斯基的机会，他们的著作得以重新出版，为教育与发展关系的实验研究提供了思想资料。第二，由于唯书唯上的教条主义思维方式在运动中被进一步否定，教育理论界的思想水平有了提高，既有利于摆脱斯大林思维模式的束缚，又有利于克服赫鲁晓夫片面强调劳动教育的压力，坚持根据科技革命的时代需要和教育自身的发展规律来进行教育与发展的科学研究。

2.赞科夫的教育实验

赞科夫的教育实验从 1957 年开始，到 1969 年夏实验基本结束，转入对实验结果的全面总结。其间分为三个阶段。

第一阶段从 1957—1958 学年到 1960—1961 学年,实验只在莫斯科一所小学一年级的一个班进行,另设两个对照班。

第二阶段的实验从 1961—1962 学年进行到 1964—1965 学年。在这一阶段,实验班增多,而且发展到外地;学制改为三年;编出了俄语、数学、劳动教学、唱歌等课程的实验教学大纲初步方案,在小学一年级、二年级提前开设了新的课程。

第三阶段的实验从 1965—1966 学年到 1968-1969 学年。

3.赞科夫的发展性教学理论

赞科夫的"发展教学论"包括教学原则、教学大纲、教学法等各个方面的观点,其中以教学原则最为重要。这些原则是在教育实验的过程中逐渐形成的,最终被确定为以下五条。

第一,以高难度进行教学的原则。

第二,在学习时高速度前进的原则。

第三,理论知识起主导作用的原则。

第四,使学生理解学习过程的原则。

第五,使班上所有的学生(包括最差的学生)都得到一半发展的原则。

4.成就、影响与局限性

赞科夫的主要成就大体上可归纳为以下几个方面。第一,强调教学要着眼于使学生获得一般发展,让他们在发展的基础上自觉地掌握知识、技能与技巧,有力地破除了把掌握知识混同于发展的陈旧观念,突出了教学的发展功能。第二,对一般发展的界定突出了一般发展与智力发展的区别,扩大了发展的内涵。第三,以矛盾论为理论基础,深刻地揭示了发展的内部源泉和外部源泉(内因和外因)之间的辩证关系。第四,以系统论为理论基础,提出并论证了以尽可能大的教学效果来促进学生的一般发展为主导思想的实验教学体系。第五,从整体性的观念出发,提出以观察活动、思维活动和实际操作作为研究儿童发展进程的三条线索,并对这种研究儿童心理发展进程的方式进行了合乎辩证唯物主义认识论观点的论证。第六,强调了揭示和研究学生精神需要各种表现(主要指认识需要,如兴趣、动机等内部诱因)的必要性,认为教学的重要任务之一是尽最大可能创造有利的条件,使学生对认识的需要得以多方面地表现出来,并培植、发展这种需要。

赞科夫的教育实验和理论对苏联教育理论与实践的发展影响较大。尽管赞科夫在教育实验和理论研究方面都取得了较大的成绩,但是他的研究工作和理论成果仍然有较大的局限性。主要表现在它的研究主要是从儿童心理的角度并针对苏联在 20 世纪 30 年代以来形成的教学理论中只论教师如何教、不管学生怎样学,侧重知识、技能、技巧的传授,没有把发展作为教学任务进行专门研究等"不见儿童"的缺陷来进行的,很少考虑建立教学过程的社会政治与道德要求。

(五)巴班斯基的教学过程最优化理论

1.生平与著作

尤·康·巴班斯基(1927—1987)是苏联著名的教育家、教学论专家,苏联教育科学院院士。1949年,他毕业于顿河罗斯托夫师范学院数理系并留校任教,主讲教育学和物理教学法,1958—1969年曾任该学院的副院长,1969—1975年任教育学教研室主任。

1970年,巴班斯基在《苏维埃教育学》杂志第10期发表了《罗斯托夫州学校中的教学过程最优化》一文。1972年,他的专著《教学过程最优化——预防学生不良成绩方面》出版,1972—1975年他还发表了《学校、家庭和社会团体协同预防学生出现不良成绩》《论改善教育科学研究方法》等论著。1973年,他获教育科学博士学位。

1975年,巴班斯基调往莫斯科工作,1975—1977年任苏联科学院直属的大学和高等师范院校教育学科教师进修学院院长。从1976年起,他还担任了苏联教育科学院教育史与教育理论研究所的学术秘书,1979年任副院长。

1977年,巴班斯基的学术代表作《教学过程最优化——一般教学论方面》出版。此后,他在《苏维埃教育学》《国民教育》《初等学校》《心理学问题》等杂志上不断地发表与教学最优化有关的论文,并出版了《怎样实施教学过程最优化》(1978)、《教学教育最优化——方法论原理》(1982)、《提高教育学研究的效率问题》(1982)等专著。1983年,由巴班斯基担任主编的苏联师范学院教学参考书《教育学》由莫斯科教育出版社出版。

2.教学过程最优化理论形成的历史背景和思想依据

(1)教学过程最优化理论形成的历史背景。1966年3月29日至4月8日,苏共召开第二十三次代表大会。大会在《关于苏共中央总结报告的决议》中提出了在第八个五年计划(1966—1970)期间基本上完成普及十年制义务教育的任务并使普通学校的科学教育、劳动教育和综合技术教育的质量和内容符合现代水平的要求。根据苏共第二十三次代表大会决议的精神,苏共中央和苏联部长会议于1966年11月10日通过了《关于进一步改进中等普通教育学校工作的措施的决议》。其中强调"为了发展生产力,为了提高人民的文化素养,迫切要求大大提高学生的知识质量,更好地培养他们面向公益劳动"。

(2)建立教学过程最优化理论的思想依据。首先,巴班斯基在论述其教学过程最优化的方法论原理时,强调了马克思列宁主义经典作家关于活动的理论和马克思列宁主义的辩证法的指导作用。巴班斯基还强调辩证唯物主义的系统方法和关于真理具体性的原理对教育工作的指导意义。其次,巴班斯基在论述其教学过程最优化理论的思想依据时指出"教学教育过程最优化理论,是教育学发展中合乎逻辑的一个阶段。它直接以教育学先前所取得的成就作为依据"。

3.教学过程最优化理论

(1)教学过程最优化的概念。巴班斯基认为,教学过程最优化的思想常常是跟科学地组织教师劳动的种种问题紧密联系的,但不能把"教师的劳动"和"教学过程"这两个概念混为一谈,因为"教学反映着教师活动和学生活动的辩证统一。因此,教学过程中应予以最优化的参数本身是双方面的。教学过程最优化不仅要求科学地组织教师的劳动,还要求科学地组织学生的学习活动。关于教学过程最优化的标准,巴班斯基是以列宁有关人的活动的思想为指导进行论证的。

所谓教学过程最优化,那就是指根据社会所确定的培养目标和具体的教学任务,考虑师生的具体情况和所处的教学环境和条件,按照教学的规律性和教学原则要求,选择适当的教学形式和方法来制订一个最佳的工作方案;然后灵活机动地实施这一方案,以期用不超过规定限度的时间和精力,取得对该具体条件来说是最大可能的最佳效果;这个结果反映在学生身上就是使全班的每一个学生都获得适时而最好的教养、教育与发展。

(2)按照系统方法和最优化思想构建的教学论思想体系。

1)用系统方法的整体观说明教学过程结果的基本成分。

巴班斯基指出:"为了比较深入地理解教学过程最优化思想的本质,我们先要讨论一下同这些概念有关的某些一般原理。社会主义学校中具有整体性的教学和教育过程,其目的是为了造就全面而和谐发展的人,教学过程是这种整体性过程中的一个组成部分。"教学过程作为完整的教学教育过程的组成成分,它本身也是由许多相互联系的组成部分构成的。就教学系统的成分而言,它包括教师、学生、教学系统三个子系统。

按照巴班斯基的意见,可以设想教学过程是由以下的基本环节组成的:第一,教师先对过程得以进行的系统所具有的特点进行研究,即研究学生(考虑他们的年龄、性别、学业水平)、学生集体、教学条件、教师本身的可能性等,在此基础上了解清楚教学的社会目的和任务,并使之具体化;第二,考虑全班学生的特点,使教学内容具体化;第三,教师根据已揭示的系统的特点,计划出教学手段,最优地选择出教学活动的形式与方法;第四,把教师的影响和学生的学习认知活动统一起来形成师生在教学上的相互作用;第五,对知识技能、技巧掌握的情况进行日常检查和自我检查,随机应变地调整教学过程的进程;第六,师生分析教学过程一定阶段的结果,查明没有解决的任务,以供设计下一周期过程时参考。

2)用系统—结构法研究和说明教学的规律性。

巴班斯基指出:"研究教学规律性的主要方法论根据是辩证唯物主义的系统—结构法,采用这种方法,就有可能连贯地、整体地研究教学过程与它的外部社会系统和条件之间的有规律的联系,进而研究教学所包含的教授过程与学习过程之间的联系,最后,研究教学过程本身各个成分——任务、内容、方法、形式等——之间的联系。"巴班斯基认为,根据对广泛的社会过程同完整的教导过程(教学过程是其组成部分)的联系所做的分析,可以引申出以下一些教学规律。

第一,教学过程(也像整个教导过程一样)合乎规律地受到更广泛的社会过程和社会主义社会需要的制约,特别是受到社会主义社会对全面和谐发展的、能够积极参加生产劳动、科学活动、社会活动和文化活动的人的需要的制约。

第二,教学过程与包含在整个教导过程中的教养过程、教育过程和发展过程存在着有规律的联系。

第三,教学过程有规律地依存于学生的实际学习可能性。

第四,教学过程有规律地依存它赖以进行的外部条件。

以上四条规律反映了教学与外部过程以及同教学的内部条件和外部条件之间的基本联系。以下五条规律反映了教学过程成分之间的规律性联系,即教授过程和学习过程之间,以及教学的任务、内容、方法、手段和组织形式之间的有规律的联系。

第五,教的过程和学的过程在作为整体的教学过程中是有规律的联系在一起的。

第六,教学内容合乎规律地取决于教学任务,任务本身又反映了社会需要、科学发展水平和逻辑、实际学习可能性和外部的教学条件。

第七,激发、组织和检查学习活动的方法和手段合乎规律地取决于教学的目的、任务和内容。同时必须注意的是,随着教学方法的变革,将为解决更复杂的任务,为掌握范围更广的内容创造可能的条件。

第八,教学的组织形式合乎规律地取决于教学的任务、内容和方法。

第九,在相应条件下,教学过程诸成分的相互联系合乎规律地保证教学取得巩固、明确和实效的教学效果。这条规律性似乎把上述所有规律性联合成为一个系统。

3)根据教学规律性的研究并按教学过程结构成分的划分建立教学原则体系。

巴班斯基指出:"教学诸原则是对教学过程的一系列根本的、基本的要求,执行这些要求,就可以保证教学过程具有必要的效率。"

按照上述思路,巴班斯基在《教学过程最优化——一般教学方面》一书中提出了由十三条原则构成的教学原则体系:个性全面和谐发展的方向性为第一条原则;教学与生活、与共产主义建设时间相联系为第二条原则;科学性为第三条原则;可接受性为第四条原则;教学系统性和连贯性为第五条原则;口述的、直观的和实践的教学方法最优结合为第七条原则;在教师指导作用下发挥学生在教学中的自觉性、积极性和独立性为第六条原则;全班分组和个别教学相统一和最优结合为第七条原则;口述的、直观的和实践的教学方法最优结合为第八条原则;教学过程中学生的再现和探究的学习认识活动相统一和最优地相互联系为第九条原则;激发学生养成积极的学习态度,形成多方面的良好学习动机为第十条原则;为教学过程创设最优的教学物质条件、学校卫生条件和精神心理条件为第十一条原则;保证在教学中随机应变地进行检查和自我检查为第十二条原则;知识、技能和技巧的巩固性、理解性、教学的教养和教育效果相统一为第十三条原则。

4)教学形式和教学方法的最优化。

在苏联,普通学校传统的教学组织形式是班级授课制。巴班斯基在其主编的《教育学》中仍然肯定按照班级开展课题教学是教学的基本组织形式。但是他指出,在班级授课制的基础上,可以运用全班的(面向全体的)、分组的和个别的三种教学形式。

巴班斯基认为,教学方法最合理的定义应该是"师生为达到既定的教学和教育目的而进行的相互有联系的活动和方法"。他将教学方法分为三类,即组织和自我组织学习认识活动的方法、激发和形成学习动机的方法、检查和自我检查教学效果的方法。

(六)俄罗斯联邦的教育

1.俄罗斯国民教育的法律保障与管理体制

(1)俄罗斯教育基本法的颁布。

1992年颁布的《俄罗斯联邦教育法》(以下简称《教育法》)是俄罗斯独立后第一部教育基本法,它在总体思想上继承了苏联所奉行的国家教育政策。该法以6章共58条的篇幅对国家发展教育的核心概念、对国民教育体系的基本构成和职能予以了明确规定。

(2)俄罗斯国民教育的管理体制。

1991年年底,随着苏联的解体,苏联国家教育委员会也随之解体,俄罗斯联邦于1992年3月正式成立俄罗斯教育部和俄罗斯联邦科学、高等学校和技术政策部两个部门,对各级各类教育实行联邦中央、联邦主体、地方三级管理。

俄联邦教育部主管学前教育、普通中小学教育、职业技术教育、中等专业教育、中等和高等师范教育、校外教育。俄联邦科学、高等学校和技术政策部负责综合性大学及师范院校以外的其他高等教育的领导和管理。

2.俄罗斯国民教育体系的构成

(1)普通教育。普通教育的主要任务是系统传授基础文化科学知识,培养学生的一般文化素养,使学生适应社会生活,为学生掌握职业技能奠定基础,其大纲包括四部分:学前教育即幼儿园阶段,初等教育即小学阶段,基础教育即初中阶段,完全中等教育即高中阶段。

普通教育学校有以下一些主要类型:①普通中等教育学校(9年制学校和11

年制学校）。②被称为集美纳佳的学校。③被称为利才学校的新型优质中学。④特科学校。⑤寄宿学校。⑥长日制学校。⑦专门学校。⑧业余普通中学。

（2）职业教育。依循终身教育的理念,从20世纪90年代起,俄罗斯将普通中等教育之后的各种正规教育均释义为公民为获得职业所接受的教育,一并归入职业教育板块。

初等职业教育作为独立的教育层次,建立在普及、免费和非竞争的基础之上,为社会各领域培养熟练工人。

中等职业教育以基础普通教育、中等（完全）普通教育或初等职业教育为基础,培养各类中级技术人才。

高等职业教育和大学后职业教育是在中等（完全）普通教育、中等职业教育的基础上,培养和再培养具有相应水平专门人才的教育。

根据俄罗斯《高等和大学后职业教育法》,实施高等和大学后职业教育大纲的教育机构分为三类,分别是综合大学、专业性大学、专业学院。

（3）补充教育。根据《教育法》,实施补充教育大纲和补充教育服务的宗旨和任务在于全面满足公民个人、社会和国家对教育方面的各种需求,在职业教育阶段配合各级教育标准的提高而逐步提高各类专业人员的业务水平。

3.俄罗斯教育的几项重要改革

（1）办学体制的改革。俄罗斯《教育法》规定,教育机构的创办者可以是国家政权管理机构和地方自治机构,本国、外国和境外的企业、各种所有制形式的机构及其所属的团体和协会,本国、外国和境外的各种社会和个人基金会,在俄罗斯联邦境内注册的各种社会宗教组织,俄罗斯联邦及其他国家的公民。

（2）实行国家统一考试。俄罗斯最初的高考招生制度是沿袭苏联的做法,即各高校独立考试、自主招生且考试内容及方式各具特色。实施"国家统一考试"是普京时代最重要的教改举措,其初衷是减少毕业生考试的压力,遏制招生腐败,维护教育公平,保证不同家庭收入的学生获得均等的受教育机会。考试科目有数学、俄语、文学、物理、化学、生物、地理、历史、社会常识、外语等,考试内容以俄罗斯教育部制定的普通教育科目示范大纲为基础,不超出大纲规定的范围。

（3）实施"侧重专业性教学"。实施"侧重专业性教学"是高中阶段教育改革的重要举措,主要是通过调整教学结构、内容和教学组织形式,促进高中教学的个别化和细分化,为学生铺设个性化教育轨道提供可能性。

（4）加入欧洲教育一体化进程。20世纪90年代,俄罗斯高教仍是单一学制结构,一般为5~6年,培养某一领域的专门人才,授予毕业生高等教育专家文凭,同时获得"工程师""经济师""医师"等相应专家称号,实施单一的专家—副博士—博士学位制度,是一种独特的高等教育体制。为了与国际教育接轨并融入欧洲统一的高等教育空间,俄罗斯于2003年加入了以促进高等教育互相衔接为宗旨的"博洛尼亚进程",并开始相应的学制改革。

三、课后习题解答

1.简述第二次世界大战后苏联教育的恢复与发展。

答:战后苏联的教育,主要经历了恢复时期和1958年、1964年、1977年、1984年几次重要教育革命。

战后教育恢复时期,苏联主要在改进教师培养工作、普及义务教育和提高普教质量,发展职业技术教育和高等院校调整与合并等方面采取了一些有力的措施。其目的是提高教师素质,保证七年义务教育和城市十年义务教育的实施,发掘高等院校内部潜力,努力使教育事业适应战后经济和社会发展的要求。经过十余年努力之后,苏联教育恢复了战前最高水平。但是仅仅如此是不够的,还需进行新的教育改革。

2.试评述第二次世界大战后苏联的历次教育改革。

答:见章节精讲。

3.凯洛夫《教育学》教育思想体系的贡献与局限何在?

答:(1)贡献:体现在凯洛夫主编的《教育学》(1948年版)中的教育学思想体系,是苏联特定历史时代的产物。它代表了苏联教育理论建设的一个阶段。这一教育学思想体系对苏联教育理论的发展以及我国解放初期的教育理论建设都产生过很大的影响。

(2)局限:①它未能根据苏联当时社会的变化,提出和解决新的教育理论与实际问题,而是仍然坚持30年代形成的全部结论,带有浓重的滞后性和封闭性,缺乏创造性。②对教育、教学理论问题的处理过于绝对化和机械化,缺少辩证法。

4.赞科夫发展性教学理论有哪些成就与影响?

答:(1)成就:①教学要着眼于学生一般的发展,让他们在发展的基础上自觉地掌握知识、技能和技巧,有力地破除了把掌握知识混同于发展的陈旧观念,突出了教学的发展功能;②对一般发展的界定突出了一般发展与智力发展的区别,扩大了发展的内涵;③以矛盾论为理论基础,深刻地揭示了发展的内因与外因之间的辩证关系;④以系统论为基础,提出并论证了以尽可能大的教学效果来促进学生的一般发展为主导思想的实验教学体系,其五项教学原则在表达方式上虽然不够精确,却包含着许多合理思想;⑤从整体性的观念出发,提出以观察活动、思维活动和实际操作能力作为研究儿童发展进程的三条线索,并对这种研究儿童心理发展进程的方式进行了科学的论证;⑥强调了研究学生的兴趣、动机等内部诱因的必要性,认为教学的重要任务之一是尽最大可能创造有利的条件,使学生对认识的需要得以多方面地表现出来,并积极地培植和发展这种需要。

(2)影响:赞科夫的教育实验和理论对苏联教育理论与实践的发展影响较

大;尽管赞科夫在教育实验和理论研究方面都取得了较大的成绩,但是他的研究工作和理论成果仍然有较大的局限性。

5.试评述巴班斯基教学过程最优化的理论观点。

答:对巴班斯基教学过程最优化的理论观点的评述主要从以下几个方面进行。

(1)特点:继承性与创新性相结合、理论性与实用性相结合、全面性与针对性相结合、具有坚实的科学基础。

(2)积极意义:第一,最优化概念反映了人类实践活动中的一种普遍现象和价值诉求;第二,有效解决了学生学业负担过重的普遍问题;第三,强调对学生进行综合教育;第四,在教育研究中引入辩证的系统方法,提高了教育研究的方法论水平,拓宽了教育研究的视野;第五,有利于教师主导作用的充分发挥。

(3)局限性与不足:第一,政治色彩颇重,在引用马列主义经典著作上有贴标签的倾向;第二,在教育教学目标上,过于强调社会发展需要,忽视学生发展需求;第三,在师生关系上,忽视学生主体地位的体现,过于强调教师主导作用的发挥,对教师培训和教师素质要求过高;第四,在教学内容的选择上,将课程内容局限于现有教材,而且强调忠实课程取向,缺乏课程创生思想;第五,以效率为教学最优化的最高标准,且技术化倾向严重;第六,理论本身尚不完善,存在一些内在的矛盾;第七,方法与步骤过于繁琐;第八,适用范围有限制,仅适用于学校教育中的班级授课制这一种学习形式。

(4)未来发展方向:第一,要进一步完善理论;第二,加强对学生主体地位的体现;第三,与时俱进,进行信息化教学环境下的教学教育过程最优化的研究;第四,调整研究思路,改进研究方法,提高研究水平,进而促进教学最优化理论的发展。

6.请简述俄罗斯联邦的教育改革与发展。

答:见章节精讲。

四、考研真题汇编

简答题

简述凯洛夫的教学理论。(首都师范大学 2016 年研)

参考答案:

在 20 世纪 40—50 年代,凯洛夫是苏联教育界最主要的代表人物。

(1)论教育及其作用。教育是什么? 它是怎样产生的? 凯洛夫认为,教育产生于劳动,是劳动经验的传递,是年长一代教育年轻一代去参加劳动的过程。凯洛夫充分肯定了教育在人的发展中的重大作用。

（2）教学论。关于教学过程本质的论述凯洛夫认为，"教学在整个复杂的教育过程中，乃是主要的一面。教学，是教育的基本途径"。

（3）论教学原则。凯洛夫提出了指导教学工作的五条原则：直观性原则、自觉性与积极性原则、巩固性原则、系统性与连贯性原则、通俗性与可接受性原则。

（4）德育论。凯洛夫极为重视智育，但反对单纯的智育观点，反对只让学生掌握某些知识，而主张培养学生学会用共产主义道德精神和道德思想指导自己的行动。凯洛夫提出了德育的原则、途径和方法。

凯洛夫通过教育理论与实践，建构了较完整的教学论体系，但他的思想带有严重的滞后性和封闭性。

五、强化训练及详解

（一）选择题

1.赞科夫主张教学应走在学生发展前面，所依据的是（　　）。
　A.最近发展区域理论　　　　　　B.隐性知识理论
　C.先行组织者理论　　　　　　　D.支架式教学理论

2.以下不属于苏联的教育家是（　　）。
　A.凯洛夫　　　B.赞科夫　　　C.第斯多惠　　　D.乌申斯基

3.苏联 30 年代的教育改革片面强调（　　）。
　A.系统科学知识的教学　　　　　B.生产劳动教育
　C.思想品德教育　　　　　　　　D.职业技术教育

4.苏联 30 年代教育改革的成功经验之一是（　　）。
　A.使学校类型单一化　　　　　　B.全面批判西方教育理论
　C.加强劳动教育　　　　　　　　D.提高教育质量

5.1958 年苏联出台了（　　），标志着战后苏联一场规模较大的教育改革的序幕正式拉开。
　A.《关于今后学校教育综合扩充、整顿的基本措施》
　B.《关于加强学校同生活的联系和进一步发展全国国民教育制度的建议》
　C.《关于进一步改进普通中学工作的措施》
　D.《普通学校和职业学校改革的基本方针》

6.1969 年，苏联的十年制义务教育形成了（　　）。
　A.四四二学制　　B.四三三学制　　C.三五二学制　　D.四五一学制

7.1984 年苏联《普通学校和职业学校改革的基本方针》规定，普通学校形成（　　）。
　A.六三三学制　　B.六四二学制　　C.五四二学制　　D.四五二学制

8.1992 年，俄罗斯联邦制定了（　　），奠定了俄罗斯国家教育政策的基础。

A.《俄罗斯联邦教育法》　　　　　　B.《国防教育法》

C.《总纲计划》　　　　　　　　　　D.《教育改革法》

(二)填空题

9.为了实现普通教育学校课程的多样化,俄罗斯实行了_____。

10.《俄罗斯联邦教育法》规定教育要实行_____、_____、_____。

11.俄罗斯普通教育学校分三级:_____、_____、_____。

12.1958 年苏联的《关于加强学校同生活的联系和进一步发展全国国民教育制度的法律》提出把普及教育年限从_____年延长到_____年。

13.俄罗斯整个普通教育为 10 年或 11 年,前两个学段为_____。

14._____是俄罗斯联邦规范普通教育的基本文件,也是国家教育标准的组成部分。

15.发展性教学论是由_____提出的。

16.与传统教育体系相比,赞科夫所谓的小学教学的"新体系"新在_____。

(三)名词解释

17.教学过程最优化理论。

18.发展性教学。

19.凯洛夫《教育学》。

(四)简答题

20.简述 20 世纪 20 年代至 30 年代苏联普通教育改革的经验和教训。

21.二战后苏联进行了哪些大的教育改革,其主要内容是什么?

22.简述赞科夫的发展性教学的主要内容是什么?

23.凯洛夫认为德育的任务包括哪些?

24.简述苏联教育思想的形成和发展、主要代表人物、基本主张及影响。

25.简述巴班斯基的教育思想及其形成的社会背景。

参考答案:

1.A　2.C　3.A　4.D　5.B　6.C　7.D　8.A

9.三级课程管理制度

10.人道主义;多元化;民主化

11.普通初级小学;普通中等(完全)学校;普通基础学校

12.七年;八年

13.义务教育

14.基础教学计划

15.赞科夫

16.着眼于学生的一般发展

17.教学过程最优化理论是 20 世纪 70 年代初期由苏联教育家巴班斯基提出的教学理论。该理论运用现代系统论的原则和方法,对教学理论进行综合性的研究和探索。这种教学的方法论极大地影响了苏联 70 年代的教育实践和教育理论的发展进程。

18.发展性教学理论是 20 世纪六七十年代产生于苏联的一种教学理论。该理论强调教学要促进儿童的一般发展,而不仅仅局限于认识能力的发展;要求使学生理解学习过程,教给他们学习的方法;强调使所有学生、包括差生都得到发展;注重研究学生的兴趣、动机等内部诱因;主张让学生过丰富的精神生活等。发展性教学理论的代表人物是赞科夫。

19.凯洛夫的《教育学》系统地总结了苏联二三十年代的教育经验,批判地吸收了教育史上进步教育家的思想。全书包括总论、教学论、德育论和学校管理论 4 个方面。他的教育思想以及这本书曾对中华人民共和国成立初期的教育发生过较大影响。

20.20 世纪 20 年代,苏联开始了对教育和教学的调整和改革。在教育方面,苏联主要注重对学制的调整。1920 年底,俄共召开关于国民教育问题的第一次会议,通过了学制改革的决议,把 7 年制学校作为普通学校的主要类型,允许在 7 年制学校的基础上设立修业年限为 3~4 年的中等技术学校和职业学校。在教学内容和方法上,1921—1925 年间,苏联公布了《国家学术委员会教学大纲》(通称综合教学大纲或单元教学大纲)。新大纲的主要特点是取消了学科界限,将指定要学生学习的全部知识按自然、劳动和社会三个方面的综合形式加以排列,并以劳动为中心。在实施新大纲的同时,学校相应地改变了教学方法,采取了劳动的教学法。在教学的组织形式上,主张取消班级授课制而代之以分组实验室制和设计教学等。新大纲的提出,其出发点是好的,但破坏了各学科之间的内在逻辑,削弱了学习中对系统基础理论知识的学习和对基本的读写算能力的训练。

20 世纪 30 年代,苏联工农业的发展向国民教育提出了新的改革要求。1931 年 8 月 25 日,苏联通过了《关于小学和中学的决定》,并于 9 月 5 日颁布,因而这一决定也被称为"9·5 决定"。"9·5 决定"从当时的实际情况出发,对学校的基本任务、教学方法、中小学的物质基础以及学校管理等方面提出了明确的要求和具体改进措施。"9·5 决定"成为 30 年代苏联教育改革与发展国民教育的纲领性文件。而后,苏联又陆续发布了一系列有关教育问题的决定,对修订教学计划和教学大纲、编写教科书和改革学校制度等方面提出了具体的改进措施和要求。这些决定的贯彻执行,提高了普通教育的质量。同时,由于普及义务教育的实施,苏联在第二次世界大战前基本上完成了扫除文盲的任务,各级教育都得到了很大的发展。

21.(1)1958 年的教育改革:1958 年 12 月 24 日,苏联通过了《关于加强学校同生活的联系和进一步发展全国国民教育制度的法律》。主要内容：①强调培养学生走向生活；②将普及教育的年限由 7 年延长为 8 年；③将原来的 10 年制延长为 11 年，延长的一年加到不完全中学阶段，成为 8 年制学校，是普通教育的第一阶段；④第二阶段的教育仍为 3 年，通过青年工人学校、农村青年学校兼生产教学的劳动综合技术普通中学或中等技术学校和中等专业学校进行；⑤在职业学校和技术学校中，改组原有体制，设立声调和农村职业技术学校，并改进中等专业学校；⑥在高等教育中，要求高等教育接近实际生活和生产；⑦高校应优先录取具有实践工作经历的人入学。这次改革存在许多问题，1964 年 8 月 10 日，苏联又通过了《关于改变兼施生产教学的劳动综合技术普通中学的学习期限的决定》，把建立在 8 年制学校基础上的中学的学习年限由 3 年改为 2 年。

（2）1966 年的教育改革：1966 年 11 月 10 日，苏联通过了《关于进一步改进普通中学工作的措施》的决议。①强调学校的主要任务是使学生获得牢固的科学基础知识，具有高度的觉悟，培养青年面向生活并能自觉地选择职业。②要求中学教学内容要符合科学、技术和文化发展的要求；各年级科学基础知识的学习要有衔接性；要删除大纲中和教科书中过于繁琐和次要的材料，减轻学生的负担；并对各年级的学生进行了规定：中学开设选修课。该决议发布以后，苏联又发布了几个相关的文件。

（3）20 世纪 70 年代的教育立法：①1969 年，苏联把初等学校 4 年制改为 3 年制。1972 年 6—7 月，苏联又相继通过了《关于完成向青年普及中等教育的过渡和进一步发展普通学校的决议》《关于进一步改进职业教育体系的决定》《关于进一步改进全国高等教育的措施的决议》。这三个文件为 1973 年的教育立法做了准备。②1973 年 7 月 19 日，苏联通过了《苏联各加盟共和国国民教育立法纲要》。这是用法律的形式将 60 年代中期以来的教育改革加以肯定。

（4）1977 年以后的改革：①1977 年 12 月 22 日，苏联通过了《关于进一步完善普通学校学生的教学、教育和劳动训练的决议》，确定普通中学是统一的劳动综合技术学校。要求改进与加强劳动教育与教学，但要使劳动教育与教学在广泛的综合技术教育的基础上进行。1984 年 4 月，苏联又通过了《普通学校和职业学校改革的基本方针》，强调通过加强劳动教育和职业技能训练，使学生得到全面和谐的发展。该基本方针还对儿童的入学年龄、普通学校的学制、普通教育与职业教育的结合提出了具体的意见。②1987 年 3 月 21 日，苏联又公布了《苏联高等教育和中等专业教育改革的基本方针》，这是苏联开始把注意力转到高等教育的新动向。

22.赞科夫认为"教学要在学生的一般发展上取得尽可能大的效果"，目的是促进学生"理想的一般发展"，这就是发展教学的思想。

所谓的一般发展，一方面是对特殊发展（即数学、语言、音乐等方面的发展）而言，另一方面也有别于智力发展。一般发展包括智力的发展、道德情感的发展、意志的发展、身体发育等各个方面。

赞科夫的"发展教学论"包括教学原则、教学大纲、教学法等几个方面,其中以教学原则最为重要。教学原则主要有五项。

(1)以高难度进行教学的原则。"难度"这一概念的含义,一是指教材有需要克服的障碍,二是指学生的努力。以高难度进行教学,旨在引起学生的思考,促进学生特殊的心理活动过程,并不是在于无限度的难。"难度的分寸"限于"最近发展区"。

(2)以高速度进行教学的原则。这条原则在赞科夫的教学论体系中起着重要的调节作用。它是针对传统教学论形而上学地看待巩固性原则造成的进度慢、重复多的弊端提出的。高速度绝不意味着"越快越好",也有一个掌握分寸的问题,即根据能否促进学生的一般发展来决定速度。

(3)理论知识起主导作用原则。这条原则是对高难度原则的补充和限定,它要求高难度必须体现在提高理论知识的比重上,而不是追求一般抽象的难度标准。所谓理论知识,是针对具体的技能技巧而言的,指的是一门课程的知识结构。

(4)使学生理解学习过程的原则。赞科夫的这条原则着眼于学习活动的内部机制,要求学生理解的对象是学习过程、掌握知识的过程,即让学生通过自己的智力活动去探索获得知识的方法和途径,掌握学习过程的特点和规律。

(5)使班上全体学生(包括最差的学生)都得到一般发展的原则。这条原则是前面四条原则的总结,是大面积提高教学质量的有力保证。以上五条原则是相互联系、不可分割的,与整个实验教学论体系的教学内容、教学方法有密切的联系。以这五条原则为重要标志的实验教学论体系,是赞科夫首创的苏联发展性教学的第一例完整体系。

23.凯洛夫认为德育的主要任务包括培养苏维埃爱国主义精神、社会主义的人道主义精神、集体主义精神、对劳动和社会公共财产的社会主义态度、自觉纪律以及布尔什维克的意志与性格特征等。

24.(1)形成和发展。列宁和克鲁普斯卡娅等人在苏联建立之前,就已为其教育思想奠定了基础。十月革命以后,列宁、克鲁普斯卡娅、马卡连柯等人又对社会主义苏联早期教育思想的发展进行了深入的研究和充分的论述。第二次世界大战以后,苏联的教育思想经过凯洛夫、赞科夫、苏霍姆林斯基等人的努力,又有了较快的发展,对世界教育的发展做出了重要的贡献。主要代表人物有列宁、克鲁普斯卡娅、马卡连柯、凯洛夫、赞科夫、苏霍姆林斯基等。

(2)教育基本主张。列宁在十月革命以前批判了旧沙俄的文教政策,提出了无产阶级教育的主要任务是使工农群众获得教育权,指出了无产阶级学校民主化的主要特征是实现普及教育、实现教育的世俗化、教育与生产劳动相结合。十月革命以后,列宁提出了无产阶级的文化教育政策;强调教育必须为无产阶级的政治和经济发展服务;论述了年轻一代的教育和学习问题,还对教师和社会主义教育事业的管理等问题进行了论述。

克鲁普斯卡姬在十月革命前就通过《国民教育和民主主义》一书,奠定了苏联建立国民教育的理论基础。十月革命后,克鲁普斯卡姬研究了教育与生产劳动相结合的问题、劳动教育和综合技术教育问题、儿童与青少年的政治思想教育和道德教育问题;重视学前儿童的教育。

马卡连柯主张要以辩证的观点看待教育,认为学校不是孤立于社会的,人是被整个社会教育着的;在教育的目的上,主张把社会需要和个性发展的需要结合在一起;创立了在集体中,通过集体和为了集体进行教育的思想和方法,提出了尊重与要求相结合、前景教育等原则;强调劳动教育应与文化教育结合起来;注重家庭教育问题的研究。

凯洛夫是 20 世纪 40—50 年代苏联教育界最主要的代表人物。他的教育思想主要反映在由他主编的《教育学》中。他在《教育学》中论述了教育学的三个思想渊源;论述了教育的起源和教育的社会性质与社会作用,并以历史事实说明了教育的历史性和阶级性;在教育目的与任务上,他提出了共产主义教育的思想和政治方向;在教学论上,他认为教学是教育的基本途径;提出了教学过程与人类认识过程的区别和特点;提出了教学的 6 个环节和 5 条指导教学的基本原则;强调班级授课制是教学工作的基本组织形式;他还对德育工作的任务和内容、德育的原则和方法等进行了论述。

赞科夫主要是通过他的"教育与发展关系问题"实验来发展苏联的教育理论的。通过实验,他提出了教学过程中的一般发展问题,强调一般发展既不同于特殊发展,也不同于智力发展,一般发展主要是儿童个性的发展;通过实验,他提出了 5 项教学论体系的新原则:以高难度进行教学的原则,在学习时高速度前进的原则,理论知识起主导作用的原则,使学生理解学习过程的原则,使班上所有学生都得到一般发展的原则。

苏霍姆林斯基教育思想的主要特征是重视个性全面和谐发展的教育。他认为学校教育的理想就是培养全面和谐发展的人,社会进步的积极参与者;为了培养全面和谐发展的人,必须在整个教育过程中实施和谐的教育,即把人对客观世界的认识和个人的自我表现结合起来,使二者达到一种平衡;还应从德育、智育、体育、劳动教育相互联系、相互渗透的整体观点出发进行教育。

(3)影响。

苏联早期的教育思想奠定了苏联社会主义早期教育理论的基础,规定了苏联社会主义教育发展的目标和基本内容;中后期的教育思想比较广泛地研究了苏联的各种教育问题,提出了许多新的教育原则和思想,对苏联教育的改革和发展产生了重要的影响;苏联的教育思想对中国教育的改革和发展产生了重要的影响,其中出现的失误和经验教训,值得我们认真总结。

25.苏联教育家巴班斯基是"教学过程最优化"教育思想的代表人物。他认为"教学过程最优化"的内涵是指,从现有的学校条件和师生的实际可能性出发,依据一定的标准来衡量教学所能获得的最佳效果。在他看来,教学过程效果最优化有两条衡量标准,第一条标准是每个学生按照所提出的任务,于该时期内在教养、教育和发展三个方面,达到最高可能的水平;第二条标准是学生与教师遵守学校卫生学和相应批示所规定的课堂教育和家庭作业的时间定额。

第二十四章　苏霍姆林斯基的教育实践和教育思想

一、考点概述

（1）生平与创造性的教育劳动。

（2）培养全面和谐发展的人的教育理论与实践。

（3）成就与影响。

二、章节精讲

（一）生平与创造性的教育劳动

苏霍姆林斯基于 1918 年 9 月 28 日出生在乌克兰基洛夫格勒州奥努弗里耶夫斯克区瓦西里耶夫卡村的一个农民家庭。1933 年，他从瓦西里耶夫卡所属的瓦西里耶夫斯克乡的一所七年制学校毕业，并在 1934 年夏天进入克列明楚格师范学院预备班，不久就转入该学院的语言文学系学习。苏霍姆林斯基从 17 岁起开始当小学教师。1935—1938 年，他先后在瓦西里耶夫斯克和济布科夫斯克七年制学校教乌克兰语言与文学。从 1936 年起，他一面努力工作，一面以函授教育的方式在波尔塔瓦师范学院学习语言文学。在获得初级中学乌克兰语言文学教师的资格后，他又于 1938 年获得了高级中学乌克兰语言文学教师的资格证书。在学业结束时，他和朋友们一起，立下了终身在农村工作的誓言。

从 1938 年到卫国战争爆发，苏霍姆林斯基在奥努弗里耶夫斯克担任乌克兰语言文学教师，这个时候，在他的思想中已经形成了一些教育理念。他已经认识到教学与教育的统一性和传授知识与发展智力之间的有机联系，强调培养学生的思想信念和高尚道德情感的重要性，要相信和热爱学生。

从 1942 年 6 月到 1944 年 3 月，苏霍姆林斯基在亚美尼亚苏维埃社会主义共和国乌德摩尔梯亚的乌德镇中学任校长兼俄罗斯语言文学教师。在这里，他特别重视教师集体与学术集体的团结、学生的爱国主义和国际主义教育，并组织教师和学生参加帮助前线战士家属的劳动。

1944 年夏天，苏霍姆林斯基回到刚从德国法西斯占领者手中解放出来的基洛夫格勒州奥努弗里耶夫斯克区。他在该区担任了 4 年国民教育局的局长，并在中学里兼课。作为该区教育方面的主要领导人,他大力恢复本区的教育机构,安排孤儿们的物质生活保障,选拔和培训教师。

(二)全面和谐发展的人的教育理论与实践

1.学校教育的理想和奋斗目标

20世纪60年代中期,苏联开始进行战后的第二次教育改革。1966年10月通过的《关于进一步改进中等普通教育学校工作的措施》规定,学校的主要任务是"使学生获得牢固的科学基础知识,具有高度的共产主义觉悟,培养青年面向生活并能自觉地选择职业"。在这种背景下,苏霍姆林斯基明确地提出了普通学校教育的培养目标,也就是他的学校教育的思想,这就是"培养全面和谐发展的人,社会进步的积极参与者"。

2.和谐的教育

苏霍姆林斯基认为,"所谓的和谐教育,就是如何把人的活动的两种职能配合起来,使两者得到平衡:一种职能就是认识和理解客观世界,另一种职能就是人的自我表现,自己的内在本质的体现,自己的世界观、观点、信念、意志力、性格在积极的劳动中和创造中,以及在集体成员的相互关系中的表现和显示"。

3.按照诸育相互联系、相互渗透的整体观点进行德育、智育、体育、美育、劳动教育的思想

苏霍姆林斯基曾明确指出,他的著作是以统一的、相互联系和依存的观点来探讨德育、智育、美育、劳动教育、体育的规律性问题的。

(1)德育。在苏霍姆林斯基看来,德育在全面和谐的教育中占有主导的地位,因为"人的各个方面和特征的和谐,都是由某种主导的、首要的东西所决定的。在这个和谐里起决定作用的、主导的成分是道德"。在道德教育中,苏霍姆林斯基认为首先应"着眼于形成个人的思想核心——公民的观点、信念、情感、品德、行为及言行一致"。他认为,应当把如下的五项人类道德准则作为起码的道德素养和基本的公民精神传授给儿童和少年。

第一,你是生活在人群之中的。你的每一个行为、每一个愿望都会影响周围的人。

第二,你在享受别人创造的财富。

第三,生活中的一切幸福和欢乐都是劳动创造的。不劳动,就不能正直的生活。

第四,要做一个善良的、富有同情心的人。

第五,不用对坏人坏事无动于衷。

在道德教育中,苏霍姆林斯基特别重视道德信念的培养,也十分重视集体主义教育和学校集体的建立与集体生活的教育作用。

(2)智育。苏霍姆林斯基对智育有他自己的独特理解。他指出,智育应当包括获得知识,形成科学世界观,发展认识能力和创造能力,养成脑力劳动文明,养成一个人在整个一生中丰富自己的智慧和把知识运用于实践的需要等多方面的任务与要求。

苏霍姆林斯基认为,实施智育的教学过程的成就取决于下列因素:学校整个精神生活的丰富性,教师的思想面貌,他们的智力的、道德的、情感的修养以及学识的渊博程度;教师对每个学生在智慧创造力的形成上保持各种能力和潜在可能性之间的和谐发展的关心;他们阐明教材内容的技巧,教学方法的丰富多样性;以及学生在学习劳动中的积极作用等。

苏霍姆林斯基十分重视教师素质与实施智育的教学过程取得成效之间的关系。

(3)体育。苏霍姆林斯基认为,体育不仅本身是重要的,它对培养道德、美感和进行智育也有重要的作用。苏霍姆林斯基提出了使学生习惯于"积极休息"的观点。他说:"使孩子习惯于积极的休息——这是教师、教育者的很重要的任务之一。

(4)美育。苏霍姆林斯基对美育的重视是以他对情感在个性形成中的作用的认识为基础的。他认为学校既应发展学生的能力和智慧,又应进行情感教育。

苏霍姆林斯基指出,美育最重要的任务是教会孩子能从周围世界的美和人的关系的美中看到精神的高尚、善良和真挚,并以此为基础确立自身的美。

(5)劳动教育。苏霍姆林斯基十分重视劳动在人的全面和谐发展中的作用。他认为劳动既是学生认识和理解客观世界的手段,也是他们自我认识和自我教育的途径,劳动教育和德育、智育、体育、美育是不可分割和相辅相成的,要使热爱劳动及早成为一个人最重要的品质之一。

苏霍姆林斯基提出了"劳动素养"的概念,他指出:"在劳动素养的概念里,不仅包括完善实际技能和技巧,掌握技艺,而且包括劳动活动在人的精神生活中的作用和地位,包括劳动创造活动的智力充实性和完满性、道德丰富性和公民目的性。劳动素养还指一个人达到了这样的精神发展阶段,他能感到缺少为大众谋福利的劳动就无法生活。"

4.培养全面和谐发展的人要求学校教育与家庭教育的和谐一致

苏霍姆林斯基认为,为了培养全面和谐发展的人,学校在教育工作中还必须创造一些客观条件,其中就包括校内教育与家庭教育的结合。他指出:"最完备的社会教育就是学校—家庭教育。家庭以及存在于家庭中的子女与家长之间的相互关系,是智育、德育、美育和体育的第一所学校,父亲、母亲、哥哥、姐姐、爷爷、奶奶都是孩子在学龄前这一时期的首批教育者,乃至他们上了学依然还是。家庭生活中精神和道德美的财富,既是在家庭条件下,也是在幼儿园和学校里顺利教育孩子的极重要的条件"。

(三)成就与影响

苏霍姆林斯基被誉为"教育思想的泰斗"。他的教育理论研究成果非常丰富,在他去世后,苏联于1979年至1980年由苏维埃学校出版社出版了《苏霍姆林斯基教育文选》,以传播他的教育思想。

苏霍姆林斯基取得丰富教育理论研究成果的原因,大致可以归结为以下几个方面。

第一,苏霍姆林斯基的理论研究是与教育、教学实践密切结合的。

第二,苏霍姆林斯基在结合教育实际进行理论研究的时候,注意总结历史经验并得出了比较正确的结论,这也就是他所说的历史思维问题。

第三,对辩证唯物主义方法论与马克思列宁主义教育基本原理的深入掌握和运用,是他在教育理论研究与教育实践中取得辉煌成就最重要的保证。

苏霍姆林斯基的教育理论与实践对70年代和80年代苏联教育理论的发展产生了极大的影响。

三、课后习题解答

1.试评述苏霍姆林斯基的学校教育理想。

答:苏霍姆林斯基曾被誉为"教育思想泰斗"。他的教育理论与实践对70年代和80年代苏联教育理论的发展产生了极大的影响。例如,苏联教育家巴班斯基就接受了苏霍姆林斯基关于教育和教学工作整体性的观点,将全面和谐发展学生的个性作为学校理想的观点等;70年代和80年代苏联出现的一批紧密结合教育、教学实践进行教育理论探讨的教育理论工作者和教师,像阿莫那什维利等人,也提倡学生的主体地位、师生间的良好合作、调动学生学习的内部动因等,这都反映了苏霍姆林斯基教育思想的强烈影响。

2.请简述苏霍姆林斯基按照诸育相互联系、相互渗透的整体观点进行德育、智育、体育、美育、劳动教育的思想。

答:见章节精讲。

3.苏霍姆林斯基在教育实践和教育理论研究方面取得的成就对你有何启示?

答:苏霍姆林斯基的教育实践和教育理论对于我今后的教育教学有很大的启示和启发:应多元化地去评价和考量学生,引领学生发展;持有"不唯分数和不唯知识论";要善于主动发现学生的优点和闪光点等。

四、考研真题汇编

(一)简答题

1.简述苏霍姆林斯基的教育理论。(中央民族大学2015年、2017年研)

(二)论述题

2.论述苏霍姆林斯基的和谐教育思想。(北京师范大学 2016 年研)

参考答案:

1.苏霍姆林斯基(1918—1970)是第二次世界大战后苏联最有影响的著名教育实践家和教育理论家之一,苏联教育科学院通讯院士,一生致力于教育事业。

苏堆姆林斯基的教育思想是论全面和谐发展的教育。苏霍姆林斯基认为,人的和谐发展,意味着他有能力担当多方面的任务,而培养这种人就需要全面的教育。

所谓全面和谐发展的教育,就是要尽量地发展"深藏在每个人的内心深处的财富",使隐藏在学生身上的各种潜在智能得到充分的发展。

总之,苏霍姆林斯基的教育经验与理论著作是一个庞大的体系,他虽然一生都是一个普通的校长,一名普通教师,但他又的确是一位创造了累累硕果的教育家。

2.苏霍姆林斯基认为,"所谓的和谐教育,就是如何把人的活动的两种职能配合起来,使两者得到平衡:一种职能就是认识和理解客观世界,另一种职能就是人的自我表现,自己的内在本质的体现,自己的世界观、观点、信念、意志力、性格在积极的劳动中和创造中,以及在集体成员的相互关系中的表现和显示"。

对于如何进行和谐教育,他认为应该从德智体美劳各个方面相互渗透、整体进行教育,并提出了以下原则:①全面与和谐不可分割;②多方面教育相互配合;③个性发展与社会需要相互适应;④学生自由;⑤尊重儿童,重视自我教育。

苏霍姆林斯基的和谐教育中,劳动具有重要地位。这里的劳动不是职业劳动而是创造性的劳动,它能够深化和统一学生的精神生活,通过劳动,集体就会产生教育力量,对学生产生积极的影响。

五、强化训练及详解

(一)选择题

1.苏霍姆林斯基进行其教育实践活动的场所、进行教育科学研究的基地是( )。

  A.伊顿中学   B.乌克兰教育科学研究所

  C.帕夫雷中学   D.基辅师范学院

2.苏霍姆林斯基提出了( )理论。

  A.发展性教学理论   B.个性全面和谐发展的教育理论

  C.教育性教学原则   D.教学形式阶段理论

3."可教育性"这一概念是由( )提出的。

A.凯洛夫　　　　B.赞科夫　　　　C.苏霍姆林斯基　D.乌申斯基

4.苏霍姆林斯基认为人的活动的两大职能是认识、理解客观世界和(　　)。

A.满足个体需要　　　　　　B.改造主观世界

C.人的自我表现　　　　　　D.推动社会进步

5.下面(　　)不是苏霍姆林斯基的著作。

A.《把整个心灵献给孩子》　　B.《公民的诞生》

C.《教育学》　　　　　　　　C.《学生的精神世界》

6.苏霍姆林斯基认为要使小学生的智力生活丰富多彩,就必须保持思考和(　　)的和谐。

A、兴趣　　　　　B.练习　　　　　C.记忆　　　　　D.想像

7.在苏霍姆林斯基看来,(　　)不是教学和教育过程的三个发源地。

A.科学　　　　　B.技巧　　　　　C.劳动　　　　　D.艺术

(二)填空题

8.《给教师的建议》的作者是苏联著名教育家_____。

9.主张课内外结合培养人才,并亲自在帕夫雷什中学建立了"智力生活基地"的苏联当代著名教育家是_____。

10.苏联教育家苏霍姆林斯基的家庭教育专著是_____。

11.苏联教育家苏霍姆斯基的教育思想的核心是提出了_____的教育理论。

12.苏联教育家苏霍姆林斯基《给教师的建议》《把整个心灵献给孩子》《帕夫雷什中学》中系统论述了他的_____,被称为"活的教育学"。

(三)名词解释

13.苏霍姆林斯基。

14.全面和谐发展。

15.帕夫雷什中学。

(四)简述题

16.简述苏霍姆林斯基的和谐发展的观点。

17.简述苏霍姆林斯基取得丰富的教育理论研究成果的原因。

18.简述苏霍姆林斯基教育理论的主要内容。

19.简述苏霍姆林斯基"全面和谐发展"教育思想形成的历史背景。

20.简述实现苏霍姆林斯基的"全面和谐发展"教育的重要途径。

(五)论述题

21.论述苏霍姆林斯基的家庭教育的内涵。

22.论述苏霍姆林斯基的家庭教育的主要内容。

参考答案:

1.C　2.B　3.C　4.C　5.C　6.C　7.D

8.苏霍姆林斯基

9.苏霍姆林斯基

10.《家长教育学》

11.全面发展

12.全面和谐教育思想

13.瓦·阿·苏霍姆林斯基(1918—1970),全称瓦西里·亚历山德罗维奇·苏霍姆林斯基,苏联著名教育实践家和教育理论家。他从17岁即开始投身教育工作,直到逝世,在国内外享有盛誉,提出了全面和谐发展的教育理论,认为学校教育应从德育、智育、体育、美育、劳动教育相互联系、相互渗透的整体观点出发进行教育。

14.“个性和谐全面发展”的中心是“全面发展”。所谓“个性全面和谐发展”,按照他的意见,即“意味着劳动与人在各类活动中的丰富精神的统一,意味着人在品行上以及同他人的相互关系上的道德纯洁,意味着体魄的完美、审美需求和趣味的丰富及社会和个人兴趣的多样”。

15.帕夫雷什中学是苏霍姆林斯基的一些教育教学理论的试点学校,苏霍姆林斯基任该学校的校长,他在23年的任期内做了大量的教育实验,把这个中学建设成为了全国模范中学和闻名于国际的实验学校。

16.在苏霍姆林斯基看来,和谐发展意味着人是社会物质生产领域和精神生活领域中的创造者,人是有道德和文化素养的人,是人类文化财富的鉴赏者和细心的保护者,是物质和精神财富的享用者,更是积极的社会活动者,树立崇高道德基础上的新家庭的建立者。

17.(1)苏霍姆林斯基的理论研究是与教育、教学实践密切结合的。实践本身要求他在研究某个具体问题的同时,不可能忽视教学和教育的其他问题、方面、因素、组成部分和角度。

(2)苏霍姆林斯基在结合教育实际进行理论研究的时候,注意总结历史经验并得出了比较正确的结论,这也就是他所说的历史思维问题。

(3)对辩证唯物主义方法论与马克思列宁主义教育基本原理的深入掌握和运用,是他在教育理论研究与教育实践中取得辉煌成就最重要的保证。

18.见章节精讲。

19.苏霍姆林斯基的主要教育活动阶段是在20世纪50—70年代。这一时期苏联的普遍教育中,出现了普遍而又尖锐的升学与就业的矛盾。主要原因是苏联在30—50年代曾经强调劳动者知识化,普通学校也以为高等教育输送合格新生作为主要任务,但在50年代中叶以后,因中学生数量的急剧增加,使高校不能容纳全部的中学毕业生,而这些学生又未在中学做好直接参加社会劳动的思想和技术准备,因而不可能顺利就业,社会上出现了许多游手好闲的人,从而造成了严重的社会问题。正是在这种历史背景下,苏霍姆林斯基从马克思主义人的全面发展理论出发,提出把全体学生都培养成为全面和谐发展的人和社会进步的积极参与者。

20.现代社会日益强烈地呼唤生命尊严、人性自由。苏霍姆林斯基的和谐教育理论强调了社会化、民主化和个性化的统一,优化育人环境、重视师德建设、多元评价学生、关注家长教育是培养学生全面和谐发展的四大主要途径。

21.(1)家庭教育的对象范围比较广,包括学龄儿童的家长、学龄前儿童的家长、刚刚怀孕或新婚的年轻人以及高年级的学生和未婚青年。他曾经多次明确指出,"不是所有人都要做物理学家、数学家,可是所有的人都要做父母、丈夫或妻子"。因此,每个人都应该接受如何做家长的教育。

(2)家庭教育的内容根据其教育对象的不同而有所不同。对学生家长主要从解决儿童教育中遇到的实际问题出发,带着强烈的问题意识向家长传授实际教育技巧、提升教育素养,教育他们如何培养孩子的智力、语言能力、如何培养孩子的情感等;对年轻父母进行婚姻关系教育,使父母能够处理好夫妻相互关系,从小培养孩子良好的道德情感等。

22.(1)家庭教育是教育人的起点和基点。孩子的一切都取决于童年期的教育,而这一时期的教育主要是家庭教育。苏霍姆林斯基在致力于学校教育工作的同时,十分重视家庭教育。他强调,"父母是孩子的第一任老师",家庭是人们多方面的关系经济的、道德的、精神—心理的、美学的基层细胞,孩子的"和谐全面发展",健康成长和家庭教育直接相关。

(2)家庭教育和学校教育同等重要。苏霍姆林斯基在毕生的教育实践中始终顽强地寻找学校与家庭紧密联系的途径,可以说,在他心目中家庭教育是和学校教育具有同等重要意义的工作。

(3)父母要建立良好的家庭教育环境。良好而温暖的家庭环境是儿童健康成长的必要条件,良好的家庭环境,主要是指家庭中充满爱、温情和彼此的尊重与信任。

(4)劳动锻炼是家庭教育最重要的方法。苏霍姆林斯基非常重视劳动在家庭教育中的作用,他强调要让孩子认识父母的劳动。

(5)重视同孩子进行道德谈话。道德谈话也是家庭教育中一个不可忽视的方法,苏霍姆林斯基说,"谈话是对年轻人的心灵施加影响的无可代替的有用的工具"。

(6)努力办好"家长学校"。苏霍姆林斯基认为,教育学应当成为所有人都懂的一门科学,无论是教师或家长,都应懂得教育,为此,他们开办了家长学校。

第二十五章　现代欧美教育思潮

一、考点概述

(1)作为实用主义教育分支的教育思潮:改造主义。

(2)新传统教育派教育思潮:要素主义、永恒主义、新托马斯主义。

(3)以哲学为基础的教育思潮:存在主义、分析教育哲学。

(4)以心理学为基础的教育思潮:新行为主义、结构主义、人本主义。

(5)作为未来教育战略的教育思潮:终身教育。

(6)多元文化教育思潮。

二、章节精讲

(一)作为实用主义教育分支的教育思潮

1.改造主义教育的产生

改造主义教育的早期代表人物是美国教育家康茨(G. S. Counts)和拉格(H. O. Rugg)。在1929年资本主义世界经济危机之后,美国经济萧条,社会动荡。当时在美国教育界占据主导地位并产生广泛影响的实用主义教育和进步教育,首当其冲地因其强调以学生的直接经验为中心的教育而未能妥善处理社会改造问题受到了严厉的批评。

改造主义教育的后期代表人物是美国教育家布拉梅尔德(T. Brameld),他被称为改造主义教育最著名的倡导者。20世纪50年代,苏联成功地发射了第一颗人造卫星,这使得美国感到了前所未有的科技竞争压力,布拉梅尔德等改造主义教育家认为,在这样一个危机四伏的时代,教育应当肩负"改造社会"的重任,致使改造主义教育思潮再次兴起。

2.改造主义教育的主要观点

(1)教育应当以"改进社会"为目标。改造主义教育宣称,当今是"改造的时代",应该根据现代科学知识来重新解释西方文明的价值观点,并对过去的教育理论进行"改造",以便通过学校教育"改造"社会,为创造一种新的世界文明开辟道路。

改造主义教育家自称改造主义教育是"危机时代"的教育理论,能指导"社会改造"并能为社会的未来绘制蓝图。

(2)教育应当重视培养"社会一致"的精神。改造主义教育家不同意实用主义教育只满足于眼前的生活,也不同意实用主义教育只重视"教育即生长"的个人目的,而强调教育应该有一个清楚明白而又切合实际的社会目的,培养一种"社会一致"的精神。

(3)教育工作应当以行为科学为依据。改造主义教育高度评价行为科学,认为行为科学中正在出现的革命要求教育重新考察它原来的整个结构,确定教学目的和原则,并考虑编排教材的方法,以及组织教学的途径。

(4)课程教学应当以社会问题为中心。基于"社会改造"这个目标,改造主义教育家强调首先应将课程与教学的目标统一于所谓理想社会这一目标,并把社会问题作为中心;主张课程以人文社会科学为主,教学应以问题为中心,重视科学之间的联系。

(5)教师的主要职责是劝说教育。改造主义教育家认为,教师的主要职责是劝说学生做好准备,去改造自己生活的社会。要实现改造主义的理想,首先要使学生了解社会改造的意义和必要,使学生相信改造主义的哲学,并且愿意为改造主义的理想去奋斗。

3.改造主义教育的特点与影响

与实用主义教育和进步教育不同的是,改造主义教育更强调教育是"社会改造"的工具。其主要特点有以下几个方面。其一,改造主义者与实用主义教育之间有着许多的相似性;其二,改造主义教育自称是"危机时代"的教育理论;其三,改造主义教育具有折中主义的特点,把永恒主义教育和要素主义教育的不少观点结合到自己的模式里去。从改造主义教育的理论基础和具体主张来说,它是实用主义教育在新的社会时期的继续,但是,改造主义教育也批判了与它同一时期出现的要素主义教育和永恒主义教育,并吸收了它们所阐述的某些教育观点。改造主义教育在美国教育界曾产生过一定的影响,但在美国教育实践中的影响不大。

(二)新传统教育派教育思潮

1.要素主义教育

要素主义教育是现代欧美国家一种强调学校教育的任务主要是传授人类文化遗产共同要素的教育思潮。

(1)要素主义教育的产生。"要素主义"一词最早是由美国教育家德米阿什克维奇(M. Demiashkevich)于1935年提出的。20世纪30年代,美国社会的发展受到大萧条的影响,面临人口急剧增长、失业率上扬等严峻的挑战。与此同时,美国学校教育出现了不少问题,不仅教育质量低,而且引发了诸如青少年犯罪的社会问题。正是在这样的一种情况下,巴格莱(W. C. Bagley)、德米阿什克维奇、莫里森(H. Morrison)等一些要素主义教育家于 1938 年组织了"要素主义者促进美国教育委员会"。他们指责进步教育的严重弊病已造成美国教育软弱无能,并从根本上削弱了美国的统治秩序。其中巴格莱被视为要素主义教育早期的主要代表人物,其主要著作是《教育与新人》(1934)等。在成立大会上,通过了由巴格莱起草的《要素主义者促进美国教育的纲领》,这标志着要素主义教育的形成。

(2)要素主义教育的主要观点。

1)学校课程的核心是人类文化遗产的共同要素。要素主义教育家认为,在人类的文化遗产中,存在着永恒不变的、共同的、超时间和空间的要素,它们是种族文化和民族文化的基础。

要素主义教育家认为,学校应该系统地掌握这些文化共同要素。它包括所有社会习俗和道德规范,所有共同坚持的标准与观念,所有共同传统、本土文化、艺术和宗教,所有共同普遍理解的思想内涵。

2)教学过程必须是一个严格训练智慧的过程。要素主义教育家认为,蕴藏在儿童身上的智力和道德力量的资源不应该被浪费,这是学校教育的真正的根本利益所在。

要素主义教育家还认为,要特别注重"天才"的发掘和培养,学校的社会责任是发现最有能力的学生,制订一个教育天才学生的计划,最大限度地激发他们的最大潜力和发展他们的特有才能。

3)学生在学习上必须刻苦和专心。要素主义教育家强调指出,学习不能像实用主义教育和进步教育那样只强调儿童个人的兴趣和自由,只有强调努力,才能实现最有价值的学习。他们认为,对学生的学习应该坚持严格的学业标准,促使学生刻苦和专心地学习。如果有的学生对基本要素的学习不感兴趣,那就要强迫他们学习。

要素主义教育家还认为,学习应当系统和循序渐进。

4)教师应该是整个教育过程的权威人物。要素主义教育家认为,作为成年人的教师应当肩负对未成年人的教导和管束责任。这是学生取得学习实质性进步的最基本的因素,因为人类的经验是靠教师传递给学生的。

为了使教师成为整个教育过程中的权威人物,要素主义教育家还强调指出,教师必须具有第一流的头脑和渊博的知识,精通所教科目的逻辑体系,深入理解学生在学习过程中的心理,具有把知识、事实、理论传授给学生的能力,懂得教育的历史和哲学基础,并能全心全意地献身于自己的工作。

(3)要素主义教育的特点与影响。要素主义教育从它产生起就是一个有组织和有纲领的运动,其主要特点如下。其一,学校教育必须系统地向学生传递民族文化(民族经验)以培养文化同一性。其二,学校课程要强调系统性、逻辑性和学术性,以有利于学生智力的训练。其三,学校教育必须严格训练和严格考试,以保证教育的质量。其四,在教育过程中教师应当具有"权威性",以有效地传递民族经验。

要素主义教育对美国 20 世纪 50—60 年代的教育改革产生了重要的影响。它提出的教育主张和教育观点受到了政府的重视,有些主张和观点被采纳为国家的教育政策。

2.永恒主义教育

(1)永恒主义教育的产生。20 世纪 30 年代,受到资本主义经济危机的影响,美国社会出现了许多问题,进步教育理论开始受到了人们的批评。50 年代,美国遭受苏联人造卫星上天的冲击,受到进步主义教育广泛影响的学校教育再次成为人们批评的对象。在这中间,永恒主义教育就是批评者之一。他们认为,要想使学生能适应社会并改造社会,就必须让学生学习永恒不变的知识,了解永恒不变的真理。

永恒主义教育以古典实在论为其理论基础。其源头是古希腊亚里士多德学派和中世纪托马斯·阿奎神学思想,认为宇宙为一种永恒的法则所支配,事物的变化总是以其不变的固有本质为基础的。在现代欧美教育思潮中,永恒主义教育是提倡复古的一种教育理论。其主要代表人物有美国的赫钦斯(R. M. Hutchins,又译哈钦斯)、艾德勒(M. J. Adler),英国的利文斯通(R. Livingstone)和法国的阿兰(Alain)等。

(2)永恒主义教育的主要观点。

1)教育的性质是永恒不变的。基于古典实在论的哲学观点,永恒主义教育家认为,宇宙存在一种永恒的、绝对的、同一的实在,事物的变化被一种永恒的普遍法则所支配,并且总是以其不变的固有的本质为基础的。

2)教育的主要目的是培养永恒的理性。永恒主义教育家认为,既然在人类天性中存在共同要素——以理性为特征的人性,那么,教育的首要目的就应该是引出这种要素,对人施以"人性的教育",关注那些"属于人之作为人的东西"以及"人与人之间相通的东西",使人的理性和精神力量得到充分的发展,达到人性的"自我实现"、人的进步和完善。

3)永恒的古典学科应该在学校课程中占有中心地位。永恒主义教育家认为,教育应当传承永恒的真理,通过一些抽绎出我们人性的共同因素的永恒课程传授永恒真理。这些永恒课程是由世界名著构成的。这样的课程应当成为普通教育的核心。这是培养永恒的理性的最好途径。

永恒主义教育家还主张,大学应当实施普通教育,使大学生能够阅读古代作家名著,从中汲取那些永恒的东西。

4)学生通过教师的教学进行学习。永恒主义教育家还主张,为了培养永恒的理性,应当通过教师的教学来激发学生的思维活动和理智训练。学生的学习既然是为了开发他们内在的潜能,发展他们的理性,就应该通过教师的教学,激发学生的思维活动和理智训练。

(3)永恒主义教育的特点与影响。永恒主义教育对进步教育的批评比要素主义教育更加激进,但从整体上来看,它并未提出什么新的价值判断标准,其主要特点如下。其一,强调人的理性。其二,强调培养理性的途径是学习古典名著。其三,有着较突出的复古主义倾向。作为一种教育哲学思想,永恒主义教育在教育理论上有一定的影响,但在教育实践中的影响范围不大,主要限于大学和上层知识界中的少数人。特别是由于永恒主义教育的复古态度,把学生的学习限于古典著作,因此遭到了许多人的批判。

3.新托马斯主义教育

(1)新托马斯主义教育的产生。从历史上看,以中世纪天主教神学家托马斯·阿奎那为代表的托马斯主义宗教哲学在13—14世纪达到顶峰之后便开始走下坡路。为了复活托马斯主义,教皇要求托马斯主义理论现代化,能与现代科学的发展相结合。20世纪60年代,梵蒂冈宗教会议明确规定了托马斯主义哲学的"世俗化"和"现代化"方针。1980年,教皇保罗二世再次提出了这样的要求。因此,新托马斯主义的产生是托马斯主义世俗化和现代化的结果。

(2)新托马斯主义教育的主要观点。

1)教育应当以宗教为基础。新托马斯主义教育家一方面试图调和信仰与理性,但又强调理性要服从宗教信仰。在新托马斯主义教育家看来,理性要服从于宗教信仰,教育应当以宗教为基础,以神学为最高原则。

2)教育的目的是培养真正的基督教徒和有用的公民。新托马斯主义教育家认为,教育的目的关系到一个人的形成和个人的精神解放。教育要塑造的是一个虔信上帝、服从上帝和热爱上帝的人。同时,人是有理想的动物,其尊严在于智慧。因此,学校是自然和上帝为了培养人而提供的一种机构,其目的首先是培养虔信上帝、热爱上帝和服从上帝的人。

3)学校课程以基督教精神为基础。新托马斯主义教育家认为,为了对学生进行道德上的再教育和培养他们的宗教信仰,学校的一切课程都应该贯串宗教教育,每一级学校的教学与学校组织,以及每一部门的教师、教学大纲和教科书都要受基督教精神的约束。

4)教育应该处在教会的严密控制之下。新托马斯主义教育家认为,"教育特别是属于教会的","教育的使命要属于教会"。

(3)新托马斯主义教育的特点与影响。在现代欧美教育思潮中,新托马斯主义教育是提倡宗教教育的一种教育理论,实质上,新托马斯主义教育也主张复古,因此,它有时也被归入永恒主义教育。其主要特点如下:其一,强调教育特别属于教会,宗教色彩明显;其二,强调道德教育的重要;其三,主张宗教与科学互为依赖和互相补充。

在社会物质文明迅速发展的时代,新托马斯主义教育家在强调宗教教育的同时,也尝试提出"现代化"和"世俗化"的口号,并要求重视精神生活方面的教育,因此,在欧美国家的一些学校里,特别是在天主教会的学校里产生了一定的影响。

(三)以哲学为基础的教育思潮

1.存在主义教育

(1)存在主义教育的产生。一般认为,存在主义的理论先驱是丹麦基督教哲学家克尔凯郭尔(S. A. Kierkegaard)和德国哲学家尼采(F. Nietzsche)。存在主义20世纪20年代首先产生于德国,其代表人物是海德格尔(M. Heidegger)、雅斯贝尔斯(K. Jaspers)等。

存在主义教育是以存在主义哲学为理论基础的。早在存在主义产生的初期,存在主义哲学家就开始关注教育问题,试图用存在主义的哲学观点和理念解释教育领域的问题,撰写了不少著作。

(2)存在主义教育主要观点。

1)教育的目的在于使学生实现自我完成。存在主义教育家认为,作为教育对象的人,从根本上来说,也不外是按照他自己的意志而造就他自身。所以,教育的目的就是使每一个人都认识到自己的存在,并达到"自我完成",或者说,"教育是发展关于自由选择以及对选择的意义和责任的认识的过程"。教育者应该帮助学生认识到生活的价值,成为一个对自己负责的人,并且帮助他去过自己所选择的生活和做出自己的决定。

2)品格教育在人的自我发展中的重要性。存在主义教育家认为,品格教育在人的自我发展中具有重要的作用。

3)学生应该能自由选择道德标准。存在主义教育家认为,人的自由就是人的存在,但这种自由只是个人的自由选择,即个人对自己所做的一切负责。存在主义教育家反对客观的道德标准,认为如果要学生服从外界规定的道德标准,必将会损害他认识"自我"。

4)采用个别教育的方法。存在主义教育家认为,团体教学的方法趋于统一化和标准化,不区别对待每个儿童,注重一般而忽视特殊,因此只会抑制和阻碍学生个人发展,不利于学生认识"自我"和发展"自我"。

5)教师是学生自我实现的影响者和激励者。存在主义教育家反对传统的师生观。尼勒认为,实在主义视教师为知识的灌输者,唯心论视教师为人格的师表,实用主义视教师为解决问题的倡导者,而存在主义则视教师为对学生自我实现的影响者,即认为教师的作用是利用他自己的人格和知识,引导学生认识"自我"和发展"自我"。

(4)存在主义教育的特点与影响。存在主义教育批判西方制度化的教育和传统的教育理念,提出了一些颇具价值的教育主张。其主要特点有以下几点:其一,以"人的存在"为研究的对象;其二,强调品格教育的重要;其三,提倡个人自由的选择。

作为一种教育理论,存在主义教育提出的一些教育观点是具有积极意义的,例如,强调个性的发展、主张教育个性化、提倡积极的师生关系等。应该说,存在主义教育思想曾对欧美国家的青年学生产生了很大的影响。

2.分析教育哲学

(1)分析教育哲学的产生。分析哲学产生于19世纪末20世纪初,是现代西方哲学主要思潮之一。分析教育哲学是分析哲学渗透到教育研究领域的结果。分析哲学使西方哲学的主题从近代走向了现代,其分析的方法和追求语言的精确意义对教育领域产生了深刻的影响。

(2)分析教育哲学主要观点。

1)教育哲学是一种"清思"活动。分析教育哲学家认为,教育哲学并不是一个知识体系,而是用分析哲学的方法对教育理论中的概念和命题进行检验,帮助教育工作者辨明教育理论和教育实践中所遇到的模糊不清的概念、术语和定义。

2)教育哲学的任务是澄清教育领域的概念和命题。分析教育哲学家认为,教育哲学并不能为教育者提供教育准则和设计教育方案,更不能发布教育指令,而是对教育领域的概念和命题进行澄清,使教育概念清晰明了,使教育理论科学化。

3)用逻辑实证论和语义分析学的方法研究教育。分析教育哲学家认为,教育理论和实践的纷争之所以产生是由于逻辑混乱或对语言的误用、误解和表达不确切,因此,应当对教育理论和实践中的语言进行分析,避免因对语言的意义使用不当和理解歧义而产生混乱和不必要的争论。

(3)分析教育哲学的特点与影响。分析教育哲学重视教育的实践意义,使教育哲学朝着贴近教育实践的方向发展。其主要特点如下:其一,强调用分析哲学的方法研究教育问题;其二,凸显教育哲学的分析批判功能;其三,关注对"教育""教学""课程"等"元教育概念"的分析。

分析教育哲学对现代欧美教育理论的影响主要是引起了教育理论者对逻辑和语义分析在表述教育概念或命题中作用的重视,这对在教育理论中严格、正确地使用各种教育术语和概念无疑是有帮助的。

(四)以心理学为基础的教育思潮

1.新行为主义教育

(1)新行为主义教育的产生。1913年,美国心理学家华生(J. B. Watson)发表

《行为主义者眼光中的心理学》一文,标志着行为主义心理学的产生。第二年,他又出版了《行为:比较心理学导言》一书,阐述了行为主义的重要原则。

(2)新行为主义教育的主要观点。

1)教育就是塑造人的行为。新行为主义教育家认为,人的一切被行为几乎都是操作性条件反射和积极强化的结果,任何行为都是能够被设计、塑造和改变的,因此,在教学过程中要注重操作性作为。教育和教学就是塑造人的行为。

2)学生的学习行为可以运用教学机器来强化。新行为主义教育家认为,为了使学生的学习行为得到及时的和足够数量的强化,必须改进教学方法和技术。由于人的行为不仅是用动作而且是用语言反应的,显得更加复杂,因此,对人类学习过程的最有效控制应该得到工具的帮助,提供积极的强化条件。在他们看来,这种工具就是依据程序教学理论设计的机械装置(教学机器)。

3)确立程序教学理论。新行为主义教育家认为,程序教学就是利用机器进行的教学。程序教学的基本过程是学习程序的呈现过程,表现为"刺激(问题)—反应(解答)—强化(确认)—进展"。程序教学的基本原则:一是积极反应原则,二是小步子原则,三是及时强化原则,四是自定步调原则,五是最低错误率原则。

4)构建新行为主义的学习理论。新行为主义教育家认为,人类的学习活动由四个要素构成,即学习者、刺激情景、记忆内容、动作。学习是个体的一整套内部加工过程,分为动机、领会、获得、保持、回忆、概括、操作、反馈八个阶段。

(4)新行为主义教育的特点与影响。新行为主义教育思想在美国和其他一些国家产生了很大的影响,不仅促进了教学技术和手段的发展,而且推动了学习理论的研究。其主要特点如下:其一,试图运用新行为主义心理学来解决教育和教学问题;其二,其思想核心是学习理论和教学技术,并没有设计诸如教育本质、教育目的等问题;其三,凸显较强的操作性。

从某种意义上来讲,新行为主义教育有助于学习理论的发展,并为计算机辅助教学的发展开辟了道路。但是,它在重视研究人的外显学习行为的同时,忽视了人的意识和心理在学习中的作用;另外,它把人类的学习归结为操作性条件作用,忽视了人类学习和动物学习的本质差别,因而也受到人们的批评。

2.结构主义教育

(1)结构主义教育的产生。结构主义教育是在结构主义的基础上产生和发展起来的。结构主义是将语言学中使用的结构主义方法应用于其他学科的研究而形成的一种研究方法,20世纪中期开始运用于社会学、人种学、心理学、历史学和教育学等学科。结构主义教育源于皮亚杰(J. P. Piaget)于20世纪30年代所创立的发生认识论。

(2)结构主义教育的主要观点。

1)教育应重视学生的认知能力发展。结构主义教育家认为,知识是人们构造起来的一种模式,追求知识就是发现知识具有的结构。教育是教育者引导学习者实现知识的转化,并使学习活动内化的构造过程。其主要任务就是依循儿童的认知发展规律,促使学生的认知能力得到发展。

2)注重掌握各门学科的基本结构。结构主义教育家认为,每一门学科的概念或知识都可以用一种极其简单的形式来表示,都存在着学科的基本结构。所谓的"学科基本结构",是指一门学科的基本概念、定义、原理、原则和方法。掌握学科的基本结构有助于理解和把握整个学科的内容。任何一门学科,都可以归成一系列由基本概念和基本原理组成的基本结构。教授任何一门学科,主要是使学生理解和掌握这门学科的基本结构,以及该学科所特有的研究方法。

3)尽早教授学科的基础知识。结构主义教育家十分重视儿童的早期学习。他们认为,儿童认知发展的每个阶段都有认识和理解世界的独特方式,任何一门学科的基础知识都能以一定的形式教给任何阶段的任何儿童。因此,尽早让儿童掌握学科的基本结构是有效和便捷地进行教学的主要途径,可以极大地提高教学效率。

4)倡导发现法和发现学习。结构主义教育家认为,学习一门科目不仅是掌握多少知识,更重要的是学会如何学习。学习的过程就是一个探索知识的过程。所谓"发现学习",就是引导儿童从事物表面现象去探索具有规律性的潜在结构的一种学习途径。在他们看来,学习过程类似于人类探求知识的过程,因此应该提倡发现法。为了通晓每一门学科,学生不仅要掌握这门学科的一般原理,而且还要掌握学习这门学科的基本方法。教师在教学中应该鼓励学生利用教师或教材所提供的材料,通过自己的"发现"来学习,亲自去"发现"应该学到的学科基本结构或规律,成为一个"发现者"。

5)教师是结构教学的主要辅助者。结构主义教育家认为,在教学中尽管应该充分运用各种教学辅助工具,但教师仍然是教学的主要辅助者。

(3)结构主义教育的特点与影响。

在二战后的几十年中,具有创新性的结构主义教育引起了教育界人士的关注和兴趣,并对现代教学与课程的发展产生了深远的影响。其主要特点如下:其一,将现代信息社会的系统科学概念和方法引入教育领域;其二,将现代心理学和教育学相结合;其三,以课程和教学改革为核心推动了教育改革。

20世纪50—60年代,结构主义教育为心理学研究和教育研究的结合提供了一个范例,提出了一些值得研究的课程教学问题。它成为60年代美国课程改革的指导思想。但是,结构主义教育也存在着不足。有些观点也过于天真和理想化,致使课程教材改革的难度偏大,引起了人们不同的评论和争议。

3.人本主义教育

(1)人本主义教育的产生。人本主义教育产生于20世纪50年代的美国,并很快传到西方其他国家;60年代趋于成熟;70年代进入鼎盛时期,并逐渐对西方教育理论和实践产生广泛而深刻的影响。其产生的社会背景是第二次世界大战后西方国家经济与科技迅速发展所带来的人的异化现象日趋严重。而美国教育自身所面临的变革需求是人本主义教育思想产生的直接诱因。

(2)人本主义教育的主要观点。

1)教育的目的是培养自我实现的人。人本主义教育家认为,教育的目的就是人的自我实现、完美人生的形成以及人的潜能的充分发展。这种自我实现的人首先是整体发展的人。人本主义教育家对培养自我实现的人的最终要求在于培养健康的人格,因此,他们十分重视人格教育。自我实现是人对天赋、能力、潜能的清晰认识和充分表现,并努力去实现之。它是人格发展的终极目标。在人本主义教育家看来,未来教育所面临的最大挑战,就是怎样去培养具有整体性、动态性和创造性人格特征的自我实现的人。

2)构建人本课程。人本主义教育家认为,传统的课程模式、固定的大纲以及严格的记分标准和单一的考试制度不利于学生的发展,实质上忽视了学生作为整体的人的本性以及个人潜能的不断实现,忽视了学生行为的主体意义。因此,他们提出"一体化"的课程,主张课程内容建立在学生的需要、生长的自然模式和个性特征的基础上,应体现出思维、情感和行为之间的相互渗透和相互作用,应与学生的生长过程有机地联系起来,应当将课程理解为满足个体自由生长和人格整合需要的过程,课程的编排应从学科中心主义转向重视个体的自我实现。

3)学校应该创设自由学习和发展的氛围。人本主义教育家认为,人具有发展的潜能,学习是自我促进的过程,教育的作用就是为学习者创造最佳的学习条件,即创造一种积极的学习环境。只有创造出自由学习和发展的氛围时,教育才能成为真正名副其实的教育。

(3)人本主义教育的特点与影响。人本主义教育是围绕人的"自我实现"这一教育目标来展开论述的。其主要特点如下:其一,凸显人的主体性是教育的出发点和归宿;其二,强调人的理智和情感的和谐一致;其三,注重课程和教学的改革。

它力图纠正20世纪以来教育领域中"主知主义"和"主情主义"两种偏向,从多方面来考虑人的整体发展,强调认知和情感两方面在教育过程中的作用,主张学校应形成最佳的学习气氛,充分发挥和实现人的各种潜能,这无疑对教育理论和实践产生了重要的影响,而且对教育的发展方向具有牵引作用。

(五)作为未来教育战略的教育思潮

1.终身教育的产生

终身教育思想的萌芽可以追溯到古代社会。后来,在工业革命时期,成人教育开始被社会和公众所接受。终身教育的代表人物朗格朗是终身教育理论的奠基人。

2.终身教育的主要观点

（1）终身教育的缘由。终身教育家认为，终身教育是应对人类在现代社会中所面临的各种新挑战的需要。这些挑战包括以下几点：一是世界变革的速度加快，二是人口增长的压力，三是科学技术，四是政治，五是信息社会，六是闲暇，七是生活方式，八是身心和谐，九是思想意识形态。这些来自人类生存环境改变的挑战，向人们提出了新的教育问题和教育需要，并呈现出前所未有的广泛性、复杂性和不可预见性，要求人们在智力、体力、情感等方面做好准备。

（2）终身教育的含义。终身教育包括了教育的各个方面、各项内容，从一个人出生的那一刻起一直到生命终结时为止的不间断的发展，也包括了在教育发展过程中的各个阶段之间的紧密而有机的内在联系。

在终身教育家看来，理想的教育在于使个人获得连续发展和充分的自我实现，因此人们需要"终身学习"。其具体含义包括五个方面：第一，教育过程必须持续地贯穿在人的一生之中；第二，教育过程应该具有统一性和整体性；第三，没有固定的教育内容和方法；第四，强调人的个性发展；第五，要求打破传统教育的体制和变革传统教育的方式。

（3）终身教育的目标。终身教育家认为，终身教育的目标在于实现更美好的生活，在于使人过一种更和谐、更充实和符合生命真谛的生活。其具体目标包含两方面：第一，培养新人；第二，实现教育民主化。

（4）终身教育的实施原则。终身教育家认为，终身教育是未来教育发展的战略。教育的整个未来是与建立并实施终身教育制度联系在一起的。未来的教育就其整体和自我更新的能力来看将取决于终身教育。终身教育对于实现教育机会均等和建立学习化社会无疑是有积极意义的。

每个国家都有其自身的特点，要提出一种统一的终身教育模式是不可能的。但是，可以遵循一定的原则，从中寻求解决问题的办法。那就是，使教育成为使人成功地履行生活职责的工具。

3.终身教育的特点与影响

终身教育现已成为一种具有广泛影响的国际性教育思潮，其中，联合国教科文组织起了重要的推动作用。其主要特点有三，一是注重人的终身学习和教育的整体性，二是强调教育的民主化，三是凸显出国际性。

终身教育思潮自20世纪60年代中期兴起后，在教育领域中正在引起一场广泛而深刻的革命。终身教育已成为建立一个学习化社会的象征。

(六) 多元文化教育思潮

1. 多元文化教育的兴起与发展

多元文化教育的理论渊源可溯及"熔炉论"。"熔炉论"是 1782 年由法裔美国学者德克雷柯(J. DeCrevecoeur)在《一个美国农人的信札》中首次提出的。

应该说,多元文化教育兴起的直接背景是美国反对种族歧视、争取种族平等的民权运动。从 20 世纪 60 年代到现在,多元文化教育研究得到了发展。

2. 多元化教育的主要观点

(1)多元文化教育的含义。"多元文化教育"概念起源于 20 世纪 60 年代的族群研究运动,它是一种哲学概念,也是一种教育过程。多元文化教育植根于哲学上平等、自由、正义、尊严等概念,希望通过学校及其他教育机构,提供给学生不同文化团体的历史、文化及贡献等方面的知识,使学生了解并认同自己的文化,并能欣赏及尊重他人的文化。另一方面,多元文化教育对于文化不利地位的学生亦提供适应性及补救教学的机会,以帮助学生发展积极的自我概念。它涉及族群、阶级、性别、宗教、语言、特殊性等层面的议题。

(2)课程与教学。1989 年,华盛顿大学西雅图分校教授班克斯从教学内容的文化选择的视角提出四种课程建设取向。一是贡献取向:主流课程的基本目的、结构与特征不变,同时将少数族裔英雄及典型事迹融入课程。二是附加取向:以既有的课程结构为主干,添加一单元、一本书或一堂课,探讨与特定族群文化有关的议题、观点或概念。三是转型取向:改变以主流阶层意识形态为主导的传统课程结构,从多族裔、多种族、多文化的多重视角重构课程内容与结构,允许学生在课程中探讨不同文化群体的概念、事件和主题,由此形成自己的文化观。四是社会行动取向:在转型取向上增加对种族、性别、阶级、宗教、语言等问题的社会学研讨,综合自己的知识与价值观,在反省思考的基础上做解决问题的决定,并将决定付诸社会行动。

1988 年,格兰特与他的学生史利特(C. E. Sleeter)针对不同背景的学生提出五种多元文化教学模式。一是针对特殊与异文化者的教学模式:针对来自低收入家庭、边缘群体家庭、特殊群体或者成绩落后有色族裔的学生,通过调查学生文化背景,以文化共鸣为原则搭建学生与学校之间的有效沟通途径,缩小学生表现与学校期望之间的差异,尽可能有效帮助学生提高学业成绩以满足传统教学目标的要求,并使之能够在未来适应主流文化社会的生活。二是人际关系模式:采用合作学习法及文化经验交流法,帮助不同群体的学生培养彼此之间的私人感情,减少彼此间的刻板印象,提升学生的自我概念以及对文化多样性的包容与接受的态度。三是单一群体模式:课程重点是关注某一特定族群的合作学习,强调该族群学生在班级中的贡献,并为他们提供处理班级事务的机会,增进学生对某一特定族群的了解、尊重与接纳。四是多元文化教育模式：在教学中，帮助学生建立有关不同群体对社会和国家贡献以及他们拥有不同观点的思想意识，让学生用批判性的思维分析、理解不同观点、不同群体间存在的差异性与共性等。五是多元文化社会正义教育模式（最终名为"多元文化与社会重建模式"）：以多元文化教育模式为基本框架，不仅重视其文化意义，而且更强调其社会意义。

（3）教师教育。多元文化教育理论要转为实践，首先必须为广大教师掌握。多元文化教育家认为，所有师范生都应该接受多元文化教育，具有多元文化情怀，具有从事多元文化教育的素养。第一，师范生应该具有民主的作风和开阔的胸怀，尊重每位学习者的尊严与权力，尊重文化差异，树立包容各民族、种族、文化群体的价值观。第二，教师应掌握有关文化多样性的知识，特别是少数族裔的价值体系、学习方式、交际方式、社会化与互动方式，在教学过程中对个体差异、文化差别具有敏感性。第三，掌握多元文化教育教学的策略，尤其提倡掌握文化共鸣教学策略。

3.多元文化教育的特点与影响

多元文化教育具有以下特点。一是对多元文化教育含义的理解经过由狭义到广义的过程，即经历了一个由单一少数族裔教育向多族裔教育、由单纯族裔文化教育向多样文化群体教育的过程。二是多元文化教育有深刻的哲学基础与理想追求，即基于平等、自由、正义、尊严等概念。三是多元文化教育具有关怀弱势和博爱情怀的人道主义精神。四是多元文化教育承认并肯定文化差异与文化多样性，是文化宽容、文化理解、文化欣赏的教育。

1957年，"多元文化"一词最早被用来描述瑞士的政策；20世纪60年代末，多元文化被加拿大所接受，并传到其他英语国家。联合国教科文组织也受其影响，于1989年发布题为《学会关心——面向21世纪的教育》的报告，要求人们不仅要关心自己而且要关心他人，不仅要关心西方价值观而且要关心东方价值观，不仅要关心人类而且要关心其他物种。

三、课后习题解答

1.试评述改造主义教育的主要理论观点。

答：改造主义者主张对传统的教育从以下三个方面进行改造。

（1）编排教材的新方法。布拉梅尔德认为，当时的各门教材之间很少或毫无联系，每门学科往往再划分为若干不相关的单元，像个大杂烩。他主张，"必须努力使课程结构具有有意义的统一性"。

（2）组织教学过程与学习过程的新途径。布拉梅尔德基于行为科学和精神病学的研究成果，把人类在多种角度中相互作用的"力量场"和无意识或非理性看作教学过程的基础，人并非绝对理性的，情感和非理性因素往往也是个人和团体活动的动因,因此,学习过程不能忽视和回避这些因素,必须认识并利用这些非理性因素的力量。

(3)确定学校和社会目的的新方法。布拉梅尔德从强调寻求未来目的的"目的哲学"和"价值哲学"出发,认为要消除危机,只有确定充满价值的目标,才能设想出达到目标的途径。

改造主义教育是一种博采各家之所长的文化教育哲学。尽管如此,这一理论也仅仅只是在理论上有所影响,而在改进学校的教学实际中,这一理论并没有真正产生很大的作用。我们坚持采用辩证的方法论对改造主义教育思想进行客观而又公正的评价。

首先,改造主义自称是"危机时代"的哲学,提出了其他教育理论未曾提到过的紧迫性的问题,改造主义教育家所主张的通过教育实现"社会改造",符合了当时动荡的社会现实。

其次,没有哪一个教育思想流派像改造主义教育这样重视行为科学。改造主义教育家认为,行为科学研究成果的重要性是因为它们能够使我们发现人们最坚信的正确的价值观,以及这种价值观是否具有普遍性。改造主义就是以此重新考察和改革传统教育的目的、课程结构和教学过程的。

再次,同其他教育思想流派相比,改造主义教育非常重视教育的目的和社会文化的影响。无论是进步主义还是要素主义或是永恒主义,都是把主要的精力用于课程教材、教学方法和过程的改革上,在教育目的方面都没有改造主义那样具有最令人瞩目的特点。

最后,改造主义教育是进步主义教育的同盟者、继承者和发展者。改造主义除了与进步主义教育在哲学基础上和教育价值观上根本一致外,还自称是进步主义的真正的继承者和最亲密的同盟者,为20世纪50年代横遭"抨击"的杜威鸣不平。

2.试评述新传统教育派教育思潮的形成背景及主要特点。

答:在西方教育史上,通常把以德国教育家赫尔巴特为代表的教育思想看作传统教育派,而"新传统教育派"是指在反对杜威实用主义教育哲学流派的进程中,先后出现的"要素主义""永恒主义"和"新托马斯主义"等几个教育哲学派别。

(1)新传统派教育理论产生的历史背景。新传统派教育理论就是20世纪二三十年代美国社会时代特征强烈影响教育领域的产儿,是20世纪初西方资本主义社会严重的政治、经济危机在教育领域的集中反映。

1)资本主义政治经济危机的影响。19世纪末20世纪初,资本主义实现了从自由竞争到垄断资本的历史性转变,伴随着这一转变,人们所期望的美好未来不但没有到来,相反却产生了一系列政治、经济、文化和道德的危机。为了摆脱危机,资产阶级思想家们不得不沉痛地回顾和反思历史,试图从历史中寻找资产阶级精神的精髓,寻找资本主义社会发展的新基础。可以说,摆脱危机、寻找出路,几乎构成了西方当代众多资产阶级思想流派得以产生和发展的根本动因。新传统派教育理论正是在这种动因的推动之下产生和发展的。

2)现代教育理论思想的影响。20世纪前期,以杜威为代表的现代派教育理论几乎占据了美国教育理论界的主导地位。然而,在二三十年代的巨大社会危机中,资产阶级思想家在对资本主义文化的全面回顾和反思中,认为现代派教育理论所推行的一套漫无目的、杂无系统的课程,放任自由的教育方法以及缺乏严明纪律的学校秩序等,导致了年轻一代价值观念的更加混乱和教育质量的严重下降,破坏了传统文化的稳定性。一批资产阶级教育思想家重新论证已为近代资产阶级传统教育所证实的各种教育原理,从而建立了新传统派教育理论。

(2)新传统教育派教育思想的主要特点。

1)认为学校的基本任务是传授人类的文化遗产。针对进步主义和改造主义的理论和实践,新传统教育主张学校应该传授传统的文化知识,应将以往的名著和经典的知识作为教授的课程,让学生接受以往知识的间接经验,作为文化保存和传承而遗留下来,反对各式新教育中只以直接经验为主,忽视传统知识传授的做法。

2)主张严格的智力训练。新传统教育认为只有通过传统的知识传授,进行理智的训练,以培养学生的智力,才是教育的目标。反对新式教育中只重视儿童活动能力的训练,而忽视理智训练的做法。

3)要求注重基础学科的学习。强调分科的学习,着重以各种学科知识为内容的学习,从而有步骤地掌握知识和间接经验,反对新式教育废除教科书的做法,认为只重视活动课程的学习不利于儿童接受系统的知识,使得知识的延续性减弱。

4)强调天才教育和教师的权威作用。与新式教育中以儿童为中心的教育方针不一致,新传统教育强调教师在教学中的主动性和权威性,以教师的经验来指导学生的教学。此外,强调天才教育,与以往的教育形式不一致,是一种精英教育的模式。

3.试析存在主义教育的产生及特点。

答:(1)存在主义教育的产生。

存在主义教育是一种以存在主义为其哲学基础的教育理论,20世纪中期流行于美国和西欧各国。

存在主义是现代西方哲学的一个流派,第一次世界大战后首先产生于德国,第二次世界大战期间传到法国。第二次世界大战后,存在主义不仅在法国很有影响,并开始在欧美国家中流行。60年代,存在主义曾在美国兴盛一时。

(2)存在主义教育的特点。存在主义教育思潮已经形成并具备了以下两个主要的特点。

①存在先于本质。萨特认为，人是一种存在先于本质的东西。反映到教育上，教育就应该以"人的存在"为研究对象。存在主义教育家认为，世界万物的存在只有一个基础，那就是人的存在。首先有了人的存在，然后才有了对外界事物的说明和解释。因此，人的问题就成了其他一切问题的出发点和归宿。在存在主义教育家看来，人是教育的主体，教育者应该帮助学生认识"人的存在"，真正领会生活的价值，并实现"自我完成"。

②强调自由选择。存在主义教育思想提倡"个人的自由选择"。既然存在先于本质，就要求人们自己创造自己，人有绝对的自由，强调人要自由的选择。所以自由选择成为存在主义者很重要的行为准则，对于人来说最重要的是认识到选择的重要性，要对自己的行为负责。这也表明个人的道德责任并没有减轻，反而增加了。因此，教育者应该允许学生"自由选择"道德标准，并承受自己的行为后果。

4.略论分析教育哲学的特点及现实意义。

答：分析教育哲学重视教育的实践意义，使教育哲学朝着贴近教育实践的方向发展。其主要特点如下：其一，强调用分析哲学的方法研究教育问题；其二，凸显教育哲学的分析批判功能；其三，关注对"教育""教学""课程"等"元教育概念"的分析。

分析教育哲学对现代欧美教育理论的影响主要是引起教育理论者重视逻辑和语义分析在表述教育概念或命题中的作用，这对在教育理论中严格、正确地使用各种教育术语和概念无疑是有帮助的。

5.试论20世纪西方课程论的心理学走向。

答：活动课程论注重课程的心理化、结构课程论注重学生的认知发展、人本课程论注重学生的整体发展等。

(1)活动课程论注重课程的心理化。20世纪最早出现的活动课程论为了克服传统学校课程忽视经验的心理方面的弊病，十分注重课程心理化。针对注重课程的逻辑顺序和心理顺序这两个不同派别的课程理论，活动课程论的主要代表人物杜威认为，传统学校课程所存在的问题就是只强调经验的逻辑方面，忽视经验的心理方面，因而脱离了儿童以及他们现在的生活经验。从克服传统学校课程的弊病出发，杜威强调，课程应该心理化。所谓课程心理化，就是指在课程和心理之间建立联系，并在儿童个人经验的基础上构建课程。

(2)结构课程论注重学生的认知发展。结构课程论是以瑞士心理学家皮亚杰的儿童认知学说为基础的，更多地考虑了教育与心理的结合。结构课程论的主要代表人物，美国教育家布鲁纳指出，教育和教学的任务就是依循儿童认知发展的规律，激发儿童重组自己的认知结构，促进儿童的智能发展。教学理论必须探讨学生学习的心理发展变化过程，才能使人的心理能力得到最大的发展。

(3)人本课程论注重学生的整体发展。人本课程论是以20世纪50年代开始在美国兴起的,强调研究人的主观体验、人的特性、人的存在、人的天赋潜能以及人的价值与尊严的人本主义心理学为直接背景的。为了培养整体发展的学生,作为人本课程论代表人物的人本主义教育学者批判片面追求学科知识的传统课程,要求构建注重学生整体发展的课程论,使课程内容从学科中心转向学生中心。

总之,20世纪的西方课程论所凸现的心理学特色既是社会时代发展的产物,又是教育观念变革的反映。在某种意义上,它预示了西方课程论未来发展的趋势。

6.浅析终身教育及其对未来教育发展战略的意义。

答:终身教育体系的建立,是教育自身发展的必然选择,包括两方面的内容:一方面是通过社会组织,建立各种教育机构,提供各种教育的场所和机会,建立和架构一个使学习者能够终身受到教育的体系,最大限度地创造学习的条件,使人们在不同阶段和不同层次的各种学习需求的实现得以保障;另一方面是促进个人的终身学习。

终身教育的提出和实施,对于当代世界教育改革和发展具有十分重要的意义。

首先,它使教育获得全新的诠释,主张教育应该贯穿于人的一生,彻底改变了过去将人的一生截然划分为学习期和工作期两个阶段的观念。

其次,它促进了教育社会化和学习型社会的建立,改变了将学校视为唯一教育机构的陈旧思想,使教育超越了学校教育的局限,从而扩展到人类社会生活的整个空间。

再次,它引发了教育内容和师生关系的革新。教育不是单纯的知识传递,而应贯彻人的全面发展精神,学习者不仅要学习已有的文化,更要培养个人对环境变化的主动适应性。传统的师生关系也将发生根本变化,代之以一种新型的民主的开放式的关系。

最后,它的多元化价值标准,为学习者指出了一条自我发展、自我完善的崭新之路。

7.试评多元文化教育的主要观点及特点。

答:(1)多元文化教育的主要观点(见章节精讲)。

(2)多元文化教育具有以下特点:一是对多元文化教育含义的理解经过由狭义到广义的过程,即经历了一个由单一少数族裔教育向多族裔教育、由单纯族裔文化教育向多样文化群体教育的过程;二是多元文化教育有深刻的哲学基础与理想追求,即基于平等、自由、正义、尊严等概念;三是多元文化教育具有关怀弱势和博爱情怀的人道主义精神;四是多元文化教育承认并肯定文化差异与文化多样性,是文化宽容、文化理解、文化欣赏的教育。

四、考研真题汇编

(一)名词解释

1.终身教育。(东北师范大学 2012 年研)

2.要素教育论。(福建师范大学 2012 年研)

3.改造主义。(武汉大学 2016 年研)

(二)简答题

4.简述什么是存在主义教育并简述其主要理论观点。(首都师范大学 2016 研)

5.简述评述终身教育思潮。(北京师范大学 2015 年研)

6.简述永恒主义教育思想。(苏州大学 2014 年研)

7.简述要素主义教育思想的主要观点。(华东师范大学 2016 年研)

8.简述结构主义教育。(华东师范大学 2013 年研)

(三)论述题

9.论述终身教育思潮的基本观点,并联系我国实际加以举例阐述。(西南大学 2010 年研)

参考答案:

1.终身教育由保罗·朗格朗提出。终身教育是指人们在一生各阶段当中所受各种教育的总和,是人所受不同类型教育的统一综合,包括教育体系的各个阶段和各种方式,既有学校教育,又有社会教育;既有正规教育,也有非正规教育。终身教育思想成为很多国家教育改革的指导方针。

2.要素教育论是由裴斯泰洛奇提出的。要素教育论的基本思想是,教育过程要从一些最简单的、为儿童所能接受的"要素"开始,再逐渐转到日益复杂的要素,促使儿童各种天赋能力和力量的全面、和谐的发展。

3.改造主义是现代美国教育思想流派,是进步主义及实用主义教育思想的一个分支。50 年代后,以布拉梅尔德为代表的改造主义教育思想产生了一定的社会影响,是一种主张课程内容应该围绕一系列的社会问题来选择,以问题为中心设计核心课程的课程理论。

4.存在主义教育是一种以存在主义为其哲学基础的教育理论,20 世纪中期流行于美国和西欧各国。存在主义是一种把人的存在当作其基础和出发点的哲学。但存在主义者所说的"人的存在"指的是个人主观的"自我意识",即人首先存在着,通过他自己的自由选择而决定他的本质。第二次世界大战后,德国教育人类学家博尔诺夫、美国教育家尼勒把存在主义应用于教育理论,形成了存在主义教育思想。其主要代表人物有德国的马丁·海德格尔,德国的卡尔·雅斯贝尔斯、法国的保罗·萨特以及奥地利的马丁·布贝尔等。他们强调人的存在,认为存在先于本质,教育的目的是使学生认识到自己的存在,形成自己独特的生活方式,养成正确的生活态度。存在主义的课程与教学内容强调学生个体的需要、兴趣和经验,反对以学科为中心;课程与教学实施主要采用苏格拉底式教学法、个别教学法、创造性活动和非连续性教学;在教学过程中,反对教师的专制和控制,提倡师生之间的交流与对话,教师的作用在于帮助学生自由地做出适合于他们自己的选择。

5.终身教育思想的主要观点如下:将教育贯穿于人的一生的各个阶段;主张教育的社会整体性,即打破家庭教育、学校教育、社会教育之间的彼此隔离状态,把人生各阶段影响人的发展的各种因素有机地结合起来。终身教育思想自20世纪六七十年代确立后经历了一个不断发展、丰富和完善的过程。

终身教育思想是当今国际教育思潮中影响比较大的教育思潮。终身教育思想冲破了传统教育思想对教育的定义,扩大了人们对教育的研究视野,同时拓展和丰富了教育的内涵和外延,实现了传统教育的超越和变革。

6.永恒主义教育认为,教育的任务在于借助对永恒真理的认识促使永恒人性的发展;强调通过知识教学向学生传授永恒真理,以便使学生认识永恒的世界,同时又使人的最高属性——理性得到发展;提出让学生学习世界名著的"名著课程"计划。具体内容如下:①教育的性质永恒不变;②教育的目的是"要引出我们人类天性中共同的要素";③永恒的古典学科应该在学校课程中占有中心地位;④提倡通过教学进行学习。

7.作为实用主义教育和进步教育对立面的要素主义教育最初形成于20世纪30年代末,其形成的标志是1938年在美国成立的"要素主义者促进美国教育委员会"。前期的代表人物是美国教育家巴格莱,后期的代表人物是美国教育家科南特等。第二次世界大战后,特别是50年代中期以后,随着实用主义教育和进步教育的衰落,要素主义教育在美国教育界取得了优势,并对50—60年代的教育改革产生了重要的影响。要素主义教育的主要观点有四点。

第一,把人类文化的"共同要素"作为学校教育的核心。教育的最重要的功能,是使学生学习那些在人类文化遗产中所存在的那些永恒不变的、共同的、超时间和空间的要素,即一种知识的基本核心。学校的课程计划要保证学生学到基础知识和基本技能,同时要按逻辑系统编写教材和进行教学。

第二,教学过程必须是一种训练智慧的过程。真正的教育就是智慧的训练,因此,学校要提高智力标准,注重思维能力的严格训练。学校还要注意"天才"的发掘和培养,发现最有能力的学生,激发他们最大的潜力。

第三,学生在学习上必须努力和专心。对学生的学习应该坚持严格的学业标准,促使学生刻苦和专心地学习。因为只有强调"努力",才能实现最有价值的学习。如果学生对学习"共同要素"不感兴趣,那就要强迫他们学习。

第四,强调教师在教育和教学中的核心地位。在系统的学习过程中,要树立教师的权威,加强教师的控制。但是,教师必须具有一流的头脑和渊博的知识,精通所教的科目,了解学生在学习过程中的心理,具有很强的传授知识的能力,并能全心全意地献身于自己的工作。

要素主义教育由于忽视学生的兴趣、身心特点和能力水平,以及所编的教材脱离学校教育实际,而受到人们的批评。从20世纪70年代起,要素主义逐渐失去其优势地位,但仍有相当的影响。

8.见章节精讲。

9.在终身教育家看来,理想的教育在于使个人获得连续发展和充分的自我实现,因此人们需要"终身学习"。其具体含义包括五个方面:第一,教育过程必须持续地贯穿在人的一生之中;第二,教育过程应该具有统一性和整体性;第三,没有固定的教育内容和方法;第四,强调人的个性发展;第五,要求打破传统教育的体制和变革传统教育的方式。我国十分重视职业教育的建设与发展,鼓励进行终身化的学习,善于思考,积极构建学习型社会。

五、强化训练及详解

(一)选择题

1.对"谁的知识最有价值"这一问题最为关注的教育学派是( )。
  A.实验教育学　　　　　　　　B.文化教育学
  C.实用主义教育学　　　　　　D.批判教育学

2.下列说法有悖终身教育理念的是( )。
  A.学习贯穿人的一生　　　　　B.学校教育不再享有教育的垄断权
  C.终身教育从正规学校教育结束时开始
  D.当地社会在终身教育体系中起着重要作用

3.下列哪个观点不属于新行为主义教育( )。
  A.教育就是塑造人的行为　　　B.确立程序教学理论
  C.学生的学习行为可以运用教学机器来强化
  D.教育应重视学生的认知能力发展

4.在西方教育中,现代教育思潮的代表人物是( )。
  A.卢梭　　　　B.赫尔巴特　　　　C.杜威　　　　D.裴斯泰洛奇

5.以下( )不是新托马斯主义的观点。
  A.教育应以宗教为基础
  B.教育的目的培养真正的基督徒和有用的公民
  C.实施宗教教育是学校课程的核心

　　D.教育权应由国家掌握

6.1929 年大萧条后,进步主义产生分裂,其产物是(　　　)。

　　A.改造主义　　　　　B.结构主义　　　　　C.实用主义　　　　　D.人本主义

7.要素主义的主要代表人物是(　　　)。

　　A.巴格莱　　　　　B.拉格　　　　　C.杜威　　　　　D.赫尔巴特

8.现代欧美教育思潮中,提倡宗教教育的是(　　　)。

　　A.新托马斯主义　　B.永恒主义　　　　C.存在主义　　　　D.分析教育哲学

(二)填空题

9.文艺复兴运动实质上是一次_____的文化革命。

10.要素教育论和小学各科教学法是_____对教学理论的重大贡献。

11.终身教育萌芽于 20 世纪_____年代,发展于_____年代,形成于_____年代以后,已经成为一种席卷全球的_____教育改革的浪潮。

12.1938 年,_____等人组成了_____教育协会,发表了_____,跟_____教育针锋相对,坚持养成_____和从事基本训练。

13.永恒主义教育思潮与_____相对立,却与_____、_____直至_____、所形成的传统教育理论有许多共同之处。

14.结构主义教育的产生可分为两个阶段:一是其心理学基础的_____阶段,二是其理论运用于具体教育的_____阶段。其标志是_____理论和_____教学法的出现。

15.主张人本化教育的代表人物有_____、_____、_____、_____等,这种理论在 20 世纪 60—70 年代强烈影响了美国的公共教育。

16.二战后,世界形势发生了极大的变化:一是世界_____格局迅速形成,二是_____的迅猛发展,这使他们认识到,_____是国家实力和安全的保障。

(三)名词解释

17.要素主义教育。

18.终身教育。

19.改造主义教育。

20.永恒主义教育。

21.结构主义教育。

(四)简述题

22.简述分析教育哲学的主要观点。

23.什么是要素主义教育?

24.简述终身教育的主张。

25.简述新传统教育流派的发展和派别、基本主张及影响。

26.简述当代教育思潮的形成和发展、基本主张及影响。

27.简述终身教育对中小学教育的启示。

参考答案：

1.D　2.C　3.D　4.　5.D　6.A　7.A　8.A

9.资产阶级

10.裴斯泰洛奇

11.50;60;70;国际

12.巴格莱;要素主义;《要素主义者促进美国教育纲领》;进步;基础知识

13.进步教育;柏拉图;亚里士多德;夸美纽斯;赫尔巴特

14.探索;实践;知识式学科结构;发现式

15.马斯洛;罗杰斯;弗洛姆;奥尔波特

16.冷战;科学技术;科技

17.要素教育论是裴斯泰洛齐所主张的,它的基本含义是,教育过程要从一些最简单的、为儿童所理解和接受的要素开始,再逐步过渡到更加复杂的要素,促使儿童各种天赋能力全面和谐的发展。

18.终身教育的代表人物是法国教育家朗格朗(Lengrand),强调把教育贯穿于人的一生,注重教育的整体性和民主性,主张采用灵活多样的教育组织形式、教学内容和教学手段。

19.改造主义教育是在20世纪30年代从实用主义教育和进步教育中逐渐分化出来,到50年代形成的一种独立的教育思想,以实用主义教育的一个分支而著称。作为一个独立的教育思潮是在布拉梅尔德于50年代中发表一系列著作后才形成。代表人物有康茨、拉格、布拉梅尔德。

20.这一传统的教育流派,也称新古典主义教育。它产生于20世纪20年代的美国,流行于50年代的英、法等国,之后逐渐衰落。最主要的代表人物有美国教育家赫钦斯、法国的阿兰和英国的利文斯通。

21.结构主义(Structuralism)教学理论以结构主义教育理论及皮亚杰结构主义心理学为理论基础。它是在苏联1957年发射第一颗人造地球卫星后产生的,对当代国际教学理论及实践有重要影响的教学理论。

22.见章节精讲。

23.1938年"要素主义者促进美国教育委员会"的成立是要素主义教育形成的标志。发起者以及主要代表人物是巴格莱。60年代代表人物是科南特和里科弗。

(1)把人类文化的共同要素作为学校教育的核心。在人类的文化遗产中存在着永恒不变的、共同的、超时空的要素,它们是种族文化和民族文化的基础。中小学要强调双基(新三艺),按逻辑系统编写教材、进行教学。

（2）教学过程是一个训练智慧的过程。强调传统的心智训练,传授整个人生的知识。

（3）强调学生在学习上必须努力和专心。在教育教学过程中,不能把学生的自由当作手段,而应是过程的目的与结果。

（4）强调教师在教育和教学中的核心地位。

由于忽视学生自己的兴趣和身心特点以及能力水平,片面强调系统的、学术性的基本知识学习,加上所编教材脱离学校教学实际,70 年代起要素主义教育逐渐失去优势地位。

24.1956 年,终身教育概念首先出现在法国议会的立法文件上。1965 年 12 月,联合文教科文组织在法国巴黎召开的国际成人教育促进委员会第三次会议上,法国教育家朗格朗以终身教育为题做了总结报告,是终身教育走向世界的开始。1972 年,《学会生存——教育世界的今天和明天》建议将终身教育作为发达国家和发展中国家在今后若干年内制定教育政策的指导原则。

（1）终身教育是现代社会的需要。基本特点是连续性和整体性。终身教育有其特定的含义:它包括教育的各个方面、各项内容,从一个人出生那一刻起一直到生命终结为止的不间断的发展,也包括了教育发展过程中的各个阶段之间的紧密而有机的内在联系。

（2）终身教育没有固定的内容和方法,任务是学会学习。要做到终身学习,首先要打破学习的封闭办学形式,实现学校、家庭和社会三者之间的联系和沟通,使人的发展在空间上具有联系性;从纵向的角度看,就是要求教育根据人的生理水平和实际,实现人生不同发展阶段教育之间的连贯,即要求人的学前教育、学校教育和学校后教育三者之间建立相应的联系以形成上下一贯的纵向教育系统。

（3）终身教育是未来教育发展的战略。它对实现教育机会均等和建立学习化社会有积极意义,他要求整个社会从学历社会向学习社会转变;从“封闭型”学校教育向“开放型”学校教育转变;从以学校为中心向综合家庭、学校和社会的职能转变。终身学习对个人是实现教育的连续性,对社会是建立一种上下、老幼都学习,保持社会活力的教育体制。

25.（1）新传统教育流派是 20 世纪 30 年代作为进步主义教育的对立面出现的,是具有传统教育特色的新的教育思潮,主要有要素主义教育、永恒主义教育和新托马斯主义教育三大流派。这些教育思想流派在 20 世纪 30 年代产生后,在 50 年代又得到一定的发展,成为西方现代教育的主要内容之一。

（2）基本主张。

要素主义教育激烈批判美国的进步主义教育,认为进步主义教育导致了美国教育质量的下降;主张把人类文化的“共同要素”作为学校教育的核心;强调教学过程必须是一个训练智慧的过程;强调学生在学习上必须努力和专心;强调教师在教育和教学中的核心地位。

永恒主义教育强调人的永恒本质和教育的永恒性质不变;教育的目的是引出人类天性中共同的要素;古典学科应在学校课程中占有中心地位;提倡通过教师的教学促进学生的学习。

新托马斯主义教育主张教育应以宗教为基础;教育的目的是培养真正的基督教徒和有用的公民;实施宗教教育是学校课程的核心;教育应从属于教会。

(3)要素主义教育对美国的学校教育产生过重要的影响,对西欧和苏联也有一定的影响。永恒主义教育的影响主要局限于大学和上层知识界中的少数人。新托马斯主义教育的影响主要体现在欧美国家的一些天主教的学校里。

26.(1)当代教育思潮是指 20 世纪 50—70 年代具有重要影响的一些教育思潮,主要有存在主义教育、新行为主义教育、结构主义教育、分析教育哲学、终身教育和人本化教育等。这些教育思潮,有的是在 20 世纪初期产生的,有的是在二战后产生的,也有的是在 60—70 年代产生的,但都对当代社会和教育产生了重要的影响。

(2)教育基本主张。

存在主义教育强调教育的本质在于使学生实现"自我创造";品格教育是学校教育的重要内容;在道德教育上提倡学生"自由选择";反对团体教学的统一化和标准化,主张个别教育的方法;师生之间应建立相互信任的关系。代表人物有海德格尔等。

新行为主义教育强调一切教育和教学主要是为了塑造人的行为;主张程序教学;让学生在学习中运用教学机器;教育研究应以教和学的行为作为研究的对象。代表人物有斯金纳等。

结构主义教育强调教育教学应重视学生的智能发展;注重教授各学科的基本结构;重视儿童的早期学习;提倡"发现学习法";教师是教学中的主要辅导者。代表人物有皮亚杰、布鲁纳等。

分析教育哲学主张把分析哲学作为一种方法广泛应用于一切教育研究中。它有三个分支:一支是受逻辑实证论的影响,强调教育的实际状况应反映在一定的"手段—目的"逻辑模式中;一支是受语义分析学的影响,强调把教育概念的语言应用作为分析的对象;还有一支是对二者的综合,强调逻辑分析和语义分析的结合。分析教育哲学在分析方法上提出了两个方法:一个是举出反例子,二是解决先决问题。代表人物主要有彼得斯等。

终身教育在本世纪60年代中期兴起,70年代产生广泛影响,主要代表人物是法国的朗格朗。终身教育强调教育是贯穿人的整个一生及人的发展各个阶段的持续不断的过程;终身教育的主要任务是养成学习的习惯和继续学习所需的各种能力;各国应根据自己的具体情况提出终身教育的模式。

人本化教育强调教育的目的是培养"完整的人";强调课程的"一体化""人本化"和"情感化";强调学校教育应该创造自由的心理气氛。代表人物主要有马斯洛等。

（3）影响。

当代教育思潮不再局限于传统派教育和现代派教育的争论,而是从更多样的角度和更宽泛的领域对人的发展、人的存在、教育和科技发展、教育与社会发展等问题进行了较深入的思考,对当代教育产生了较大的影响。

27.（1）中小学教师应该牢牢树立终身教育的思想。终身教育是一种知识更新、知识创新的教育,终身教育的指导思想就是要求每个人必须有能力在自己的一生中利用各种机会,去创新、深化和进一步充实最初获得的知识,使自己适应快速发展的社会。作为中小学教师必须具备自我发展、自我完善的能力,不断地提高自我素质,不断地接受新的知识和新的技术,不断地更新自己的教育观念、专业知识和能力结构,以使自己的教育观念、知识体系和教学方法等跟上时代的变化,提高对教育和学科最新发展的了解。

（2）中小学教育重要的是使学生学会学习。终身学习是一种积极的生活态度。学习使人不断地成长,不断进步。学习是无止境的,是适应现代化社会的需求的。中小学教育要使学生掌握学习的方法,树立终身学习的理念。中小学教育是使学生可持续发展的教育;是打基础的教育,这种基础就包括了终身教育的基础。

（3）树立终身教育要求学校拓宽教育的视野。终身教育既包括家庭教育、学校教育,也包括社会教育。可以这么说,终身教育扩大了学习的天地,为整个教育事业注入了新的活力。人们要求对传统学校教育甚至教育体系进行根本的改革,从而期望产生一种全新的教育理念。

第二十六章　发展中国家的教育

一、考点概述

(1)独立前的教育。

(2)独立后的教育改革与发展。

(3)面对的主要问题和困难。

二、章节精讲

(一)独立前的教育

从十五六世纪起,西方殖民者相继侵入亚洲、非洲和美洲之后,这些地区遂沦为西方的殖民地或附属国。殖民者在这些地区进行经济掠夺和政治统治的同时,也在教育领域推行了一系列殖民主义性质的举措。

举措之一是,随着殖民主义者的侵入,大量西方天主教和新教各派的传教士被派到这些地区。

举措之二是,成立管理殖民地区的专门教育机构,制定或监督执行有关殖民地区的教育法令和教育政策,控制殖民地区的教育领导权。

举措之三是,将宗主国的教育模式原封不动地移植到各殖民地区,在殖民地区建立与宗主国相一致的教育体制。

殖民主义者在发展中国家的长期殖民统治以及他们在这些国家所推行的教育政策,给这些国家文化教育事业的发展带来了严重的消极影响和恶果,主要表现为以下几个方面。

第一,大量民众成为文盲。殖民统治者的经济掠夺、政治压迫和愚民政策,使殖民地和附属国的广大人民陷于极度的贫困和无文化知识的状态,使几乎所有发展中国家取得独立时都面临着大量的文盲。

第二,适龄儿童大量失学和辍学。在殖民统治下,许多发展中国家的经济严重落后,人民贫困,学校极为有限,大量学龄儿童无法入学,特别是女孩能够上学的很少。

第三,教师严重短缺。在殖民统治时期,殖民当局普遍不重视培养当地老师。

第四,学校教学质量低下。许多发展中国家直到独立时,由于经济发展落后,教育经费困难,不但各级学校校舍严重不足,各种教学设施也较为简陋,不少学校甚至不能充分提供教科书,大量学校都没有图书馆。

第五,本地民族的优秀传统文化受到压抑和扭曲。殖民主义者为维护其殖民统治,采用各种手段向殖民地和附属国传播所谓西方文明,竭力宣扬西方文明所谓"优越性""先进性",而对本地民族的传统文化则简单地斥之为"粗野""落后""保守",百般加以丑化甚至压制和歪曲,根本无视各个民族文化传统中的特点和优秀成分。

(二)独立后的教育改革和发展

1.努力扫除文盲

许多发展中国家取得独立后,将大力扫除文盲定为教育上的首要任务之一。而且大都由国家颁布有关扫盲法令,动员社会力量,运用各种方式和途径,积极开展全国性的扫盲工作。大多数国家在独立初期即掀起一次扫盲高潮,并取得一定的成果。

总之,近十多年来,由于许多发展中国家加强了扫盲的力度,广泛采用现代化手段,扫盲工作的进展都比以前更快,效果也更加显著,文盲率普遍有所下降。但是,扫盲工作仍然是任重而道远。

2.普及初等义务教育

在许多发展中国家,都曾把普及初等教育列为发展教育事业的重点任务,分别以印度、泰国为例。在联合国教科文组织的推动下,亚太地区教育部长曾多次开会商讨教育改革和发展问题,总之,许多发展中国家都把初等教育作为教育发展的重点,通过增加初等教育经费,新建小学,速成培训师资,采用上午、下午轮班上课,减少辍学率等措施,逐步扩大初等学校的规模,增加适龄儿童入学率。

3.改革教育体制和调整教育结构

首先是改革学制,将初等教育和中等教育组成为连续的学校教育机构。

其次,调整中等教育结构,发展职业技术教育。

最后,将学前教育和成人教育列为正规教育的组成部分。

4.着力培养师资

发展中国家,特别是非洲和中东的某些发展中国家,在获得独立后,首先都相继提出了"教育民族化""教育阿拉伯化""师资本国化"等口号,将殖民主义者办的学校收归国有,以本国教师和聘任其他发展中国家的教师取代殖民国家的教师。其次,重视新建和扩建师范教育机构。最后,是完善培养师资的有关制度。

5.大力发展高等教育

独立之后,为了造就本国的高级人才,许多发展中国家都随着经济的发展,大力发展高等教育。

许多发展中国家的高等教育之所以得到蓬勃发展,首先是因为它们把发展高等教育,培养众多高级人才视为国家政治独立的有力支柱。

6.改革教学内容

课程改革的首要方面,是加强有关爱国主义教育和培养民族意识的课程,如民族史、国教教义等,以发扬民族传统文化,促进国家统一和民族团结。其次,许多发展中国家针对年轻一代出现的追求物质享受、忽视社会责任感等倾向,强调在教学中加强道德价值观和公民意识的教育。最后是加强科学技术教育。

7.迈向民主的教育

许多发展中国家随着向民主社会的转型,在教育上也向民主的教育迈进。

(三) 面对的主要问题

1.扫盲和普及初等教育仍需继续努力

联合国教科文组织的统计资料说明,一方面,全球扫盲率呈上升趋势;但另一方面,文盲绝对数却有增无减。造成文盲绝对数有增无减的因素,首先是全球人口的增长,特别是发展中国家人口的急剧增长;其次是未能充分普及初等教育和扩展成人教育。在许多发展中国家,扫盲和普及初等教育的问题仍然甚为严峻,任务也还十分艰巨。

2.教育经费短缺

无论是真正实施普及初等教育、实行义务教育、发展中高等教育,或是提高入学率,减少辍学率,或是扩大成人教育和扫盲举措,都需要一定的经济保障。对于增加教育经费投入,各个地区发展中国家面临的教育问题不同,所需要增加的教育投入不同,其所能提供的教育投入也不同,但总体来说,都存在教育经费短缺的困难。

3.教师队伍仍不能适应教育发展的需要

许多发展中国家尽管在独立后重视师范教育,积极培育教师,但是长期殖民统治造成的严重师资问题,仍未得到根本解决。

随着教育改革的深入开展,对教师素质的要求也越来越高,教师的质量问题日益突出。

4.高等教育仍然失衡

许多发展中国家由于深受原宗主国教育制度的影响,独立后虽经教育改革,但有些国家改革不力,或继续接受了发达国家的某些所谓的教育发展援助,因此有些国家的高等教育内部结构仍严重不合时宜,有些培养出来的人才不切合本国的需要。此外,还有童工劳动与初等教育普及化,中等职业教育与普通教育的分流,提高教学质量和办学效益等,也是至今发展中国家尚需进一步研究和解决的问题。

三、课后习题解答

1.试评述殖民统治对发展中国家教育的影响。

答:殖民主义者在发展中国家的长期殖民统治以及他们在这些国家所推行的教育政策,给这些国家文化教育事业的发展带来了严重的消极影响和恶果,主要表现为以下几个方面。

第一,大量民众成为文盲。殖民统治者的经济掠夺、政治压迫和愚民政策,使殖民地和附属国的广大人民陷于极度的贫困和无文化知识的状态,使几乎所有发展中国家取得独立时都面临着大量的文盲。

第二,适龄儿童大量失学和辍学。在殖民统治下,许多发展中国家的经济严重落后,人民贫困,学校极为有限,大量学龄儿童无法入学,特别是女孩能够上学的很少。

第三,教师严重短缺。在殖民统治时期,殖民当局普遍不重视培养当地老师。

第四,学校教学质量低下。许多发展中国家直到独立时,由于经济发展落后,教育经费困难,不但各级学校校舍严重不足,各种教学设施也较为简陋,不少学校甚至不能充分提供教科书,大量学校都没有图书馆。

第五,本地民族的优秀传统文化受到压抑和扭曲。殖民主义者为维护其殖民统治,采用各种手段向殖民地和附属国传播所谓西方文明,竭力宣扬西方文明所谓"优越性""先进性",而对本地民族的传统文化则简单地斥之为"粗野""落后""保守",百般加以丑化甚至压制和歪曲,根本无视各个民族文化传统中的特点和优秀成分。

2.发展中国家取得独立后教育改革和发展的主要成绩和基本经验是什么?

答:(1)主要成绩:①坚持扫除文盲;②普及初等义务教育;③改革教育体制和调整教育结构;④着力培养师资;⑤大力发展高等教育;⑥改革教学内容等。

(2)基本经验:

首先,从一些国家自身来说,一是政府充分认识到教育在现代社会的重要意义,将教育的改革和发展看作是建设独立的民主国家和经济发展的基础。二是由于重视教育,也愿意投资教育。三是大多数发展中国家的教育改革和发展都能紧密结合本国的实际。

其次,从国际上看,应该说,联合国教科文组织、联合国儿童基金会等国际组织在有关教育方面对发展中国家所给予的某些关注、支持甚至帮助是有一定积极意义的。

3.发展中国家当今教育领域中的主要困难和问题是什么?

答:当今教育领域中的主要困难和问题包括以下几方面:

(1)扫盲和普及初等教育任务仍十分艰巨。

(2)教育经费短缺。

(3)教师队伍远未能适应教育发展的需要。

(4)高等教育严重失衡。

四、考研真题汇编

简答题

针对当前我国的教育方针及其精神实质,结合实际谈谈你对当今教育实践的看法。(东北师范大学 2014 研)

参考答案:

(1)我国现行的教育方针是教育必须为社会主义现代化建设服务,必须与生产劳动相结合,培养德、智、体等方面全面发展的社会主义事业的建设者和接班人。

(2)我国中小学教育的精神实质:一贯坚持教育为社会主义事业服务的方向;坚持德智体全面发展的质量规格和标准;坚持为社会培养劳动者;坚持教育与生产劳动相结合的育人道路。

五、强化训练及详解

(一)选择题

1.( )不是殖民者统治时期所采取的措施。

  A.大量西方天主教和新教各派的传教士被派到这些地区

  B.成立管理殖民地区的专门教育机构,制定或监督执行有关教育法令和政策

  C.将宗主国的教育模式移动到各殖民地,建立相同的教育体制

  D.大力发展初等、高等教育

2.( )不是独立后的发展中国家的教育改革举措。

  A.坚持扫除文盲   B.普及初等义务教育

  C.着力培养师资   D.大力发展学前教育

3.1972 年,联合国教科文组织提出"学习化社会"概念的重要文献是( )。

  A.《教育:财富蕴藏其中》   B.《学会关心》

  C.《学会生存》   D.《终身学习法》

4.发达国家和发展中国家制定教育政策的主导思想是(　　)。

A.家庭教育　　　　B.全民教育　　　　C.终身教育　　　　D.学校教育

5.与发达国家和大多数发展中国家相比,我国的教育和研发投入一直以来占 GDP 的比重(　　)。

A.波动导致无法确定　　　　　　B.偏低

C.持平　　　　　　　　　　　　D.偏高

6.经济全球化带给发展中国家的消极影响有很多,但不包括(　　)。

A.经济发展受到一定程度的损失

B.在国际贸易关系中剩余价值大量流失

C.金融风险加大

D.经济发展机会大大减少

(二)填空题

7.1905 年,阿根廷政府颁布了其教育史上著名的_____,并据此采取了一些有效措施,持续地开展全国性扫盲运动。

8.从_____起,西方殖民者相继侵入亚洲、非洲和美洲之后,这些地区沦为西方的殖民地或附属国。

9._____是导致发展中国家长期落后的重要因素之一。

10.在殖民统治时期,各级学校的教师几乎都是由_____或_____充任。

11.在许多发展中国家,都曾把_____列为发展教育事业的重要任务。

12.发展中国家,特别是非洲和中东的某些发展中国家,获得独立后先后提出了"_____""_____""_____"等口号,将殖民主义者办的学校归为国有,以本国教师取代殖民国家的教师。

13.课程改革的首要方面是_____。

14.造成文盲绝对数有增无减的因素是_____、_____。

(三)名词解释

15.学校制度。

16.教会学校。

17.扫盲运动。

18.学前教育。

19.课程。

(四)简答题

20.简述发展中国家教育的主要问题及其对策措施。

21.简述殖民统治者在经济掠夺和政治统治时,在教育领域做的一系列举措。

22.简述关于发展中国家的教育改革和发展的几点思考。

23.简述发展中国家在改革教育体制和调整教育结构方面做了哪些工作?

24.简述发展中国家在着力培养师资方面所做的举措。

25.简述发展中国家课程改革的主要内容及其成功原因。

(五)论述题

26.联系发展中国家教育的特点,从发展和体制角度分析我国教育存在的主要问题、原因、对策。

参考答案:

1.D　2.D　3.C　4.C　5.B　　6.D

7.《扫盲法》

8.十五六世纪

9.大量文盲

10.殖民国家的牧师;教师

11.普及初等教育

12.教育民主化;教育阿拉伯化;师资本国化

13.加强有关爱国主义教育和培养民族意识的课程

14.全球人口的增长;未能充分普及初等教育和扩展成人教育

15.学校制度是指能够适应向知识社会转轨及知识社会形成以后的社会发展需要,以完善的学校法人制度和新型的政校关系为基础,以教育观为指导,学校依法民主、自主管理,能够促进学生、教职工、学校、学校所在社区的协调和可持续发展的一套完整的制度体系。

16.教会学校是指天主教或基督教(新教)教会所设立和控制的学校,最早出现于中世纪的欧洲。中世纪的大学大都是教会办的。

17.扫盲运动是新中国成立初期党领导的主要是面向社会下层的群众运动。其赖以发生的社会背景、当时的社会条件以及它所面对的对象决定了它具有统一而又灵活多样的特征。新中国刚刚成立时,我国的文盲率高达80%。文盲成为新中国发展道路上的拦路虎。为解决这一问题,一场轰轰烈烈的扫盲运动在全国展开。扫盲班遍布工厂、农村、部队、街道,人们以高涨的热情投入到文化学习中。

18.学前教育(Preschool Education)是由家长及幼师利用各种方法、实物,有系统、有计划而且科学地对幼儿的大脑进行各种刺激,使其大脑各部位的功能逐渐完善而进行的教育。学前教育是学前教育学的重要内容之一,是构成学前教育学的科学体系的一部分。儿童期是人生智力发展的基础阶段,又是发展最快的时期,适当、正确的学前教育对幼儿智力及其日后的发展有很大的作用。

19.课程是指学校学生所应学习的学科总和及其进程与安排。课程是对育人目标、教学内容、教学活动方式的规划和设计,是教学计划、教学大纲等诸多方面实施过程的总和。广义的课程是指学校为实现培养目标而选择的教育内容及其进程的总和,它包括学校老师所教授的各门学科和有目的、有计划的教育活动。狭义的课程是指某一门学科。

20.(1)发展中国家教育的主要问题:①公费教育费用增长迅速,但人均占有水平仍然很低;②入学人数增长迅速,但辍学率很高;③教育结构不合理,基础教育被忽视;④教育内容不合理,教育与实际严重脱节;⑤教育体制扩大了不平等;⑥知识失业和教育的"过度"发展。

(2)发展中国家解决教育问题的对策:①改革各级教育体制;②调整教育投资方向;③改变教育体制以外的刺激和增加教育投资的个人支出;④重视发展非正规教育;⑤实施适当的教育机会限额分配制度。

21.举措之一是,随着殖民主义者的侵入,大量西方天主教和新教各派的传教士被派到这些地区。举措之二是,成立管理殖民地地区的专门教育机构,制定或监督执行有关殖民地区的教育法令和教育政策,控制殖民地区的教育领导权。举措之三是,将宗主国的教育模式原封不动地移植到各殖民地区,在殖民地区建立与宗主国相一致的教育体制。此外,有些殖民主义者还推行种族隔离制度。

22.第一,是立足于发展经济的需要。发展中国家在殖民时期,大都为农业国,工业主要是为宗主国提供原材料,经济十分落后。独立以后,许多发展中国家的政府都力求尽快振兴经济,并逐渐认识到,不仅要以现代技术改造农业,并且只有实现工业化,才能加速经济的发展。

第二,将教育作为促进国家的政治稳定、团结统一和民主改革的重要手段。

第三,发挥教育对保持和弘扬本国传统文化的功能。许多发展中国家在殖民时期引进了西方教育和西方文化,这对这些国家了解和吸取现代西方的进步文明有积极意义,但由于当时的殖民教育片面地宣扬和介绍西方文化的所谓优越性,也带来诸多问题。

23.首先是改革学制,并将初等教育和中等教育组成为连续的学校教育结构。其次是调整中等教育结构,发展职业技术教育。许多发展中国家为了适应社会经济建设和发展的需要,更好地培养本国的技术人员以及解决普通学校毕业生的就业问题,都逐渐重视中等教育结构的改革。最后,将学前教育和成人教育列为正规教育的组成部分,有些发展中国家在有关法令中明确规定,教育体系应包括学前教育——母育学校和幼儿园。

24.发展中国家,特别是非洲和中东的某些发展中国家,在获得独立后,首先都提出了"教育民主化""教育阿拉伯化""师资本国化"等口号,将殖民主义者办的学校收归国有,以本国教师和聘任其他发展中国家的教师取代殖民国家的教师。其次是重视新建和扩建师范教育机构。最后是完善培养师资的有关制度。大多数发展中国家都经过改革与发展建立了比较完整的师范教育体系。

25.课程改革的首要方面,是加强有关爱国主义教育和培养民族意识的课程,如民族史、国教教义等，以发扬民族传统文化，促进国家统一和民族团结。其次，许多发展中国家针对年轻一代出现的追求物质享受、忽视社会责任感等倾向，强调在教学中加强道德价值观和公民意识的教育。最后是加强科学技术教育。有的发展中国家在进行课程改革中，还强调教育与实际生活的联系，强调劳动教育。

发展中国家独立后大都致力于教育改革和发展。这些重大成绩的取得也有其现实的因素。

首先，从一些国家自身来说，一是政府充分认识到教育在现代社会的重要意义，将教育的改革和发展看作是建设独立的民主国家和经济发展的基础，并随着社会发展而提出教育改革方案。二是由于重视教育，也就愿意投资教育。许多发展中国家随着经济的发展，不断提高教育经费的支出。

其次，从国际上看，应该说，联合国教科文组织、联合国儿童基金会等国际组织在有关教育方面对发展中国家所给予的某些关注、支持甚至帮助，是有一定积极意义的。

26.(1)改革开放以来我国教育的发展取得了令人瞩目的成就，但是也存在着较多问题，我国现今教育主要存在的问题有以下几点。

1)教育结构不合理。我国目前的教育结构呈明显的失衡之势。初等教育发展相对不够，中等教育呈单一化方向相反，而高等教育却在疯狂扩张，出现了严重的初、中、高等教育的不平衡。

2)不重视职业教育。

3)教育投资的效应和效率低下，存在着较大的教育浪费。教育部门经费紧缺和浪费并存，资金使用效用不高。

4)师资问题。众所周知，教师因素是发展教育最重要的因素，但是由于当前社会大环境和教育的诸多困难，使得许多优秀人才不愿进学校。

5)教育资金投入特别是义务教育资金投入过低。

(2)对策：①政府干预调整教育结构；②加强职业指导；③提高教育资源利用效率；④加强教师队伍的建设；⑤提高对教育特别是义务教育的投入，鼓励社会力量。

附录一
2019年北京师范大学教育综合(333)
硕士研究生入学考试试题及参考答案

一、名词解释

  1.课程

  2.学制

  3.《颜氏家训》

  4.观察学习

二、简答题

  1.简述19世纪末20世纪初的实验教育学的主要观点和意义。

  2.简述王安石的教育改革。

  3.简述德育过程的定义并说明其规律。

  4.简述教师的基本素养并说明它们之间的关系。

三、论述题

  1.学生问老师:"我非常清楚我们家一个月能收多少房租,我的钱够花三辈子了,我为什么要上学?读书有什么用?"

  分析并评价这位学生的想法,并说明教师应如何引导?

  2.小明期中考试语文成绩不理想。他对同学说:"大家都在猜老师会默写哪一篇文章,你猜中了,我没有猜中。"可见所有成败人们都会寻找解释和借口。

  韦纳提出了成败归因理论。说明成败归因理论的基本观点及其教育实践启示。

【参考答案】

一、名词解释

  1.课程是由一定的育人目标、特定的知识经验和预期的学习活动方式构成的一种动态的教育存在。从育人目标的角度看,课程是一种培养人的蓝图;从课程内容的角度看,课程是一种适合学生身心发展规律的、连接学生直接经验和间接经验的、引导学生个性全面发展的知识体系及其获取的路径。

  2.学校教育制度简称学制,指的是一个国家各级各类学校的系统及其管理规则,它规定着各级各类学校的性质、任务、入学条件、修业年限以及它们之间的关系。

3.《颜氏家训》是中华民族历史上第一部内容丰富、体系宏大的家训,也是一部学术著作。作者颜之推,是南北朝时期著名的文学家、教育家。

4.也叫替代性学习,是一种通过观察别人而进行的学习,班杜拉以儿童的社会行为习得为研究对象,形成了他关于学习的基本思路,即观察学习是人学习的最重要的形式。观察学习包括注意、保持、动作再现和动机四个子过程。

二、简答题

1.实验教育学是用自然科学的实验法研究儿童发展及其与教育的关系的理论,它于19世纪末20世纪初在欧美的一些国家兴起,其代表人物是德国教育学家梅伊曼和拉伊,代表作主要有梅伊曼的《实验教育学纲要》和拉伊的《实验教育学》。

实验教育学的主要观点有:第一,反对以赫尔巴特为代表的强调概念思辨的教育学,认为这种教育学对检验教育方法的优劣毫无用途。第二,提倡把实验心理学的研究成果和方法运用于教育研究,从而使教育研究真正"科学化"。第三,把教育实验分为"就某一问题构成假设;根据假设制订实验计划,进行实验;将实验结果应用于实际,以证明其正确性"三个阶段。第四,认为教育实验与心理实验的差别在于心理实验是在实验室里进行的,而教育实验则要在真正的学校环境和教学实践活动中进行。第五,主张用实验、统计和比较的方法探索儿童心理发展过程的特点及其智力发展水平,用实验数据作为改革学制、课程和教学方法的依据。

意义:实验教育学所强调的定量研究成为20世纪教育学研究的一个基本范式,近百年来得到了广泛地应用和发展,极大地推动了教育科学的发展。

2.王安石教育改革的主要措施有五条:

(1)改革太学,创立"三舍法"。宋初太学徒具空名,经过整顿,太学规模方较完备,管理办法趋于细密。又创立"三舍法",把太学分为外舍、内舍、上舍,学生按程度分为三等,使学校不仅承担养士任务,而且具有取士职能。

(2)整顿地方学校。熙宁四年下令京东、京西、河东、河北、陕西五路设立学校,采访有"经术行谊"者任教授,使地方学校有了很大发展。

(3)颁定《三经新义》。使其作为必读教材,亦为科举考试的内容和标准。

(4)设置专门学校。另外设置了武学、律学和医学等专门学校,以培养专门人才。

(5)改革科举制度。规定废除明经科,增加进士科名额。王安石的教育改革对北宋教育制度的形成及宋代中后期教育产生了深刻的影响。

3.德育过程是在教师有目的、有计划地引导下,学生主动地、积极地进行道德认识和道德实践,逐步提高自我修养能力,形成品德的过程。其中,德育过程的规律如下:

(1)德育过程是学生知、情、意、行诸因素统一发展的过程。知、情、意、行之间不可孤立或割裂来看,它们之间彼此联系、相互促进、共同发展。有的班主任根据自己的经验将德育工作总结概括为晓之以理、动之以情、持之以恒、导之以行四句话。可见,个体品德的发展绝不是其中的某一个要素的发展,而是知、情、意、行的同时发展,缺乏任何一个要素的发展,品德发展都是不健全的。

(2)德育过程是组织学生的活动和交往,统一多方面教育影响的过程。一个人品德的发展是与其外界环境交互作用的结果,这种交互作用就是一种活动,个体只有在活动中才能形成和发展自己的品德。而且,品德的发展也必然是个体积极主动参与活动的结果。

(3)德育过程是一个促进学生思想内部矛盾转化的发展过程。学生现有的品德状况是学生接受外在道德要求的起点,个体能否接受外在的道德要求都与他现有的品德状况相关。而这种矛盾就是外在的道德要求与学生已有道德水平的矛盾。通过品德结构内部心理矛盾的运动促使外在的道德要求转化为学生自身的道德自觉,促进学生道德水平的提高。

(4)德育过程是一个长期的、反复的、逐步提高的过程。一个人良好思想品德的提高和不良品德的克服,都要经历一个反复的培养教育和矫正训练的过程。特别是道德行为习惯的培养,是一个需要长期反复培养、不断实践的过程,是逐步提高的渐进过程。

4.教师的基本素养包括:教师的职业道德素养、知识素养、能力素养、职业心理健康四大部分。

(1)教师的职业道德素养是从教师对待事业、对待学生、对待集体和对待自己的态度上来体现的。具体包括:忠于人民的教育事业、热爱学生、团结协作、为人师表。

(2)教师的知识素养包括:政治理论修养、精湛的学科专业知识、广博的科学文化知识、必备的教育科学知识。其中精湛的学科专业知识和广博的文化科学知识是"本体性知识",主要解决"教师教什么的问题";必备的教育科学知识是"条件性知识",主要解决"教师如何将知识传授给学生",即怎么教的问题。

(3)教师的能力素养主要包括:语言表达能力、教育教学能力、组织管理能力、自我调控和自我反思能力(较高的教育机智)。此外,教师还应该具备教育科研能力、学习能力、观察学生的能力、创新能力以及运用现代教育技术手段的能力。

(4)职业心理健康是指一个优秀教师所应有的心理素质,也就是教师对内、外环境及人际关系有着良好适应所需要的条件,主要包括:高尚的师德、愉悦的情感、良好的人际关系和健康的人格。其中,教师的人格素养对学生的发展起着推动作用,是素质教育的基础。它主要表现为:积极乐观的情绪、豁达开朗的心胸;

坚韧不拔的毅力;广泛的兴趣和积极的创新品质。

四者之间的关系紧密结合,相辅相成,是一个有机的整体,不可将四者割裂开来,教师一定要立足于这四个部分对自身进行全面的发展与提升。

三、论述题

1.该学生的这种表述天真又肤浅,是一种金钱观至上的非理性想法。

考生可从"教育的历史发展""教育与人的发展""教育与社会的发展"和"教育的目的"四个角度来组织语言、罗列观点并分条进行陈述。

2.韦纳的归因理论是关于判断和解释他人或自己的行为结果的原因的一种动机理论。韦纳的归因理论主要有下列三个论点:人的个性差异和成败经验等影响着他的归因;人对前次成就的归因将会影响到他对下一次成就行为的期望、情绪和努力程度等;个人的期望、情绪和努力程度对成就行为有很大的影响。

美国心理学家韦纳认为,人们对行为成败原因的分析可归纳为以下六个原因:能力,根据自己评估个人对该项工作是否胜任;努力,个人反省检讨在工作过程中是否尽力而为;工作难度,凭个人经验判定该项工作的困难程度;运气,个人自认为此次各种成败是否与运气有关;身心状况,工作过程中个人当时的身体及心情状况是否影响工作成效;其他,个人自觉此次成败因素中,除上述五项外,尚有其他事关人与事的影响因素(如别人帮助或评分不公等)。

韦纳等人认为,我们对成功和失败的解释会对以后的行为产生重大的影响。如果把考试失败归因为缺乏能力,那么以后的考试还会期望失败;如果把考试失败归因为运气不佳,那么以后的考试就不大可能期望失败。这两种不同的归因会对生活产生重大的影响。

2019 年首都师范大学教育综合（333）硕士研究生入学考试试题及参考答案

一、名词解释(共 6 小题,每题 5 分,共 30 分)

　　1.教材

　　2.访谈

　　3.程序性知识

　　4. 校本课程

　　5.发现学习

　　6.实验知识

二、简答题(共 3 小题,每题 10 分,共 30 分)

　　1. 请简述学习动机的内涵及其与学习效果的关系。

　　2.请简述信息社会及其教育的基本特征。

　　3. 请简述教育行动研究的一般过程。

三、论述题(共 3 小题,每题 15 分,共 45 分)

　　1. 请结合具体实例,分析当代教学观的变革趋势。

　　2. 请结合马克思主义关于人的全面发展学说,谈谈如何认识我国教育目的中各育的关系。

　　3.请结合具体案例,谈谈如何培养学生的良好品德。

四、材料分析题(共 45 分)

　　1. 请对当前我国中小学家校合作中存在的问题及其原因进行分析。(25 分)

　　2. 如何改进家校共育模式,提升中小学德育的实效性?（20 分）

【参考答案】

一、名词解释

　　1.教师和学生据以进行教学活动的材料,包括教科书、讲义、讲授提纲、参考书、活动指导书以及各种视听材料。

　　2.访谈是教育研究者获取信息的一个常用方法。研究者通过与学生的接触谈话,能够获取学生的重要主观想法。访谈过程是一个耗费时间的过程,需要巧妙周全的构建,访谈之前要做好充分的准备,包括材料准备、思想准备等。

　　3.程序性知识是关于怎样完成某项活动的知识,比如怎样进行推理、决策或者解决某类问题等,是关于"如何做"的知识。

4.校本课程,也称学校课程,是学校在确保国家课程和地方课程有效实施的前提下,针对学生的兴趣和需要,结合学校的传统和优势以及办学理念,充分利用学校和社区的课程资源,自主开发或选用的课程。

5.发现学习是指给学生提供有关的学习材料,让学生通过探索、操作和思考,自行发现知识.理解概念和原理的教学方法。是学生面过自身的学习活动而发现有关概念或抽象原理的学习活动。这是由美国教育学家布鲁纳提出的科学方法。

6.实验知识主要是指实验所得的相关知识。主流分析知识论通常认为,所有人对经典思想实验的直觉反应是一致的。然而,实验知识论的研究却发现,不同种族、不同文化、不同教育程度、不同性别的人对经典思想实验的直觉不同。

二、简答题

1.学习动机:学习动机是指激发个体进行学习活动、维持已引起的学习并致使行为朝向一定的学习目标的一种内在过程或内部心理状态。一般具有以下三种功能:一是激活功能,二是指向功能,三是强化功能。学习动机与学习效果的关系:一般情况下,两者的关系是一致的;学习者个性不同,学习任务的难度不同,学习动机与学习效果的关系不同;学习动机与学习效果的关系是双向的。学习动机与学习效果的关系不是直接的,而是以学习行为为中介的。学习动机是影响学习行为、提高学习效果的一个重要因素,但却不是决定学习活动的唯一条件。

2.信息社会的基本特征:信息化;智能化;国际化;未来化。

第一,学校将发生一系列变革;第二,教育的功能将进一步得到全面理解;第三,教育的国际化与教育的本土化趋势日益明显;第四,教育的终身化和全民化理念成为指导教育改革的基本理念。

3.(1)计划。计划的制定既要包括行动的"总体计划",又要包括每一个具体行动步骤的计划方案,尤其是第一、第二步行动的方案。另外,行动研究者应该意识到计划是灵活、开放的。人们的认识不会一次完成,需要不断深入,因此行动研究计划必须能够包容不断发现的各种因素和矛盾,计划本身也会因为某些始料不及、未曾认识的因素的介入而必须修正。在这个意义上说,计划只是暂时的、开放的、允许修正的。

(2)行动。实施计划,按照目标和计划做行动。在行动研究中,"行动"不只是一般的"行为"。而应该是行动者在获得了关于背景及行动本身的信息后,经过思考,建立在理解基础上的有目的、负责任、按计划采取的实际步骤。这样的行动具有贯彻计划和逼近解决问题之目标的性质;实施计划的行动又是在自然状态中进行的,因此必须重视实际情况变化,重视实施者对行动及背景的逐步加深的认识,重视其它研究者、参与者的监督观察和评价建议,行动是通过反省和反思不断调整的。在这点上,行动又是灵活能动的,承认行动者的认识和决策作用。

(3)观察。在行动研究中,观察既可以是行动者本人借助于各种有效的现代手段对本人行动的记录观察,又可以是其它合作者的观察,而且多视角的观察更有利于全面认识行动的过程和特性。

(4)反思。反思在行动研究中既是一个螺旋圈的终结,又是过渡到另一个螺旋圈的中介。在反思这个环节中,行动研究者要做两件事情。①整理和描述工作,即对已经观察和感受到的与制定计划和实施计划有关的各种现象进行归纳整理。②评价和解释工作,对行动过程和结果作出判断,对有关现象和原因作出分析解释,找出计划与结果不一致的症结,从而形成是否需要修正基本设想、总体计划和下一步行动的判断与构想,提出怎样修正,怎样实施下一步行动的建议。

三、论述题

1.当代社会正从工业社会向信息社会转型,当代教育正从专才教育向通识教育转变,从重心转移的角度看,当代教学观的变革主要体现为以下六大趋势:

(1)从重视教师的教向重视学生的学转变;

(2)从重视知识传授向重视能力培养转变;

(3)从重视教法向重视学法转变;

(4)从重视认知向重视发展转变;

(5)从重视结果向重视过程转变;

(6)从重视继承向重视创新转变;

2.马克思主义关于人的全面发展学说确立了科学的人的发展观,指出了人的全面发展的历史必然性。在此基础上,我国提出全面发展的教育目的。所谓全面发展教育,是对含有各方面素质培养功能的整体教育的一种概括,是对为使学习者多方面进行培养的教育活动的总称,是由多种相互联系而又各具特点的教育所组成。关于全面发展教育的基本构成,学界多以德育、智育、体育、美育作为全面发展教育的构成主体。

(1)在全面发展教育中,各育不可分制,不能相互代替。

(2)各育在全面发展教育中的关系是辩证统一的。各育有不可替代的优势特点。

3.品德是指个人依据一定的道德行为准则行动时所形成和表现出来的某些稳固的特征。包括道德认知、道德情感、道德意志、道德行为四部分心理机制。

主要培养方法有:①思想政治课与式学科教学;②劳动与其他社会实践;③课外活动和校外活动;④学校共青团和少先队活动;⑤心理咨询;⑥学科教学渗透。

四、材料分析题

1.(1)合作重形式轻内容。

(2)家校缺乏对等沟通。

(3)过于理想化。

(4)忽视学生中心地位。

2.德育的时效性是指,德育要具有实际意义、具有实践价值,能够在生活点滴中践行,当前德育时效性面临的最大的问题就在于教师单纯注重说教,缺乏对学生校外生活的引导与监督。因此,我们应该注重教育合力,有效发挥家校合力。

学校教育做好做实做全;树立平等的家校合作观;注重德育技巧,避免形式主义;家长和老师之间保持良好的沟通。

附录三
2018 年上海师范大学教育综合(333)
硕士研究生入学考试试题及参考答案

一、名词解释

1.教育制度

2.德育过程

3.教学过程

4.苏格拉底教学法

5.京师同文馆

6.最近发展区

二、简答题

1.简述学校心理健康教育的途径。

2.简述班级授课制的优缺点。

3.简述遗传素质在人的发展中的作用

4.简述卢梭的自然教育理论

三、论述题

1.评述蔡元培五育并举的教育思想。

2.结合实例说明和评价班主任工作的内容和方法。

3.结合实例说明学习动机的实质及其在学生学习中的重要作用。

4.评述赫尔巴特的教学理论。

【参考答案】

一、名词解释

1.教育制度是指一个国家各级各类实施教育的机构体系及其组织运行的规则。

2.德育过程是学生在教师的引导下,积极主动的进行道德认识和道德实践,逐步提高自我修养能力,形成个人品德的过程。

3.教学过程是在教师的指导下,学生对人类已有知识经验的认识活动和改造主观世界、形成和谐发展个性的交往实践活动的统一过程。

4.也称"产婆术",是由讥讽、助产术、归纳和定义四个步骤组成,通过与对方共同谈论,不断提问诱导对方认识并承认自己的错误,从而得到正确结论的方法。

5.中国最早的官办新式学堂,1861 年清政府在北京设立同文馆,并与 1862 年正式开学。它最初是一所外国语专门学校,目的是培养清政府所需的外事专业人才。1867 年以后陆续增设近代学科,包括算学、天文等,才成文名副其实的近代学校,1901 年并入京师大学堂。

6.维果茨基提出的"最近发展区"的概念,是学生独立解决问题的真实发展水平和在成人指导下或与他人合作情况下解决问题的潜在发展水平之间的差距。

二、简答题

1.学校心理健康教育的基本途径有:

(1)专题训练,心理素质专题训练过程一般由判断鉴别、训练策略、反思体验三个彼此衔接的基本环节构成。

(2)心理辅导,心理辅导是一种心理上的助人活动,通过同感、尊重和真诚建立有效的辅导关系,帮助学生使其心理健康。

(3)学科渗透,教师在进行常规的学科教学时,自觉地、有意识地运用心理学的理论、方法和技术,让学生在掌握知识、形成能力的同时,完善各种心理品质,特别是诸如情感、意志、个性品质等方面。

2.班级授课制的优点:①有利于大面积培养人才,扩大教学规模,提高教学效率;②有利于发挥教师的优势,突出教师的主导作用;③有利于发挥班集体的教育作用,促进学生全面发展;④有利于进行教学管理和教学检查;⑤有利于学生获得系统的科学知识;⑥有利于学生与教师、同学之间进行多向交流,互相启发和互相促进。

班级授课制的缺点:①过于强调书本知识的学习,容易造成理论和实践的脱节,不利于学生创新意识和实践能力的锻炼提高;②难以满足学生个性化的学习需要,班级授课制中,无论用什么教学方法,都只能适应部分学生;③在班级授课制中,课堂成为学生生活的基本空间,课堂教学成为学生最主要的生活方式,学生的交往受到限制;④学生的独立性、自主性受到限制,不利于培养学生的志趣、特长和满足个性化的学习需要。

3.(1)遗传素质是人的发展的生理前提,为人的发展提供巨大的生命潜能。

(2)遗传素质的成熟程度制约着人的发展过程及年龄特征。

(3)遗传素质的差异性对人的发展有一定的影响。

(4)遗传素质具有可塑性。

4.卢梭自然主义教育的核心是"回归自然"。一方面他认为善良的人性存在于纯洁的自然状态之中,只有"回归自然"、远离喧嚣社会的教育,才有利于保持人的善良天性。另一方面,卢梭还从儿童所受的多方面的影响来论证教育必须"回归自然"。他说每个人都是由自然教育、实物的教育、人为的教育三者培养起来的。

他要求教育遵循自然天性,也就是要求儿童在自身的教育和成长中取得主动地位,无须成人的灌输、强迫,教师只需要创造学习的环境、防范不良的影响其作用不是积极的,而是消极的。

自然教育的培养目标的"自然人",是独立自主、平等自由、道德高尚、能力和智力极高的人。其原则是在任何事情上都让大自然按它最喜欢的办法去照顾孩子,成人不必干预。教育只需遵循自然,沿着它给你指出的道路前进。

三、论述题

1.蔡元培根据专制时代和共和时代对教育的不同要求,从"养成共和国民健全之人格"的观点出发,提出军国民教育、实利主义教育、公民道德教育、世界观教育和美感教育"五育"并举的教育思想,成为制定民国元年教育方针的基础。

军国民教育即"体育";

实利主义教育即"智育";

公民道德教育即"德育";

美感教育即"美育"辅助德育;

世界观教育将德智体三育合而为一,是教育的最高境界。

"五育"不可偏废,其中军国民教育、实利主义教育、公民道德教育偏于现象世界之观念,为隶属于政治之教育;世界观教育和美感教育以追求实体世界之观念为目的,为超轶政治之教育。

2.(1)内容:了解和研究学生。方法:观察、谈话、分析书面材料、调查研究

(2)内容:教导学生学好功课。方法:注意学习目的与态度的教育;加强学习纪律的教育;指导学生改进学习的方法和习惯。

(3)内容:组织班会活动。方法:确定能引人注目的主题;选择能表现的主题;要使尽可能多的学生参与准备。

(4)内容:组织课外活动、校外活动和指导课余生活。方法:成立本班的课外活动组织,制定活动计划,开展各种课外活动;要注重校内和校外组织的各种学科小组、艺术小组等专业小组推选合适的学生;为本班开展课外活动创造条件,如聘请教师、解决场地等问题。

(5)内容:组织学生的劳动。方法:准备工作;组织与教育工作;总结工作。

(6)内容:协调各方面对学生的要求。方法:统一校内教育者对学生的要求;统一学校与家庭对学生的要求。

(7)内容:评定学生操行。方法:积累学生材料;征求有关教师和团队干部意见;让学生做自我鉴定。

(8)内容:做好班主任工作的计划与总结。方法:写计划要简明分析形势,提出任务,列出要点,具体工作计划可按周定或按活动来定;写总结要注意积累资料,要把学生、教师和家长在有关活动中所写的材料保存下来。

3.学习动机:学习动机是指激发个体进行学习活动、维持已引起的学习并致

使行为朝向一定的学习目标的一种内在过程或内部心理状态。学习动机是直接推动学习行为的原因和内部动力。

作用:①学习动机决定学习的方向。②学习动机增强学习的努力程度。③学习动机影响学习的效果。

4.在赫尔巴特理论体系的各个组成部分中,对后世影响最大的就是教学理论。其教学理论所涉及的内容很广泛,但主要的是关于教学方法和教学阶段的理论。

(1)"教学进程"理论:①单纯提示的教学实际上就是直观教学;②分析教学就是对不同的观念和表象进行区分;③综合教学就是新旧观念的联合。

(2)教学形式阶段理论:赫尔巴特提出的教学形式阶段实际上就是教学的完整过程,是一个包括教学方法、教学形式等在内的规范化的教学程序。他认为兴趣活动可以划分成四个阶段:注意、期待、要求、行动,并根据儿童学习活动中的两种思维方式:专心和审思,再次基础上提出了教学形式阶段理论,有以下四个阶段:①明了(清晰);②联想(联合);③系统;④方法。

参考文献

[1]吴式颖,李明德.外国教育史教程[M].3版.北京:人民教育出版社,2015.

[2]赵厚勰,李贤智.外国教育史教程[M].湖北:华中科技大学出版社,2012.

[3]陈琦,刘儒德.当代教育心理学[M].2版.北京:北京师范大学出版社,2007.

[4]诸惠芳.外国教育史纲要[M].北京:人民教育出版社,2004.

[5]圣才学习网.外国教育史教程笔记和习题详解[M].中国石化出版社有限公司,2009.

[6]杜威.民主主义与教育[M].陶志琼,译.北京:中国轻工业出版社,2014.

[7]孙培青.中国教育史[M].上海:华东师范大学出版社,2009.

[8]王道俊,郭文安.教育学[M].北京:人民教育出版社,2009.

[9]高杰.夸美纽斯教育思想研究[D].长春:吉林大学,2008.

[10]吴值敬.裴斯泰洛齐教育思想述评[D].扬州:扬州大学,2009.

[11]晏小敏.教育适应自然教育思想解析——研读夸美纽斯《大教学论》[J].高校教育管理,2013(1):116-120.

[12]王坤庆.对卢梭教育思想的再认识[J].教育研究与实验,2010(2):1-5.

教育学专业优秀考研图书推荐

《教育学(第7版)考研辅导与习题集(含考研真题)》　　　　　袁秋菊

《中国教育史(第三版)同步辅导与习题集(含考研真题)》　　　陈闻晋

《外国教育史教程(第三版)同步辅导与习题集(含考研真题)》　赵厚麟

《心理咨询师(三级)应试指南及真题详解》　　　　　　　　　　王　磊

《当代教育心理学同步辅导·考点解析·考研真题》　　　　　　袁秋菊

《教育知识与能力考点详解与历年真题解析(中学)》　　　　　袁秋菊

《综合素质考点详解与历年真题解析(中学)》　　　　　　　　袁秋菊

《中小学心理健康教育》　　　　　　　　　　　　　　　　　　郑日昌

《教育心理学》　　　　　　　　　　　　　　　　　　　　　　燕良轼

在您学习使用本书的过程中,如有与本书相关的问题,请将意见或建议发送邮件至 zbbook@foxmail.com,我们将竭诚为您解决。

祝您生活学习愉快!